백지에 그리는
일 자 리

백지에 그리는 일자리

대전환의 시대

좋은 일자리 이렇게 만들어진다

발행일 2021년 11월 30일 초판 1쇄
저 자 윤동열
발행인 송자영
발행처 초아출판사

주 소 서울시 성북구 정릉로 36길 41
전 화 070-8739-0036
팩 스 0504-178-5627
e-mail choapublish@hanmail.net

ISBN 9791188425174 03300
가 격 24,000원

대전환의 시대

좋은 일자리
이렇게 만들어진다!

백지에 그리는 일자리

윤동열 외

미래세대와 국가를 위해서 차기 대한민국 리더는 일(job),
사람(people), 환경(environment)을 고려한 통합관점에서
'좋은 일자리 창출'을 위한 선순환 생태계를 구축해야 한다.

국가인재경영연구원

목차

프롤로그

백지에 그리는 일자리

백지에 그리는 일자리

대전환의 시대, 좋은 일자리 이렇게 만들어진다!

민경찬 국가인재경영연구원 이사장

대전환의 시대와 일, 일자리

2016년 1월 다보스포럼에서 '4차 산업혁명'을 선언한 클라우스 슈밥 회장은 우리의 살아가는 방식, 일하는 방식을 근본적으로 변화시킬 기술혁명이 시작되었음을 천명하였다. 그는 이 새로운 변혁에 잘 대응하면 어느 시대보다도 큰 축복으로 다가오겠지만, 그렇지 않을 경우에는 더 큰 위험에 빠질수 있다고 경고하며, 우리 인류는 생각하는 방식, 일하는 방식을 모두 바꿔야(reset) 함을 강조하였다. 디지털 전환의 시대에는 전혀 새로운 시스템이 필요함을 강조한 것이다. 이 책의 제목 '백지에 그리는 일자리'도 바로 이러한 정신과 메시지를 담은 것이다.

우리의 시대는 어디로 흘러가는 것일까? 4차 산업혁명, 디지털 전환, 인더스트리 4.0 등 '과학기술', '디지털'로 인해 세상이 빠르게 변화되어 간다고 생각했는데, 2020년 초 갑자기 닥쳐온 코로나 19 '팬데믹'은 우리의 하루하루의 삶은 물론 세계적으로 일상의 경제 활동과 산업의 변화에도 엄청난 영향을 미치고 있다.

그런데 2016년 4차 산업혁명이 소개되면서, 가장 중대한 이슈로 부각된 것은 일자리에 대한 변화 이야기다. AI, 빅데이터, 로봇, 사물인터넷, 모바일 폰, 3D 프린팅 등과 함께 초지능, 초연결 시대의 도래로 기존의 단순한 일자리는 기계로 대체되며, 갈수록 기존 일자리는 사라지고, 지금 없는 직업들이 생겨날 것이라는 것이다. 그런데 일자리 양태가 소수의 고소득 전문직종 그룹과 저소득 단순 노동 업무로 양극화될 것이라는 예측은 우리를 더욱 당황스럽게 한다.

더욱이 코로나 19가 닥쳐온 이후 전 세계가 비대면 생태계로 전환되어, 일하는 방식 자체가 재택근무, 원격근무, 프리랜서 등으로 더욱 빠르게 변화되면서 정규직, 비정규직이라는 구분 자체도 빠르게 변화될 것이다. 특히 오늘과 같은 100세 시대에 평생직장 개념은 사라지고 있으며, 전 생애에 걸쳐 직업과 일터를 더욱 자주 바꾸게 될 것으로 보인다.

이렇게 급격히 변화하는 소용돌이 가운데, '일'과 '일자리'는 어떠한 것이며, 또한 우리에게 어떤 의미가 되는 것일까? 일은 원시시대부터 인간 생존의 필수 요소였다. '일자리'는 '일'에 따라 형성된 삶의 터전이다. 그런데 일과 일자리는 시대의 변화와 함께 새로운 형태로 변신되어 왔다. 4차 산업혁명, 디지털 전환 시대에도 일과 일자리의 개념이 새로워지고 있고, 갈수록 더욱 빠르게 진화해 나갈 것이다. 더 나아가 '좋은 일자리'의 의미도 X세대, Y세대, Z세대 등 세대에 따라 크게 달라지고 있다.

이제는 일자리가 정책, 제도, 시스템으로만 만들어지는 것이 아니다. '개별화', '다양성'이라는 시대적 특성으로 인해, 오늘 존재하지 않는 일과 직업들이 개인의 상상력을 기반으로 다양한 형태로 새롭게 여기저기 나타날 것이다. 그러므로 국민 한 사람 본인이 성장 과정에서부터 '하고 싶은 일'이 무엇인지를 스스로 찾을 수 있도록 돕는 일이 중요하다. 더 나아가 일생을 살아가며 지구촌 어디에서, 어떠한 일을 만나더라도 자신감을 가지고 대응해 나갈 수 있는 역량과 태도를 심어주어야 한다. 이는 전 국민의 디지털화와 함께, 우리 사회의 교육과 훈련의 내용과 방식이 대대적으로 바뀌어야 함을 의미한다.

대한민국의 일, 일자리

우리나라의 저출산, 고령화 현상에 따른 인구구조의 변화는 갈수록 심각한 문제를 만들어내며 실질적인 위기로 빠져가게 한다. 갈수록 젊은이들은 결혼을 하지 않고, 젊은 부부들은 출산을 꺼려하며, 베이비 부머 세대를 비롯한 은퇴자들은 많아지고, 100세 시대 고령자 군의 규모는 확대되고 있다. 이 과정에 생산가능인구는 급감하고, 부양해야 하는 노인층은 급증하고 있다. 그동안 경제 활동이 위축되면서 청년들이 일자리 찾기는 어려워진 상황인데, 이들의 노인 부양 부담은 커지고 있다. 노인층은 빈곤한 노후를 견뎌내야 하는데 혐오의 대상이 되기도 한다. 코로나 방역 과정에 큰 피해를 감수해야 하는 중소상공인들을 비롯한 여러 형태의 취약계층의 안전망의 문제와 수도권 집중화 현상 및 지역의 청년 인구와 일자리의 감소에 따른 지역 소멸, 지방대 위기 문제도 큰 과제이다.

우리나라의 주변 상황도 만만치 않다. 코로나 19 이후 글로벌 공급망이 악화되고 세계 경제가 위축된 상태에서, 글로벌 과학기술·산업 주도권 중심의 자국 우선주의와 보호 무역주의가 대두되어 왔다. 특히 미국 우선주의와 중국몽에 따른 미·중의 무역전쟁 기반의 패권 경쟁, 북한의 핵 위협은 갈수록 커지고 있다. 또한 기후변화 등에 따른 자연환경의 변화, AI, 빅데이터 중심의 디지털 전환은 지구촌 생태계를 크게 바꾸고 있다. 대한민국의 위상, 산업, 경제, 안보 등 여러가지 면에서 중대한 영향을 미칠 수 있는 이슈들이다.

이러한 국내외적 주변 환경은 미래에 대한 불확실성을 더욱 키우기 때문에, 우리의 일상 삶의 기본이 되는 일자리에 대한 문제는 더욱 절실하게 다가온다. 기본적으로 일과 일자리는 생계 수단으로서의 의미를 뛰어넘어, 한 개인의 삶과 존재의 의미이고, 가족 구성원의 삶과 행복에 가장 절대적인 필수요건이다. 또한 사회적 교류와 소통, 자아 완성과 사회 공헌의 터전으로 보람과 행복의 원천이 된다. 궁극적으로 이는 우리 사회의 안정과 국가 경쟁력, 그리고 다음 세대의 생존과 번영을 결정하는 핵심적 국가 과제이다.

오늘 우리의 현실은 어떠한가? 대한민국은 1인당 국민소득 3만 달러 진입에 성공한 세계 10위권 경제대국이다. 그런데 취업자 10명 중 3명 정도는 월급으로 200만원도 못 받고 있다. 최근 전체 취업자의 수는 증가하였으나 대개가 공공일자리로서 저임금 단기 일자리이다. 이는 국민 세금으로 충당하는 일인데, 국가에 큰 부담으로 누적되며, 지속성이 없다는 점이 문제이다. 늘 고용 불안과 저임금에 시달려야 하는 질 낮은 비정규직 일자리가 아니라, 전 생애에 걸쳐 안정된 생활을 영위할 수 있는 좋은 일자리를 만들어야 한다. 특히 빠르게 변하는 미래의 일과 일자리에 개인과 사회가 대응할 수있는 방안을 찾아내야 한다.

기본적으로 일자리는 민간이 만들어야 한다. 이를 위해서는 디지털 전환, 팬데믹 환경에 필수적인 자율성, 유연성, 다양성, 순발력을 기반으로 기업이 지속적인 자기 혁신과 도전으로 활력을 키울 수 있어야 한다. 기업들이 사회적 책무성과 함께 기업가 정신을 꽃피우게 해야 한다. 그런데 현재 노사협력, 노동생산성은 매우 후진적이며, 각종 법과 규제, 노사관계, 교육정책, 사회 안전망 등의 요소는 아직 산업화 시대의 프레임에 머물고 있다.

국가인재경영연구원과 일, 일자리

2018년 출범한 국가인재경영연구원은 대한민국은 미래, 글로벌, 디지털, 팬데믹 시대에 제대로 대응해나가고 있는가?, 긴 안목의 방향과 전략은 무엇이어야 하는가? 라는 질문을 바탕으로 세워진 민간 싱크탱크이다. 그런데 이러한 일들은 결국 '사람'에 달려있다는 점에서, 미래 인재의 육성,

활용에 대한 효율적인 국가 생태계를 만드는 '인재경영'의 개념으로 풀어가고자 한다. 대한민국의 미래 모습과 국가 차원에서 인재상을 논의하며, 인재들이 각 영역에서 서로 역할 분담, 협업하며 생산적인 생태계 퍼즐을 이루어 치열한 글로벌 경쟁을 헤쳐나가도록 하는 일이다. 그리고 이를 위해, 교육기관, 정부, 기업 등에서 관련 당사자들이 모여 국가 통합적 관점에서 역할 분담과 협업으로 집단지성의 힘을 형성하는 일이다. 우리는 이러한 일련의 과업의 흐름을 '인재경영'으로 인식한다. 그리고 우리는 이러한 생태계적 접근을 우리 사회의 새로운 '운동'으로 발전시키고자 한다.

국가인재경영연구원의 비전은 "G3를 향한 대한민국 인재혁명"으로 세웠다. 이제 대한민국은 문명사적 대전환의 시기를 맞아 글로벌 커뮤니티로 나가 지구촌에 대한 책임과 소명 의식을 당당히 선언하고 인류의 생존과 번영에 크게 기여하는 글로벌 리더로서의 위치에 서야 한다. 이제는 '선진의식', '일류의식'이 필요하다. 이를 뒷받침하기 위한 기본 전략으로 "인재육성과 일자리 창출을 통한 국가 경쟁력 강화"에 초점을 맞춘다. '국가 경쟁력'은 지구촌을 포용하는 역량을 의미한다. 이러한 기본 전략을 뒷받침하기 위해 5대 필라 '4차 산업혁명에 대비한 인재개발', '전 국민 인생 다모작 생태계 조성', '공공행정 인재거버넌스 혁신', '인재개발 인프라 구축', '국내외 휴먼네트워크 구축'을 세우고, 이에 대한 구체적인 추진방향과 방안을 제시하고자 한다.

지난 6월 국가인재경영연구원에서 발간한 첫 번째 저서 "대전환의 시대 국가인재경영"은 이러한 5대 필라를 중심으로 이의 실행을 위한 정책대안을 국가 '인재경영' 관점에서 제시한 것이었다. 내용은 생애주기적 차원에서 초중고교–대학–사회, 동시대 차원에서 교육·연구기관–산업계–공기관 관련 과제들을 매트릭스 관점과 통합적인 관점에서 바라보며 정리하고자 하였다. 이 책은 본 연구원이 추구하는 철학과 비전을 담는 일종의 '총론'이기도 하다.

이번에 두 번째로 발간하는 "백지에 그리는 일자리 – 대전환의 시대, 좋은 일자리 이렇게 만들어진다!"는 앞서 발간한 '총론'에 이은 첫 번째 각론으로 '좋은 일자리 창출'에 초점을 두었다. 오늘과 같이 급변하는 대전환의 소용돌이 가운데에서 우리 국민들이 가장 시급하게 원하는 것이 무엇일까? 모두가 자신이 만족할 수 있는 '좋은 일자리'에서 안정적으로 살아가고 싶은 것이 아닐까?

이 책에서 '좋은 일자리 창출'에 대한 과제는 일자리(Job), 사람(People), 환경(Environment) 세 가지 기본 요소의 관점에서 접근한다. 우선 좋은 일자리가 있어야 한다는 것, 그리고 그 일자리에서 일을 잘 수행할 수 있는 좋은 사람이 있어야 한다는 것, 그리고 사람이나 기업이 일자리를 만들거나, 일을 잘 수행해나갈 수 있는 좋은 환경이 제공되어야 한다는 것이다. 이러한 세 요소들이 균형과 조화를 이룰 때, 우리 사회가 좋은 일자리 중심의 튼실한 생태계가 형성될 수 있음을 이야기한다. 다음 세대를 바라보며, 반드시 해야 할 일, 절대로 해서는 안 되는 일들을 분명히 제시하고자 하였다. 10년 후 오늘을 뒤돌아봤을 때, 후회하지 않고, 미래에 대한 통찰과 혜안을 잘 담았다는 평가를 받게 되었으면 한다. 이 발간물이 일자리 관련하여 청서로 자리잡기를 기대하는 것이다. 특히 내년 대선을 앞두고 국가 지도자들이 미래 국민의 삶과 행복을 위해 선택해야 할 핵심과제들을 잘 인식하기 바란다. 또한 국민들이 함께 공감대를 형성하여 좋은 일자리에 대한 변화와 변혁의 동력을 함께 만들어가게 되기를 기대한다.

이 책의 기본 구성은 프롤로그에 이어 제1장에서 먼저 '좋은 일자리 창출을 위한 11대 과제를 제시하며 전체적 논의 방향을 소개한다. 그리고 이 과제들과 관련된 전문가들이 제2장에서부터 제8장에 걸쳐 일자리, 사람, 환경 관련 7개의 주제에 대해 연구 분석 검토하여 정책 방안들로 제시한다.

제9장에서는 오피니언 리더들이 참여한 좌담회 '좋은 일자리 창출 - 미래세대와 나라를 위하여'에서 제시된 실천적인 정책제언들을 소개한다. 이 자리에서는 5대 키워드 '좋은 일자리를 위해 시스템을 바꾸자', 청년/여성/노인 및 전통산업에 대한 대책이 필요하다', '노동법은 미래 지향적이어야 한다', '기업이 만든 일자리가 진짜 일자리다', '정부 역할의 재정립이 필요하다'를 중심으로 대화가 이루어졌다. 그리고 앞서 전개한 내용 전체를 아우르며 다음 단계의 방향을 제시하는 에필로그로 이 책을 마무리한다. 일자리, 사람, 환경 관점에서 다루어진 이야기들을 소개한다.

일자리(Job) - 공공에서 민간으로의 일자리 창출

좋은 일자리란 무엇일까? 국내외 환경에서 자신의 꿈을 키우고, 안정적으로 그 꿈을 이루어가며 자아 실현해나갈 수 있는 일터일 것이다. 이는 만들어진 일자리 또는 만드는 일자리일 것이며, '하고 싶은', '즐길 수 있는', '보람을 느끼는' 일이기를 기대할 것이다. 이는 또한 재정, 지속성, 법적 보장의 차원에서 안정적이어야 하고, 더 나아가 사회적인 가치, 지위 등으로 인정받을 수 있어야 할 것이다. 결과적으로 자기 자신과 주위에 보람과 행복을 가져다 주는 것이기를 기대한다.

일자리 문제는 취업자에 대한 통계적인 수치 보다는, 국민 개개인의 삶을 먼저 생각해야 한다. '좋은 일자리'가 필요한 것이다. 4차 산업혁명, 팬데믹 시대와 더불어 인구구조, 산업구조의 변화에 따른 노동시장의 변화를 읽어본다. 좋은 일자리는 정부보다는 기업이 만드는 일이 되어야 함을 강조한다. 또한 소상공인의 일자리, 기업의 리쇼어링 촉진을 통한 일자리 등에 대한 정책을 대전환의 시대에 적합하도록 전환할 것을 제안한다. 예를 들어, 중소기업, 소상공인에 대한 정책은 단기적이고 일시적인 지원보다 과감하고 적극적인 정책으로 재난, 실업, 임금 격차, 일자리 사다리 등의 문제들을 극복하도록 해야 한다. 리쇼어링도 과감하게 적극적으로 유인해야 한다.

사람(People) - 미래 인재 양성 및 주체간 협업

현재 우리 사회의 일자리 이슈에서 우선적으로 주목받는 대상은 디지털 전환 과정에 사회에 발을 내딛는 청년, 전통산업 전환 과정에 서 있는 중장년, 일과 가정 사이를 오가야 하는 여성, 사회적 경험과 경륜을 갖춘 건강한 노인, 여러 가지 상황 변화에 따른 취약계층, 지역을 살려 나가야 하는 지역 인재 등이다.

우리 사회의 심각한 위기적 과제인 저출산, 고령화에 따른 생산가능인구의 급감 문제를 극복해나가기 위해서는 우선 개개인의 가치와 생산성을 높여야 한다. 디지털 전환 시대에 빠르게 변화되는 상황에서도 자신감을 가지고 일자리를 찾아가며 대응해나갈 수 있는 기본 역량과 다양한 경험을 개개인의 특성 진단에 따라 맞춤형으로 키워줘야 한다. 더 나아가 생산가능한 인재의 풀을 극대화시키며, 이들이 경제활동에 참여할 수 있는 맞춤형 환경을 만들어줘야 한다.

예를 들어, Z세대인 청년에게 근로환경은 중요한 요소이며, 매력 있는 직장이어야 이들이 일에 몰입할 수 있다. 그리고 미래 산업의 변화를 읽으며, 기존의 교육훈련과정을 대대적으로 개편하여 계속 변화하는 현장에서의 대응 능력을 키워줘야 한다. 여성과 관련하여 가장 중요한 과제는 마음 놓고 아이를 맡길 수 있도록 보육시스템의 질을 높여 경력단절을 최소화시키는 일이다. 이는 큰 예산이 아니라 의지의 문제다. 특히 기업은 물론 가족들은 여성의 보육과 가사 문제는 우리 사회 공동체적 과제이며 함께 책임져야 서로가 윈윈할 수 있음을 깊이 인식해야 한다.

환경(Environment) - 변화된 노동시장을 반영한 법 및 제도 개선

대전환 시대의 일자리 문제는 국가 통합적으로 풀어가야 한다. 개별 공무원의 노력이나 정부 부처들의 각개 약진으로 해결될 수 없는 매우 복합적인 과제다. 미래 예측과 더불어 이를 총괄 조정하며 이해 당사자들 간의 융합과 협업을 이끌어낼 수 있는 큰 거버넌스가 필요하다. 개별화와 다양성의 시대에 근로자와 노조의 관계, 디지털 기반 산업 형태로의 변화에 대응할 수 있는 역량 중심의 직업교육훈련 그리고 이에 대한 대학과 기업의 역할, 정책 결정에 대한 중앙 정부와 지역의 권한 및 일자리에 적합한 권역 설정 등에 대한 거버넌스 시스템을 큰 틀에서 대대적으로 바꿔야 한다.

기업은 4차 산업혁명에 따른 디지털 혁신에 제대로 대응할 수 있는 역량을 키워야 한다. AI, 빅데이터 그리고 Z세대 등과 효율적으로 공존할 수 있도록 인사관리, 근무환경 등 일하는 방식을 새로운 차원에서 혁신해야 한다. 노사문제도 이러한 차원에서 상호존중과 협업적 혁신이 필요하며, 노조의 사회적 책임은 어느 때보다도 크게 요구되고 있다.

미래의 기업 환경은 지속적으로 진화해나갈 것이다. 노동시장 자체가 국가라는 경계도 넘어서며 글로벌 환경에서 크게 변신하는 것이다. 그러므로 이제는 새로운 차원에서 노사관계를 설정해야 하며, 노동시장의 유연성과 신뢰를 키워나가야 한다. 고용, 임금, 안전망 등에 대한 법과 제도도 미래 지향적으로 다양성의 시대, 글로벌 스탠더드에 맞게 선진화시켜야 하는 것이다. 디지털화에 적합하도록 합리적이고, 선제적이어야 한다. 특히 전체 기업의 99%인 중소기업 현장의 특성도 고려한 제도이어야 한다.

정부의 정책 결정은 미래의 관점에서 이루어져야 한다. 정치적, 정무적 판단에 따른 일시적이고 감성적인 처방이 아니라, 국민에게 진정으로 도움이 되는 합리적인 해법을 추구해야 한다. 정부는 정치에 과도하게 영향을 받지 않고, 미래를 '기획'하는 일에 주력해야 한다. 이제는 공무원들이 '관리' 할 수 있는 시대가 아니고, '조언' (coaching)으로 돕는 일을 해야 한다는 점에서 정부의 역할이 재창조되어야 한다. 특히 새로운 시대에는 개인과 국가의 생산성과 경쟁력은 자율성, 유연성, 다양성에 기반을 두는 시스템에서만 꽃필수 있음을 깊이 인식해야 한다.

새로운 '운동'을 기대하며

4차 산업혁명, 팬데믹에 따른 대전환의 시대는 모든 것이 빠르게 변화되어 간다. 또한 대한민국의 지정학적 주변 환경은 위협적이며, 내부적으로는 분열과 갈등이 심화되고 있다. 미래 미지의 세계는 예측조차 하기 어려운데 빠르게 다가온다, 이들은 우리의 생존적 과제들이 되고 있으며, 원치 않는 역사적 전환점으로 밀쳐질 것 같은 불안감 조차 종종 느끼게 한다. 우리는 과거 고통의 역사를 잊지 말아야 하며, 우리 모두는 하나의 공동체적 가치를 새롭게 세우고 개인과 국가의 역량과 힘을 키워나가야 한다. 이는 각자의 '일'이라는 형태로 구현되는 것이기에, 국민 각자가 '좋은 일자리'에서 삶을 영위하며 생산성을 높이는 일은 나 자신과 국가의 생존 문제로 인식해야 한다.

새로운 시대는 새로운 시스템이 필요하다. 현재 산업화 시대에 머물러 있는 인식의 틀, 법 규정 등에서 빨리 벗어나야 모두에게 희망이 있다. "새는 알에서 나오려고 투쟁한다. 알은 세계이다. 태어나려는 자는 하나의 세계를 깨트려야 한다." 헤르만 헤세가 그의 저서 〈데미안〉에서 말한 것이다. '더 좋은 미래'를 위한 협업적 투쟁이 필요하다.

'좋은 일자리 창출'의 과제는 국가 통합적 관점에서 우리 사회를 튼실한 생태계로 만드는 차원에서 다루어져야 한다. 이는 바로 정부, 기업, 교육기관 등에서 관련 당사자들이 함께 모여 합리적인 역할 분담과 협업으로 풀어가야 하는 일이며, 이를 대의로 생각해야 한다. 이러한 노력은 다음 세대를 더 중시하며 이들이 더 좋은 세상에서 행복하게 살아갈 수 있도록 준비해주는 일이어야 하기 때문이다.

이를 위해 요구되는 것은 미래에 대한 '진정성', '사명감'이며, 이를 발휘할 수 있도록 품어주는 사회 환경과 문화이다. 독일의 메르켈 총리는 2019년 미국 하버드대 졸업식에서 명예 법학박사 학위를 받으며, 졸업생들에게 이러한 메시지를 전했다. "나는 총리로 일하며, 내가 지금 옳은 일을 하고 있는지, 그것이 옳기 때문에 하고 있는지, 아니면 단지 할 수 있기 때문에 하고 있는지를 종종 자문해야 했다." 우리 각자도 스스로 계속해서 이 질문을 던져봐야 할 때다.

그동안 우리 연구원의 두 번째 책이 나오기까지 책 내용을 설계하시며 중심적인 역할을 해주신 윤동열 교수님께 감사드리며, 전문가로서 2장에서부터 8장까지 주제별로 연구 분석해주시고 정책 제안을 해주신 7분의 필진과 좌담회에서 핵심 과제들을 정리해주신 5분의 토론자께 감사드린다. 또한 이 책을 처음부터 기획해주시고 잘 이끌어주신 본 연구원 정책분과위원장 김성국 교수님, 대외협력분과위원장 안종태 교수님, 그리고 자문위원장으로 큰 지혜와 지원을 아끼지 않으시며 에필로그를 준비해주신 이근면 초대 인사혁신처장님께 감사드린다. 그동안 이 프로젝트 전체를 잘 이끌어주신 김택동 사무총장님과 간사로 수고해주신 조준 박사, 한정선 연구원께도 감사드린다.

국가인재경영연구원은 '좋은 일자리 창출'을 비롯하여 '국가 통합적 인재경영'이 이루어지도록 공감을 키우며 사회 변혁에 기여하고자 한다. '인재육성과 일자리 창출을 통한 국가 생산성 강화'를 통해 본 연구원의 비전인 'G3를 향한 위대한 대한민국의 인재혁명'을 이루어가는 일이다. 이를 위해서 공공영역, 교육계, 경영계, 과학기술·산업계를 비롯한 다양한 전문영역에서 활동하는 많은 분들이 뜻을 같이 하며 인재경영을 위한 집단 지성을 형성하는 새로운 '운동'이 펼쳐지기를 기대한다. 많은 분들의 격려와 참여를 부탁드린다.

PART I

백지에 그리는 일자리

하이라이트

4차 산업혁명과 코로나19 영향에 따른 미래 일자리 대응

좋은 일자리 창출을 위한 11대 정책제언

윤동열 건국대학교 경영학과 교수

1. 서론

지난 7월 유엔무역개발회의(UNCTAD)가 한국의 국제적 지위를 기존 개발도상국에서 선진국으로 변경했다는 소식이 큰 화제가 됐다. 대한민국이 선진국으로서 국제적으로 인정받게 된 것은 기뻐해야할 일인 것이다. 그러나 선진국의 위상에 걸맞게 국가경쟁력을 뒷받침할 인재 육성이 제대로 시행되고 있는 것인가에 대해서는 물음표가 여전히 남는다. 2021년 우리는 4차 산업혁명과 코로나19 펜데믹 소용돌이 속에서 2년여 기간 동안 사회적 거리두기의 국민적 참여로 대전환과 혼란의 시기를 극복해 나가고 있다. 그러나 여야 정치인들은 2022년 대통령 선거 승리를 위한 현금지원성 단기 일자리 정책을 경쟁적으로 내놓을 뿐, 정작 이미 진행되고 있거나 앞으로 닥칠 근본적인 미래 일자리 문제에 대한 해법에 대한 논의와 관심은 상대적으로 낮은 것처럼 보인다. 지난 4년간 정부주도 공공일자리는 꾸준히 증가하였으나 대기업, 중견·중소기업 등 주요 민간 고용시장의 신규채용은 더욱 위축되고 있는 추세다. 또한 2019년 12월 31일 우한에서 첫 보고된 코로나19 바이러스는 우리의 일과 생활 방식을 변화시킨 것은 물론이고 비대면 기술 주도의 4차 산업혁명을 더욱 가속화 시키면서 인구구조 변화와 함께 고용시장 전반에 대전환을 주도하고 있다. 4차 산업혁명과 미래사회 변화가 기술적 측면의 변화 동인과 코로나19 감염병 확산 등 사회·경제적 측면의 변화 동인으로 좋은 일자리를 어떻게 유지하고 발굴하는 것이 지속적으로 중요한 이슈가 될 것이다. 특히 디지털 전환(digital transformation)은 전통적인 형태의 일자리, 직무, 교육 등의 내용과 방식의 변화를 가속화시키고, 기술변화의 촉진은 채용, 평가, 보상, 교육훈련 등 기업의 인사관리 관행은 물론 근로자들에게 필요한 역량과 노사관계에도 영향을 미치고 있다. 이미 새로운 고용형태의 등장과 근로시간 및 장소 등의 유연화로 전통적인 일하는 방식이 근본적으로 변화하고 있다.

한편 OECD 국가 중에서 가장 늦게 백신 접종이 시작된 상황에서 한국은 경제협력개발기구 38개 회원국 가운데 코로나19 백신 접종 완료율이 가장 낮은 국가로 분류되기도 했다. 뉴욕타임즈 등 주요외신들도 초기 백신 확보에 적극적이지 않았던 한국은 대유행 초기에 국가주도 방역과 사회적 거기두기 등 시민들의 참여와 희생으로 바이러스 확산 억제에 성공했으나, 1일 100만회 접종도 가능한 의료 인프라를 갖추고 있으면서도 충분한 백신 확보에 실패하여 어려운 상황에 직면했다는 보도도 있었다. 정부는 사회적 거리두기를 다소 완화하고 위드 코로나 정책을 시행하고 있으나, 지난 2년간 사회적 거리두기에 적응한 시민들의 삶의 방식은 가족과 소규모 모임을 선호하고, 다양한 유연근무제 도입으로 일·가정 양립 문화가 MZ세대를 중심으로 확산되고 있는 상황에서 초기 대규모 소비가 진작은 가능하나, 앞으로 우리 경제의 내수침체의 장기화는 피할 수 없는 현실로 보인다. 우리는 이러한 난국에서 위기를 해쳐나갈 대한민국 리더를 2022년 3월 9일 선출해야 하는 상황이다. 국민들은 21대 대통령선거에서 눈앞에 놓인 위기상황에 지혜롭게 대처하고, 국민통합과 합치를 통해 보다 나은 삶의 개선을 위한 좋은 일자리 창출의 청사진을 제시할 수 있는 국정운영 능력을 갖춘 리더를 간절히 원하고 있다.

국가인재경영연구원에서 지난 2021년 7월 출간한 「대전환의 시대 국가인재경영」에서 이미 국가 통합적 관점의 인재경영시스템의 필요성과 함께 지속적인 경제성장과 국가경쟁력 제고를 위해 인재개발에 대한 범국가적 전략과 투자 및 정책의 필요성을 제시한바 있다. 지난 저서에서 4차 산업혁명에 대비한 인재개발, 인생 다모작 생태계 조성, 공공행정분야 거버넌스혁신, 인재개발 인프라 구축 등 인재 양성과 활용을 위한 구체적인 방법에 대해서 분야별 전문가들과 함께 논의하였다면 본서에서는 미래 고용시장 변화 대응을 위한 대한민국의 일자리 창출 주요 정책에 대해서 보다 구체적으로 제시하고자 한다.

2021년 8월 발표된 구직단념자 수는 63만3000명으로 지난해 같은 기간에 비해 큰 폭으로 늘어나 2014년 관련 통계가 개편된 이후 8월 기준으로 최대치를 기록했다. 구직단념자[1]는 코로나19가 본격적으로 확산하기 시작한 2020년 3월부터 17개월 연속 같은 달 기준 사상 최대치를 갱신하고 있

1 구직단념자란 일할 의사와 능력이 있고 지난 1년 동안 취업을 준비했지만 노동시장 상황이 좋지 않아 일자리를 찾을 마음을 포기한 사람을 의미한다.

다. 이는 코로나19의 영향으로 얼어붙은 취업 시장의 단면을 보여주고 있다. 단기적으로는 정부주도형 임시직 일자리 창출에 예산 투입이 집중되면서 취업자 수는 늘어나고 있으나, 구직단념자를 줄이고 민간이 주도하는 양질의 일자리 공급을 늘리기 위해서는 사회적 요구에 부합하는 경제구조, 노동시장, 교육체계 등의 혁신이 반드시 함께 수반되어야 한다. 지속가능한 좋은 일자리 창출을 위해서는 국가 차원의 교육개혁을 통한 사람투자 및 평생학습체계 구축이 필요하다. 이에 일자리(job), 사람(people), 환경(environment)을 고려한 좋은 일자리 창출을 위한 미래 일자리 청서를 기획하고자 하였다.

본서의 내용에는 11대 정책제언과 43개 액션플랜을 통해 좋은 일자리 창출을 위한 구체적인 방안을 제시하고 있다. 디지털 전환 과정에서 청년 좋은 일자리 마련, 여성 경제활동 참여 및 경력단절 예방, 전통산업 전환 과정에서 중장년 이전직 지원, 취약계층을 위한 고용안전망 구축, 소상공인 재취업 지원, 일자리부총리 제도 도입, 지역의 좋은 일자리 거버넌스 구축과 인력양성 방안, 디지털 혁신과 기업의 일하는 방식 변화 지원, 기업의 리쇼어링 촉진 방안, 노동시장 유연성 강화 및 신뢰 기반 노사관계 선진화 방안 등의 내용을 담고 있다.

공공부문에서의 일자리(job) 창출로 소득분배의 측면에서 수직적 형평성은 개선되었을지 모르겠으나, 근본적인 고용문제 해결을 위해서는 대기업과 중견·중소기업 등 민간부분에서 일자리 창출에 의존할 수밖에 없다. 향후 저출산 고령화로 인한 생산가능인구의 감소와 인구구조의 변화가 산업별 노동공급에 미치는 영향을 면밀하게 살펴보고, 4차 산업혁명과 코로나 감염병 확산이 고용시장에 일으킨 변화를 주시할 필요가 있다. 코로나19로 전반적인 고용상황이 악화되면서 비정규직이나 파트타임으로 종사하던 디지털 취약계층의 단기 일자리 감소가 가속화되고, 일자리를 잃는 취약계층이 증가하고 있는데 대부분은 저숙련 노동자와 청년층이 차지하고 있다. 특히 최근에는 대기업 정기공채가 직무에 따른 수시채용으로 전환되면서 취업 기회를 잃은 청년들은 보다 안정적인 직장과 직업을 찾기 위해 공무원 시험과 전문자격증 취득 등에 몰리고 있다. 삼성그룹을 제외한 현대차·SK·LG 등 주요 대기업은 이미 정기 공채를 폐지하고 수시채용 체제로 전환한 상황이다. 이는 해당 직무경험을 중시하는 기업 채용문화의 확산과 코로나19 펜데믹의 영향과 매출액 감소 등 저성장에 대비하여 직무별 필수 인원만을 소수로 채용하겠다는 대기업 인사정책의 변화라 볼 수 있다. 반면 꾸준히 취업준비생과 공시족의 숫자가 늘어나는 현상은 문재인 정부에서 추진한 공공부문 인력 증원 현상과 맞물려 청년들이 원하고 민간부문에서 창출되어야 할 양질의 일자리 부족 현상을 보여주는 단면이라 할 수 있다.

둘째, 이러한 좋은 일자리 창출을 위해서는 경쟁력 있는 기업과 산업부문의 육성이 필요한데, 미래의 인재 양성과 협업 네트워크의 주체는 사람(people)이라는 관점에서 접근하고자 하였다. 최근 청년의 좋은 일자리 감소는 사회적 문제로 부각된지 오래며 지난 4년간 이를 해소하기 위한 정책수단과 현금성 고용장려금 지원은 대폭 증액된 상황이다. 그러나 여전히 MZ세대 청년들이 체감하는 민간부문의 취업시장 전망은 밝지 않다. 이에 최근 비대면 플랫폼 비즈니스 성장과 함께 정보통신분야 일자리가 지속적으로 증가하고 있으므로 디지털 대전환 과정에서 청년에게 좋은 일자리를 지원할 수 있는 실질적인 방안의 제시가 필요하다. 또한 탄소중립기본법이 국회를 통과한 시점에서 조선, 자동차, 석유화학, 제철, 석탄 등 전통산업의 쇠퇴와 디지털 전환 과정에서 우리나라 생산성 향상의 역군이었던 중장년층의 이·전직 지원도 중요한 이슈이다. 지역의 산업적 특성을 충분히 고려한 일자리 거버넌스를 구축하고 업종별 수요에 기반한 인력양성 체계의 강화 방안 마련이 필요하다.

셋째, 우리를 둘러싸고 있는 법적·제도적 환경(environment)에 대해서 살펴보고자 한다. 노동시장의 변화에 민첩하게 대응하기보다 여전히 1950년대의 노동법을 답습하고 있는 현재 상황에서 기업의 일하는 방식 변화에 대응하고, 기업과 우리 사회의 디지털 인력공급과 법적 개선을 위한 과제를 제시하고자 하였다. 또한 생산가능인구 감소와 저출산·고령화, 지역노동시장 전환 가속화 등 최근 우려되고 있는 변화와 문제점에 대해서도 다루고자 하였다. 이와 같이 본서에서는 좋은 일자리 창출을 위한 일자리(job), 사람(people), 환경(environment)을 고려한 통합적이고 구조적인 접근을 통해 기존의 발표된 일자리 서적과 차별성을 부여하기 위해서 각 분야의 국내 최고 전문가들과 함께 공동 연구를 수행했다.

2. 생산가능인구 감소와 인구고령화에 따른 인구구조 변화

한국 경제가 맞이하고 있는 가장 중대한 대내외 환경 변화는 빠른 속도의 4차 산업혁명에 따른 기술진보와 생산가능인구 감소 및 저출산·고령화에 따른 인구구조 변화로 요약될 수 있다. 미래변화 예측에는 많은 불확실

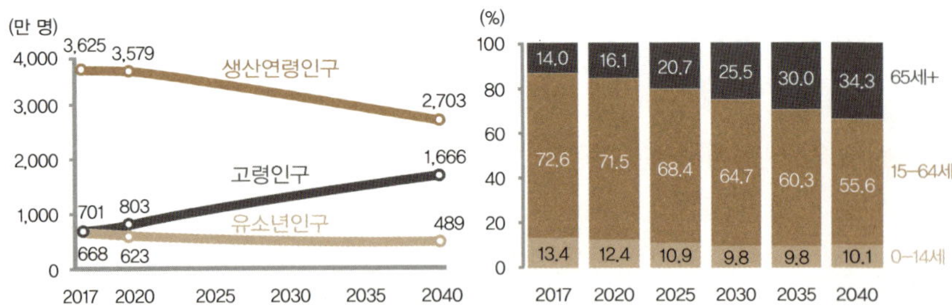

[그림 H-1] 연령계층별 인구 구성비, 2017~2040년

자료: 통계청 내외국인 인구전망: 2017~2040년 (2020.10.15.)

성이 존재하고 있으나, 급격한 기술진보와 인구구조 변화는 이미 명백하게 제시되고 있는 기회와 위기로 대변된다. 노동시장 관점에서 4차 산업혁명으로 인한 기술진보는 주로 기업의 노동수요에 영향을 미치고 있으며, 인구구조 변화는 노동공급에 영향을 미치고 있다. 본서에서는 인구구조 변화가 2004~2020년의 전산업 및 제조업, 서비스업, 건설업 등 주요산업별 취업자 수에 미치는 영향을 분석하고, 다른 조건이 일정할 때 향후 인구구조 변화가 2021~2067년의 전체 및 산업별 취업자 수에 미치는 영향을 예측하고자 했다. 특히 2004~2020년 전산업 및 주요 산업별 취업자 수 증감을 인구구조 변화(인구비중 변화 및 인구 수)와 노동수요 요인에 의한 변화로 분해하여 분석하고, 이를 토대로 2021~2067년의 전산업 및 주요 산업별 취업자 수 증감에 미치는 영향을 예측하여 노동공급을 통한 일자리 수 변화에 미치는 영향을 포착하고자 했다.

2020년 기준 대한민국 총인구는 5,178만 명으로 내국인은 5,005만 명(96.7%), 외국인은 173만 명(3.3%)이다. 19년 후인 2040년에는 총인구는 5,086만 명으로 감소할 것으로 예상하며 내국인은 4,858만 명으로 가파르게 감소할 것으로 보인다. 특히 실질적인 노동공급 여력을 나타내는 15~64

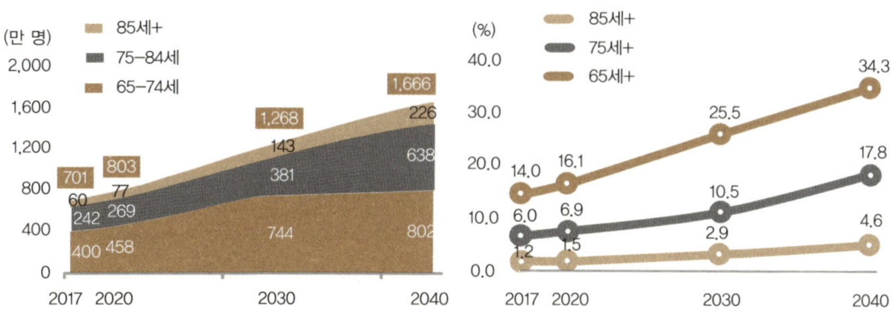

[그림 H-2] 내국인 고령인구 및 구성비, 2017~2040년

자료: 통계청 내외국인 인구전망: 2017~2040년 (2020.10.15.)

세의 생산가능인구의 수와 비중도 2018년(3,765만명)을 정점으로 2060년까지 연평균 −1.4%의 속도로 매우 빠르게 줄어들어 2020년 71.5%에서 2040년 55.6%로 감소하고, 심지어 2060년에는 생산가능인구 숫자는 2,058만 명으로 감소할 것으로 예상된다. 이렇듯 생산가능인구 감소가 빠르게 진행되는 동시에 인구비중의 변화, 특히 인구고령화도 빠르게 진행되고 있어 노동공급 축소의 실질적 효과가 더 크게 나타날 가능성이 높다. 급격한 생산가능인구의 감소 및 고령화의 진행은 노동공급을 빠른 속도로 축소시켜 중장기적으로 취업자 증감 및 고용률을 지속적으로 감소시키는 요인으로 작용할 수 있다.

특히 통계청에서 발표한 자료를 인용하면 내국인 고령인구(65세 이상)는 2020년 803만 명에서 2040년 1,666만 명으로 향후 20년간 2배 이상 증가할 전망으로 2020년 16.1%에서 2025년 20%를 넘고, 2040년 34.3%에 이를 전망이다. 이에 내국인 총부양비는 생산연령인구 1백 명당 39.8명에서 2040년에는 79.7명까지 증가할 전망이다. 여기서 총 부양비란 유소년부양비와 노년부양비의 합을 의미하는데, 2020~2040년 기간 동안 유소년 부양비는 15~18명으로 유사한 수준을 유지하나 노년부양비는 2020년 22.4명에서 2040년 61.6명으로 크게 증가하는 것으로 나타났다.

이렇듯 생산가능인구가 빠르게 감소하면 다른 조건이 일정할 때 중장기적으로 노동공급 감소에 따라 취업자 수가 둔화될 가능성이 높아 향후 우리 경제의 양적 성장을 제한하는 요인으로 작용할 것으로 보인다. 생산가능인구 감소가 빠르게 진행되는 동시에 인구비중의 변화, 특히 인구고령화도 빠르게 진행되고 있어 노동공급 축소의 실질적 효과가 더 크게 나타날 가능성이 높다. 급격한 생산가능인구의 감소 및 고령화의 진행은 노동공급을 빠른 속도로 축소시켜 중장기적으로 취업자 증감 및 고용률을 지속적으로 감소시키는 요인으로 작용할 것으로 보인다.

2004~2020년까지 모든 산업에서 인구수 증감의 효과는 취업자 수 증감에 긍정적인 영향을 미친 것으로 나타났다. 즉 해당 기간 인구수의 증가가 없었더라면 취업자 수 증감은 실현된 수치보다 크게 낮았을 것이며, 급격히 감소하는 생산가능인구의 영향으로 전체 취업자 증감이 큰 폭으로 둔화될 것임을 의미한다. 급격한 생산가능인구 감소 및 인구고령화가 미래의 취업자 수에 미치는 영향을 살펴보기 위해 2021~2040년의 취업자 수 증감을 전망한 결과 2025년, 2030년, 2035년, 2040년의 전체 취업자 수는 −3.4만명, −17.1만명, −22.3만명, −26.3만명이 감소할 것으로 전망되었다. 산업별로는 현재 코로나19의 영향으로 타격을 가장 많이 받고 있으며 취업자 수가 가장 많은 서비스업에서 감소폭이 가장 크게 나타났으며, 이어서 제조업, 건설업 순으로 나타났다. 산업 간 전망결과의 차이는 주로 인구고령화 정도에 따라서 발생한다고 볼 수 있는데, 45~49세 취업자가 다수인 서비스업과 제조업에서는 인구고령화가 취업자 수 증감에 미치는 부정적 영향이 비교적 크게 나타났다. 이처럼 인구구조 변화는 한국의 미래 일자리 상황에 부정적 영향이 미칠 것으로 전망되고 있는데, 경제 전반의 노동수요 개발과 근로자의 노동생산성 향상을 위한 노력이 필요한 상황이다. 고용률 제고와 노동생산성 향상을 위한 실효성 있는 정책 개발과 기술진보 속도에 대응하기 위한 디지털 신기술분야 직업훈련 강화 및 전국민 대상 평생교육 로드맵 구축을 통해 노동공급의 양적, 질적 향상의 추진은 무엇보다도 중요한 과제이다. 한편, 4차 산업혁명에 따른 급속한 기술진보와 노동전환으로 일자리를 잃을 가능성이 높은 중장년층 취업자들의 안정적인 이·전직 강화를 위한 사회안전망 구축과 함께 이들이 원활하게 노동시장에 재진입하기 위한 체계적인 지원정책도 마련해야 할 것이다. 앞에서도 강조한 바와 같이 플랫폼 비즈니스 노동자, 프리랜서 등 다양한 고용형태를 포괄할 수 있는 노동법과 제도 개선방안이 전반적으로 검토되어야 할 것이다.

원활한 노동공급 체계를 통해 민간부문에서 좋은 일자리가 창출될 수 있도록 국가 미래인력 양성체계 로드맵 구축이 필요하다. 최근 디지털 전환이 가속화됨에 따라 IT·SW 신기술에 대한 숙련수요 및 일자리수가 빠르게 증가하고 있다. 따라서 대학과 기업의 인력양성체계도 이러한 기술 및 숙련수요 변화에 맞추어 탄력적으로 양질의 노동력을 제공할 수 있는 방식으로 전환되어야 한다. 또한 고용형태의 다양화와 디지털 전환 등의 노동시장 환경 변화에 대응하여 인사관리 및 근무환경 등 기업이 일하는 방식도 융통성 있게 변화시켜 나가야 한다. 일하는 방식의 변화는 근로자들의 노동생산성을 높이고 인구구조 변화에 따라 노동공급이 감소하는 부정적 영향을 완화시킬 수 있을 것이다.

3. 코로나 영향에 따른 국내 노동시장 변화

2000년대 이후 한국의 주요 고용지표는 글로벌 금융위기를 전후로 악화되었다가 이후 양적으로 증가하는 추세이다. 경제활동참가율과 고용률은 2007년을 기점으로 1%p 내외의 감소폭을 보이다가 2009년 이후 지속적인 증가하는 추세였으나, 코로나19 고용충격으로 다시 악화되고 있다. 실업률도 동 기간 감소추세를 보이다 13년 이후 다시 증가추세인데, 취업자 수는 2009년 이후 여성과 청년층의 고용증가가 두드러지면서 안정적인 증가폭을 유지하였으나 코로나19 고용충격으로 다시 악화된 상황이다.

비대면서비스업은 2020년 1월 코로나19 충격 이후 고용이 지속적 증가하였으며 사회적 거리두기와 변이 바이러스 재확산에도 불구하고 고용 증가세가 유지되고 있다. 반면 대면서비스업은 2020년 상반기 큰 폭으로 고용 감소한 잠시 회복세를 보였으나, 코로나 재확산으로 감소하고 있는 상황이다. 도매 및 소매업, 숙박 및 음식점업, 교육서비스업 등 취업자가 감소되었으며, 코로나19 방역 및 충격대응 관련 보건업 및 사회복지서비스업과 운수 및 창고업, 농림어업 등의 취업자 수가 증가하였다. 공공행정, 보건복지업은 노인일자리 사업 재개로 60대 이상 취업자가 증가하였다. 임시근로자 및 일용근로자가 감소하고 상용근로자가 증가하였으며, 비임금근로자 중 고용원 있는 자영업자와 무급가족종사자는 감소하고 고용원 없는 자영업자는 전년대비 증가하였다. 사회적 거리두기 수칙 강화 및 일자리 위축 영향으로 쉼, 가사 등 증가, 재학 및 수강 등 감소 등의 이유로 비경제활동인구는 전년대비 지속적으로 증가하는 것으로 나타났다.

코로나19가 야기한 노동시장의 변화는 근로시간과 근무방식 변화에서 살펴볼 수 있다. 주평균 근로시간은 90년대 지속적으로 50시간 이상 유지되었으나 2002년 49.8시간으로 감소, 이후 코로나19 영향으로 2020년 39.0시간을 기록했다. 근로시간 감소는 주52시간 근무제 시행 및 일생활균형에 대한 사회적 인식 변화와 주40시간 미만 근로비중이 높은 여성과 노인일자리 사업 추진으로 고령층 중심의 노동공급이 증가에 기인하는 것으로 나타났다. 한편 감염병 예방, 고용조정 최소화를 위한 일하는 방식의 변화를 도모하게 됨에 따라 유연근무제 도입이 증가하는 등 근무방식이 변화했다. 새로운 근무환경 안착을 위한 기반 조성 목적으로 워라밸 일자리 장려금 등 근무시간을 단축한 기업에 대한 지원수준이 인상되었다. 유연근무제 활용 비중은 지속적 증가추세로 2018년 7월 이후 증가세가 가속화되었으며, 2020년 8월 기준, 유연근무제 활용 임금근로자의 수 2,898천명으로 나타났다. 그러나 여전히 유연근무제의 활용 비중이 선진국 대비 낮은 수준이다. 한국의 유연근무제 도입률은 21.9%이고, 유형별로는 시차출퇴근제 12.5%로 가장 높고, 재택근무 도입 비중은 4.1% 수준으로, 사업장은 규모가 클수록 도입률이 높은 경향이 있다. 코로나19 종료 후에도 유연근무제 활용은 지속적으로 증가할 전망으로 업종 특성에 따라 유연근로제 활용방식에 영향을 줄 것으로 예상된다.

코로나19 고용충격은 방역예방 및 치료, 수요 급증에 따라 장시간 근로 위험이 노출된 특정 업종의 부담이 가중되면서 비대면·디지털 전환 가속화와 플랫폼노동자, 특수형태고용종사자 등 다양한 형태의 고용형태를 양산하는 특징을 가지고 있다. 필수노동자는 근로조건에 있어 소득 불안정 및 장시간 근로 등 과로로 인한 건강상 문제와 감염 및 산업재해 위험노출 경향이 큰 업종에 종사하고 있어 감염병 위험이 가중되고 있는 상황이다. 이에 보건의료종사자, 돌봄서비스종사자, 택배기사, 배달종사자, 환경미화원 등 직종 외 포괄범위 확대 지속 검토가 필요하다. 코로나19 충격에 따른 노동시장 변화 전망은 팬데믹 위기 종식 전망 불투명. 확진자 증가세 정체, 백신도입 등의 영향으로 개선되고 있으나, 코로나19 재확산 및 변이 바이러스의 등장 등으로 인한 불확실성이 상존하게 되었다.

한국노동연구원에 따르면 과거 유사 경제위기 시 고용회복에 14~16개월 소요되었으며, 월 평균 10% 수준으로 고용이 증가하는 것으로 나타났다. 코로나19 위기는 임시·일용직 중심으로 부정적 여파가 집중되고 있으며, 일자리 상실에 있어 구직을 단념하고 근로의욕을 상실치 않도록 긴급 지원하고, 중장기적으로는 고용안전망의 포괄범위를 확대해 나갈 필요가 있다. 이러한 고용충격은 청년층에 집중되어 있고, 실업 및 비경활인구 등 지원 사각지대에 머물러 있는 청년의 충격이 장기화 가능성이 커서 청년층에 대한 지원 확대가 필요한 상황이다. 여전히 코로나19의 재확산 추세와 백신의 효과 여부에 따른 불확실성으로 고용전망 유동성이 큰 상황이다. 소비위축이 진행된 소매 및 음식업 위주의 저임금 대면서비스업종은 향후에도 회복이 지체될 것으로 예측된다.

코로나 시대 일자리정책의 방향은 코로나19 충격완화를 위한 단기 및 중장기 고용정책의 방향으로 구분될 수 있다. 단기적으로는 대면서비스산업, 임시·일용직, 영세 자영업자 등 고용취약계층에 대한 지원에 집중이 필요하다. 일자리 고용조정을 지연하여 일자리 유지와 실업자 지원에 중점을 두어 노동시장 신규진입 지원을 비롯한 일자리의 양적확충 및 질 개선을 위한 노력이 병행적으로 필요하다. 돌봄노동자와 택배업계 등 필수노동자와 특수형태근로종사자·프리랜서, 고용충격이 큰 여행업, 관광서비스업 등 서비스 자영업자에 대한 고용안정 및 회복 지원 등을 강화해야 한다. 고용위기 전개에 대한 상시 모니터링 병행, 지속적인 제도개선, 신규 보완사업 운영으로 취약근로계층의 고용유지를 지원이 지속적으로 필요하며, 위기 전개양상에 따라 우선지원 대상은 선별하되 업종별 형평성을 유지하면서 사각지대를 최소화하는 정책이 필요하다. 청년과 여성 등 고용충격이 집중된 계층에 대한 고용안정 및 채용활력 제고를 위해 기 추진되고 있는 정책을 차질 없이 수행하고, 인건비 지원 등 청년채용에 대한 기업 인센티브 강화와 청년 고용서비스 확대 및 개편 등 청년에 대한 지원 확대가 필요하다. 돌봄 및 경력단절 예방, 재취업 지원, 공공·민간 일자리 확대 등 여성대상 지원 대책을 적극 이행함과 동시에 코로나19의 감염위험에 대응하여 비대면 방식의 채용 및 구인·구직인프라 지원이 우선되어야 한다. 일자리 정책의 기본 틀과 중장기 방향성은 유지하되 감염병 확산 양상에 따라 즉시적으로 발생하는 고용 위기에 능동적으로 대처할 필요가 있다. 따라서 직접일자리 창출 프로그램의 예산축소 시점은 코로나 사태 진정 이후로 일시 연기하고 일반회계 전입을 통한 고용보험 기금의 확대 운영 등 중장기 일자리 정책의 조정 시점을 더욱 유연하게 적용하고, 고용안전망의 사각지대 해소를 위한 소극적 노동시장 정책의 예산비중 확대 노력을 병행해야할 것이다.

포스트 코로나 시대 대응을 위한 중장기 고용정책 방향은 중층적 고용안전망 구축으로 안전망의 사각지대를 최소화하고 현장안착을 위한 전국민 고용보험 로드맵 적용 확대를 추진해야 한다. 피해업종 및 취약계층 중심으로 고용회복 지원을 지속 추진하고 즉흥적·단발적 지원방식을 지양하며 고용위기 대응력 강화를 위한 위기대응정책 매뉴얼화가 필요하다. 전국민 고용보험제도 로드맵의 차질 없는 이행으로 고용안전망의 사각지대를 축소하는 동시에 국민취업지원제도의 효과적 시행과 국민내일배움카드 확대로 평생직업능력개발 지원을 확대하고 기업수요에 대응하기 위한 직업훈련의 포괄범위를 확대해야 한다. 저임금 고용회복을 위한 사회보험료 지원 확대를 위해저임금 신규채용 촉진을 위한 대규모 사회보험료 지원 사업을 실시하고 고용창출 촉진을 위한 사업주 사회보험료 지원 확대와 더불어 근로장려금과 취업자 사회보험료 지원 연계로, 저임금 근로자 사회보험 가입을 유도해야 할 것이다.

디지털 전환 및 탄소중립 등 산업구조 개편에 대응한 인력양성 및 직업훈련을 강화하고 공정한 노동전환을 위한 지원체계를 구축해야 한다. 디지털·저탄소산업 성장동력 확충을 위한 인력양성체계 개편 추진하고 산업구조 개편에 따른 기업수요를 반영, 신기술 훈련지원을 강화와 숙련수준별 인력양성 트랙을 구축이 필요하다. 공정하고 지속가능한 노동전환을 위한 법령개정 추진, 소득파악 인프라를 구축, 지역주도적 고용위기 대응정책 추진이 필요하다. 또한, 개인적 위기 대응을 넘어, 공공성에 기반한 새로운 사회통합 전략 수립과 코로나19 위기 극복을 위한 사회적 논의와 정책실험을 지속해 위기대응 인식 수준과 위기대응 역량을 강화해야 할 것이다.

[그림 H-3] 좋은 일자리 창출을 위한 11대 정책제언 도출 프로세스

4. 좋은 일자리 창출을 위한 11대 정책제언

정책제언 1 디지털 전환 과정에서 청년에게 좋은 일자리 지원 방안 마련 (879만9천명의 청년층)

Action Plan

인력 수급 예측 기반, 디지털 분야별 교육훈련 로드맵을 그리고, 맞춤형 정책을 수립해야 한다.

1. 디지털 신기술 인력 수요전망 방식을 고도화하고, 이를 위한 인프라를 단계적으로 확충해 나가야 한다.
2. 디지털 신기술 분야에 대한 모듈형 교육과정 도입으로 학제를 넘나드는 융합인재 양성이 필요하다.
3. 산 · 학 · 연 · 관이 연계한 신성장 산업현장전문가 참여를 통한 맞춤형 인재양성 시스템을 구축해야 한다.
4. 특성화고 및 전 대학에 AI · 디지털 역량 강화를 위한 수준별 과정을 개설해야 한다.
5. 대학 및 학과정원 자율화를 통한 지역 · 산업 수요를 반영한 특화과정 개설을 지원한다.

최근 4차 산업혁명으로 대두된 디지털 전환이 산업뿐만 아니라 일상생활까지 전반적인 변화를 일으키고 있으며, 변화의 속도는 점차 빨라지고 청년층과 디지털 취약계층을 중심으로 파급효과는 코로나19로 더욱 강력해지고 있다. 특히 청년층은 취업을 위한 디지털 온오프라인 교육뿐만이 아닌 일상생활에서의 디지털 대전환을 받아들이는 흡수 역량은 다른 세대에 비해 월등하게 높으며 빠른 속도로 변화에 적응하고 있다. 디지털 전환에 따른 청년 대상 좋은 일자리 지원은 삶의 변화를 인식하고 산업과 일의 변화를 동시에 고려한 지원이 필요하다. 디지털 기술 중심의 새로운 기업 탄생으로 신규 기업 및 기술에 대한 일자리 수요가 증대되고 있다. 예를 들어 자동차산업을 살펴보면 자율주행 시스템, 자율주행을 위한 스마트센서, AI를 통한 딥러닝, AR 등 탄소중립 정책 등 전장기술 관련 다양한 일자리가 확대될 것으로 기대된다. 일자리 수요와 기업의 변화 방향과 관련해 디지털 기술 기반 산업간 연계가 강화되어 산업간 교류 및 신기술을 매개로한 기업 간 협업이 확대될 것이며, 제조분야 기업에서는 스마트팩토리를 중심으로 제조업의 디지털 전환 확대로 전통적인 생산공정 변화가 확대될 것으로 기대된다. 전통산업이 디지털기술과 융합하여 신산업 전환을 가속화시키고 있으나, 필요 부분에 대한 적합한 교육훈련 미흡으로 신산업 분야 인력부족이 지속적으로 발생하고 있다.

디지털 신기술 교육을 위한 교수학습방식이 디지털 중심 체계로 대전환을 통해 뉴노멀 시대에 대응하고, 학습자 중심의 교육방식 혁신 요구를 충족시켜야한다. 디지털 전환에 따른 새로운 교수학습은 교수자의 촉진자 역할을 하며 학생이 능동적으로 학습에 참여하는 형태로 변화해야하며, 학습형태는 시공간초월 사전지식 획득, 협업과 토론, 문제정의 및 대안제시 중심, 액션러닝 중심으로 이루어지고 다양한 경험과 개인 맞춤 형태의 교수학습이 이루어지도록 변화가 필요하며, 이를 위한 새로운 형태의 학

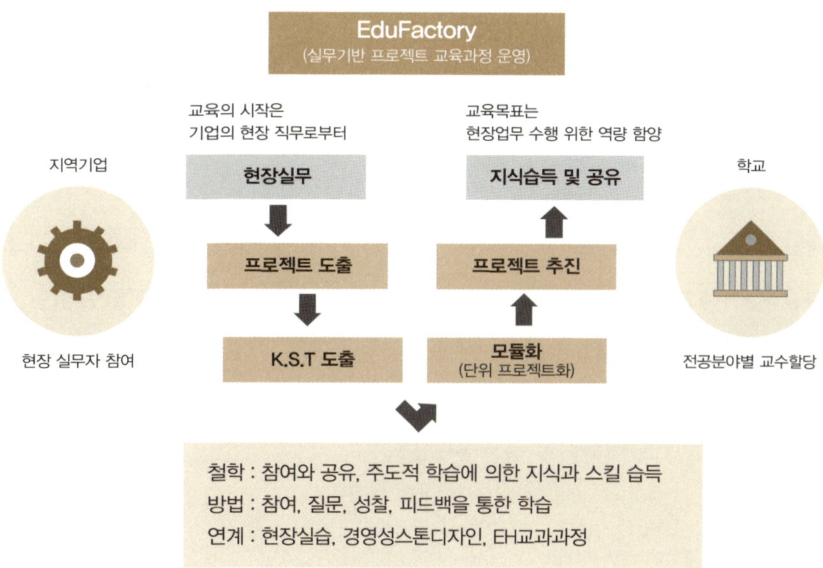

[그림 H-4] EduFactory 도입과 실천 방향 제시

습 방식으로 에듀펙토리(Edufactory)[2] 도입도 가능하다.

디지털 신기술 분야의 직무 내용이나 난이도에 따른 직무 수행 수준은 있으나, 중점 도입분야, 수준 세분화를 위한 산업 규모 미확보 등으로 수준에 논의가 미비한 상황에서 관련 분야의 인력양성 및 직무 수행을 위한 세분화된 기준 마련이 필요하다. 또한, 4차 산업혁명과 코로나19의 영향으로 비대면 활동이 활성화 되면서 디지털 리터러시[3] 중요성이 더욱 증대되고 있다. 창의성, 사회 지능, 시스템 이해, 기술, 건강, 훈련, 커뮤니케이션 역량 등이 필요하며, 이를 통해 디지털 정보를 전달할 수 있는 디지털 커뮤니케이션 능력이 중요해지고 있다. 이에 특성화고 및 대학 교육과정 구성 시 기초기술, 기반기술과 최종 적용이 가능한 산업을 연계하여 교육과정을 구성하고, 기존 학과 중심의 교육이 아닌 모듈 중심의 교육과정 개편이 필요하다. 디지털 분야별로 모듈식 교육이 구성되고 수요 기관이나 학과에서는 이를 조합하여 커리큘럼을 구성하는 형태의 교육방식 도입 필요하다.

특정 학과나 학교에서만 수업을 이수하는 것이 아닌 타 교육기관, 타 과에서 수업을 들을 수 있는 고교학점인정제, 대학간 학점 교류, 공유대학 등 활성화 역시 필요하다. 각 전문분야의 전문적 직무수행능력과 차별화되는 기초 수준의 능력 정의와 평가를 통해 디지털 역량 수준에 따른 교육과정 개발이 필요하다. 또한, 고등학교 단계부터 체계적으로 디지털 교육의 경로 제공을 위해 고교단계에서는 기초능력과 실무능력으로 구분하여 습득하도록 유도하고, 고등학교 졸업 이후에는 해당분야의 취업, 진학, 추가 훈련으로 구분하여 운영하고, 교육경로는 수평(동일 수준 타 기관과) 및 수직(고교-대학-대학원간) 연계로 효과성을 강화할 수 있을 것이다.

---

2 Edufactory는 산업체의 실제 사례(Case) 및 문제(Problem)를 프로젝트화하고, 산업체가 교원으로 함께 참여하는 형태

3 디지털 기기를 다룰 수 있는 기술적 능력뿐만 아니라 이를 통해 정보를 검색하고, 비판적으로 수용하며 목적에 맞는 형태로 재창조하여 사용하는 능력

한편 청년층에게 노동시장 신규진입 촉진을 위한 구직활동 지원 및 일경험 기회를 제공하고, 일자리 격차 해소를 위한 주요 일자리 사업을 지속적으로 추진하되 미래 일자리 수요·공급 전망을 통한 인력양성 체계구축과 전통적인 제조업과 서비스업에 종사하고 있는 청년인력에 대한 일자리 이·전직 지원이 필요하다. 일자리 지원을 위한 청년층 고용서비스는 디지털 신기술 학습을 디지털 직업기초능력, 기반기술, 산업응용기술, 취업단계로 구분하여 단계별 역량 강화를 지원해야 한다. 디지털 기술 수준에 기반한 경력개발 경로 제공을 위해 산업과 기술을 연계시키는 관점에서 경력경로별 필요 기술과 다음 단계로 성장하기 위해 필요한 역량 등을 구체적으로 설계하여 지원해야 한다.

4차 산업혁명을 시작으로 기업은 기존 아날로그 방식에서 디지털 방식으로 변화하고 있으며, 청년은 디지털 세대로서 디지털 기반의 교육과 일자리로의 이동 준비 중이다. 인력의 수요와 공급 측면의 요구를 충족하고 원활한 이동이 이루어질 수 있는 다양한 지원이 필요한 시점이며, 국가·산업·교육훈련 차원 노력 필요하다. 첫째, 국가 측면에서 디지털 일자리에 대한 인력수급 예측과 지속적인 인력양성 지원과 디지털 관련 인력양성 사업에 대한 조정을 통해 무분별한 지원이 이루어지는 것을 예방하고 기술, 산업과 연계된 인력 양성이 이루어질 수 있는 방안 마련과 국가 수준에서 디지털 역량에 대한 청사진 마련을 통해 장기적인 인력 확보 및 매칭 지원 등 필요하다. 디지털 신기술 인력양성사업의 지속적·효율적 운영을 위해서는 현행 인력 수요전망 방식을 고도화하고, 이를 위한 인프라를 단계적으로 확충해 나가야 한다. 특히 중장기 인력수요 전망을 토대로 인력 부족분야를 집중적으로 양성하고, 사업간 연계가 가능한 융합트랙을 구축해 참여자의 역량 향상을 지원해야 한다.

둘째, 산업 측면에서는 적극적인 디지털 기술 도입과 이에 따른 인력을 발굴하고, 기술과 산업의 연계 모델을 구축하고 기초능력, 기반기술, 산업 응용기술 등을 조합하여 산업계의 디지털화 촉진과 기존 인력에 대한 재교육 및 활용뿐만 아니라 새롭게 양성되는 인력의 적극적인 수용 등이 필요하다. 셋째, 교육훈련 측면에서는 디지털 교육의 목적을 명확히 하고 학제에 따른 디지털 인력의 수준 체계를 수립하고 학력 등 역량 체계에 따라 적합한 교육이 이루어지고, 기술-산업 연계방안을 마련하여 교육과 진로지도의 체계화 등이 필요하다. 고용위축 장기화에 대비해 노동시장 신규진입 촉진을 위해 소득보전 및 구직활동이 원활히 이루어질 수 있도록 지원하고, 인적자본 형성의 공백을 메울 수 있도록 지속적으로 성장하고 있는 디지털·비대면 등 IT·SW 성장 유망업종을 중심으로 민간 일자리 경험 기회를 확대하는 한편, 경력개발이 가능한 최소 1년 이상의 디지털 일자리 제공과 함께 디지털 분야별 및 트랙간 융·복합적인 지식과 기술이 요구되는 산업 간 연

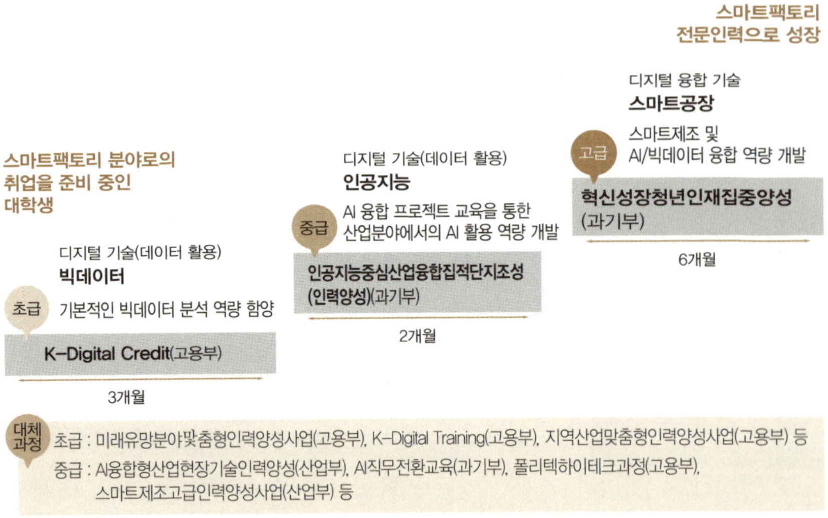

[그림 H-5] 정부 스마트공장 분야 트랙 간 연계 시나리오 예시

출처 :윤동열 외(2021)

계를 통한 인력양성 트랙 구축 등 중장기적 정책수립이 필요하다. 향후 다양한 경로를 통한 디지털 신기술분야 인력 양성 및 활용을 위해 학위과정과 비학위과정을 연계한 트랙 확장이 필요하다. 학령기 학생, 재직자, 재취업 희망하는 구직자 등을 위한 다양한 학위과정과 정부에서 제공하고 있는 인력양성 사업을 연계하는 정책 사업 설계가 필요할 것이다.

정책제언 2

여성 경제활동 참여 및 경력단절 예방을 위한 보육서비스 질 개선[4]
(150만6천명, 7.6%의 경력단절여성)

Action Plan

경력단절 여성의 경제활동 참여 문제는 보육서비스의 지원체계 개선에서 시작해야 한다.

1. 30대에서 현저히 줄어드는 여성고용률 제고를 위한 경력단절 여성 재진입과 경력개발을 위한 경로 제공이 필요하다.
2. 저출산 · 고령화로 인한 인구구조의 변화, 디지털 신기술 분야 확대로 미래사회 변화에 따른 맞춤형 지원방안을 준비해야 한다.
3. 지원제도 활용을 강화하기 위해서는 중소기업 현장 특성을 고려하여 중소기업이 활용 가능한 정책 설계가 필요하다.
4. 영 · 유아 보육의 의무의 상당부분에 대해 정부가 책임지는 구조로 개편이 필요하며, 어린이집(보건복지부)와 유치원(교육부)의 관리체계 일원화와 질 개선이 필요하다.

글로벌 금융위기, 저출산·고령화, 불평등 심화, 지속되는 저성장 기조 속에서 전 세계적으로 지속가능한 성장, 포용적 성장에 대한 정책적 관심이 높아지고 있다. 높은 수준의 불평등이 지속될 경우, 장기적인 성장과 거시경제적 안정성에 상당히 부정적인 영향을 미치는 것으로 분석되며, 높은 실업이 초래한 불평등은 막대한 경제적 비용을 부과한다. 특히 여성 노동에 대한 차별, 기회 불평등, 사회적 규범 등으로 인해 여성 노동이 비효율적으

4 2018~2022 국가재정운용계획 일자리 분야 보고서 자료를 인용함

로 배치되면서 경제적 손실을 야기할 수 있다. 생산가능인구가 감소하고 새로운 고용창출이 어려운 상황에서 여성 고용정책은 경력단절로 인해 30대에 현저히 줄어드는 여성고용률을 제고하기 위해서는 노동시장으로의 재진입과 경력개발 방안에 대한 보다 심도 있는 논의가 필요하다.

우리나라는 OECD 국가와 비교할 때, 30대 남녀고용률 격차와 대졸자의 남녀고용률 격차와 성별임금격차가 가장 크다는 점은 노동시장에서 여성인력을 제대로 활용하지 못하고 있음을 보여준다. 따라서 향후 일·가정 양립 정책은 여성에게만 주어진 부담을 남녀가 함께 나누고, 다양한 가족형태를 고려한 일·생활 균형 정책으로 확대하여 여성의 경력단절을 예방하고 궁극적으로 저출산 해소에도 기여할 수 있는 정책 지원을 강화해야할 것이다.

여성 인력의 임신·출산·육아로 인한 경력단절과 중장년기의 저임금 직종으로의 재진입은 노동시장 내에서의 차별의 결과인 수평적, 수직적 성별분리와 함께 높은 성별임금격차를 가져오는 요인이라 할 수 있다. 지난 20년간 여성의 연령대별 고용률의 변화를 보면, 만혼과 출산지연으로 고용률 최저 연령대가 30-34세에서 35세-39세로 이동하고, 최저 고용률이 47.3%

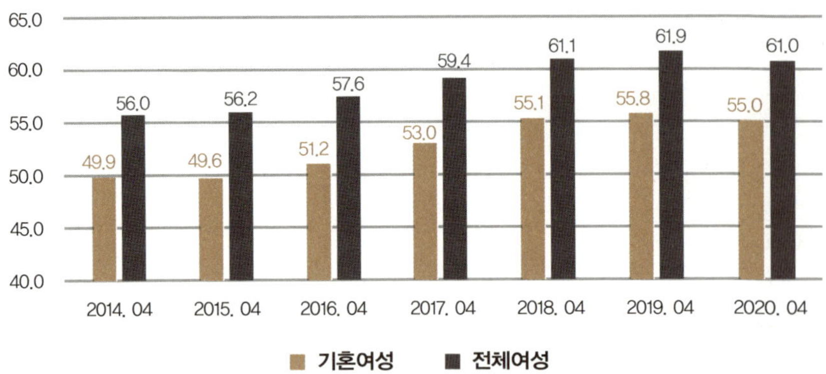

[그림 H-6] 30~39세 기혼 및 전체 여성 고용률(%)

출처: 여성가족부(2021)

에서 61.0%로 13.7%p 증가했지만 임신·출산·육아기 경력단절 현상은 여전하다. 또한 자녀 양육기 이후인 40~50대 중장년층 여성의 고용률이 현저하게 증가하는 현상을 발견할 수 있다. 연령대별 임금 격차를 보면, 20대의 성별임금격차는 10%가 채 되지 않으나, 연령대가 증가할수록 증가하여 경력단절 이후 재진입하는 40대부터는 여성 평균 임금 격차를 상회하기 시작하여 40대 후반 이후부터는 남성 임금의 절반 수준에 그치게 된다.

이러한 여성고용 문제점의 핵심에는 경력단절이 있고, 그로 인해 다양한 노동시장에서의 성별 격차가 나타나기 때문에 노동시장에서의 성별 격차 해소는 매우 중요한 정책영역이며, 특히 학교를 졸업하고 노동시장으로 첫 진입하는 청년여성들은 교육영역에서의 정책대상과 경력단절 여성이라는 정책대상 사이에 사각지대에 위치해 있다. 여성은 학교에서는 거의 차별을 느끼지 못하고 남학생과 동등하게 경쟁하지만 졸업과 함께 노동시장으로 첫 진입하는 순간부터 다양한 노동 시장적 차별 상황에 직면하게 되는데, 특히 질 낮은 일자리로 첫 진입하게 되는 경우 결혼이나 출산을 계기로 비경제활동인구로 빠지거나 계속 나쁜 일자리로 떠돌게 되는 경우가 발생하여 경력단절이나 비정규직의 악순환으로 이어진다. 따라서 이 시기 청년 여성들이 노동시장으로 나가기 전과 나갈 때 경력개발과 유지에 필요한 지원이 이루어지지 않는다면 여성고용의 고질적인 문제는 해결될 수 없을 것이다.

남성은 연령대가 높아질수록 정규직의 규모가 지속적으로 증가하는 추세를 나타내는 반면, 여성은 20~28세까지는 남성보다 정규직 수가 많다가 28세를 기점으로 줄어들어 32~34세에는 남성에 비해 절반 정도 수준까지 떨어진다. 비정규직 규모를 살펴보면, 남성은 대학졸업 전인 23~25세에 가장 많았다가 연령대가 높아질수록 줄어드는 추세인 반면, 여성은 정규직 규모가 감소하는 29세부터 비정규직의 규모가 증가하여 32~34세에는 여성의 비정규직 규모가 남성보다 역전된다. 경력단절여성 전체를 대상으로 경력단절이 발생한 시점을 산출한 결과 57.9%가 15-29세의 청년층 연령대에 경력이 단절되었다. 여성의 경력단절 문제는 신규 졸업자의 취업난과 별개의 문제로 인식되어 왔으나, 청년여성의 고학력화에 따라 학업종료 연령이 높아지는 경향과 졸업 후 직업세계 안착의 어려움 등으로 인해 졸업 후 취업난이 경력단절로 이어질 위험이 높아지고 있다. 이에 따라 청년여성들이 첫 일자리 진입 이후 일자리를 지속적으로 유지하고 있는가, 일자리의 질이 좋아지고 있는가에 대해 관심을 둘 필요가 있다.

여성들의 인적자원수준이 높아진 것에 비해, 경력단절로 인해 이 인력들을 노동시장에서 활용하지 못하는 것은 국가적으로도 큰 손실이다. 특히 저출산·고령화에 따른 인구구조 변화가 심화됨에 따라 여성인력의 활용은 더욱 중요해지고 있으며 4차 산업혁명 등 미래사회 변화에 따른 맞춤형 지원방안을 준비해야 할 시점이다. 특히 4차 산업혁명은 단순일자리의 감소로 인한 여성의 고용창출력 약화라는 부정적 전망과 미래 변화 동력으로써

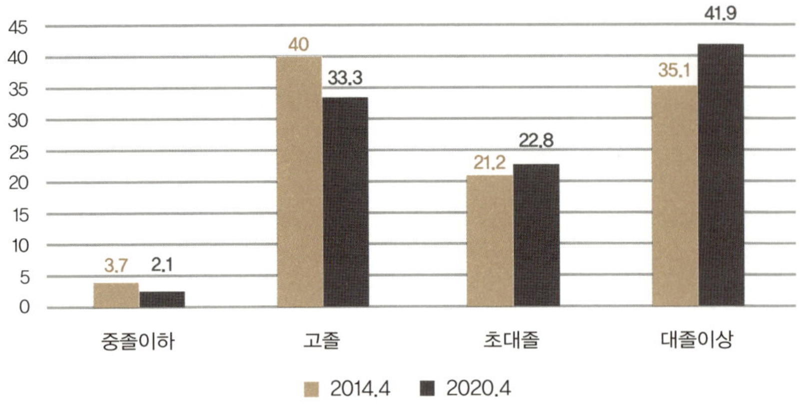

[그림 H-7] 2014, 2020년 경력단절여성 학력별 비중

출처: 여성가족부(2021)

적극적인 여성인력 활용이 필요해질 것이라는 긍정적 전망이 혼재한다. 일자리 전망이 밝은 분야에서의 여성인재 양성 및 차별화 전략과 재취업시 고부가가치 산업으로의 진출을 확대할 수 있는 맞춤형 서비스 제공 등 변화하는 산업구조에 유연하게 대응할 수 있도록 준비해야 한다. 4차 산업혁명을 선도하는 사물인터넷, 가상현실, 빅데이터 등의 새로운 분야에서 기술·제품을 개발하고 서비스를 담당하는 IT 관련 기술직 및 전문가의 고용 증가가 예상되므로 새로운 산업의 수요에 부합하고 경력단절여성의 직업능력을 높이기 위하여 여성 대상 취업지원 직종 및 훈련과정을 4차 산업혁명 관련 직종으로 개편할 필요가 있다.

근본적으로 중소기업 일·생활 균형을 어렵게 하는 근본적 요인은 우리나라 특유의 노동시장 이중구조 때문이다. 좋지 않은 일자리다 보니 근로자들은 중소기업에 오래 머무르려 하지 않고, 여성들의 경우 결혼 및 임신을 하거나 출산을 하게 되면 이를 계기로 그만두는 사례가 빈번하다. 기업 입장에서도 몇 개월씩 되는 인력의 공백을 감당할 여력이 되지 않고 근로자 입장에서도 굳이 좋지도 않은 일자리에 머무를 이유가 없어서 결혼, 임신 및 출산을 계기로 퇴사를 선택하는 것이다. 이런 상황에서 중소기업은 인력의 공백이 생기는 휴직이라든지 제도를 새로 마련해야 하는 유연근무제도 등에 대한 거부감과 부담이 상당하다. 그러다 보니 아무리 많은 기업지원제도나 지원금이 있다하더라도 받는 혜택에 비해 들어가는 행정적 부담이 커서 유인이 전혀 되지 못하고 있다. 현재의 지원제도의 활용률을 높이려면 금액을 높이는 것보다는 신청을 간소화하고 선정과 관련한 정보는 기존의 정부행정자료를 최대한 활용하여 기업의 부담을 덜어줄 필요가 있다. 또한 중소기업의 다양한 특성을 고려하여 정책설계에 활용해야 한다.

정책제언 3

전통산업 전환 과정에서 중장년 이 · 전직 일자리 지원 강화 (1,966만4천명의 중장년층)

Action Plan

산업구조 변화에 대응한 중장년 특화형 맞춤교육훈련 프로그램 지원 강화가 필요하다.

1. 생애단계별 평생직업능력개발 인프라를 구축해야 한다.
2. 단기 · 중장기 수요 예측 전망에 따른 산업체에 필요한 맞춤형 직무전환 교육훈련 제공해야 한다.
3. 중장년층 경력과 필요한 디지털 역량 강화를 고려한 특화된 영역별 맞춤형 교육훈련이 필요하다.
4. 중장년층에 진입하는 40세 이상의 재직자에게는 주기적으로 능력진단의 기회를 제공하자.

중장년층은 개인의 생애주기별로도 우리나라의 지속적 경제 성장을 위해서도 매우 중요한 역할을 수행하고 있다. 개인적으로 볼 때 중장년층은 고령화로 인해 길어진 삶에서 자신을 정확하게 파악하고 자신이 좋아하는 일 또는 할 수 있는 일의 포트폴리오를 확대해야 하는 시기이며, 교육훈련을 통해 개인의 역량을 개발하고 자아실현을 추구해야 하는 시기이다. 중장년층인 40~64세에 해당하는 인구는 우리나라 총인구의 39.4%에 해당하는 1,966만 4,000명이고, 생산가능인구(15~64세)의 1/3 수준으로 저출산이 급속하게 진행되면서 생산가능인구의 절대적 규모도 줄어들고 있기 때문에 중장년층의 경제활동은 우리나라의 지속적 경제발전에도 매우 중요하다.

중장년층의 학력 등 인적자본 수준, 경제활동참가율 및 고용률은 과거보다 높아지고 있으나 세부적으로 차이가 있다. 연령대별로는 주된 일자리 퇴직 전 시점에서 비교적 활발히 활동하는 54세 이전 연령대와 퇴직이 본격적으로 이루어지는 55~59세 연령대 그리고 퇴직 이후 자영업이나 다른 일자리로 전직하는 60~64세 연령대로 구분 가능하다. 동일 연령대의 남성은 정체나 하락 추세이지만 여성의 경제활동참가율은 계속 증가하고 있다. 직업별 변화를 살펴보면 50세 이후부터 중고숙련에 해당하는 전문가 및 관련 종사자와 사무 종사자의 감소가 나타나며, 농림어업 종사자와 단순노무 종사자에서 다른 연령대에 비하여 고령층의 증가가 두드러지고 있다.

중장년층은 일반적으로 50대를 기점으로 고용 불안을 겪고 있다. 2021년 7월 27일 통계청이 발표한 경제활동인구조사 고령층 부가조사 결과에 따르면 취업 경험이 있는 55~64세 고령층 인구가 가장 오래 근무한 일자리를 그만둘 당시 평균 연령은 49.3세로 나타났다. 직장을 그만둔 주된 사유로는 사업부진·조업중단·휴폐업(33.0%) 등이 가장 많았으며, 권고사직·명예퇴직·정리해고(12.2%)를 포함하면 절반 가까이(45.2%)가 본인 의사와 상관없이 일자리를 잃은 것으로 응답했다. 특히 이들 중 54.8%가 재취업을 하지만 45.4%는 근무기간이 1년이 되지 못하는 것으로 나타났다. 이들이 가장 오래 근무한 일자리에서의 평균 근속 기간은 15년 2.1개월이었는데, 남성(18년 9.1개월)의 평균 근속기간이 여성(11년 6.1개월)보다 7년 3개월 더 긴 것으로 나타났다. 가장 오래 근무한 일자리를 그만둔 고령층 가운데 현재 취업 중인 사람은 52%에 불과했다. 나머지 절반가량은 퇴직 후 일자리

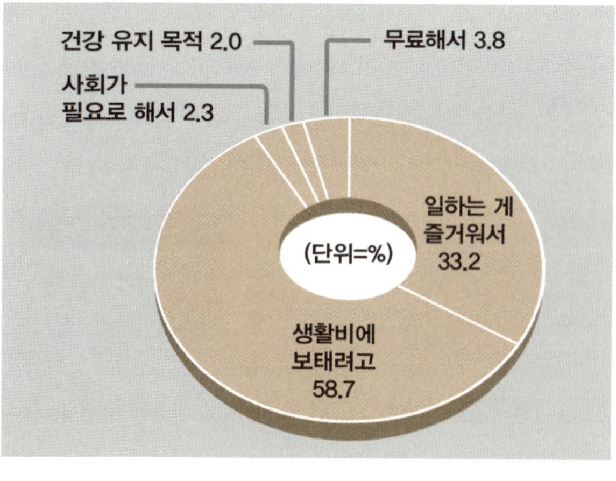

[그림 H-8] 55-79세 인구의 향후 취업 희망 동기

출처: 통계청(2021)

를 구하지 않거나, 구하지 못하고 있었다. 한편, 55~79세 전체 고령층 가운데 장래 근로를 희망하는 비율은 68.1%로 1년 전보다 0.7%포인트 상승했다. 현재 취업 상태인 고령층의 경우에는 93.1%가 계속 일하기를 원하는 것으로 나타났으며, 계속 근로를 희망하는 연령은 평균 73세까지였다. 근로 희망 사유는 생활비에 보탬(58.7%), 일하는 즐거움·건강이 허락하는 한 일하고 싶어서(33.2%) 순으로 나타났다.

더욱이 중장년층은 부모와 자녀에 대한 이중부담과 자신의 노후 준비로 인하여 다른 세대보다도 경제적인 부담 및 어려움을 겪게 된다. 따라서 이 시기에 퇴직이나 실업과 같은 부정적 생애 사건은 중장년층 개인과 가족에게도 빈곤과 해체를 야기할 수도 있다. 이처럼 노후대비가 부족한 고령층이 일자리 시장으로 몰려들고 있지만 연금을 받는 고령층은 전체의 절반에도 못 미치고 있는 상황이며, 고령층 가운데 48.4%는 월평균 64만 원의 연금을 수령하고 있었으며 계속 일하고 싶다고 밝혔다. 즉 월평균 수령연금 수준별로는 연금을 수령하지 않거나 수령금이 적을수록 일자리를 희망하는

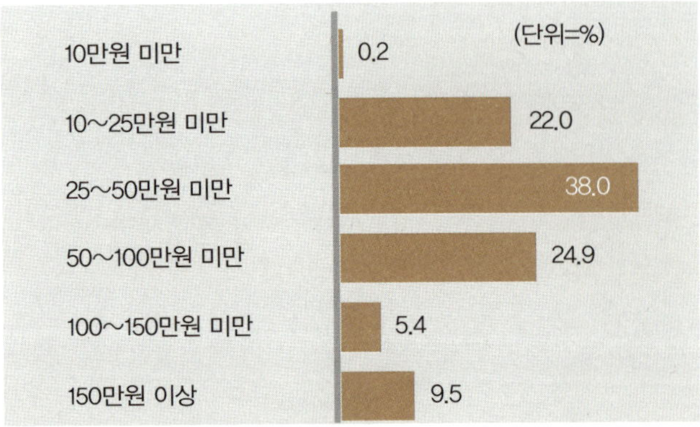

[그림 H-9] 55-79세 인구 월평균 연금 수령액

출처: 통계청(2021)

비율이 높아져 노후 생활자금 확보를 위해 일자리를 희망하는 것으로 나타났다.

일을 선택할 때 가장 중요하게 고려하는 사항은 일의 양과 시간대가 28.4%로 가장 높았고, 임금수준(23.8%), 계속근로 가능성(16.6%), 일의 내용(13.2%)의 순이었다. 연령 변화에 따른 작업능력의 변화를 보면, 남녀 모두 연령이 증가할수록 작업능력 평균치가 감소하는 것으로 나타나는데, 남녀 모두 45세를 기점으로 작업능력 점수가 하락하므로 이를 기점으로 추가적인 직업교육훈련 필요하지만 45세 이후 평생학습 참여율은 급감하는 경향을 보이고 있으므로 중장년층의 낮은 교육훈련 참여율은 직업의 숙련 수준 및 고용의 질에 부정적인 영향을 미칠 수 있다. 우리나라 중장년층의 인적자본 수준과 역량이 높아져 가고 있으므로 이를 고려하년 중장년층의 지속적 경제활동이 가능할 수 있다. 산업구조의 디지털화가 가속화되고 있으나 작업환경을 스마트화되면 중장년층의 생산성이 상승할 여지도 있기 때문이다. 이때 양질의 이·전직 교육훈련이 보완된다면 중장년층의 경험과 숙련을 활용할 가능성이 더욱 높아질 것이다.

40대~50대 초반의 근로자의 경우 대체로 연령-임금 곡선상의 정점에 있거나 혹은 정점 주위에 있는 상태이고, 50대 중반 이후의 근로자는 연

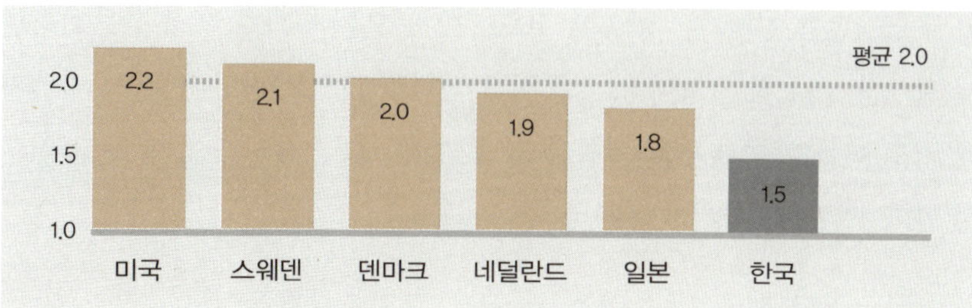

[그림 H-10] 직장에서 학습하는 능력

출처: 통계청(2021)

령-임금 곡선 상에서 뚜렷한 임금 감소를 경험하는 위치이다. 현재 임금이 하락하고 있는 근로자의 경우 직업교육훈련과 이에 부합하는 직업이동을 통하여 임금 손실을 최소화하는 것이 매우 중요하다. 퇴직한 중장년층은 새로운 일자리를 찾는 과정에서 매우 어려움을 겪었는데, 새로 하게 되는 일에 대하여 의미를 부여하고, 그 과정에서 주된 일자리 퇴직 후 손상된 자신의 존재감을 다시 회복해 나가는 과정을 통해 삶에 대한 만족감을 높여나가고 있음을 확인했다. 또한 직업뿐만 아니라 비직업적 활동 영역으로 삶의 중심을 점차 이동하고 있는 양상이다. 중장년층 대상 고용지원 사업은 직접일자리 제공, 직업훈련, 고용서비스, 창업지원 등이며, 생애단계별로는 재직근로자의 고용안정, 재취업, 퇴직 후 사회공헌 및 일자리 지원으로 구분된다.

기술구조 변화 등에 대응한 일자리의 변화 속에서, 전 국민이 미래를 대비하는 다양하면서도 적절한 직업능력을 향상할 수 있도록 생애에 걸친 평생직업교육훈련 지원이 필요하다. 특히, 디지털화 등에서 소외될 수 있는 중소 전통산업 종사 중장년층에 대한 직업교육훈련 지원이 무엇보다도 절실하다. 디지털화로 인한 직무전환이나 부가적 역량 향상이 필요한 근로자와 사업체를 연계하여 지원하고, 실제 디지털화로 인한 고용조정 및 직무전환의 수요가 발생하는 산업 및 사업체, 근로자를 대상으로 일터혁신사업 및 관련 직업교육훈련 사업들을 연계가 필요하다. 한편 지역경제는 주력산업 구조재편이 진행되는 와중에 코로나19가 모든 변화를 더욱 가속화하면서 지역간 소득 및 일자리 양극화 현상 심화될 것으로 전망된다. 특히 일자리 지도 변화와 숙련 수요 변동과 함께 지역 노동시장의 노동력 규모와 구성 변화가 이미 진행되고 있다.

〈표 H-1〉 지역노동시장 전환 가속화 현상

<table>
<tr><th></th><th>장기 추세</th><th>COVID-19 영향</th></tr>
<tr><td rowspan="6">일자리
지도 · 숙련
수요</td><td colspan="2">자동화와 디지털 전환</td></tr>
<tr><td>• 자동화로 인한 일자리 창출과 소멸이 항상 동일 지역에서 발생하지 않음
• 디지털 및 보완적 숙련 수요는 모든 지역사회에서 발생
• 모든 지역노동시장에서 일자리 양극화 현상</td><td>• 자동화로 인한 일자리 손실은 예상보다 빠르게 진행
• 재택근무, 전자 상거래 및 기타 디지털 도구 사용이 이미 크게 확대</td></tr>
<tr><td colspan="2">세계화</td></tr>
<tr><td>• 최근 세계화 지연과 추세 이동은 지역 특수성에 따라 다른 영향을 주고, 특히 상호 교역 가능 지역에서는 이런 경향이 더욱 분명</td><td>• 부품 공급망 위험 관리는 의료시설과 같은 전략적 부문을 재배치하고, 지역의 우수성 이동시키는데 이익이 되었으나 그 기능이 감소</td></tr>
<tr><td colspan="2">녹색 전환과 기후 변화</td></tr>
<tr><td>• 제조업 일자리(brown job) 소멸은 지리적으로 집중된 혼란을 낳고 있지만, 그것이 녹색 일자리 창출로 상쇄하지 않는 현상 발생
• 기후 변화는 일자리 소멸을 낳고, 지역경제가 가장 큰 변화를 받음</td><td>• 친환경 소비에 대한 소비자 선호도 증대
• 녹색 인프라에 대한 공공 투자 확대
• 어떤 희생을 치르더라도 일자리를 유지하려는 부문과 탄소 집약적 부문에서 전환하려는 부문 사이에서 새로운 긴장 관계가 형성되는지는 의문</td></tr>
<tr><td rowspan="6">지역 노동
시장의
노동력
규모와
구성</td><td colspan="2">고령화</td></tr>
<tr><td>• 대부분 국가 농촌 지역 노동력 소멸과 고령화 심화
• 모든 영역에서 고령 근로자가 자신의 숙련 수준을 최신 상태로 유지할 수 있어야 한다는 압박은 증대</td><td>• 점차 더 많은 농촌 지역이 새로운 거주자를 유치하여 고령화 인구를 상쇄할 수 있을지는 의문</td></tr>
<tr><td colspan="2">도시화</td></tr>
<tr><td>• 일자리와 노동자의 도시 집중, 특히 최고 숙련노동자의 도시 집중 심화
• 농촌 지역의 두뇌 유출</td><td>• 일부 인구의 대도시 탈출
• 농촌 지역 또는 주요 대도시 지역 이외의 기타 지역이 근로자와 일자리를 유치할 새로운 기회를 가질 수 있을지는 의문</td></tr>
<tr><td colspan="2">이주</td></tr>
<tr><td>• 국제 이주자의 도시 집중 현상</td><td>• 노동자와 학생의 국제적 이동은 적어도 단기적으로는 둔화</td></tr>
</table>

출처: OECD(2020), Job Creation and Local Economic Development 2020: REBUILDING BETTER, OECD Publishing, Paris

직업교육훈련 방식을 특화형 맞춤 교육방식으로 전환할 필요가 있다. 제조업의 경우에는 공정의 디지털화를 위하여, 공정의 단계를 이해하고 있는 기존 재직 근로자가 ICT 기술의 연계를 활용할 수 있도록 기업 내에서 관련 인력을 양성이 필요하다. 마케팅과 같은 서비스업의 경우에도 기본적으로 디지털 기술은 4차 산업혁명 시대에 노동시장 진입을 위한 입직 조건에 해당할 수 있으나, 디지털 경제를 최대한 활용하려면 그 이상의 기술 활용이 가능해야 한다. 직업교육훈련은 개인별 능력진단 및 상담을 통하여 이루어질 필요가 있다. 실제 능력진단과 심층상담은 동시에 이루어지게 되는데 이 과정을 통해 중장년층은 나의 현재 직무능력 등을 점검하고 향후 직업경로와 직업교육훈련 참여 목적이 현재 직업 유지를 위한 직무향상 교육훈련인지 또는 고용연계(직업이동)를 위한 교육훈련인지 를 결정해야 한다. 따라서 적어도 중장년층에 진입하는 40세 이상의 재직자에게는 주기적으로 능력진단의 기회를 제공해야 할 필요가 있다. 직업과 관련된 경력 및 태도, 직업과 관련된 프로젝트 수행 결과 등을 종합한 통합적인 능력진단이 필요하며, 이를 통해 결론을 도출하고 향후 직업과 관련된 개인별 액션플랜을 작성한 후 직업교육훈련 목표를 설정하도록 지원해야 할 것이다.

통계청이 지난해 발표한 우리나라 기대수명은 83.3세이다. 그러나 실질적인 은퇴연령이 50대 초반으로 미래를 준비하지 않으면 안 된다. 우리나라는 OECD 노인빈곤율 최저국가이다. 국민연금연구원 자료에 의하면 은퇴 후 노인부부가 필요한 한달 표준생활비는 약 210만원이나, 공적연금과 기초연금으로는 부족한 상황이다. 우리나라 공적연금 130만원 이상 수급비율은 8.98%이며, 베이비부머 세대의 순자산 규모는 2018년 기준 평균 3억 5천만원으로 발표된바 있다. 생산인구 소득을 거둬 비생산인구에게 분배하는 구조인 국민연금, 건강보험 등은 생산가능인구가 줄어 세입은 감소하는데 고령인구 증가로 세출은 급증하여 지속가능 할 수 없다. 은퇴예정 세대

중 공적연금으로 필요한 노후소득을 충족하지 못하는 이들은 이에 대한 대비가 시급한 실정이며, 기초연금 대상자 급증으로 인한 국가재정에 대한 관리가 중요한 시점이다.

정책제언 4 **취약계층을 위한 고용안전망 구축 강화 (인구의 17% 수준의 취약계층)**

Action Plan

취약계층을 위한 고용서비스는 전문성과 축적된 데이터에 기반하여 구직자의 특성을 고려하여 제공하라.

1. 취약계층에 대한 고용보험 적용을 확대하고 지속가능한 고용안전망을 구축해야 한다.
2. 구직자 개인별 맞춤형 전문 상담을 제공하고, 적합한 이 자리에 취업을 알선해야 한다.
3. 취약계층의 근로의지를 고취시키고 역량 강화를 위한 일경험 기회를 제공해야 한다.
4. 중앙정부, 지자체, 지역대학, 노사 등 이해관계자들과 협업을 통한 취약계층 일자리 지원 필요하다.

고용상황은 코로나19 확산세가 증가할 때마다 비대면 선호, 매출 자제, 거리두기 강화 등의 영향으로 취약계층 고용이 나빠지는 양상으로 진행되므로 위드 코로나하에서도 감염병 확산 상황을 주시할 필요가 있다. 세계적인 상황을 살펴보더라도 코로나19로 인한 노동시장 전망은 긍정적이지 않다. 최근 ILO의 발표를 인용하면 코로나19 사태로 올해 9월까지 전세계 노동자들의 임금 소득이 지난해 같은 기간에 비해 10.7% 감소한 것으로 나타났다. 특히 개발도상국의 비정규직이나 단기일자리 노동자들의 어려움은 과거의 어떤 위기 때보다 심각한 상황으로 보고하고 있다. 노동시간이 급격히 줄어들면서 취약계층을 중심으로 임금소득이 급격히 감소하였으며, 중하위 소득 국가 노동자들의 소득 감소폭은 고소득 국가의 감소폭 9% 대비하여 높은 수준인 15.1%로 나타났다. 노동시장의 이

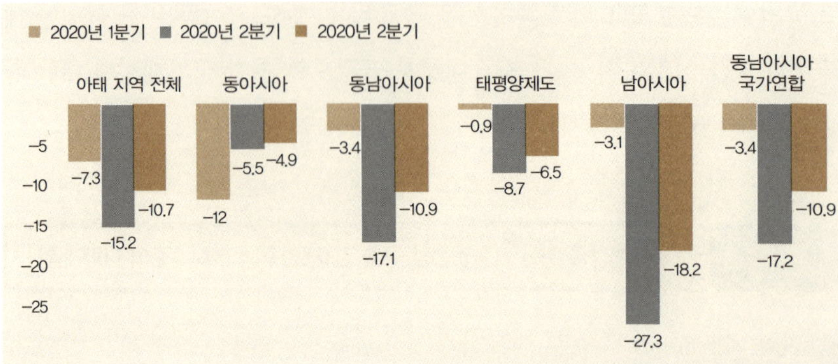

[그림 H-11] 아시아 태평양 지역 노동자 근무시간 변화(%)
출처: ILO(2020)

러한 어려움이 단기간에는 해소되지 못할 것으로 판단되며 소비여력 감소로 세계경제 회복도 늦어질 것으로 보인다. 특히 개도국의 비정규직이나 파트타임 일자리에 종사하는 노동자들의 상황은 더욱 심각한데 고소득 전문직종 근로자와 같이 재택근무 등을 통한 충격을 완화할 여력이 부족하여 코로나19로 노동활동의 직접적인 제약을 받고 있다.

국내에서도 소상공인은 물론 저임금·저숙련 일자리에 종사하고 있는 근로자들에게는 갑작스런 소득손실이 삶에 치명적인 영향을 주고 있다. 코로나19 재확산과 사회적 거기두기 4단계의 격상은 실물경기에 크게 영향을 미치면서 원활한 경제활동에 부정적인 영향을 미치면서 지역사회는 물론 대기업, 중견·중소기업의 구인수요는 크게 감소하였다. 기업 채용계획의 취소나 연기는 80% 이상에 이르고 있으며, 청년층의 신규채용은 물론 비정규직이나 파트타임, 인턴십 업무에 종사하던 근로자들의 단기 일자리가 상당부분 감소하였다. 청년이나 취약계층의 구직수요는 상대적으로 증가하고 있으나, 전반적인 고용상황이 더욱 악화되면서 양질의 일자리는 줄어들고 있는 상황이다. 최근 이들에 대한 취업지원 서비스 수요가 가파르게 증가하고 있으나 공공 및 민간고용서비스기관 현장에서는 대면서비스 제약 등으로 투입할 수 있는 역량과 인력의 한계에 부딪히고 있는 상황이다. 기존의 대상별, 업종별 전문성이 떨어지는 취업지원서비스 체계로는 코로나19로 인해 변화된 사회문제를 해결하는데 한계가 있는 것이다.

2010년부터 2021년까지 과거 10년간 일자리 분야 재정지출의 추이를 살펴보면 2009년 이후 10여년 동안 일자리사업 예산은 연평균 8~9% 증가한 결과, 11조7000억에서 2022년 예산안 31조3225억으로 20조 가까이 증가했다. 지방정부도 중앙정부 지원 없이 자체적으로 일자리사업에 투입하는 예산과 추경을 고려하면 35조 수준에 이를 것으로 보인다. 이들 예산 중에서 큰폭으로 증액된 부분은 고용회복, 산업구조변화 대응, 고용안전망 확충 등을 중심으로 확대되었다. 코로나19로 인한 고용위기의 여파는 지속가능한 고용안전망의 필요성을 더욱 부각시키고 있다. 자영업자 및 취약계층을 중심으로 일차적 고용안전망이라 할 수 있는 고용보험 확대의 논의가 본격적으로 이루어지고 있다. 기술발전에 편승하여 공유경제, 플랫폼노동 등 새로운 고용 형태가 출현하고 있으나 고용안전망이 이러한 노동자들을 유연하게 포괄하지 못하는 상황이다. 특히 특수고용형태 종사자는 실제 고용주-피고용자 간의 고용관계를 유지함에도 노동비용 절감을 위해 사업적 계약관계를 맺고 있어 고용보험 사각지대에 놓여있는 상황이다. 향후 저소득 실업자와 구직자를 대상으로 하는 국민취업지원제도의 성공적 안착을 위해서라도 고용보험의 사각지대인 특수고용형태 종사자들을 위한 고용보험의 적용 확대에 대한 논의가 필요한 상황이다.

고용안전망 확충의 일환으로 그간 고용보험 사각지대에 있던 구직자 등을 포괄하는 국민취업지원제도를 도입할 예정이며, 구직급여의 보장성 강화를 위해 지급액을 10%p 인상하고, 지급기간을 30일 연장했다. 고용서비스 강화를 위해서 고용센터 분소를 설치하고 심리·집단상담 프로그램 확대

영유아 · 아동	청년	중장년	어르신
• 임신바우처 확대 (60 ➡ 100만원, 건강보험) • 0~1세 영아수당 (월 30만원, 신규) • 첫만남 이용권 (출생시 200만원, 신규) • 아동수당 확대 (7세 미만 ➡ 8세 미만, +43만명) • 입양아동 위탁보호비 (월 100만원, 신규)	• 장병 사회복귀준비금 (장병750+정부250=1000만원, 신규) • 청년 월세 한시 특별지원 (월20만원, 12개월) • 청년내일저축계좌 (청년360+정부1,080(최대)=1,440만원) • 국가장학금 지원 확대 (5~8구간 67.5~368 ➡ 350~390만원) • 청년일자리도약장려금 (14만명, 신규)	• 사업재편 종사자 15만명 직무전환 · 전직지원 – 중장기 유급휴가훈련(1만명) – 산업구조 특화훈련(2.5만명) – 새출발 크레딧(0.5만명) – 노동전환지원금(0.2만명) • 경력단절여성 사회복귀 새일센터 인턴(0.8만명) • 한국형 상병수당 시범사업 (263만명, 신규)	• 기초연금 지원 확대 (598 ➡ 628만명) • 노인일자리 확대 (80 ➡ 84.5만개) • 디지털 돌봄 확대 (8.4 ➡ 12.7만명) • 응급 안전안심서비스 확대 (20 ➡ 30만명) • 실버마이크 – 어르신예술창작 · 공연활동 지원 (100팀, 최대750만원, 신규)

[그림 H-12] 생애주기별 주요 지원 내용

출처: 기획재정부(2020)

등 국민취업지원제도 도입에 따른 수요증가를 뒷받침할 예정이다. 또한 취약계층에 대한 맞춤형 지원으로 돌봄·안전 등 수요가 증가하는 분야에 대한 사회서비스 일자리를 지속적으로 확대하여 2022년까지 34만개를 목표로 하고 있다. 한편 생애주기별 지원을 통해 청년·신중년·노인 등 연령별 일자리 애로 해소를 지속적으로 지원할 방안이다. 특히 여성의 사회진출이 증가하는 시점에서 일하는 여성에 대한 출산·육아 지원을 강화하고, 장애 연령별·유형별 애로사항을 해소하고 직업능력 개발 지원을 강화한다고 발표했다.

그러나 이러한 적극적인 노동시장 정책과 고용안정망 확충을 위해서는 우선 일자리 예산산업의 형평성, 효과성, 효율성을 철저하게 분석하고 사업 목적에 맞게 예산집행이 수반되어야 할 것이다. 우선 형평성 측면에서는 취약계층 지원 확대 및 고용 사각지대 해소를 위한 노력을 통해 수직적형평성을 향상시켰다고 볼 수 있으나, 한정된 예산으로 동일한 자격의 지급대상에게 혜택이 주어질 수 있는 수평적 형평성은 여전히 낮은 것으로 판단되며, 이에 대한 보완책 마련이 필요할 것이다. 효과성 측면에서는 목적 대상자인 근로자, 구직자, 사업주에게 직접 제공될 수 있도록 제공된 측면에서 목표의 양적 달성도는 높으나 일자리 질의 개선 측면에서는 여전히 부족하다고 하겠다. 특히 고용장려금 지출 확대에 따른 효과성 제고 및 사중손실을 줄이는 방안에 대해서는 중장기적 관점에서 마련하는 것이 필요하다. 마지막으로 효율성 측면에서는 한정된 예산을 고려하여 성과기반 사업관리를 강화하고 핵심지표와 최소 성과기준을 설정하여 미달성 시 사업을 폐지하거나 강도 높은 사업 재설계를 추진하는 노력이 필요하다. 인구구조 변화에 따른 취업자 증감은 주로 구조적인 요인에서 기인하기 때문에 정부정책으로 단기적인 개선은 어려울 수 있다. 이에 인구 및 생산가능인구 증가율 둔화에 따른 급격한 취업자 증감의 축소를 완화하기 위해 정부는 산업 및 지역 맞춤형 노동시장 정책을 통해 고용탄력성을 높이기 위한 정책 수립이 필요하다.

신종코로나 확산으로 내수 위축, 수출 감소 등 실물경제에 영향을 미치면서 원활한 경제활동이 이루어지지 못함에 따라 민간기업의 좋은 일자리 구인수요는 더욱 감소하고 있다. 특히 취약계층이나 청년층의 구직수요가 상대적으로 증가하면서 전반적인 고용상황도 더욱 악화될 것으로 보이며, 공공 취업지원 서비스 수요가 증가가 가파르게 증가할 것으로 전망되고 있다. 그러나 실제 현장의 공공고용서비스 기관은 대면서비스 제약 등으로 투입할 수 있는 역량과 인력의 한계에 부딪히고 있는 상황이다. 기존의 고용센터 취업지원서비스 운영체계로는 코로나19로 인해 변화된 사회문제를 해결하는데 한계가 있을 수밖에 없을 것으로 판단되며, 집단상담, 대면상담, 사업장 방문 구인개척 등의 전형적인 취업지원 업무방식을 포스트 코로나 이후 상황에 맞게 전환할 필요가 있는 것이다.

장기 경기침체 등으로 사회적 약자인 취약계층에게 미치는 영향은 계속

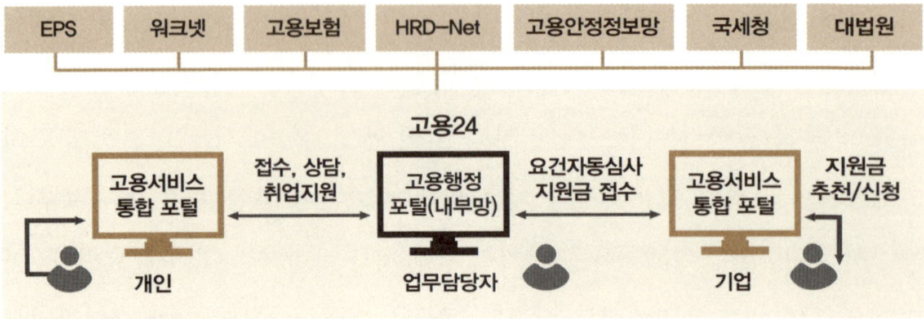

[그림 H-13] 고용24 서비스 구축안
출처: 고용노동부(2021)

커지고 있다. 공공고용서비스 영역은 이러한 미래에 대한 준비를 위해 AI, 비대면 서비스 확산 등 국내외 주요사례를 벤치마킹하여 신속하게 변화에 대비해야 할 것이다. 온라인 비대면서비스의 확산이 직업상담사 인력의 축소를 의미하지 않는다. AI가 수행할 수 있는 업무 영역에 대한 효율성은 강화하되, 직업상담 전담인력의 전문성을 고려하여 고용서비스 품질을 향상시킬 기회로 생각해야 할 것이다. 구직자 개인별 맞춤형 취업알선에 있어 온라인이나 AI가 해결할 수 있는 부분은 한계가 있을 수밖에 없으며 심층상담이나 경력개발을 위한 전문상담에 대한 수행은 충분한 경력과 자격을 갖춘 인력을 통해서 수행될 수 있는 것이다. 포스트 코로나, 국민취업지원제도 도입, 전국민 고용보험제도 검토 등 공공고용서비스의 중요성이 강조되고 있는 상황에서 IMF이후 가장 어려움을 겪고 있는 취약계층, 청년구직자 등이 고용시장의 한파를 이겨낼 수 있도록 철저한 준비가 필요한 시기임을 인식해야 할 것이다.

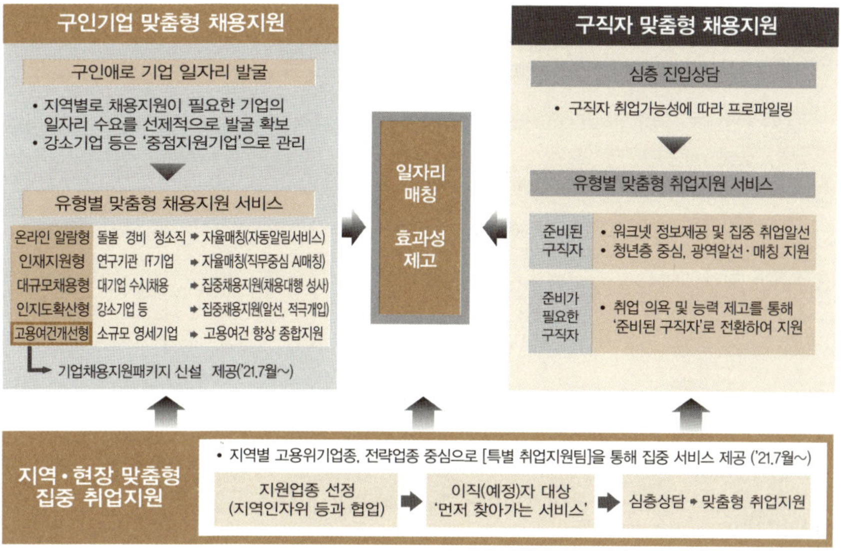

[그림 H-14] 맞춤형 채용 · 취업 서비스 강화 방안

출처: 고용노동부(2021)

정책제언 5 소상공인 재취업지원 강화 (630만명의 소상공인)

Action Plan

고용인구 대비 42%를 차지하는 소상공인 대상 재취업지원 통합거버넌스를 구축하라.

1. 폐업하는 소상공인 중 재취업 희망자에 대한 체계적인 전환지원이 필요하다.
2. 소상공인 특성을 분석한 데이터 기반 단계적 고용서비스 지원방안을 마련해야 한다.
3. 이해관계자 연계 · 협업을 통해 소상공인의 특성을 반영한 단계별 통합고용서비스 제공 필요하다.
4. 소상공인 월별 매출액, 계절별, 이슈별 추이 분석을 위한 데이터 관리 강화가 필요하다.

코로나19 사태 이후 국내 소상공인의 경영악화가 지속되고 있다. 코로나19 4차 확산에 따른 사회적 거리두기 강도가 격상되면서 명절 대목을 기대하기도 어렵고 소상공인 체감경기도 개선될 기미가 보이지 않는다. 2021

년 11월 말부터 시작된 사회적 거리두기 강화 등으로 인한 9시 이후 영업 금지 조치로 인한 타격은 생각보다 큰 것으로 나타났다. 2021년 8월 소상공인시장진흥공단에 따르면 소상공인의 경기체감지수(BSI)는 34.8을 기록하면서 전년 동기 67.6 보다 32.8p 하락했으며, 전통시장 BSI도 32.6을 기록하여 전년 동기 대비 16.6p 하락한 것으로 나타났다. 코로나19 1차 유행시기인 지난해 3월 이후 잠시 회복했다가 지속적으로 하락하여 4차 유행이 시작된 지난 7월 이후에는 30p대로 하락한 것이다. 실제 체감경기도 낮아지면서 자영업자 수도 현저하게 줄어들었다. 통계청에 따르면 지난해 연평균 자영업자 수는 553만1000명으로 외환위기 직전인 1994년 537만6000명 이후 가장 적은 수치로 전년 대비로 7만5000명이 줄어들었다. 그나마 버티고 있는 자영업자들도 인건비 절감을 위해 고용을 줄이고 있다. 8월 고용동향을 살펴보면 고용원이 있는 자영업자 수는 136만3000명으로 전년보다 17만2000명이 감소했는데 이러한 수치는 1997년 외환위기 이후 23년 만의 최대 감소폭이다. 반면 직원을 두지 않는 자영업자는 419만3000명으로 작년 동월 대비 6만6000명이 증가했다.

우리나라 소상공인은 대략 630만명이 종사하고 있으며, 고용인구 대비 약 42%가 소상공인으로 선진국 대비 소상공인 비율이 높은 상황으로 코로나19 여파로 소상공인 폐업률이 급증하는 문제가 발생하고 있다. 정부는 이미 특수고용직·프리랜서 고용안정지원금과 소상공인 버팀목자금 등 주요 현금지원 사업을 집행하고, 104만개에 달하는 직접일자리 사업도 마련한바 있다. 그러나 이러한 단기적인 정책으로는 고질적인 고용구조의 개선 문제를 해결하기는 어려울 것으로 보인다. 몇 차례 추경을 통해 코로나19 이후 경영 등에 어려움을 겪는 소상공인 대상 재난지원금 성격의 금융지원은 지속되고 있으나, 임시지원 성격이 강하며 장기적으로 경쟁력을 잃은 소상공인에 대한 취업지원 확대 정책의 검토가 필요한 상황이다. 즉 폐업하는 소상공인에 대한 기존의 재정지원 방식이나 재창업 지원뿐만이 아니라 체계적인 재취업으로의 전환 지원이 필요하다.

기존 소상공인 폐업지원 정책은 폐업에 대한 법적·행정적 지원, 재창업에 대한 지원이 주를 이루고 있으나, 폐업 후 취업으로 연계되는 지원 규모나 내용은 상대적으로 적은 비중을 차지하고 있어 현실적인 요구의 반영이나 사업 내용 변경이 필요한 상황이다. 특히 일반 근로자 대비 낮은 고용보험 가입률, 소상공인 관련 부처 및 지원기관 연계성 미흡, 재창업 지원 중심의 정책지원 한계 등으로 양질의 직업훈련을 포함한 통합고용서비스 이용에 한계가 발생하고 있어 이에 대한 보완이 필요하다.

창업, 운영단계, 폐업지원 등 창업 단계에 따른 다양한 지원정책이 있으나, 폐업 후 재취업 지원은 희망리턴패키지 사업에 국한되어 운영 중에 있다. 희망리턴패키지 사업은 재취업 지원 정책이나, 폐업지원, 법률자문, 재창업 교육 등 취업 이외의 지원이 다수이며, 체계적인 재취업 지원이 부족한 상황이다. 특히 재기 지원을 위한 센터가 존재하고 있으나, 소상공인 관련 업무를 전반적으로 지원을 하는 소상공인지원센터 내 소규모로 운영 중이며 일부 지역에 국한되어 운영되고 있다. 이에 소상공인 재기 지원을 위해 재취업 지원 거버넌스 구축, 재취업 지원 적정규모 검토, 개인 맞춤형 지원, 적정 일자리 발굴 등이 필요한 상황이다. 재취업 지원 총괄 거버넌스로 소상공인 재취업지원센터를 설치하고, 유관부처 및 기관 간의 협업을 위한 소상공인 재취업 지원 협의체를 구성하며, 성공적인 재취업을 위한 상담-교육훈련-취업연계지원의 단계별 접근이 필요하다. 이렇게 함으로써 이들의 경험을 살린 중소기업, NPO, 사업컨설팅, 기타 공공기관 관련 인력 등 다양한 인력 수요처를 발굴할 수 있을 것이다.

한편 재취업 지원을 위한 별도 예산지원과 재취업과 창업지원 예산을 분리하는 노력도 필요하다. 또한, 소상공인의 특성을 반영한 특화된 고용서비

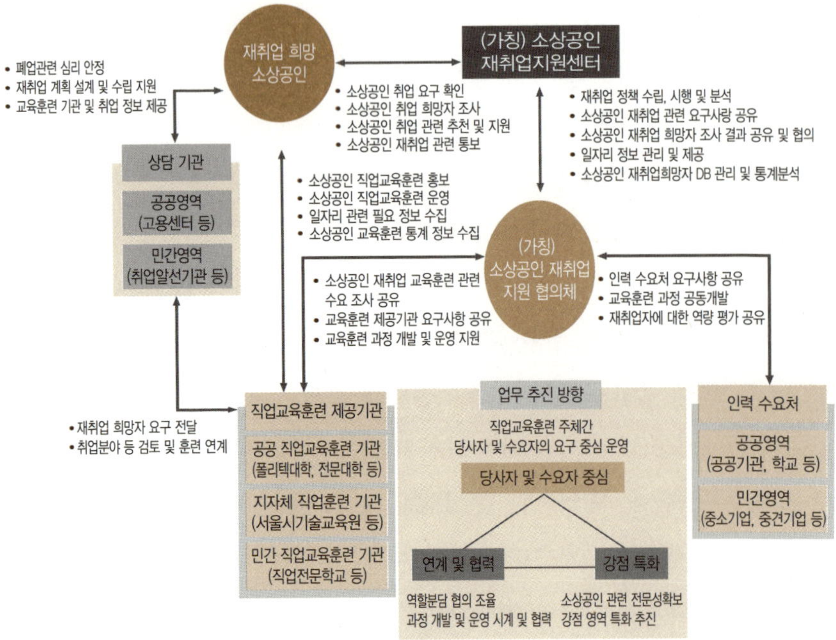

[그림 H-15] 소상공인 재취업을 위한 지원 프로세스

출처: 윤동열 외(2020)

스 제공이 필요하다. 소상공인은 다른 실직자에 비해 취업 경험 미흡에 따른 부담 등 심리적 불안감이 높다. 현재 폐업(예정) 소상공인에 대한 전문적인 진단과 상담을 수행하는 기관은 부재하며 일반 실직자와 동일한 상담 서비스를 제공하고 있다. 이밖에도 취업상담기능 강화, 직업훈련기관과의 협업 등을 통해 소상공인 특성을 분석한 단계적 고용서비스 방안을 마련해야 한다. 정부의 여성재취업사업, 베이비부머사업, 신중년특화과정 등과 연계하는 것도 하나의 대안이 될 수 있다. 중소기업 일자리 플랫폼, 고용노동부의 워크넷 등 고용서비스 데이터베이스와 연계를 강화하고 유관기관과의 협업 체계를 공고히 하는 노력도 필요할 것이다. 이를 통해 중소기업 일자리 플랫폼을 활용한 소상공인 특성을 반영한 고용서비스 제공은 물론 워크넷 등

기존 고용서비스 데이터베이스와의 연계·협업을 통해 단계별 통합고용서비스 발전방안도 마련할 수 있을 것이다.

또 다른 하나의 문제점은 현재 우리나라에는 중소기업·소상공인에 대한 창·폐업 공식통계가 존재하지 않는다는 것이다. 통계청은 매년 전국사업체조사와 기업생멸 행정통계로 사업체 수와 생존율 등을 공개하고 있으나, 기업생멸 행정통계에는 대기업을 포함한 전체 기업의 생존율·소멸률이 나오지만, 중소기업이나 소상공인의 폐업률을 따로 알 수 있는 통계항목 없고 연 1회만 발표하여 실제로 시의성도 떨어진다. 납세 데이터를 근거로 신규·폐업 현황을 조사하는 국세청 국세통계연보에도 중소기업·소상공인 폐업률은 따로 나오지 않는다. 사업자를 기준으로 한 조사다 보니 임대사업자·간이사업자, 부가세 면세사업자 등 포함되는 범위가 넓어 중소기업·소상공인만 특정하기가 어려운 것이 현실이기도 하다. 특히 소상공인 매출 통계는 연간 통계(전국사업체조사, 통계청)로 2018년 기준까지 작성되어 있으며, 월 단위로 별도 집계를 하지도 않는다. 또한 소상공인 폐업현황 역시 연간 통계로만 관리될 뿐 월별 자료는 부재하며, 이마저도 2017년도 가장 최신자료이다. 월별 매출액 데이터를 확인할 수 있어야 계절별, 이슈별 추이를 분석해 제대로 된 대응 방안과 지원정책을 마련할 수 있음에도 불구하고 기본적인 데이터 관리조차도 이행되고 있지 않은 것이다.

세부적으로 이를 살펴보면 재취업 지원정책의 설정 기준은 총 네 가지로 설정할 필요가 있다. 첫째, 재취업지원 거버넌스 구축은 소상공인과 관련된 중소벤처기업부, 재취업과 연계된 고용노동부 등 관계 부처, 소상공인시장진흥공단, 중소기업중앙회 등 관련기관, 고용서비스와 관련된 기관 등이 종합적으로 참여하는 거버넌스 구축이 필요하다. 둘째, 재취업 지원 적정 규모 검토는 폐업 또는 재기가 필요한 소상공인의 현황을 분석하여 재창업이 가능한 규모와 재취업이 필요함 규모를 구분하여 정책 및 예산 배분이 필요하다. 이를 통해 단기적으로 폐업 소상공인의 취업 및 생활안정을 지원하는 한편, 장기적으로 소상공 분야의 적정 규모를 바탕으로 경쟁력을 상실할 수 있는 소상공인의 이·전직 지원이라는 관점에서 의의가 있다. 셋째, 개인 맞춤 지원은 노동시장으로의 이행이 이루어지는 학령기 학생이 아닌 사회경험이 풍부한 소상공인의 재취업을 지원하기 위해 사전 경험 등을 종합적으로 분석하여 상담, 교육훈련, 매칭 등이 이루어지도록 지원해야 한다. 넷째, 적정 일자리 발굴은 소상공인의 경력을 살려 업무를 지원할 수 있도록 단순

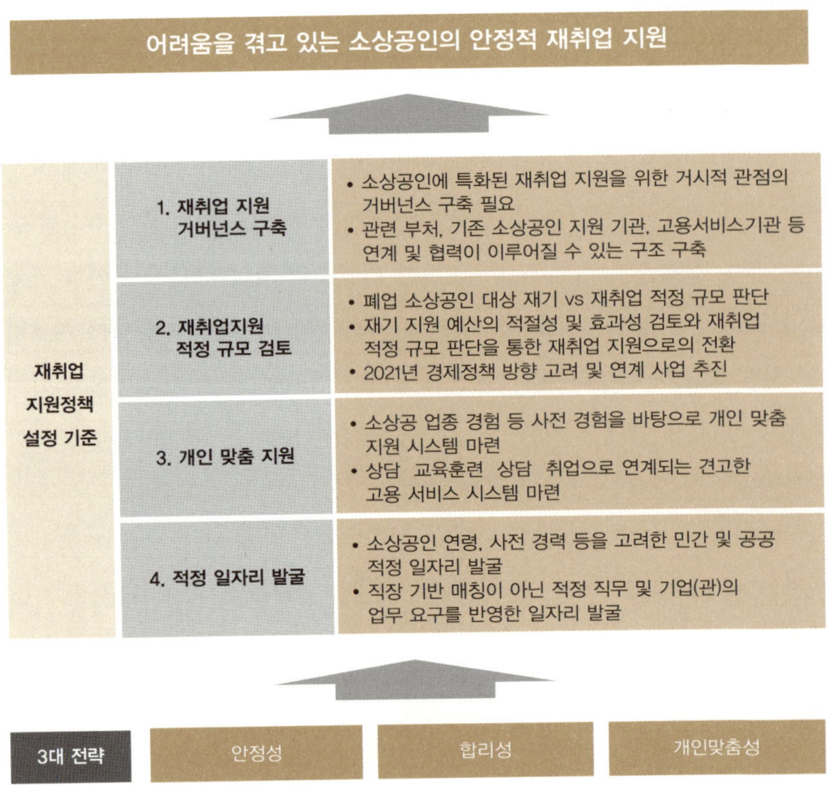

[그림 H-16] 소상공인 재취업 지원정책 설정기준안

출처: 윤동열 외(2020)

일자리 부족 직장이 아닌 직무나 필요 업무를 바탕으로 일자리를 발굴·매칭하는 방안이 필요하다.

정책제언 6 **일자리부총리 제도 도입을 통한 일자리 거버넌스 강화 (18부 5처 18청 2원 4실 7위원회)**

Action Plan

고용 · 복지 · 노동에 대한 총괄 조정 권한이 부여된 일자리 부총리 제도를 도입해야 한다.

1. 일자리 정책수립과 예산집행 수립의 권한을 가진 일자리 컨트롤 타워를 구축해야 한다.
2. 다양한 부처와 위원회에서 산발적으로 다루고 있는 고용문제에 대한 통합 거버넌스 구축이 필요하다.
3. 국가통합적 관점에서 지역일자리 생태계에 대한 수요예측, 협의, 조정 능력을 강화하자.

일자리 문제는 어느 국가에서나 그 나라의 가장 중요한 정책적 과제로 인식되어 왔다. 대한민국도 여야를 막론하고 정권을 잡으면 일자리 문제를 제 1과제로 내세워 왔으며 막대한 인적, 재정적 자원을 쏟아왔다. 문재인 정부도 일자리 대통령을 표방하고 대통령직속 일자리위원회를 가장 먼저 설치하고 대통령이 직접 위원장 자격으로 일자리 문제를 챙기고 있다. 집권 초기부터 청와대 내에도 일자리수석실을 신설하고 일자리현황판을 대통령 집무실에 설치해 일자리 문제 해결에 의욕을 보였으며 8개 대통령지속 위원회에서도 협업을 통한 지원을 강조하고 있다. 일자리위원회는 전체회의 비롯해 각종 일자리 관련 행사를 개최하였으나, 코로나19의 영향과 저성장 기조의 고착화로 민간부문으로의 일자리 창출로의 연계가 이어지지 못하면서 전년 대비 일자리가 21만8000개가 줄어들어 출범 초기의 강력한 의지를 무색하게 했다. 일자리를 늘리고 싶은 정부의 진정성이야 의심할 여지가 없겠지만 일자리 문제를 해결하겠다는 의지와 홍보만으로 해결되진 않는다. 지난 4년간 문재인정부의 일자리 창출이 뜻대로 되지 않은 이유를 돌아보고 방향성을 새로이 점검해 볼 필요가 있다.

현 정부의 일자리정책이 소기의 성과를 거두지 못하고 체감 고용률이 더욱 악화되는데는 코로나19라는 감염병의 외부적 요인도 있겠지만 일자리 문제를 해결하기 위해 정책의 방향을 설정하고 이를 범정부적으로 묶어낼 강력한 컨트롤타워가 부재하다는 점이 보다 근본적인 원인으로 작용한 것으로 보인다. 정부는 일자리위원회가 일자리 관련 컨트롤 타워의 역할을 수행한다고 하지만 근본적으로 일자리위원회는 대통령 직속 자문기구라는 한계를 벗어나기 힘들다. 당연직 위원들로 각 부처 장관들이 참여하고 노동자 대표, 사용자 대표 등을 위촉했지만 이들이 수시로 모여서 머리를 맞대어 대책을 논의했다고 하기에는 미국의 경제부문 자문조직과는 현격히 다르다고 볼 수 있다. 외형적으로는 대통령이 위원장으로 임명되어 있으나 실제 부위원장 체계로 운영이 되고 있으며, 기획재정부, 고용노동부, 산업부 등 실질적으로 일자리 관련 예산과 집행을 책임지고 있는 부처와의 관계에서 자문기구로서 실질적인 권한과 책임의 정도를 어디까지 가져갈지 판단하기도 어려운 것이다.

정부 재정지원 일자리가 단기 직접일자리가 아닌 경제 성장에 따른 기업의 고용 증대로 일자리가 늘어나려면 국가 자원의 효율적이고 집약적인 투자가 필요하다. 이 과정에서 각 부처 간의 이견은 말할 것도 없고 노동계, 산업계, 학계, 시민사회 등 우리 사회의 다양한 영역에서 의견을 여과 없이 받아들일 수 있는 조직역량이 필요하다. 실질적 권한 없는 자문기구는 이러한 복잡한 이해관계를 조율하고 정책의 우선순위를 결정하기 어렵다. 정부 부처 간 이견이 있을 때 이를 책임지고 정리할 힘이 있는 자리가 필요한 이유다. 대통령과 국무총리가 외교와 국방, 내치 전반을 종합적으로 관리해야 한다는 점에서 일자리 문제를 전담할 수 있는 고용·복지 부문을 총괄하는 부총리 자리를 만들어 정책의 키를 맡기는 방법을 고려해 볼 수 있다. 현재와 같이 교육부장관이 사회부총리를 겸하고 있는 체계로는 일자리에 대한 혁신도 고용과 복지, 교육을 연계시키는 통합적인 역량도 발현되기 힘든 것이다.

신설되는 일자리 부총리에게 강력한 정책집행 기능을 부여하고 정부와 내각, 지자체와의 협업을 총괄 및 조정할 수 있는 역할을 부여할 수 있을 것이다. 일자리 만들기에 필요한 예산 배정, 기관 간 역할조정과 기능재편 등 일자리 문제 해결에 필요한 최우선의 의사결정 권한을 부여하고 대통령 취임과 함께 동일한 임기를 부여하는 것이다. 새로운 일자리 담당 부총리에게는 대통령 긴급 재정·경제 처분권에 준하는 특별조치권한을 부여해 힘을 실어주되 특별조치에는 반드시 일몰시한을 명시해 문제해결에 속도를 내야한다. 현 정부 들어 일자리 분야에만 100조원 이상의 천문학적인 예산이 투입됐지만 청년 실업은 해결될 기미가 보이지 않고 있다. 물론 코로나19 상황과 한국경제가 저성장 기조에 접어든 것은 사실이지만 3년간 5조4000억원을 투입한 일자리안정자금의 일자리 증가 효과는 기업당 0.036명에 불과했으며 일자리 유지에 비중을 두었다. 엎친 데 덮친 격으로 코로나19 펜데믹까지 겹쳐 고용실적은 IMF이후 최악이라는 말이 나오고 있다. 노동생산성 강화, 인적자원 경쟁력 강화가 필요하다. 소득주도 성장 정책, 최저임금 인상 등은 분배적인 측면에서 수직적 형평성을 강화시켰으나, 한국경제 전반의 활력과 기업의 투자요인을 감소시켜 자본과 일자리의 해외유출을 늘린 것이다.

유럽 경영대학원 인시아드와 다국적 인력 공급업체 아데코가 발표하는 '세계 인적자원 경쟁력지수(The Global Talent Competitiveness Index·GTCI)'에 따르면 한국은 노사협력 부문에서 조사대상 132개국 중 119위에 머물렀다. 경직된 노사관계가 한국의 인적자원 경쟁력의 발목을 잡는다는 것이다. 게다가 경제활동인구의 은퇴 시기 연장, 여성의 노동시장 참여 확대로 일자리를 구하려는 사람은 많아지는데 일하는 시간 대비 총 생산량을 의미하는 노동생산성은 OECD 36개국 중 30위에 그치는 실정이다. 이러한 대내외적 상황은 인구구조와 산업구조의 변화를 고려한 근본적 대책이 뒷받침되지 않으면 일자리 대책의 효과성을 담보할 수 없다. 청년들의 고용안정성을 고려한 공무원 등 공공부문 선호 현상, 대기업 같은 양질의 일자리만 염두에 두는 구인, 구직의 미스매치도 심각한 문제다. 중소기업의 생산성 향상, 고용환경 개선을 위한 종합적 대책도 동시에 강구되어야 한다.

문제해결을 위한 과정이 중복되고 예산지출의 효율성이 담보되지 않는다면 성과를 기대하기 어렵다. 노조로부터도 지원받지 못하는 힘없는 노동자의 권리를 확보하도록 정부는 지원하되 경직된 노사관계의 매듭을 풀고 초저출산·고령화에 따른 인구구조의 변화, 4차 산업혁명의 진전으로 인한 산업의 고도화를 반영한 본질적 해법을 강구해야 한다. 우리의 현실을 냉정하게 진단하고 지금부터 할 수 있는 일과 해야할 일을 고려해 국가 자원의 집약적인 투입을 결정할 수 있는 책임 있는 자리를 만들어야 한다. 일자리 부총리는 그 대안이 될 수 있을 것이다. 미래세대의 경쟁력을 확보하기 위

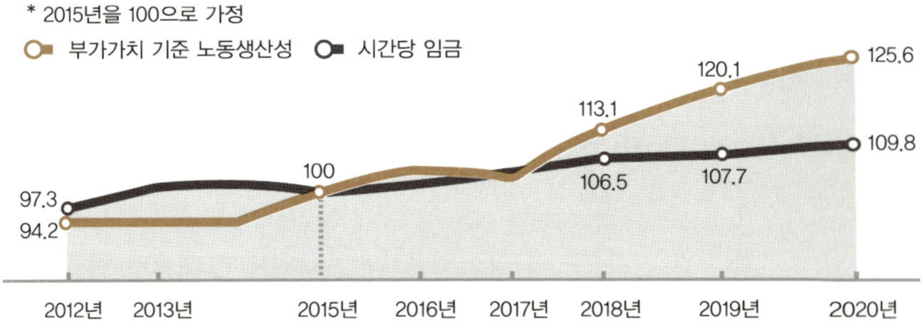

[그림 H-17] 국내 시간당 임금과 노동생산성 변화

출처: 한국산업연합포럼(2021)

해서는 이러한 난제를 깊이 있고, 전문적으로 다룰 수 있는 의지와 결단이 필요한 것이다. 좋은 일자리 창출은 더 이상 국내 정치적 과제가 아닌 글로벌 해결과제이자 국가의 생존을 위한 길이다.

정책제언 7 지역 좋은 일자리 거버넌스 구축과 인력양성 방안 (17개 광역시도, 226개 기초자치단체)

Action Plan

일자리 권역을 행정구역을 넘어 초광역 경제단위로 보고 단위별 지역고용기구 설치하라.

1. 지역 산업전략 추진을 주도하는 혁신적이고 대안적인 산·학·연·관 거버넌스 구축이 필요하다.
2. 실질적인 노사협력을 통한 지방 특화산업단지 일자리 창출 모델의 제시가 필요하다.
3. 지역기업이 주도하는 산학연관이 협업하는 지역특화 인재육성 프로그램을 만들자.
4. 행정단위를 넘어선 지역 경제고용발전전략 수립과 함께 고용정책의 분권화와 권한이양이 필요하다.

4차 산업혁명 시대 지역사회의 인구소멸 등 위기에 능동적으로 대응하면서 일자리 창출 중심의 지역 산업전략 추진을 주도하는 혁신적이고, 대안적인 거버넌스 구축이 필요하다. 그러나 현실에서는 지자체를 비롯한 지역사회 지도자의 리더십 부족으로 혁신적 거버넌스가 현장에서는 실제 작동하지 않고 있다. 지역경제 행위자와 참여자는 자신의 역동성과 혁신성을 반영할 기회를 얻지 못해 성장 계기조차 마련하지 못하고 있다. 지역경제의 성장동력은 혁신, 숙련노동자, 기업가 정신과 사회적 결속이다. 혁신은 기업 성장의 핵심적 내생 변수로 기업 생존은 연구개발 역량에 의해 결정된다. 연구개발에 대한 재정투자는 궁극적으로 기업의 혁신 능력을 제고하고 산업의 글로벌 경쟁력을 강화하지만, 연구개발과 혁신이 지역 차원에서 생산적 활동과 연계되고 효과성이 발현되기 위해서는 정책적 관리가 무엇보다 중요하다.

근로자 숙련은 지역의 경제와 고용 발전에서 핵심 요소로 숙련 노동력이 있는 곳에서는 기업가 정신, 사업 개발 및 내부 투자를 위한 더 큰 기회가 존재한다. 다양하고 전문화된 숙련은 혁신의 전제 조건이며 숙련개발 기회 확대는 지역사회의 통합에 필수 요소이다. 정부는 근로자와 실업자에게 기업가 정신을 함양시킬 수 있는 교육을 강화하고, 지역경제의 성장을 위한 체계적인 서비스를 제공해야 한다. 지자체는 기업가정신 육성과 함께 각종 기술창업 활동지원 노력을 동시에 수행해야 한다. 혁신, 숙련노동자와 기업가 정신 등 사회적 차원에서 결속하는 힘이 지역경제의 일자리 창출에서 필요하다. 사회적 결속은 지역사회의 사회적 통합과 사회적 자본의 합이며, 사회적 통합은 취약한 개인과 소수 집단을 노동시장 진입을 촉진하고, 지역경제발전의 원동력으로 작용한다. 정책과 집행의 조정, 지역 요구와 여건에 대한 정책의 적응, 기업 및 시민사회와 협력하려는 정책 방향이 지역 수준의 경제고용발전에서 필수 요소이다.

한국경제는 실질 GDP 성장률의 경향적 저하와 취업유발계수 감소로 인해 일자리 창출 능력의 지속적 하락을 낳고 있다. 2018년 이후 1인당 국민소득 3만불 시대 진입은 기존 저임금 기반의 전통적 산업구조가 구조조정 또는 재편되는 과정에서 지역의 일자리 위기가 심화되고, 심지어 지역공동체가 해체되었다. 지역별·산업별 구조재편과 변동되어 주력산업 가치사슬 체계가 변화하면서 국내 부문 생산 규모 약화하면서 전통적 주력업종의 집중지역에서 일자리 위기가 생겼다. 경제권역과 생활권역 단위로 사업체 비중의 장기 추이를 살펴보면 사업체의 수도권 집중 심화는 지속되면서도 수도권역이 충청권역으로 확산 또는 충청권의 수도권역화로 특징지을 수 있다. 경제협력개발기구 주요 국가에서 지역고용정책 패러다임 변화에 따른 혁신적 거버넌스 사례에 대한 벤치러닝(bench-learning)이 필요하다.

과거의 지역고용정책은 중앙정부가 낙후·쇠퇴 지역의 지리적 단점을 해소하기 위해 행정구역 단위로 예산과 보조금을 일시적으로 지원했으나 새로운 패러다임의 지역고용정책은 경제와 생활권역 단위로 지역의 경쟁력 강화를 위해 지역의 모든 잠재력 활용을 강조한다. 지역고용정책은 광역 또는 지방정부가 지역의 다양한 자원을 결합하는 통합적 발전계획을 수립하여 책무성과 자율성을 강화하는 방향으로 추진해야 한다.

디지털·그린 전환에 따른 산업구조의 재편으로 지역경제와 고용위기가 발생하면서 노동시장의 지역별 분절 현상이 심화하고 있다. 지역경제는 주력산업 쇠퇴에 따른 미래 첨단산업으로의 업종전환, 폐업 기업의 실업자 지원 대책, 대체산업 육성 등 어려움에 직면하고 있다. 지역경제의 지속 가능

〈표 H-2〉 고용정책 중앙–지역 간 역할 분담(안)

<table>
<tr><th>구분</th><th>행정기구</th><th>주요 역할</th><th>기능</th></tr>
<tr><td rowspan="2">중앙</td><td>중앙정부
(고용부 · 산자부 등)</td><td>• 국가 수준의 일자리정책 목표 설정
• 광역지방자치단체 일자리기본계획 심의
• 일자리사업 예산 지역별 배분
• 초광역 권역간 협력체계 지원</td><td>보완</td></tr>
<tr><td>초광역 기구
(지방노동청)</td><td>• 경제권역 노동시장정책과 고용정책 수립
• 지역일자리사업 심의평가, 모니터링
• 지역간 일자리사업 조정, 연계 협력
• 일자리사업 관련 인프라 구축 및 분석</td><td rowspan="2">핵심</td></tr>
<tr><td rowspan="2">지방</td><td>광역시 · 도</td><td>• 일자리사업 기본 계획과 기획 주체
• 일자리사업 실행 계획과 집행 총괄
• 지역 전략산업의 일자리 연계 사업 주도
• 기초지방자치단체 일자리사업 심의평가</td></tr>
<tr><td>기초지자체</td><td>• 고용–복지 연계 일자리 사업의 자율 추진
• 고용복지+센터의 일자리사업 실행단위 연계 협력
• 취약계층 중심의 일자리 사업 수행</td><td>자율</td></tr>
</table>

출처 : 주무현 · 이상호(2017)에서 수정 및 보완

한 성장을 위해 역외의 대규모 투자유치만이 아니라 지역의 주력 및 성장 산업과 일자리가 내생적으로 서로 결정하는 지역 주도의 경제고용발전전략 수립이 필요하다. 이러한 지역 경제고용발전전략은 지역 리더십 구축과 혁신적 거버넌스에서 출발한다. 우리나라는 전통적인 중앙집권형에서 혁신적 조정 분권형 또는 조건부 분권형으로 전환하여 완전 분권형으로의 과도기 단계이다.

한편 해외 초광역 거버넌스 구축사례로 덴마크 지방고용정책 혁신 사례를 도입할 수 있다. 국가 차원 중앙정부와 노동시장청이 고용정책을 지자체 단위로 직접 연결하는 전달체계에 노동시장 지역청과 지역고용심의회의를 중간지대를 두고, 지역 차원에서는 노동시장지역청과 지역고용위원회가 파트너로서 고용정책의 전달체계를 형성하여 고용권역의 일자리사업을 조정하고 협력하는 역할을 담당하는 것이다. 덴마크는 초광역 고용거버넌스를 분권적으로 집중화하였는데, 2004년 덴마크는 복지향상 및 공고화와 함께 기업, 무역 및 기술 변화에 대응하는 분권적 공공부문 강화를 위해 행정구역 및 지방정부 혁신을 추진하였다. 주요 혁신방안을 살펴보면, 271개 자치단체(municipalities)는 87개로 통합하고, 14개 자치주(country)는 4개 고용지역(employment region)으로 재구성 하였다. 또한 지역노동시장청이 4개 고용지역과 연계되도록 전달체계를 설계하여 고용정책의 초광역 고용거버넌스 구축에 행정적 기반으로 역할을 수행하고 있다.

행정구역을 넘어서는 일자리 권역 개념 설정이 필요하다. 지역 주도의 혁신적·대안적 거버넌스를 만드는 것은 지역고용정책의 공간적·정책적 범위로서 행정구역과 산업·고용권역을 구분하고 재조정하는 작업이다. 광역 단위 행정구역을 넘어서는 경제권역과 고용권역으로 확장하는 일자리 권역 개념이다. 일자리 권역은 지역사회의 생활 범위, 경제활동영역, 노동시장 이동과 거리 등으로 설정되고, 지역고용정책의 집행과 추진 공간 범주이다.

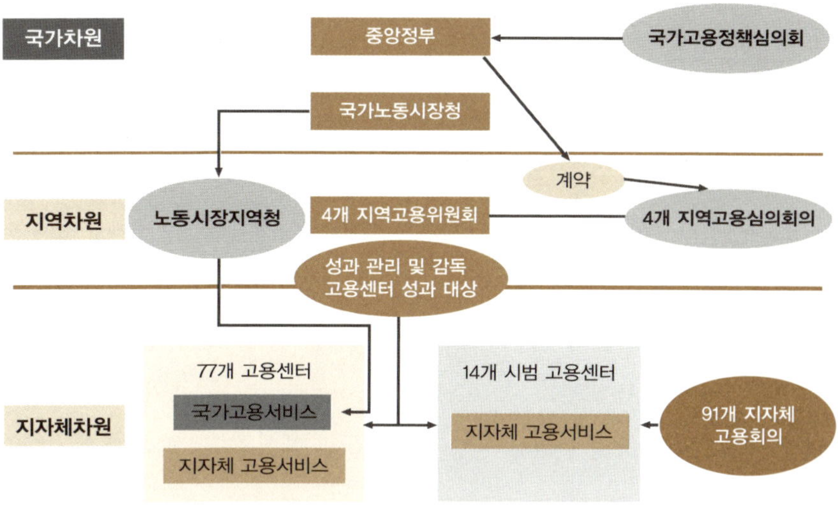

[그림 H-18] 덴마크 지방고용정책 혁신 사례

출처: 주무현 · 이상호(2017)

행정단위를 넘어서는 지역 경제고용발전전략 수립과 집행에서 중앙과 지방은 역할과 책임의 나누기가 필요하다. 중앙정부는 지역 경쟁력과 번영 촉진을 위한 정책개발과 고용정책의 지역 간 조정 및 예산 배분에 대한 권한을 가지고, 정책 목적과 운영 목표를 설정하며 고용안전망 관리와 고용서비스에 대한 책임져야 한다. 지방정부는 중앙정부로부터 고용정책 권한과 책임을 이양 받아 정책집행과 사업 추진에서 핵심 역할을 담당하고, 지역경제고용발전 주체로서 노사민정 등 이해관계자와의 협력을 도모해야한다. 중앙정부와 지방정부는 중앙수준 고용정책심의회의의 지방정부 협력 및 조정을 강화하고, 초광역단위 지역고용정책위원회 설치를 통한 경제권역 고용발전전략 마련하는 등 협력체계의 구축이 필요하다.

초광역 고용거버넌스는 조정된 분권화를 지향하고, 17개 광역시도 행정단위를 넘어서는 5~7개 초광역 단위 지역고용기구를 설치할 수 있을 것이다. 초광역 지역고용기구가 경제권역 및 생활권역 경제고용발전전략 수립하면, 일자리 권역 내 지방정부는 그것을 직접 실행하는 주체가 된다. 지역의 거버넌스는 초광역-광역-기초 단위의 3단계로 설치할 수 있다. 하나의 일자리 권역에서는 국가 고용정책과 지역 일자리정책에 대한 중앙정부와 지방정부의 조정된 분권화를 실현할 수 있다. 이익집단 또는 경제단체에 의한 지역고용거버넌스 운영을 지양하고 이해관계자의 협력관계를 도출할 수 있는 인프라를 마련될 수 있다. 지자체 산하기관 일자리재단을 운영하는 방식이나 미국의 NASWA(National Association of State Workforce Agencies)와 같은 일자리사업 수행기관 연합체 운영을 통한 사업발굴과 예산 지원 방식에서 선택할 수도 있다.

지역의 산업발전과 인력양성의 정합성 제고하고 지자체의 고용안전망 강화가 필요하다. 지역 일자리사업 중요성이 증대하고 지역 분권화 추세에도 지역의 산업전략과 노동시장의 고용구조를 연계한 지역산업 맞춤형 일자리 대책은 미흡하다. 지역 일자리사업 유사 중복 현상이 심각하고, 중앙정부의 유사·중복 일자리사업의 중앙정부 조정기능도 존재하지 않는다. 지자체 일자리사업은 지역산업의 중장기 전략과 분리된 상황에서 단기성과 중심의 직업훈련과 고용서비스에 집중되어 일자리 예산집행의 효과성과 효율성 부족하다. 중앙정부의 공급자 중심 일자리사업 예산배분과 지역고용정책 개발 능력 부족으로 지역의 산업과 노동시장 구조적 특성에 부합하는 인력양성사업 및 지역 미래 성장산업 맞춤형 인력양성사업 발굴과 확산이 미흡하다. 직업훈련 수요조사의 정량정보 수집 및 분석과 인력수요 주체인 기업체 인터뷰에 의한 정성정보의 수집 및 분석의 체계적 결합이 필요하다.

지역 차원에서 일자리 중심의 산업-교육-복지 연계 전략은 세 가지 차원에서 구축한다. 고용과 산업 연계 전략은 지역전략산업, 지역 토착산업, 신산업 육성, 산업구조조정에 따른 지역의 복원력 등과 관련된 인적자원개발 및 일자리 창출 전략을 개발해야 한다. 고용과 교육 연계 전략은 지역 역량의 축적을 위한 제도적 토대, 이른바 지역고용 리더십 구축을 위한 지역 기관 및 대학의 역할을 구체화해야 한다. 고용과 복지 연계 전략은 고용-복지 서비스의 물리적 결합과 화학적 결합을 통한 시너지 효과 도출이 필요하다. 지역경제의 발전과 일자리 창출을 주도할 혁신적 거버넌스의 표준 모델 실행 방안 모색이 필요하다. 과거 전통적 산업구조의 지역 노사평화를 위해 운영하던 지역노사민정은 새로운 역할로 전환 필요하다. 지역경제의 혁신 성장과 좋은 일자리 창출을 위해 중앙과 지방의 연계와 역할 분담을 강화하는 중간 지대로서 지역고용 거버넌스를 구축하는데 중심적 역할 담당해야 한다. 지방정부에게 일자리재단 등과 같은 일자리사업 전달체계 거버넌스를 자유롭게 설치하고 운영할 수 있도록 권한을 이양해야 한다. 지역 일자리사업 추진의 지역주도형 방식을 주도하고, 지역의 산업과 노동시장 특성을 반영하여 좋은 일자리 창출을 주도해야 한다.

정책제언 8

디지털 혁신과 기업의 일하는 방식 변화 지원 (5,282개 대기업, 652만1262개 중소기업)

Action Plan

다양한 근로형태와 디지털 변화를 수용하고 취약계층을 보호할 수 있는 법 · 제도 정비가 필요하다.

1. 노동 4.0시대의 네트워크화, 디지털화, 유연화를 수용할 수 있는 법·제도를 대대적으로 정비하라.
2. 사람과 AI, 로봇이 원활하게 협력, 공존할 수 있는 환경 구축이 필요하다.
3. 저소득 플랫폼 비즈니스 노동자 보호를 강화하고 안전한 일터 제공을 위해 노력해야 한다.
4. 높은 수준의 근로자 보호와 동시에 노동시장 유연성 강화해야 한다.

4차 산업혁명은 장기적으로 속도, 범위, 체제에 대한 선형적인 변화가 아니라 기술, 사회, 문화적으로 전반적인 변화를 촉진시키고 고용시장에 차원이 다른 지각 변동을 일으킬 수 있을 것으로 보인다. 인간을 모방한 감각 기능과 재능이 탑재된 진보된 로봇이 다양한 수작업을 수행하고, 이는 산업과 직업에 영향을 주고 결국 근로유형을 변경할 것이다. 이러한 신기술의 등장과 기존 산업 간의 융합은 새로운 산업 생태계를 만들고, 직업에도 많은 변화를 일으킬 것이다. 이러한 급격한 변화는 우리의 삶을 더욱 풍족하고 편리하게 만들고 있지만 동시에 다양한 부작용을 초래할 수도 있다. 4차 산업혁명이 촉발하는 다양한 기회를 활용함과 동시에 위기에 따른 불이익을 최소화하기 위한 발빠른 대처가 필요한 상황인데, 효과적으로 이러한 변화에 대처하기 위해서는 그 본질에 대한 올바로 이해가 필요하다.

4차 산업혁명의 가장 큰 특징은 데이터 활용의 고도화와 산업의 융·복합으로 이는 본질적으로 인간의 욕구, 그리고 연결과 발산의 측면에서 효과적으로 이해될 수 있다. 4차 산업혁명은 노동의 영역에서 획기적인 변화를 초래할 것이며 구체적으로 고용과 구직의 디지털화를 가져오고 있다. 최근에는 디지털 플랫폼 기반의 새로운 고용방식 O2O(online to offline)이 등장하

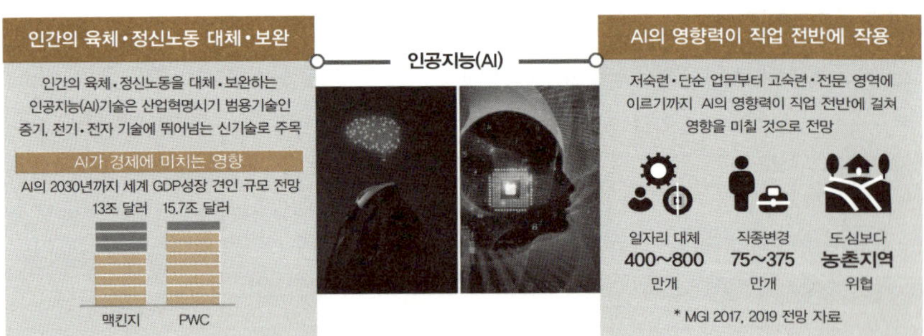

[그림 H-19] AI의 영향력이 경제와 직업 전반에 미치는 영향

출처: 윤동열(2021)

고 있으며, 플랫폼 노동자는 크라우드(crowd) 노동자, 사이버(cyber) 노동자, 유비쿼터스(ubiquitous) 노동자, 긱(gig) 노동자 등 다양한 명칭으로 불린다. 디지털 플랫폼 노동은 새로운 일자리 창출, 근로시간과 형태의 유연성 강화, 업무 수행 방식의 자율성 향상, 부업 등을 통한 추가수익 창출, 비경제활동인구의 노동시장 재진입 기회 부여 등의 장점이 있다. 그러나 동시에 저소득 노동 중심, 노동자의 사회적 격리, 근로 기준과 프라이버시 침해 등의 문제를 낳고 있다.

기업의 플랫폼 노동자 활용은 지속적으로 증가할 것이며 이는 공유 플랫폼 노동자의 고용안전성을 위협할 수도 있다. 고용이 프로젝트 단위로 단기 계약을 통해 성사되면서 전통적인 임금노동자에서 일자리와 지위가 불안해지고 소득도 불안정해질 수 있다. 즉, 우리에게는공유경제로 알려진 대리운전, 배달, 퀵서비스, 번역 등은 과거 전형적인 전일제 정규직의 고용 관계에서 벗어나 다양한 고용형태로 변형되면서 일자리의 질이 저하될 우려가 있다. 디지털 기술이 전통적인 고용 과정에 대한 통제방식과 계약의 형태를 바꾸고 있는 것이다. 기존에 수행하던 일과 동일하지만 공유플랫폼에 참여하면서 불확실성이 크고 경쟁이 치열해지면서 더욱 열심히 일을 하게 되는 것이다. 기업의 입장에서는 고용안정성을 제공하고 4대 보험료 같은 사회적 비용을 지급해야 하는 임금노동자의 수를 줄이면서도 높은 수준의 서비스 결과물을 생산하는 긱(gig) 노동자를 선호하게 될 것이다.

노동시장에 가져올 변화 또 다른 변화는 신직업이 생겨나고 기존의 직업이 사라지게 되는 현상이다. 신기술의 개발과 진보는 제품과 서비스로 구현되어 새로운 일자리 창출을 견인하기도 하는데, 신기술은 전통적인 제조업뿐만 아니라 문화, 농업, 건설 등 타산업과 연계되어 일자리의 확대 및 재생산을 촉진할 수 있다. 반면 이러한 혁신적인 기술은 기존의 업무를 대체하여 일자리를 감소시키고 일부 직업에 대한 소멸을 이끌기도 한다. 플랫

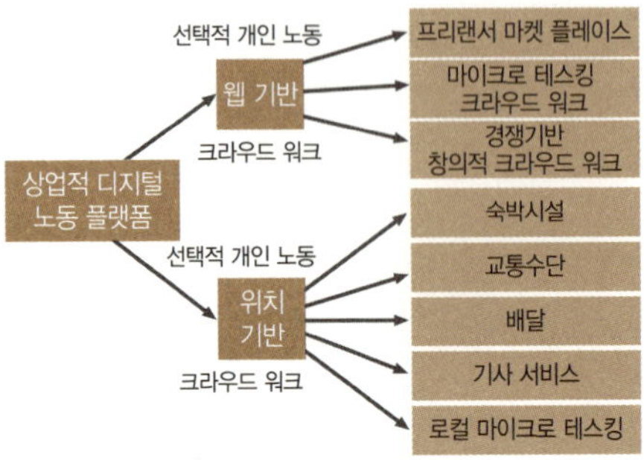

자료 : J. Berg et al.(2018). "Digital labour platforms in the future of works", International Labour Office, p.4 수정 재인용

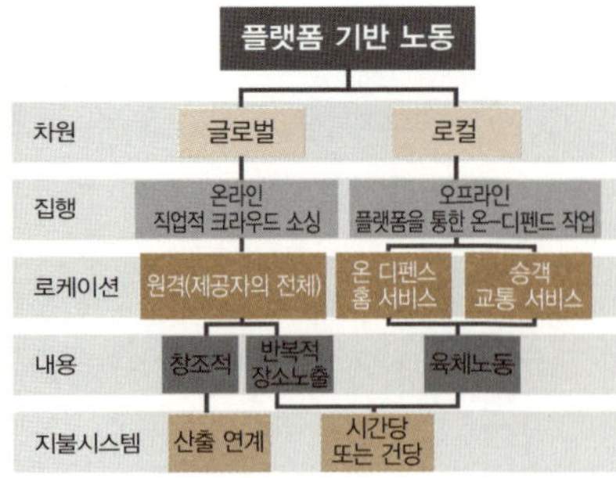

자료 : V. De Stefano & A. Aloisi(2018). "European legal framework for 'digital labour platforms' ", European Union, p.10.

[그림 H-20] 플랫폼 노동 분류 및 주요 특징

폼 노동은 정보의 대칭성과 경제적 효율성, 고용창출 효과성, 플랫폼 노동의 법적 분류 등에 관한 논쟁을 불러일으키고 있다. 플랫폼 노동은 디지털 기술을 토대로 획기적인 거래 비용의 하락을 가져오고 있지만, 잉여 수익이 노동자가 아닌 디지털 플랫폼 투자자에게 전이되는 등 저소득 노동을 양산하는 문제를 초래한다. 플랫폼 노동은 기존의 법적 기준에서 볼 때 사용자성과 노동자성이 명확하지 않고, 이로 인해 노동 환경의 확립과 법률적 요건의 준수를 어렵게 하고, 사업자들에게도 혼란을 초래하고 있다.

한편 4차 산업혁명에 따른 또 다른 변화는 일자리의 양극화는 더욱 심화될 것으로 예측되며, 대기업을 중심으로 우수인재 영입 및 유지를 위한 데이터 기반 인적자원관리가 강화될 것으로 보인다. 기존에 기업들은 기업 내의 활동인 생산, 구매, 연구개발, 마케팅, 경영지원 등의 활동을 효과적으로 연결하거나 계열사나 하청업체를 통한 수직계열화를 통한 협업으로 가치사슬을 관리하여 원가를 절감하고 품질을 관리하는 방법으로 수익을 창출했다고 볼 수 있다. 플랫폼 경제하에서는 조직이 보유하고 있는 네트워크의 효율적인 활용으로 수익성이 창출된다. 현재는 자동차, 조선, 석유화학 등

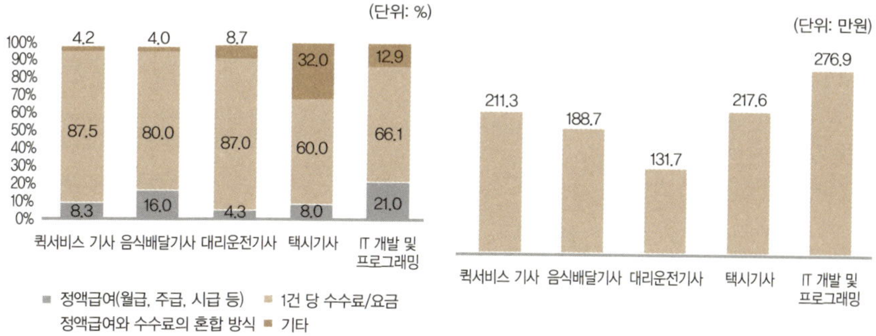

[그림 H-21] 플랫폼 노동자 수입/대가 방식 및 월평균 소득

출처: 경기연구원(2020)

과 같은 산업 및 업종별 구분이 되어 있으나 플랫폼 비즈니스에서는 이러한 경계를 뛰어넘게 될 것이다.

기술진보에 따른 직업세계의 변화는 직종의 변화보다는 직무의 변화가 클 것으로 예상된다. 물론 직무 기술의 대체가 단기간 일자리 감소에 영향을 미치겠지만, 직업 자체가 사라지거나 해당 직업의 일자리가 급격히 사라지는 일은 최근 우려와 같이 그렇게 대량으로 급속히 발생하지는 않을 것으로 미래 직업전문가들은 예측한다. 직업 자체가 소멸하기 위해서는 해당 작업이 수행하는 직무 모두가 기술로 대체돼야 하고, 이는 기술적 요인뿐만 아니라 사회·경제적인 요인으로 변화하기가 쉽지 않기 때문이다. 그러나 기술진보에 따라 근로자가 수행하는 직무는 그 내용뿐만 아니라 숙련도의 변화가 보일 수밖에 없을 것이다. 기술발전과 디지털 전환에 따른 노동시장의 변화는 고용이 일어나는 형태뿐만 아니라 노동시장에서 일자리를 얻기 위해서 갖추어야 할 요구역량의 변화를 가져온다. 과거와 달리 최근에는 일자리를 유지하기 위한 요구역량이 급격하게 변화해 끊임없이 새로운 지식과 기술을 습득하지 않으면 노동시장에서 경쟁력을 상실한다.

인적자원 획득에 있어 가장 큰 변화는 전통적인 공채에서 탈피해 수시채용이 확산하고 있다는 것이다. 지난 몇 년간 채용 시장에서 인공지능 기반의 채용방식이 급속하게 확산하고 있다. 2021년 기준으로 우리나라 1000개 이상의 기업에서 도입되었으며, 신체반응감지, 뇌활동분석, 성격/적성검사, 성과예측 등의 기능을 제공한다. 인공지능 기반 채용의 가장 중요한 기대효과는 채용 의사결정의 타당성과 공정성의 향상으로 볼 수 있으며, 다양한 평가방식과 빅데이터 분석을 통해 고성과자를 선별해 낼 수 있을 것으로 기대된다. 인공지능은 인사담당자의 업무를 획기적으로 줄여주고, 인사담당자는 핵심의사결정에 집중함으로써 의사결정의 질을 향상시킬 수 있다. IBM의 경우는 왓슨을 이용한 선발 추천하고 있다. 인공지능의 중요한 기대효과인 선발의 타당성과 공정성에 있어 많은 이슈가 존재하며, 아마존의 성차별 사례에서 보듯이 실무에서 본격적으로 사용하는 데에 무리가 있다.

일하는 방식에 있어서도 많은 변화가 예상되는데, 인간-기계의 협업은 많은 긍정적 변화를 가져올 것으로 기대된다. 인공지능은 의학, 법률, 제조 분야에 있어 사람을 능가하고 있으며, 최근에는 창작에도 두각을 나타내고 있다. 그러나 사람과 인공지능/로봇의 일을 구분하거나, 또는 대체의 시각이 아닌 협력과 공존의 시각을 가지는 것이 필요하며, 기업의 경영전략에 따라 인공지능과 사람의 협업전략을 유형화(전문가형, 융합형, 기업가형, 창의형)가 가능하다. 기업의 경영의사결정 방식에 있어서도 큰 변화가 일어날 것이며, 데이터 분석을 중심으로 한 의사결정이 일반화될 것이다. 다양한 기업 내/외부의 데이터를 수집·분석하여 인적자원관리 의사결정을 하는 HR애널리틱스의 활용이 확산되고 있으며, 이는 이전에는 실행할 수 없었던 새로운 형태의 경영전략 실행 및 전략적 의사결정을 통한 기업의 가치창출에 중요한 기여할 것으로 예측된다.

기업의 업무환경 개선과 신규 사업에 AI 활용이 확대될 것으로 예상되며
관련 분야 인력수요 증가 및 새로운 직업 도출 가능

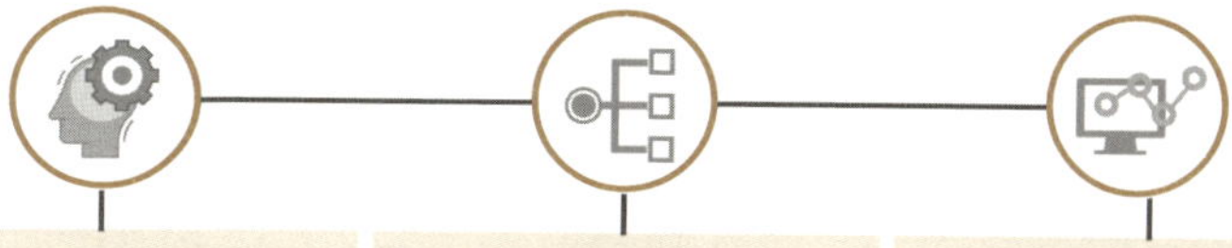

최근 데이터, 머신러닝 등 AI 전문 인력수요가 급증했으며 코로나발 디지털 기술 도입이 수요를 더욱 확대	인간과 AI의 상호 보완 또는 협업하는 업무형태가 많은 비중으로 늘어날 예상 효과적인 인간과 AI 상호협력 모델에 대한 연구 강화 추세	디지털 혁신기술의 적용으로 현재의 직업 자체는 소멸되지 않고 유지되고 이를 구성하는 직무의 내용이 변하거나 범위가 확장될 것으로 예상
AI와 자동화 확산에 따라 현재 작업의 약 5% 정도 대체, 2030년까지 약 15%가 대체될 가능성이 높다고 예측 (McKinsey, 2019)	'Future of Work at the Human-Technology Frontier' NSF가 선정한 '10대 빅 아이디어' 중 하나로 NSF는 각 주제 당 3천만 달러의 연구비 지원	스마트 공장은 제조공정 자동화와 무인화만을 의미하는 것이 아님. 정보통신기술을 활용해 생산, 품질관리, 유통에 이르기까지 전 과정을 연결, 공장 전체 효율을 높이는 관리 시스템

[그림 H-22] AI 활용 확대로 인한 관련 분야 인력수요 변화

출처: 윤동열(2021)

이처럼 기술혁신에 따라 일자리 형태가 변화하는 점을 고려할 때 고용정책 방향도 바뀌어야 한다. 먼저 기술진보에 따른 새로운 직무에 적응할 수 있도록 지속적인 직업능력개발이 뒷받침돼야 한다. 이를 통해 구직자가 새로운 직무변화에 유연하게 적응할 수 있는 능력을 향상시켜야 한다. 피고용인의 근로형태가 다양해지고 있지만 아직 노동자들은 이에 대한 준비도가 낮은 것이 현실이다. 노동 4.0시대는 네트워크화, 디지털화, 유연화가 강조될 것이며, 이와 관련하여 고용형태 및 직무역량 등의 변화가 예측되므로 취약계층 근로자에 대한 생애경력개발에 대한 지원이 필요하다. 특히 직업이나 직장이 바뀌더라도 개인이 가진 역량을 어느 조직에서도 충분히 발휘할 수 있고, 이에 따른 공정한 평가와 보상을 받을 수 있는 사회적 여건을 만들어주는 것이 무엇보다 중요하다. 높은 수준의 근로자 보호와 함께 노동

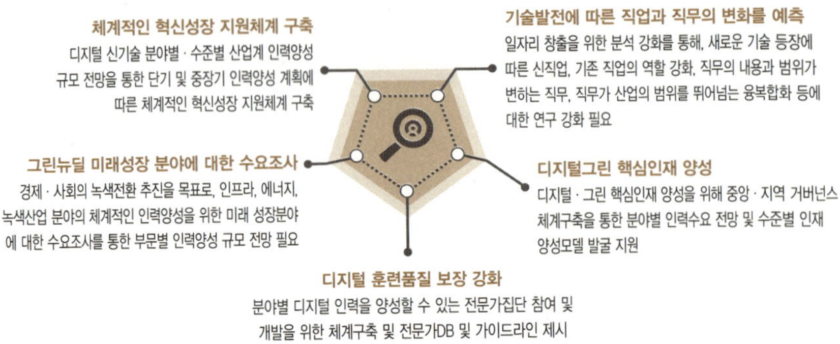

[그림 H-23] 미래 성장 분야 및 산업에 대한 인력양성 체계 구축 방안

출처: 윤동열(2021)

시장 유연성을 유지하고 있는 독일, 네덜란드, 덴마크, 노르웨이, 스웨덴 등 선진국의 경험을 살펴볼 필요가 있다.

정책제언 9 **기업의 리쇼어링 촉진 방안 마련 (10,395개 해외진출기업)**

Action Plan

인센티브 집중 지원 등 최적의 정책실현이 가능한 리쇼어링 특별구역을 설정이 필요하다.

1. 리쇼어링 기업을 위한 전용공단을 만들고, 규제 샌드박스를 일정기간 적용해야 한다.
2. 기업 생산성 향상을 위해 전용단지내 신설공장에 대한 지능형 스마트팩토리를 지원해야 한다.
3. 리쇼어링 기업에 생산성 높은 노동력을 공급할 수 있는 교육훈련 시스템 구축을 지원한다.
4. 일자리를 만들어내는 데는 여야가 따로 없고, 노사가 따로 없다는 합의에 도달해야 한다.

일자리 정부를 표방한 현 정부는 교체시기에 접어들었지만 일자리 문제는 여전히 해결의 실마리를 찾지 못하고 있다. 우리 경제가 선진국 수준으로 올라서면서 IMF 이전의 폭발적인 고용 증대를 기대하기 힘들다는 점을 감안하더라도 최근의 민간부문의 고용창출 역량 약화는 심각한 위험요인이 아닐 수 없다. 더구나 1년 넘게 지속되고 있는 코로나19 펜데믹으로 고용창출 효과가 큰 서비스 업종에서 여성, 청년 등 고용 취약 계층이 겪는 어려움은 한층 강화되었다. 사실 냉정히 말해 기업이 고용을 늘릴 수 있는 여건이 점차 악화하고 있어 코로나19를 극복하더라도 경제가 이전 수준으로 회복하고 고용지표가 눈에 띄게 개선될 것으로 쉽게 예측하기는 어렵다. AI나 서비스로봇, 키오스크 등 도입 확대 등으로 기계가 사람을 대신하는 일의 범위와 수준이 확대되고 있으며, 현 정부의 노동친화적 정책 측면의 강화는 기업관리 리스크로 더해지면서 기업 입장에서는 국내에서 신규 고용창출에 적극적으로 뛰어들기 쉽지 않은 것이 사실이다. 더욱이 저출산 기록갱신에 따른 노동인구 감소는 발등의 불이다. 정책의 수립, 시행, 효과까지 리드타임을 감안한다면 선재적인 대응은 이미 늦은 것이다. 더욱이 이해 당사자 간의 사회적 합의는 오히려 상황을 더욱 악화시킬 것이고 결국 기업은 노동력을 찾아 탈 대한민국이나 AI·자동화에 더욱 박차를 가할 것이 분명하다. 포스트 코로나 시대에 고용 없는 성장 기조가 더욱 강화될 것이라는 예측이 나오는 상황에서 일자리를 확대하려는 정부의 다양한 노력이 절실하고 정책적 수단 또한 혁신적 사고가 필요하다. 일하지 않는 사람이 많아질수록 국가경제의 동력이 상실되고 이들을 부양하기 위한 정부의 재정부담은 급격히 늘어나기 때문이다.

기업의 고용창출을 유도하기 위해 공공과 민간을 아울러 다양한 견해가 제기되고 있지만 여러 대안 중 가장 놓칠 수 없으며 직접적이고도 확실한 대안은 해외에 진출한 기업들을 국내로 다시 불러들이는 것이다. 미국의 바이든 대통령도 자국 중심의 반도체 공급망 구축 의지를 강조하고 있다. 구체적으로 말하며 미국에 반도체 투자를 늘려 자국제조기업 재건을 목표로 하고 있다. 미·중 무역전쟁과 펜데믹 등의 상황을 거치면서 자국 반도체 기업의 생산력을 확보하고 무역전쟁과 군사안보 두 가지 측면을 모두 고려한 조치로 풀이된다. 팬데믹 이후의 세계적인 공급망 사슬도 글로벌에서 지역적, 국가적으로 변화하고 있다. 그러나 세계 최강대국 미국의 이러한 리쇼어링 움직임은 무엇보다 자국 국민에게 하나라도 더 많은 일자리를 제공하기 위한 근본적인 생각에서 시작된 것으로 보아야 한다. 대한민국 정부도 포스트 코로나 시대 성장동력 창출을 기치로 내건 한국형 뉴딜 정책에 해외공장을 국내로 되돌리는 기업에 세제 혜택을 확대하고 규제를 면제하겠다는 내용을 포함한 리쇼어링 정책 강화의 의지를 밝혔지만 그 결과는 미비하다 못해 참담하다.

정부는 해외로 진출한 우리 기업의 국내 유턴을 위해 다양한 인센티브를 제공하는 리쇼어링 정책을 확대해 나가고 있지만 정작 지원 조건이 까다로워 실질적인 성과가 미약하다는 평가가 있다. 위축된 투자활성화 대책의 대표격인 유턴기업 정착지원 정책도 부실하기만 하다. 해외로 진출했다가 한국으로 다시 돌아오는 기업에게 세금 감면이란 당근을 제시했으나, 정작 수도권 공장총량제와 같은 규제에는 손대지 않았다. 유턴기업이 국내에 투자하는 돈에 대한 세액공제도 대기업 1%, 중견 3%, 중소 7%로 나뉜 기존제도를 일원화해 간편하게 바꾸겠다는데 그쳐 실질적인 효과도 크지 않을 것으로 보인다. 리쇼어링 정책에서 그나마 개선된 부분은 해외사업장 생산량을 50% 이상 줄이고 국내로 들어와야 세제 감면 혜택을 받던 것에서 생산 감축량에 비례해 세금을 깎아주는 방식을 택한 점이다. 해외사업을 전면 축소하지 않고 단계적으로 국내 이전을 도모하겠다는 전략인데 이와 같은 방식은 생산방식이 고도화되어 있고 생산량이 많은 대기업 일부에게는 도움이 될 전망이다. 그러나 세액공제율 일원화나 생산량 감축 기준 완화 등이 중소기업의 국내 복귀에는 큰 효과를 내지 못할 것이라고 전문가들은 의견을 제시하고 있다.

해외로 나간 기업을 국내로 유턴시켜 국내 고용을 확대하겠다는 정책의

〈표 H-3〉 대기업이 말하는 리쇼어링 제언

· 전 산업보다 경쟁력 분야 선별지원
· 지역 활성화 위해 '규제프리지역 지정' 필요
· 국가 생존 위한 산업은 국내 제조량 유지
· '오프쇼어링' 산업, 현지 정책과 국내 규제 비교
· 지방 '공단 지역' 혜택 파격 제공
· 국내 고품질 전략 위해 장비 · 투자 지원
· 불법적 노조 파업이나 강경 시위 규제
· 정부 · 지자체 투자 등 노사민정 협력을

출처: 서울신문(2020.6.10.)

방향은 매우 적절하지만 과연 세금을 줄여주고 일부 규제를 유예시켜 주는 수준으로는 해외에 이미 진출한 대기업과 글로벌 경쟁력을 갖춘 기업들이 다시 한국으로 돌아올지 결정할지에 대해서는 면밀히 검토해야 한다. 경직된 고용시장, 급격히 높아지는 인건비, 낮은 노동생산성, 갈등적 노사관계, 겹겹이 둘러쳐진 정부의 규제를 피해 사업장을 나라 밖으로 옮긴 기업의 입장에서 근본적인 원인이 해결되지 않았는데 정부의 말 한마디에 제대로 돌아가고 있는 해외사업장을 철수하여 본국으로 돌아오기란 사실상 불가능하기 때문이다. 정부가 정말 진정성 있게 해외에 나가 있는 기업들을 다시 불러들이려면 기업이 놀랄 정도의 인센티브를 제공하고, 한번 만들어지면 여간해선 없어지지 않는 수많은 국내 규제들에 대한 과감하게 없애야 한다. 그러나 수십년 간 형성된 기업환경과 경제 체질을 단기간에 바꿀 수도 없고 다양한 이해관계자의 의견을 모두 고려해야 하는 정부 입장에서 기업의 목소리만 듣고 국가의 모든 자원을 기업에 몰아주는 것도 현실적으론 어렵다. 현실적 어려움에만 주목하면 말은 요란한데 실제 돌아오는 기업은 없을 것이고, 리쇼어링이라는 목표에만 주목해 무리한 지원하게 되면 사회구성원 간 극심한 갈등을 피할 수 없다. 일정한 구역 내에서 정부가 해줄 수 있는 사실상 모든 지원을 다줄 수 있는 리쇼어링 특별구역을 대안으로 고려해 볼 수 있을 것이다. 이 리쇼어링 특구 내에서 기업이 사실상 무제한의 자유를 향유하되 이를 발판으로 낸 성과를 적극적인 고용창출로 연결시키는 모델을 실험해보는 것이다.

이미 우리는 마산 등 자유무역지역에서 각종 지원과 예외, 세제를 활용하여 수출용 무역을 성공적으로 실행한 바가 있다. 최저임금 인상, 노동시간 단축 및 소득분배를 통한 경제성장을 유도한다는 소득주도성장을 내세운 현 정부가 최저임금과 노동시간 한도를 이원화해 적용한다는 것은 쉽지 않을 것이다. 한국경제연구원 조사에 따르면 한국의 제조업 단위노동비용은 116으로 중국, 미국, 인도, 일본, 독일 등 글로벌 기업이 많이 진출한 주요 10대국 중 가장 빠르게 증가하고 있다. 국가별로 2010년 단위노동비용

〈표 H-4〉 주요국가 제조업 유치 리쇼어링 지원 정책

지원부문	 미국	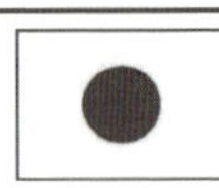 일본	 독일
세금혜택 재정지원	· 법인세 인하 추진 (35%→28%, 제조업 25%) · 설비투자 세제 혜택 연장 (1년→2년) · U턴 기업에 최대 20% 이전비용 지원	· 법인세 단계적 인하 40.7%→38%(2012년) →35.6%(2015년)	· 기업 조세부담 완화 38.7%→29.8%(2008년)
산업단지 육성	· 연방정부 20개 혁신클러스터 지원 3700만달러(2011년)	· 지방정부의 지역클러스터 육성 · 대 · 중소기업 연구개발 협력	· 중앙정부, 클러스터 지원 · 대학 개혁을 통한 연구기반 조성
규제 완화	· 벤처기업육성법 활용	· 입지제한 규제 완화 · 노동 유연성 확보 (파견 상한기간 1년→3년)	· 해고절차 간소화 · 노동시간 연장(주 48시간)

출처: 국회 산업통상자원위원회 보고서(2020)

을 100으로 할때 2018년 한국의 단위노동비용은 116으로 상승하였으나 리쇼어링 경쟁국들은 94로 하락했다. 상품 1개를 생산하는데 필요한 노동비용을 뜻하는 단위노동비용 증가는 노동생산성이 급감해 제조원가 경쟁력이 약화되었다는 것을 의미한다. 실제로 일본 −3.8%, 독일 −2.7% 등 주요 제조국 단위노동비용이 하락하는 동안 한국은 가장 높은 2.5% 상승했다. 그러나 투쟁력과 강경함에 있어서 둘째가라면 서러울 전미자동차노조도 리쇼어링 기업에 한해서는 이중임금을 허용했고 노동계의 정치적 영향력이 우리와 비교할 수 없을 만큼 강한 독일도 최저임금 동결, 유연근로시간제에 합의한바 있다. 일자리를 만들어내는 데는 여야가 없고, 노사가 따로 없다는 합의가 있었기에 가능한 일이다.

정부가 향후 리쇼어링 추가 지원책은 전 산업에 대한 일괄 적용은 불가능하며, 해외 각국의 물량공세를 따라잡을 수 없는 만큼, 경쟁력을 최대로 높일 수 있는 산업 분야를 엄선해 그에 필요한 최적의 정책과 인센티브를 집중하고 지원하는게 우선이라는 것이다. 국가 생존에 필요한 기간산업은 일정 비율 국내에서 제조량을 유지하고, 스마트 기술산업 지원 폭을 늘리는 등 산업별로 리쇼어링 정책을 달리 가져가야 할 것이다. 수도권 입지 규제 완화도 중요한 이슈일 것이다. 현재 수도권 내 일정 면적 안에서만 공장을 세워야 하는 수도권 공장총량제 규제가 존재하고 있으며 이를 통해 지방으로의 공장 신축을 유도하고 있다. 지역균형발전 측면은 이해하지만 지방은 투자 유치 어려움과 물류비 증가로 생산이나 효율성이 떨어지는 측면이 있는 만큼 수도권 유턴의 길도 넓혀야 할 것이다.

국가의 영향력과 역할이 아무리 크다 해도 일자리를 만들어낼 수는 없다. 일자리를 만들고 만들어낸 일자리의 질을 좋게 하는 것은 기업의 고유 영역이다. 국가는 기업이 더 자유롭게 움직일 수 있게 길을 닦아주고 생산성 높은 노동력을 공급할 수 있는 교육훈련 시스템 구축에 매진해야 한다.

〈표 H-5〉 대기업 10곳이 응답한 리쇼어링 문제점

▶ 정부의 리쇼어링 지원책에 대한 견해	
기업 경영환경 개선이 우선	●●●●●●●
지원책을 파격적으로 늘려야 한다	●●
기업 자율에 맡겨야 한다	●
▶ 리쇼어링이 어려운 가장 큰 이유	
노사 갈등과 인건비 격차	●●●●
일시적 보조금 형식의 단기 지원	●●●
비용 절감과 규제완화 등 혜택 부족	●●●

출처: 서울신문(2020.6.10.)

하나라도 더 많은 기업이 국내로 돌아와 한 명이라도 더 고용할 수 있으려면 고용, 세제, 통관, 기술개발 등 기업 경영의 전 영역에서 그야말로 혁신적인 변화가 필요하며 국가의 한정된 자원을 기업에 지원한다는 것과 같은 의미이다. 특혜 수준의 지원이라는 논란이 있을 수 있지만 이러한 투자가 선행되었을 때 기업은 그 위에서 글로벌 무대로 진출을 강화하고 외화를 벌어들이고 신규 일자리도 국내에 창출해 낼 수 있는 것이다. 정부차원에서 일자리만 만들어낼 수 있다면 무엇이든 할 수 있다는 각오로 덤벼들어야 기업이 국내로 돌아올 공간이나 의지가 생길 것이다.

정책제언 10

기업의 디지털 인력공급과 법적 개선을 위한 과제 (5,282개 대기업, 652만1262개 중소기업)

Action Plan

신성장 산업 디지털 인력공급과 취약계층 지원을 위한 새로운 노동법 체계를 만들어야 한다.

1. 인간의 노동이 행복하면서도 지속가능하게 실행될 수 있는 환경을 조성해야 한다.
2. 새로운 환경과 시대에 맞는 사회안전망과 법적안전망을 구축해야 한다.
3. 플랫폼 노동 현상을 진단하고 사회적 보호를 구현하는 노동법제도 개편에 나서야 한다.

4차 산업혁명 이후 생겨난 전통적 의미의 근로자상은 대공장 설비운용을 위해 투입된 노동력의 활용 과정을 염두에 둔 것이다. 종래 인간의 노동력을 활용하는 방식은 위임과 고용, 도급 등 다양하지만, 대공장제 생산방식에 최적화된 인력활용 방식은 바로 근로였다. 요컨대 노동법의 규제 대상인 근로란, 종속성과 집단적, 규격성을 본질적 속성으로 한다. 역시서 문제는 대공장제를 창출했던 시대적 사건으로서 산업혁명에 해당된다고 할 만큼의 혁명적 산업환경 변화에 직면하게 되었다는 사실이다. 과거 산업혁명에 따른 대공장제 생산방식이 근로자 개념을 낳았듯이 오늘날 정보통신과 학기술의 놀라운 발전은 새로운 노동력 활용방식을 제안하고 있다. 그 결과 노동시장은 구조적으로 변화하고 있다. 오늘날 스마트기기로 대표되는 디지털화의 촉진은 대면방식의 업무수행을 최소화하고 작업공간과 업무시간의 경계를 해체시키고 있다. 장소와 시간의 유연성과 재량성은 전통적인 인격적 종속성을 경제적 종속성으로 희석시켰고, 급기야 외형적 독립노동으로의 대체를 지향하기에 이르렀다. 종속성과 집단성 그리고 규격성으로 징표되는 근로형태에서 벗어나 자율성을 지향하고자 하는 인간의 바람과도 상당한 관련성이 있다. 그 초보적 현상이 바로 플랫폼 노동이다.

인격적 종속성이든 경제적 종속성이든 상관없이 전통적인 노동법은 고용관계의 틀 안에 존재하는 노동종속성을 노동법적 규제 근거와 범위와 삼았다. 고용의 틀을 탈피하고 사용자가 사라지는 순간, 사회적 보호필요성에 합리적으로 대응하지 못하는 한계를 가진다. 요컨대 근로자 개념의 오분류 논쟁(노동계)과 혁신 논쟁(경영계)도 실은 all or nothing이라는 노동법의 구조적 한계에 기인한 것이다. 일하는 방식의 변화에도 불구하고, 노동관련법제도가 과거의 전통적인 노사관계체계를 고집할 경우, 현실과 법제도 간의 괴리는 점점 더 심화될 수밖에 없다. 자칫하면 노동법 체계가 제 역할영역을 상실하고, 정작 새롭게 나타난 사회적 요보호영역에 대해서는 눈을 감는 일이 생겨나는 치명적 문제가 나타날 수 있다. 노동의 자율성이 기존의 노동법 체계와 상충된다고 하여 문제의 해법을 노동의 자율성을 다시금 규격적 노동종속성으로 되돌리는 것에서 찾아서는 안된다. 오히려 새로운 노동법으로 사회적 보호필요성에 대응하는 사회안전망을 구축하는 것이 되어야 한다. 자율적 노동 형식에 대해 이를 종속노동으로 다시금 포섭시켜서 기존의 공장제 노동법 체계 내에서 보호하고자 하는 것은 시대착오적일 뿐만 아니라, 노무제공자의 실질적인 보호에도 기여할 수 없다. 세계 각국의 노동법적 대응 체계 구축 노력은 사실 산업의 디지털화에 최적화된 노동법 체계를 만드는 목적도 내포하고 있지만, 그 이전에 좋은 노동을 위하여 노동법제도가 어떠한 선도적 역할을 해야만 할 것인가에 대한 고민에 집중되어 있다. 노동법의 진화에 대한 입법정책론적 고민은, 단지 변화된 산업 환경에 알맞도록 노동법을 바꾸어 가는 차원을 넘어서서, 어떻게 하면 인간의 노동이 행복하면서도 지속가능하게 실행될 수 있도록 하는 데 그 본질적인 목표가 있음을 염두에 두어야 한다.

유감스럽게도 아직까지 플랫폼 노동에 관한 노동법적 분쟁은 주로 오분류에 관한 것에 집중되어 있다. 오히려 다양하게 발생하고 있는 플랫폼 노동의 형태를 수용하되, 유형화하는 데 주로 관심을 보이고 있음에 주목해야 한다. 자율성을 지향하는 일하는 방식의 변화를 추세적인 것으로 보고, 다양한 형태의 발생을 그대로 수용하면서, 사회적 보호필요성이 존재하는 플랫폼노동의 다양한 영역과 개념요소를 확인하고 진단함으로써 사회적 보호를 구현하는 노동법제도 개편에 나서야 한다.

우선 사용자가 아닌 소비자로서 노무 이용자에게 기존의 사용자와 동일한 노동법적 부담을 지울 수는 없다. 노무제공거래의 공정성과 사회적 정당성 관점에서 합리적인 의무와 규제를 법제도화하여야 한다. 또한 스스로 경영위험을 부담할 수밖에 없는 플랫폼 노동자의 특성을 감안한 사회안전망을 구축하여야 한다. 전통적인 노동법 체계에서 그래왔듯이 사용자에게 사회안전망 구축에 필요한 비용을 부담시키는 것은 처음부터 기대하기 어렵다. 플랫폼 노동시장에 참여하는 자에 대해 필수적으로 사회안전망 체계에 포섭되도록 하는 제도 기반이 마련되어야 한다. 또한 대공장 근로자를 염두에 둔 노동3권 질서와는 다른 차원에서의 단결권을 구축할 필요가 있다. 단결권 등 노동3권 질서를 실질적으로 구현할 수 있도록 하는 방안을 마련해야 한다. 파편화된 노동의 심화는 과도한 노무대가인하경쟁을 초래할 수 있고, 이는 불공정거래를 방치하는 결과가 되어 혹여 산업혁명 초기 대공장 시대 근로자가 직면하였던 어려움이 고스란히 그대로 재연될 수도 있다. 이러한 과제의 이행을 위한 사회적 대화와 합의 마련이 시급하다. 나아가 플랫폼노동에 대한 사회안전망 확충에 나서야 하며, 이는 궁극적으로 생계를 위해 자신의 노동력을 투입하여야 하는 모든 일하는 사람에 대한 사회안전망으로 패러다임변화를 모색하여야 한다. 이를 통해 사회안전망 확충에 따른 혜택과 부담의 합리적 조율과 분배를 위한 사회적 대화를 수행해야 한다.

정책제언 11

노동시장 유연성 강화 및 신뢰를 바탕으로 노사관계 선진화 방안 (2,760만 8천명의 취업자)

Action Plan

노사 신뢰를 바탕으로 노동시장 유연성 강화 및 선진화 방안에 대한 논의가 필요하다.

1. 정규직과 비정규직 임금격차의 해소 및 법적 안전망 확보가 필요하다.
2. 생산가능인구 감소 대비하여 노동생산성 향상을 통한 정년폐지를 위한 준비가 필요하다.
3. 연공주의를 벗어나, 직무의 특성과 숙련을 반영한 합리적인 임금체계로의 전환이 필요하다.
4. 노사상생의 관점에서 합리적인 의사결정을 통한 고용유연화 전략이 필요하다.

4차 산업혁명에 대비하고 성장 잠재력 확충을 위한 경제 및 산업정책은 민간 기업의 적극적인 참여가 필수적이다. 하지만 정부에서 제시한 일자리정책 로드맵은 비정규직 규제 강화, 최저임금 인상, 근로시간 단축 등 노동친화적이고, 규제 중심 정책으로 노동비용 상승을 통해 민간부문 고용을 더욱 위축시켰다. 우리나라 제조업의 약 27%가 부실 징후를 보이고 있는 가운데 보호무역주의의 확산, 글로벌 경제의 불확실성 상황에서 노동시장의 규제 강화는 생산 자동화, 생산기지의 해외 이전, 한계기업의 폐업, 외국인 투자위축이 맞물려 고용에 많은 영향을 주고 있다. 기업의 노동 선호도를 제고하기 위해서는 노동시장의 유연성을 강화하고 노사관계 선진화 및 노사 간 신뢰를 구축해야 한다. 기업이 원하는 창의적 인재 양성을 통해 기업이 더 많은 인력을 고용하도록 유도해야 한다. 저출산 고령화로 인해 재정위기가 우려되는 가운데 재정확대를 통한 일자리 창출은 성장 잠재력과 재정 위기를 초래할 것이며 대전환의 시대에 다양한 일자리형태와 근무방법이 예상되는 가운데 비정규직을 억제하는 정책이 가장 좋은 방법인가에 대한 의문이 있다. 비정규직을 해결하는 가장 좋은 방법은 정규직에 대한 고용보호를 낮추는 대신 비정규직에 대한 근로조건을 개선함으로써 정규직과 비정규직의 사이의 격차를 최소화하는 것이다. 그러나 현재의 로드맵에는 정규직에 대한 유연화 정책은 없고 비정규직을 정규직 전환에 초점이 맞추어 있다.

선진국의 노동 개혁과정을 살펴보면 노동시장 유연성의 제고가 수반되지 않는 정책은 대부분 실패로 귀결되었다. 현 정부의 일자리정책 로드맵은 장기적이고 구조적 관점에서 노동시장의 문제를 장기적인 관점에서 해결하려는 노력이 미흡해 보이며 기업의 노동비용을 상승시키고 일자리 창출 의욕을 저해하는 부정적 시그널을 노동시장에 주었다고도 볼 수 있다. 노동생태계 현장에서 발생되는 주요 구조적 이슈는 다음과 같다. 첫째, 낮은 고용률과 방대한 유휴 인력의 존재이다. 생산가능인구가 점점 감소되는 시점에 경제활동을 못하거나 중단된 청년, 경력단절여성, 중고령자가 늘고 있다. 민간부문의 일자리를 창출하기 위한 생산가능인구 활용 극대화를 위해서 유휴인력 활용을 위한 적극적인 대책이 필요하다. 둘째, 임금소득의 양극화

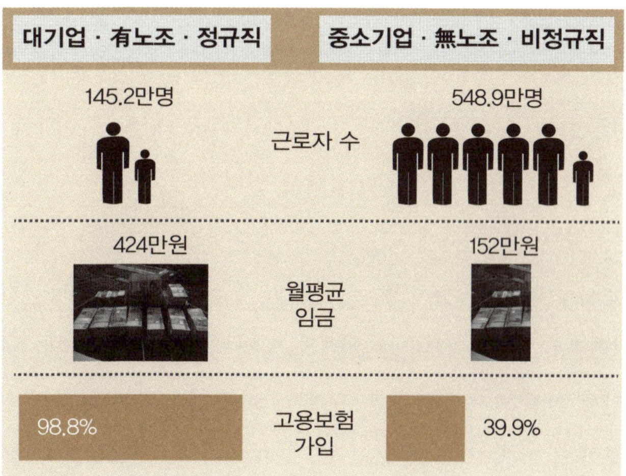

[그림 H-24] 노동시장 이중구조(통계청 2018.8 경제활동인구조사 가공)

출처: 한국노동연구원(2020)

이다. 정규직과 비정규직, 대기업/공공기관과 중소기업, 성별 임금격차가 더욱 더 벌어지고 있다. 1999년 대기업과 중소기업의 임금격차가 28.3%(55만원) 이었으나, 2019년 후 임금격차는 40.7%(232만원)로 확대되었다. 대기업과 1차·2차 협력업체 간 노동시장 분절 구조를 고려한다면 대기업과 2차 협력업체 간의 격차는 더욱 벌어진 것으로 나타났다.

셋째, 고용불안 현상으로 비정규직, 특수형태근로자 등 노동법에 보호를 받지 못하는 불안정 노동자 계층에서 상시적인 고용불안 현상이 나타나고 있어 사회적 갈등 요인으로 되고 있다. 넷째, 장시간 근로의 문제점인데, 우리나라 산업현장에서는 경직된 노동시장으로 인한 기존인력 활용하여 비용을 낮추고자 하는 사용자 입장과, 근로자 입장 에서는 낮은 임금으로 인한 생활비 충당을 목적으로 초과근무를 선택하고 있다. 다섯 번째, 노동시장의 이중구조로 앞서 임금소득의 양극화에 대해서는 이미 강조한 바 있다. 대기업, 공기업, 금융기관을 중심으로 하는 노동시장과 중소기업, 비정규직, 특수형태근로자 중심으로 형성된 노동시장으로 크게 양분되어 있어 노·노간 갈등구조가 형성되어 있다. 마지막으로 일자리 미스매치의 심화현상이다. IT, AI 등 첨단산업과 제조업 등 산업별 미스매치, 수도권과 지방, 농촌 등 지역별 노동의 미스매치, 고학력자에 대한 미스매치 현상 등이 나타나고 있어 구조적인 실업이 발생되고 있다.

각종 신성장 산업 투자에 대한 정부 지원에 앞서 유연안정성(flexicurity)을 담보할 노동시장 개혁이 전제되어야 한다. 이것 없이는 일자리 창출과 70%대 고용률 제고는 불가능하며, 3% 이상의 경제성장도 힘들어 보인다. 노동시장 유연성을 확보하기 위해서는 크게 다음과 같은 4가지 사항을 검토해야 하지만 노동계의 반발이 클 것으로 판단된다. ① 상용직, 임시직의 고용 및 해고를 통한 노동자의 수의 조정을 의미하는 외부수량 유연성 ② 법정 근로시간 및 연장 근로 제한 등 노동시간 조정 정도를 의미하는 내부수량 유연성 ③ 최저임금, 노동조합의의 단체교섭 규제를 통한 임금수준과 구조, 결정방식 등을 의미하는 임금유연성 ④ 업무 재배치, 조직 개편정도를 의미하는 기능적 유연성이다. 무엇보다도 핵심은 현재 대기업, 공기업 중심의 1차 노동시장과 2차 노동시장의 이중구조를 어떻게 개선해 나가야할 것인가이다. 우리나라 노동시장의 이중구조가 심화되기 시작된 배경은 우리나라 기업들은 1990년대 정부의 노동유연화 개혁이 실패한 이후 노동조합과 전쟁을 피하며 노동비용을 낮출 수 있는 고육지책으로 비정규직 고용을 확대하고 아웃소싱을 늘려가는 방식으로 노동비용을 낮추었기 때문이다. 인사제도, 채용, 성과보상, 교육훈련 체제가 기존의 연공주의에서 직무의 특성과 숙련을 반영한 합리적인 임금체계로 전환된다는 것은 단기간에 달성할 수 있는 목표는 아니다. 장기계획을 가지고 노동시장의 여러 제도와 법을 꾸준히 바꿔 나가는 노사정의 공동의 노력이 필요하다.

노동개혁의 목표는 노동비용과 복지비용을 낮춰 경쟁력을 높이고 일자리를 창출하는 것이다. 그러므로 노동개혁은 비정규직 보호보다 고용유연화를 우선 실천해야 한다. 덴마크의 지난해 10월 실업률은 4.1%로 이는 같은 기간 유로존 실업률 8.4%의 절반 수준에 불과하다. 덴마크도 코로나19에 따른 고용 위기를 피해갈 수 없었으며, 다른 유로존 국가들처럼 코로나19가 처음 발생한 지난해 1월 3.1%에서 5월 5.3%까지 실업률이 상승했으나 이후 하락세로 반전하며 꾸준히 감소했다. 덴마크가 지난해 3월 발표한 '일자리 유지 계획'은 유연 안정성에 초점이 맞춰져 있다. 고용주가 생산 감축에 따라 사업장의 30% 이상 혹은 50명 이상을 해고해야 하는 경우 정부가 임금의 75%를 지급하고 해고는 막을 수 있다. 경직적인 고용 대책이라고 보기 쉽지만 반대로 보면 30%, 50명 미만을 감축해야 하는 경우는 해고할 수 있도록 유연성도 보장되어 있다.

영국, 네덜란드, 독일 등 유럽국가와 일본의 노동개혁 방식은 다소 차이

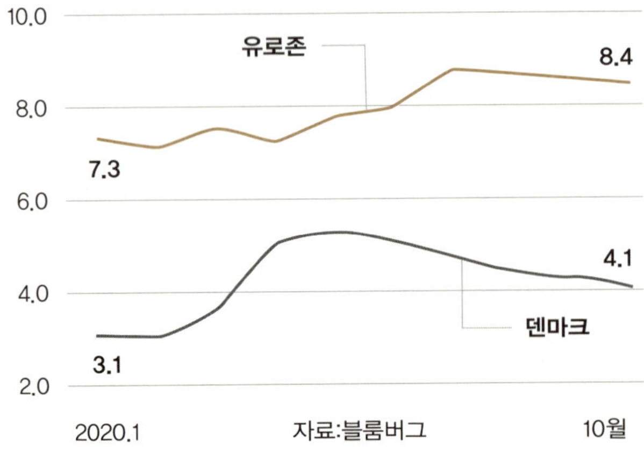

[그림 H-25] 덴마크 · 유로존 실업률 추이 비교(%)
출처: 블룸버그(2021)

는 있으나 개혁의 목표는 노동비용과 복지비용을 낮춰 경쟁력을 높이고 일자리를 창출하는 것이었다. 위와 같이 일련의 노동개혁을 통해 경제를 회복시키고 정체돼 있던 고용률을 끌어올림으로써 만성적인 고용위기에서 벗어날 수 있었다. 유연안정성 개혁을 위한 사회적 대타협, 하르츠위원회를 통한 노동복지개혁, 기업주도 임금 및 근로시간 유연화, 비정규직 처우는 개선함으로써 정규직과 비정규직 사이의 격차를 해소해 나가야 한다. 대전환의 시대에는 초단기 계약, 특수형태 근로, 시간제 근로 등 새로운 형태의 비정규직이 증가하고 있다. 이에 비정규직을 완전하게 없애는 비정규직의 정규직화보다 비정규직을 인정하되 임금 등 근로조건 격차 해소와 법적 안전망 확보에 초점을 맞추는 것이 바람직하다.

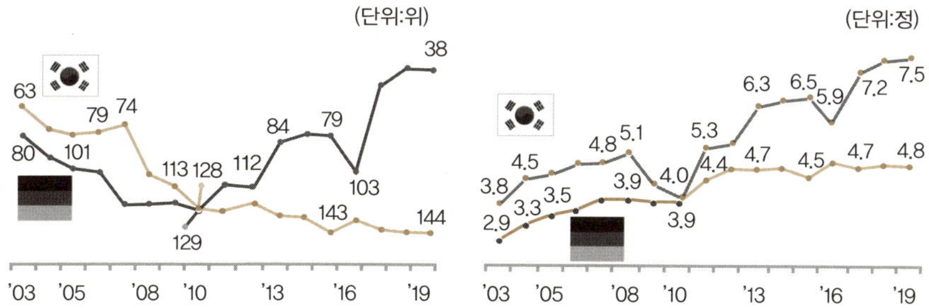

[그림 H-26] 한국과 독일 노동시장 유연성 순위 및 유연성 점수 추이

출처: 한국경제연구원(2020)

〈표 H-6〉 좋은 일자리 창출을 위한 11대 정책제언 도출 프로세스

(정책제언1) 디지털 전환 과정에서 청년에게 좋은 일자리 지원 방안 마련 (879만9천명의 청년층)

Action Plan

인력 수급 예측 기반, 디지털 분야별 교육훈련 로드맵을 그리고, 맞춤형 정책을 수립해야 한다.

1. 디지털 신기술 인력 수요전망 방식을 고도화하고, 이를 위한 인프라를 단계적으로 확충해 나가야 한다.
2. 디지털 신기술 분야에 대한 모듈형 교육과정 도입으로 학제를 넘나드는 융합인재 양성이 필요하다.
3. 산·학·연·관 연계한 신성장 산업현장전문가 참여를 통한 맞춤형 인재양성 시스템을 구축해야 한다.
4. 특성화고 및 전 대학에 AI · 디지털 역량 강화를 위한 수준별 과정을 개설해야 한다.
5. 대학 및 학과정원 자율화를 통한 지역 · 산업 수요를 반영한 특화과정 개설을 지원한다.

(정책제언2) 여성 경제활동 참여 및 경력단절 예방을 위한 보육서비스 질 개선[5] (150만6천명, 7.6%의 경력단절여성)

Action Plan

경력단절 여성의 경제활동 참여 문제는 보육서비스의 지원체계 개선에서 시작해야 한다.

1. 30대에서 현저히 줄어드는 여성고용률 제고를 위한 경력단절 여성 재진입과 경력개발을 위한 경로 제공이 필요하다.
2. 저출산 · 고령화로 인한 인구구조의 변화, 디지털 신기술 분야 확대로 미래사회 변화에 따른 맞춤형 지원방안을 준비해야 한다.
3. 지원제도 활용을 강화하기 위해서는 중소기업 현장 특성을 고려하여 중소기업이 활용 가능한 정책 설계가 필요하다.
4. 영 · 유아 보육의 의무의 상당부분에 대해 정부가 책임지는 구조로 개편이 필요하며, 어린이집(복지부)와 유치원(교육부)의 관리체계 일원화와 질 개선이 필요하다.

(정책제언3) 전통산업 전환 과정에서 중장년 이 · 전직 일자리 지원 강화 (1,966만4천명의 중장년층)

Action Plan

산업구조 변화에 대응한 중장년 특화형 맞춤교육훈련 프로그램 지원 강화가 필요하다.

1. 생애단계별 평생직업능력개발 인프라를 구축해야 한다.
2. 단기 · 중장기 수요 예측 전망에 따른 산업체에 필요한 맞춤형 직무전환 교육훈련 제공해야 한다.
3. 중장년층 경력과 필요한 디지털 역량 강화를 고려한 특화된 영역별 맞춤형 교육훈련이 필요하다.
4. 중장년층에 진입하는 40세 이상의 재직자에게는 주기적으로 능력진단의 기회를 제공하자.

5 2018~2022 국가재정운용계획 일자리 분야 보고서 자료를 인용함

(정책제언4) 취약계층을 위한 고용안전망 구축 강화 (인구의 17% 수준의 취약계층)

Action Plan

취약계층을 위한 고용서비스는 전문성과 축적된 데이터에 기반하여 구직자의 특성을 고려하여 제공하라.

1. 취약계층에 대한 고용보험 적용을 확대하고 지속가능한 고용안전망을 구축해야 한다.
2. 구직자 개인별 맞춤형 전문 상담을 제공하고, 적합한 이 자리에 취업을 알선해야 한다.
3. 취약계층의 근로의지를 고취시키고 역량 강화를 위한 일경험 기회를 제공해야 한다.
4. 중앙정부, 지자체, 지역대학, 노사 등 이해관계자들과 협업을 통한 취약계층 일자리 지원 필요하다.

(정책제언5) 소상공인 재취업지원 강화 (630만명의 소상공인)

Action Plan

고용인구 대비 42%를 차지하는 소상공인 대상 재취업지원 통합거버넌스를 구축하라.

1. 폐업하는 소상공인 중 재취업 희망자에 대한 체계적인 전환지원이 필요하다.
2. 소상공인 특성을 분석한 데이터 기반 단계적 고용서비스 지원방안을 마련해야 한다.
3. 이해관계자 연계 · 협업을 통해 소상공인의 특성을 반영한 단계별 통합고용서비스 제공 필요하다.
4. 소상공인 월별 매출액, 계절별, 이슈별 추이 분석을 위한 데이터 관리 강화가 필요하다.

(정책제언6) 일자리부총리 제도 도입을 통한 일자리 거버넌스 강화 (18부 5처 18청 2원 4실 7위원회)

Action Plan

고용 · 복지 · 노동에 대한 총괄 조정 권한이 부여된 일자리 부총리 제도를 도입해야 한다.

1. 일자리 정책수립과 예산집행 수립의 권한을 가진 일자리 컨트롤 타워를 구축해야 한다.
2. 다양한 부처와 위원회에서 산발적으로 다루고 있는 고용문제에 대한 통합 거버넌스 구축이 필요하다.
3. 국가통합적 관점에서 지역일자리 생태계에 대한 수요예측, 협의, 조정 능력을 강화하자.

(정책제언7) 지역 좋은 일자리 거버넌스 구축과 인력양성 방안 (17개 광역시도, 226개 기초자치단체)

Action Plan

일자리 권역을 행정구역을 넘어 초광역 경제단위로 보고 단위별 지역고용기구 설치하라.

1. 지역 산업전략 추진을 주도하는 혁신적이고 대안적인 산 · 학 · 연 · 관 거버넌스 구축이 필요하다.
2. 실질적인 노사협력을 통한 지방 특화산업단지 일자리 창출 모델의 제시가 필요하다.
3. 지역기업이 주도하는 산학연관이 협업하는 지역특화 인재육성 프로그램을 만들자.
4. 행정단위를 넘어선 지역 경제고용발전전략 수립과 함께 고용정책의 분권화와 권한이양이 필요하다.

(정책제언8) 디지털 혁신과 기업의 일하는 방식 변화 지원 (5,282개 대기업, 652만1262개 중소기업)

Action Plan

다양한 근로형태와 디지털 변화를 수용하고 취약계층을 보호할 수 있는 법 · 제도 정비가 필요하다.

1. 노동 4.0시대의 네트워크화, 디지털화, 유연화를 수용할 수 있는 법 · 제도를 대대적으로 정비하라.
2. 사람과 AI, 로봇이 원활하게 협력, 공존할 수 있는 환경 구축이 필요하다.
3. 저소득 플랫폼 비즈니스 노동자 보호를 강화하고 안전한 일터 제공을 위해 노력해야 한다.
4. 높은 수준의 근로자 보호와 동시에 노동시장 유연성 강화해야 한다.

(정책제언9) 기업의 리쇼어링 촉진 방안 마련 (10,395개 해외진출기업)

Action Plan

인센티브 집중 지원 등 최적의 정책실현이 가능한 리쇼어링 특별구역을 설정이 필요하다.

1. 리쇼어링 기업을 위한 전용공단을 만들고, 규제 샌드박스를 일정기간 적용해야 한다.
2. 기업 생산성 향상을 위해 전용단지내 신설공장에 대한 지능형 스마트팩토리를 지원해야 한다.
3. 리쇼어링 기업에 생산성 높은 노동력을 공급할 수 있는 교육훈련 시스템 구축을 지원한다.
4. 일자리를 만들어내는 데는 여야가 따로 없고, 노사가 따로 없다는 합의에 도달해야 한다.

(정책제언10) 기업의 디지털 인력공급과 법적 개선을 위한 과제 (5,282개 대기업, 652만1262개 중소기업)

Action Plan

신성장 산업 디지털 인력공급과 취약계층 지원을 위한 새로운 노동법 체계를 만들어야 한다.

1. 인간의 노동이 행복하면서도 지속가능하게 실행될 수 있는 환경을 조성해야 한다.
2. 새로운 환경과 시대에 맞는 사회안전망과 법적안전망을 구축해야 한다.
3. 플랫폼 노동 현상을 진단하고 사회적 보호를 구현하는 노동법제도 개편에 나서야 한다.

(정책제언11) 노동시장 유연성 강화 및 신뢰를 바탕으로 노사관계 선진화 방안 (2,760만 8천명의 취업자)

Action Plan

노사 신뢰를 바탕으로 노동시장 유연성 강화 및 선진화 방안에 대한 논의가 필요하다.

1. 정규직과 비정규직 임금격차의 해소 및 법적 안전망 확보가 필요하다.
2. 생산가능인구 감소 대비하여 노동생산성 향상을 통한 정년폐지를 위한 준비가 필요하다.
3. 연공주의를 벗어나, 직무의 특성과 숙련을 반영한 합리적인 임금체계로의 전환이 필요하다.
4. 노사상생의 관점에서 합리적인 의사결정을 통한 고용유연화 전략이 필요하다.

PART II

백지에 그리는 일자리

제 1 부

일자리(Job)-공공에서 민간으로의 일자리 창출

제1장 인구구조 변화가 산업별 노동공급에 미치는 영향[6]

김지운 홍익대학교 경제학과 교수

요약

- 2004~2020년 평균 취업자 수 증감 중 82%는 인구구조 변화에 의해서 설명되며, 인구구조 변화는 대부분 인구수 변화에 기인하는 것으로 분석되었다.
- 산업별 분석에서도 유사한 결과가 나타나며, 분석기간 동안 인구수 증가가 없었더라면 취업자 수 증감은 실현된 수치보다 크게 낮았을 것으로 예상할 수 있다.
- 인구구조 변화가 미래 고용상황에 미치는 영향도 대체로 부정적으로 전망되어 경제 전체의 노동수요와 노동생산성을 높이기 위한 다방면의 노력이 필요한 시점이다.
- 정부는 인구구조 변화와 4차 산업혁명 시대에 대응하여 노동공급의 양적·질적 개선을 위한 실효성 있는 정책적 노력을 지속해야 한다.
- 민간은 양질의 일자리 창출에 힘쓰며 기술변화 속도에 부합하는 원활한 인력수급을 위해 미래인력 양성체계 로드맵을 전략적으로 구축해 나가야 한다.

키워드 : 인구구조 변화, 노동공급, 산업, 노동생산성, 미래인력 양성체계

6 본 장은 「2019~2023 국가재정운용계획(일자리 분과)」에서 저자가 작성한 내용의 일부를 수정 · 보완하여 작성하였다.

1. 인구구조 변화

2019년 3월 통계청에서 발표한 「장래인구특별추계(2017~2067년)」에 따르면, 15~64세 생산가능인구의 증가율은 2011년(1.2%)을 정점으로 점차 낮아져 2019년에는 증가율(−0.1%)이 음수로 전환되며 이후 빠른 속도로 감소하는 것으로 추계되었다. 생산가능인구가 빠르게 감소하면 다른 조건이 일정할 때 중장기적으로 노동공급 감소에 따라 취업자 수가 둔화될 가능성이 높아 향후 우리 경제의 양적 성장을 제한하는 요인으로 작용할 것으로 예상된다.

[그림 1−1]은 2060년까지의 인구수 전망치를 보여준다. 2020년 현재 5,178만명인 우리나라의 0세 이상 총인구는 2028년(5,194만명)에 정점에 이른 후 점차 감소하여 2060년에는 4,284만명으로 축소될 것으로 예상된다. [그림 1−2]는 2060년까지의 인구증가율을 나타낸다. 총인구의 증가율은 2020년 0.1%에서 지속적으로 줄어들어 2060년에는 −1.2%에 이를 것으로 추정된다. 한편, 통계청의 「경제활동인구조사」 모집단과 비교 가능한 15

(단위: 만명)

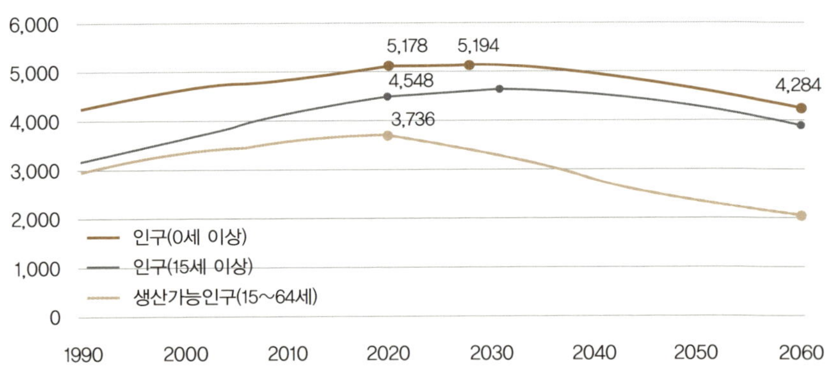

[그림 1−1] 「장래인구특별추계(2017~2067년)」 인구(중위 기준)

자료: 통계청, 「장래인구특별추계(2017~2067년)」, 2019.

(단위: %)

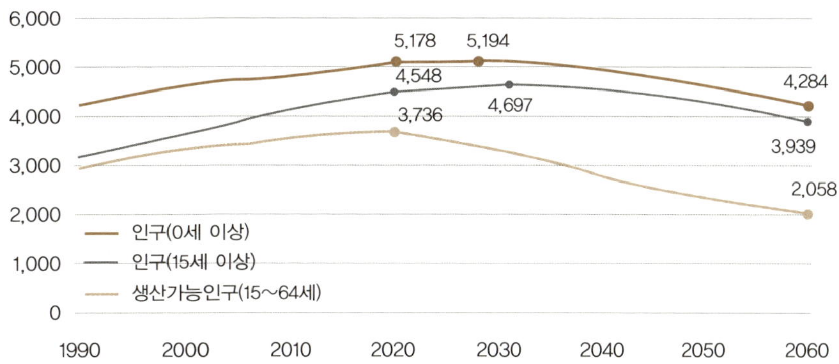

[그림 1-2] 「장래인구특별추계(2017~2067년)」 인구증가율(중위 기준)

자료: 통계청, 「장래인구특별추계(2017~2067년)」, 2019.

세 이상 인구는 2020년 4,548만명에서 2031년 4,697만명까지 증가한 뒤, 이후 점차 감소하여 2060년에는 3,939만명으로 줄어들 것으로 예상된다. 15세 이상 인구증가율은 2020년 0.5%에서 꾸준히 줄어들어 2060년에는 -1.1%에 이를 것으로 나타났다.

경제 내의 실질적인 노동공급 여력을 나타내는 15~64세의 생산가능인구는 2020년 3,736만명으로 나타났으며, 2018년(3,765만명)을 정점으로 2019년부터 줄어들기 시작하여 2060년까지 연평균 -1.4%의 속도로 매우 빠르게 줄어들 것으로 예상된다. 그 결과 2060년 생산가능인구는 2,058만명으로 줄어들어 2018년 대비 약 54.7%정도 수준까지 감소하는 것으로 추정되었다. [그림 1-3]에서 확인할 수 있듯이 0세 이상 또는 15세 이상 인구증가율에 비교하여 생산가능인구의 증가율이 2019년 이후로 급격히 축소되는 것으로 나타났다.

한편, 생산가능인구 감소가 빠르게 진행되면서 동시에 인구비중의 변화, 특히 인구고령화도 빠르게 진행되고 있어 노동공급 축소의 실질적 효과

(단위: 만명)

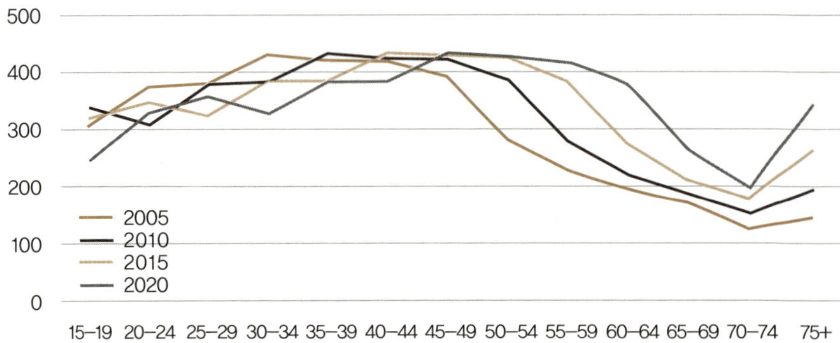

[그림 1–3] 인구의 연령분포: 2005년, 2010년, 2015년, 2020년

주: 75세 미만에 대해서는 5세 단위로 연령을 구분하고, 75세 이상은 하나의 집단으로 구분하였으므로 그림 해석에 유의할 필요가 있음.

자료: 통계청, 「장래인구특별추계(2017~2067년)」, 2019.

가 더 크게 나타날 가능성이 높다. 일반적으로 30~40대 경제활동참가율 및 고용률이 가장 높다는 점에서 50세 인구의 급격한 증가는 경제 전체의 노동공급 여력의 감소로 나타날 것이다. 과거에 비해 상당히 높은 교육수준과 지속적인 고령층 근로자의 건강상태 개선은 인구고령화의 노동공급 감소 효과를 일부 상쇄 또는 지연시킬 것으로 예상되지만, 현재 한국의 인구고령화 속도를 고려하면 이러한 상쇄 효과는 크지 않을 것으로 판단된다.

[그림 1–3]은 2005년부터 2015년까지 인구의 연령분포의 추이를 보여준다. 지난 십여 년 동안 45세 미만 인구는 지속적으로 감소하는 반면 45세 이상 인구는 빠른 속도로 증가하고 있음을 확인할 수 있다. 45~49세를 정점으로 역U형태를 띄는 연령대별 고용률을 고려하면, 현재의 인구고령화 양상은 취업자 증감을 점점 더 축소시키는 방향으로 작용할 것으로 예측 가능하다.

[그림 1–4]는 고령화사회에서 초고령사회에 도달하는 기간(년)으로 정의

(단위: 년)

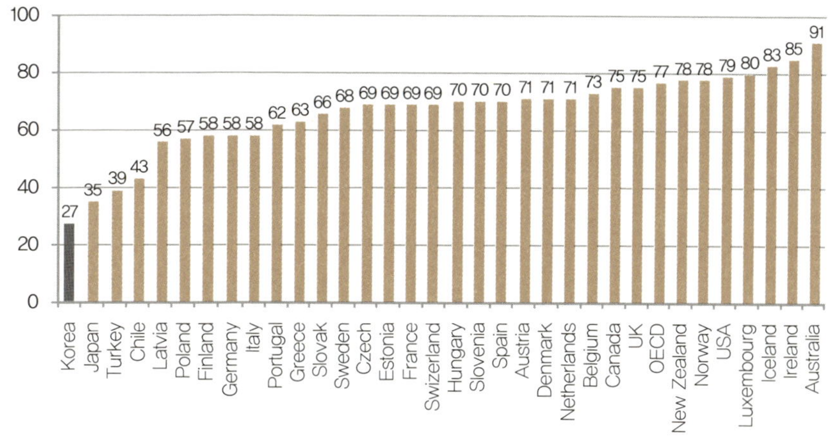

[그림 1-4] 인구 고령화 진행속도 국제비교: 고령화사회에서 초고령사회까지 걸리는 시간

주: 권규호 외(2016)의 [그림 3-3]을 저자가 재구성하였으며, 한국 자료는 통계청의 「장래인구특별추계(2017-2067년)」을 사용하여 계산함.

자료: OECD, OECD Statistics, 2016; 통계청, 「장래인구특별추계: 2017~2067년」, 2019.

한 고령화 속도에 대한 국제비교이다. 고령화사회는 전체 인구 중 65세 인구비중이 7% 이상인 경우를 의미하며, 고령사회 및 초고령사회는 65세 인구비중이 전체 인구의 14%, 20% 이상인 경우를 의미한다. [그림 1-4]에 따르면 우리나라의 인구고령화 속도는 세계에서 전례 없이 가장 빠른 속도로 진행되고 있다. 우리나라는 이미 1998년과 2017년에 고령화사회와 고령사회에 진입하였으며, 2025년에는 초고령사회에 진입할 것으로 예상된다. 따라서 우리나라의 경우에는 고령화사회에서 초고령사회에 도달하는 기간은 27년으로 계산된다. 고령화속도가 매우 빠르다고 알려진 일본보다도 훨씬 더 빠른 속도로 인구고령화가 진행되고 있음을 고려할 때, 향후 취업자 증감에 인구고령화의 효과가 점차 더 중요해질 것으로 예상된다.

이상에서 살펴본 바와 같이 인구증가율 둔화, 생산가능인구의 감소 및 급격한 고령화의 진행은 노동공급을 빠른 속도로 축소시켜 중장기적으로 취업자 증감 및 고용률을 지속적으로 감소시키는 요인으로 작용할 가능성이 높다. 이러한 급격한 인구구조의 변화는 주로 낮아진 출산율에 기인한다. 「장래인구특별추계(2017~2067년)」에 따르면, 0세 인구는 2020년 30.7만명이며 2040년 이후부터는 20만명대로 축소될 것으로 나타났다.

정부는 출산율을 높이기 위한 다양한 정책적 노력을 기울이고 있으나, 현실적으로 다양한 사회경제적 요인을 반영하여 서서히 움직이는 출산율을 높이기는 쉽지 않으며 단기적으로는 더욱 어려운 문제이다. 출산율 제고를 위한 여러 정책적 노력을 지속함에 따라 장기적으로는 인구증가율이 현재 추계된 것보다 소폭 개선될 수도 있지만, 전반적인 노동공급 감소 추세를 반전시키기는 어려울 것으로 예상된다. 따라서 향후 비교적 확실하게 예상되는 인구증가율 둔화, 생산가능인구의 감소, 급격한 인구고령화의 진행은 큰 폭의 노동공급 축소로 나타날 가능성이 높다. 따라서 출산율 제고와 더불어 청년 및 여성의 경제활동참가 확대, 교육 및 직업훈련 등을 통해 기존 노동력의 노동생산성을 높일 수 있는 방안에 대해 심도 있는 논의가 필요한 시점이다.

2. 산업별 취업자 수 증감 추이 분해: 2004~2020년

가. 분석 방법론[7]

인구구조가 급격하게 변화하고 있는 한국의 현실을 고려할 때, 취업자 수 변화에 대한 분석에서 인구구조 변화가 취업자 수 변화에 미치는 영향을 명시적으로 고려할 필요가 있다. 인구구조 변화는 인구수 변화와 성·연령대별 인구비중의 변화로 구분할 수 있다. 본 절에서는 정대희·김지운(2017)

7 정대희 · 김지운(2017)의 내용을 간략히 정리하여 기술하였다.

의 방법론을 따라 취업자 증감에서 인구구조 변화의 영향으로 설명되는 부분을 명시적으로 추출한다. 구체적으로 취업자 수 증감은 다음과 같이 분해할 수 있다.

취업자 증감 = ① 고용률 변화 + ② 인구비중 변화 + ③ 인구수 변화

매해 취업자 증감을 인구구조 변화가 통제된 고용률 변화(①)로 설명되는 부분과 인구구조 변화로 설명되는 부분(②+③)으로 분해할 수 있다. 그리고 인구구조 변화로 설명되는 부분은 다시 인구비중의 변화(②)와 인구수의 변화(③)로 분해될 수 있다. 여기서 인구수는 15세 이상 전체 인구를 의미하며, 인구비중은 성·연령대별 인구수를 15세 이상 전체 인구수로 나눈 값을 의미한다. 인구비중 변화 부분을 통해서 인구고령화 효과를 포착할 수 있다. 한편, 고용률 변화(①)로 설명되는 부분은 주로 경제성장률과 관련된 노동수요를 반영한다고 볼 수 있으며, 인구구조 변화로 설명되는 취업자 수 증감(②+③)은 노동공급 측면에서의 변화로 볼 수 있다. 물론, 고용률 변화에는 경제활동참가 결정과 같이 경제주체들의 노동공급 결정이 일부 반영되어 있을 수 있다. 그러나 경제활동참가율이 대체로 안정적이 추세를 유지하고 있다는 점에서 고용률 변화는 주로 총수요 항목의 변동 등의 단기적인 노동수요 변화에 영향을 더 받는 것으로 간주할 수 있다. 구체적인 분해 방법론에 대해서는 [부록]을 참고하길 바란다.

나. 전체 취업자 수 증감 추이 분해 결과

[그림 1-5]는 2005년[8]부터 2020년까지 연간 취업자 수 증감의 분해 결과를 보여준다. 취업자 수 증감은 2008년 글로벌 금융위기의 영향으로

8 본 장에서는 한국표준산업분류 9차 및 10차를 활용하여 산업별 분석을 수행함에 따라 9차 산업 정보가 가용한 2004년부터 분석을 실시하며 취업자 증감은 2005년부터 계산 가능하다.

(단위: 만명)

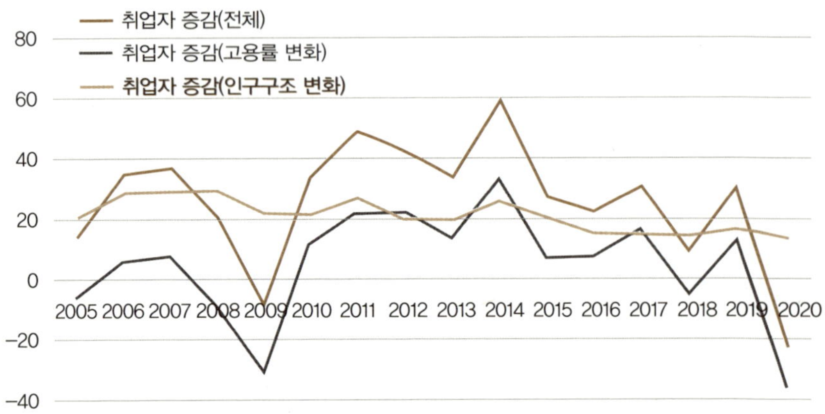

[그림 1-5] 취업자 수 증감 추이 분해: 고용률과 인구구조 변화

자료: 통계청, 「경제활동인구조사」, 2004-2020.

2009년에 −8.7만명으로 크게 축소된 이후 2011년까지 빠르게 회복되었으나, 그 이후에는 2014년을 제외하고는 추세적으로 둔화되고 있는 것으로 판단된다. 전반적인 취업자 수 증감 추이는 인구구조가 통제된 고용률 변화의 추이와 대체로 유사한 패턴으로 움직이고 있어 취업자 증감의 단기적인 변동은 주로 노동수요를 주로 반영하고 있는 성·연령대별 고용률 변화에 의해 설명되는 것으로 보인다. 인구구조 변화로 설명되는 취업자 수 증감은 2008년(29.8만명)을 정점으로 서서히 줄어들고 있으며, 이는 인구 및 생산가능인구 증가율 둔화의 영향이 반영된 결과로 해석된다.

[그림 1-6]은 인구구조 변화를 인구비중 변화와 인구수 변화로 추가로 구분한 분석결과를 보여준다. 인구비중 변화로 설명되는 부분은 인구고령화의 진행으로 인해 분석기간 내에 주로 취업자 증감에 부정적인 영향을 미

(단위: 만명)

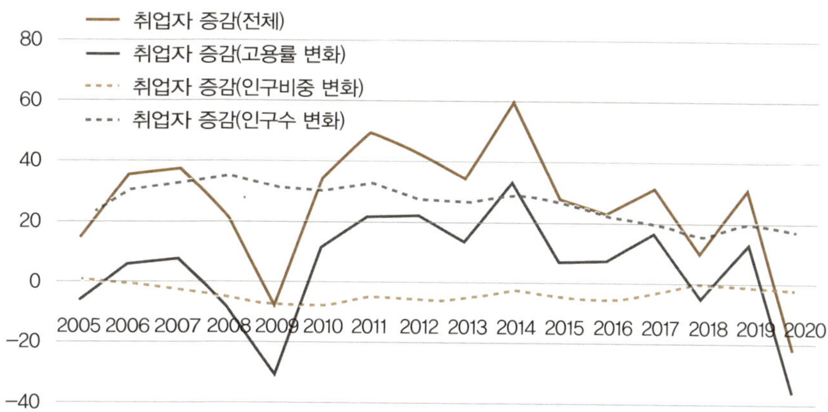

[그림 1–6] 취업자 수 증감 추이 분해: 고용률, 인구비중 및 인구수 변화

자료: 통계청, 「경제활동인구조사」, 2004–2020.

쳤던 것으로 분석되었다. 한편, 인구수 변화가 취업자 증감에 미치는 영향은 인구 및 생산가능인구 증가세 둔화의 영향을 반영하여 2008년을 정점으로 서서히 감소하고 있다.

〈표 1–1〉은 취업자 수 증감 분해 결과를 보여준다. 2004~2020년 평균 취업자 수 증감은 26.4만명이며, 이 중 18%(4.8만명)는 고용률의 변화, 82%(21.6만)은 인구구조 변화로 설명된다. 인구비중의 변화의 기여율은 –18%(–4.6만명)이며 인구수 변화의 기여율은 100%(26.3만)으로 나타나 취업자 수 증감의 대부분이 인구수 증감에 기인하는 것으로 분석되었다. 이러한 분석결과는 향후 급격히 줄어드는 생산가능인구 감소의 영향으로 인해 성·연령대별 고용률의 제고 없이는 전체 취업자 증감이 크게 둔화될 것임을 시사한다.

〈표 1-1〉 취업자 수 증감 추이 분해: 고용률, 인구비중 및 인구수 변화

(단위 : 만명, %)

연도	취업자 증감 (만명)					취업자 증감 (기여율, %)				
	전체	고용률	인구구조			전체	고용률	인구구조		
			소계	인구 비중	인구수			소계	인구 비중	인구수
2005	14.9	-5.8	20.8	-0.1	20.9	100	-39	139	-1	140
2006	35.7	6.3	29.4	-1.3	30.7	100	18	82	-4	86
2007	37.3	7.9	29.4	-3.5	32.9	100	21	79	-9	88
2008	21.4	-8.4	29.8	-6.0	35.8	100	-39	139	-28	168
2009	-8.7	-31.3	22.6	-8.9	31.4	100	359	-259	102	-360
2010	34.5	12.5	22.0	-8.7	30.8	100	36	64	-25	89
2011	49.4	22.1	27.3	-5.9	33.1	100	45	55	-12	67
2012	42.8	22.3	20.5	-7.3	27.8	100	52	48	-17	65
2013	34.5	14.1	20.3	-6.3	26.7	100	41	59	-18	77
2014	59.8	33.7	26.1	-3.3	29.4	100	56	44	-6	49
2015	28.0	6.8	21.2	-5.6	26.9	100	24	76	-20	96
2016	23.1	7.6	15.5	-6.6	22.2	100	33	67	-29	96
2017	31.6	16.4	15.2	-4.5	19.7	100	52	48	-14	62
2018	9.7	-5.0	14.7	-0.6	15.3	100	-52	152	-6	157
2019	30.1	13.0	17.0	-2.5	19.5	100	43	57	-8	65
2020	-21.8	-35.8	14.0	-3.1	17.1	100	164	-64	14	-79
평균	26.4	4.8	21.6	-4.6	26.3	100	18	82	-18	100

자료: 통계청, 「경제활동인구조사」, 2004-2020.

다. 주요 산업별 취업자 수 증감 추이 분해 결과

산업별로 취업자의 연령분포가 다르며 경제성장 및 변동이 산업별 취업자 변화에 미치는 영향도 상이할 수 있으므로 보다 정확한 취업자 수 증감 분석과 전망을 위해서는 산업별로 구분하여 분석할 필요가 있다. 본 장에서는 산업을 서비스업, 제조업, 건설업, 기타 산업으로 구분하여 분석한다. 서비스업은 수도·하수·폐기물, 도매 및 소매업, 운수 및 창고업, 숙박 및 음

(단위: %)

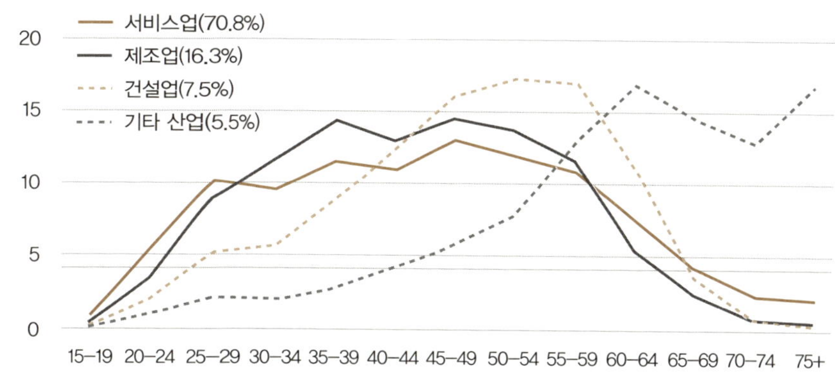

[그림 1-7] 2019년 산업별 취업자 연령분포

주: 괄호 안의 수치는 2019년 기준 전체 취업자 중 각 산업 취업자의 비중을 의미함. 코로나19의 영향을 감안하여 최신 자료인 2020년이 아닌 2019년 자료를 활용

자료: 통계청, 「경제활동인구조사」, 2019.

식점업, 정보통신업, 금융 및 보험업, 부동산업, 전문·과학·기술, 사업시설 관리·지원, 공공행정·국방, 교육, 보건·사회복지, 예술·여가·스포츠, 개인 서비스업, 가구 내 고용활동, 국제 및 외국기관을 포함[9]하며, 기타 산업은 농업·임업·어업, 광업, 전기·가스·증기 산업을 포함한다.

[그림 1-7]은 주요 산업별 취업자의 연령분포를 보여준다. 서비스업과 제조업에서는 45~49세 취업자가 다수인 반면 건설업에서는 45~59세 취업자가 다수인 것으로 나타났다. 농업이 대부분을 차지하고 있는 기타 산업의 경우에는 취업자 중 다수가 55세 이상인 것으로 나타났다. 각 산업별로 취업자의 연령분포가 상당히 다르기 때문에 인구구조 변화가 취업자 증감에 미치는 영향이 산업별로 상이할 것이다. 따라서 취업자 수 증감에 대한 분석을 수행할 때 산업별로 구분하여 접근할 필요가 있다. 산업별 취

9 다시 말해, 제조업, 건설업 및 기타 산업(농업 · 임업 · 어업, 광업, 전기 · 가스 · 증기)을 제외한 모든 산업을 포함한다.

업자의 연령분포는 주로 노동수요 측면에서의 연령분포로 볼 수 있으며, [그림 1-3]에서 인구의 연령분포는 노동공급 측면의 연령분포로 볼 수 있다. 각 산업별로 취업자의 연령분포가 인구의 연령분포와 차이가 날수록 인구비중의 변화(인구고령화)가 취업자 수 증감에 미치는 영향이 클 것으로 예상할 수 있다.

1) 서비스업

[그림 1-8]은 서비스업 취업자 수 증감에 대한 분해 결과를 보여준다. 서비스업이 전체 산업의 약 70.8%를 포함하고 있기 때문에 분해결과는 대체로 전체 취업자에 대한 분해 결과와 유사하다. 서비스업 취업자 수 증감의 추이는 인구구조가 통제된 고용률 변화의 추이와 대체로 유사한 패턴으로 움직이고 있다. 한편, 인구구조 변화에 의해 설명되는 부분은 2008년 16.9만명을 정점으로 서서히 줄어들어 2020년에는 2008년의 절반 수준인

(단위: 만명)

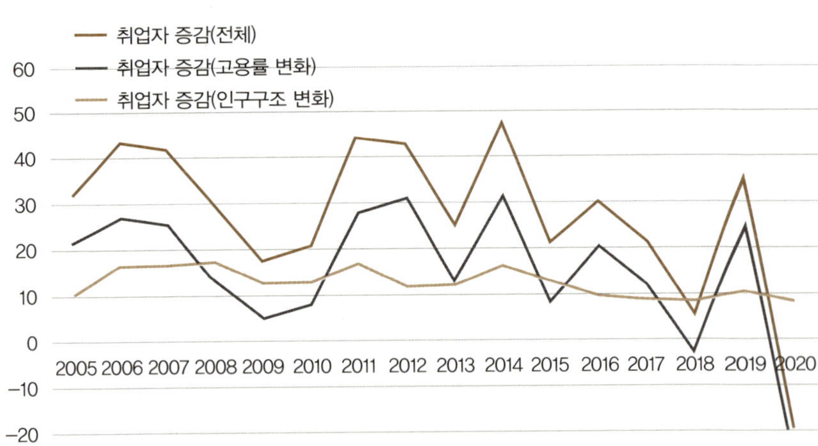

[그림 1-8] 취업자 수 증감 추이 분해(서비스업): 고용률과 인구구조 변화

자료: 통계청, 「경제활동인구조사」, 2004-2020.

7.9만명을 기록하였다.

[그림 1-9]는 인구구조 변화를 다시 인구비중의 변화와 인구수 변화로 구분한 결과이다. 2005년 이후 인구비중의 변화, 즉 인구고령화는 서비스업 취업자 수 증감에 줄곧 부정적인 영향을 미치고 있었던 것으로 나타났다. 2004~2020년 기간의 평균 서비스업 취업자 증감(27.0만명) 중 12.3만명이 인구구조 변화에 의해 설명되는 부분인데, 이는 인구수 증가(18.0만명)의 효과를 인구비중 변화(−5.7만명)의 효과가 일부 상쇄한 결과이다(〈표 1-2〉 참조). 다시 말해, 인구고령화가 진행되지 않고 2004년과 동일한 인구비중이 유지되었다고 하면 2004~2020년 기간의 평균 서비스업 취업자 증감은 32.7만명이 되었을 것으로 추정된다.

한편, [그림 1-7]에서 서비스업 취업자의 연령분포와 [그림 1-3]의 15세 이상의 인구의 연령분포를 비교해보면 2005년 이후부터 두 분포의 괴리가 커지는 것을 확인할 수 있다. 서비스업 취업자는 45~49세가 다수인 반

(단위: 만명)

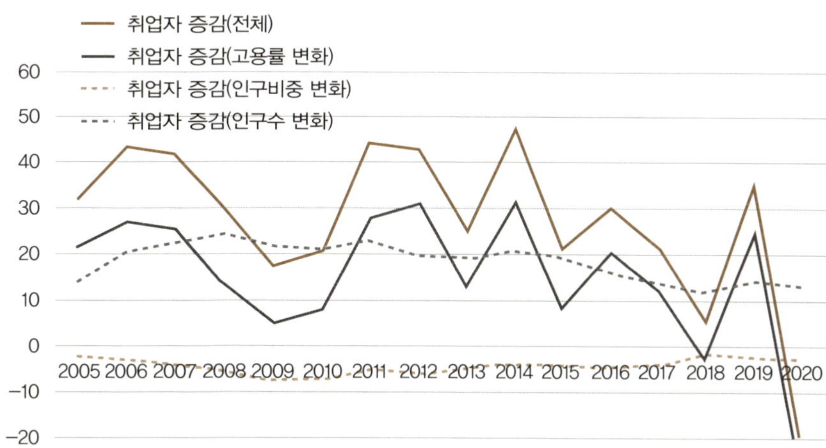

[그림 1-9] 취업자 수 증감 추이 분해(서비스업): 고용률, 인구비중 및 인구수 변화

자료: 통계청, 「경제활동인구조사」, 2004-2020.

면, 인구고령화의 영향으로 2005년 이후부터 45세 이상의 인구가 빠르게 증가하고 있다. 서비스업 취업자의 연령분포는 일종의 서비스업 노동수요의 연령분포로도 해석할 수 있는데, 노동수요의 연령분포와 노동공급의 연령분포 사이의 괴리가 커지게 된다는 점에서 인구고령화(인구비중의 변화)가 서비스업 취업자 수 증감에 부정적인 영향을 미친 것으로 사료된다.

서비스업 취업자 수 증감 분해 결과에서 특이한 점은 2018년과 2020년에 서비스업 취업자 수 증감이 큰 폭으로 감소했다는 점이다. 2018년에

〈표 1-2〉 서비스업 취업자 수 증감 추이 분해: 고용률, 인구비중 및 인구수 변화

(단위 : 만명, %)

연도	취업자 증감 (만명)					취업자 증감 (기여율, %)				
	전체	고용률	인구구조			전체	고용률	인구구조		
			소계	인구비중	인구수			소계	인구비중	인구수
2005	31.6	21.5	10.1	−3.4	13.5	100	68	32	−11	43
2006	42.9	26.9	16.0	−4.1	20.1	100	63	37	−10	47
2007	41.5	25.1	16.3	−5.5	21.9	100	61	39	−13	53
2008	29.9	13.0	16.9	−7.2	24.1	100	44	56	−24	80
2009	17.2	4.8	12.4	−8.9	21.3	100	28	72	−52	124
2010	20.2	7.8	12.4	−8.8	21.2	100	39	61	−43	105
2011	44.1	27.7	16.5	−6.3	22.7	100	63	37	−14	52
2012	42.4	30.9	11.5	−7.7	19.2	100	73	27	−18	45
2013	24.6	12.8	11.8	−6.8	18.5	100	52	48	−27	75
2014	47.2	31.3	15.9	−4.6	20.5	100	66	34	−10	43
2015	20.8	8.2	12.6	−6.2	18.8	100	40	60	−30	90
2016	29.9	20.6	9.3	−6.2	15.5	100	69	31	−21	52
2017	20.9	12.4	8.4	−5.4	13.8	100	60	40	−26	66
2018	5.1	−2.9	8.1	−2.7	10.8	100	−57	157	−53	210
2019	34.8	24.8	10.0	−3.7	13.7	100	71	29	−11	39
2020	−21.6	−29.5	7.9	−4.2	12.1	100	137	−37	20	−56
평균	27.0	14.7	12.3	−5.7	18.0	100	55	45	−21	67

자료: 통계청, 「경제활동인구조사」, 2004-2020.

(단위: 만명)

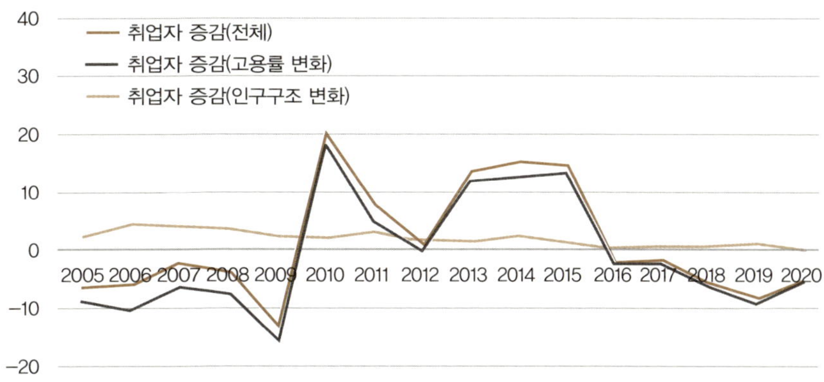

[그림 1–10] 취업자 수 증감 추이 분해(제조업): 고용률과 인구구조 변화

자료: 통계청, 「경제활동인구조사」, 2004–2020.

는 노동시장 제도 변화 등에 따라 서비스업 취업자 수 증감이 2017년 대비 15.8만명 줄어들었고, 이 중 대부분(15.3만명)이 고용률 변화에 의해 설명되었다.[10] 한편, 2020년에는 코로나19의 영향으로 서비스업 취업자 수 증감이 2019년 대비 56.4만명 줄어들었고, 이중 대부분(54.3만명)이 고용률 변화에 의해 설명되었다. 2020년 서비스업 취업자 수 증감은 2005년 이후 유일하게 음수를 기록하여 코로나19 상황의 장기화가 서비스업 고용 부진에 심각한 영향을 주고 있음을 확인할 수 있다.

2) 제조업

[그림 1–10]은 제조업 취업자 수 증감에 대한 분해 결과를 보여준다. 제조업 취업자 증감도 거의 인구구조가 통제된 고용률 변화에 의해서 설명되

10 2018년에는 큰 폭의 최저임금의 인상, 근로시간 단축 등의 노동시장 제도 변화가 있었으며, 이러한 노동시장 제도 변화가 서비스업 취업자 수 감소로 이어졌을 가능성이 있다. 그러나 이와 관련해서는 보다 엄밀한 분석이 필요하므로 해석에 유의할 필요가 있다.

며, 인구구조 변화의 영향은 크지 미치지 않는 것으로 나타났다. 인구구조 변화에 의해 설명되는 부분은 2006년 4.5만명을 정점으로 최근까지 서서히 줄어들어 2020년에는 0.1만명을 기록하였다. 이러한 분해 결과는 제조업 취업자 수 증감이 서비스업 취업자 수 증감에 비교하여 단기적인 총수요 변동에 훨씬 민감하게 반응한다는 점을 보여준다. 서비스업에서는 경기적인 요인으로 취업자 증감이 크게 축소되더라도 추세적으로 안정적인 인구구조 변화의 영향에 의해 경기불황의 부정적 효과가 일부 상쇄되어 취업자 수 증감의 변동성이 줄어들게 된다. 그러나 제조업에서는인구구조 변화가 경기적인 고용 충격을 흡수하는 영향이 적어 취업자 증감의 변동성이 상대적으로 크게 나타난다. 따라서 노동수요 변화가 제조업 취업자 수 증감에 미치는 영향은 앞으로도 서비스업에 비교하여 상대적으로 크게 나타날 것으로 예상된다.

[그림 1-11]은 제조업 취업자 수 증감 분해에서 인구구조 변화를 다시 인구비중의 변화와 인구수 변화로 구분한 결과이다. 서비스업과 마찬가지

(단위: 만명)

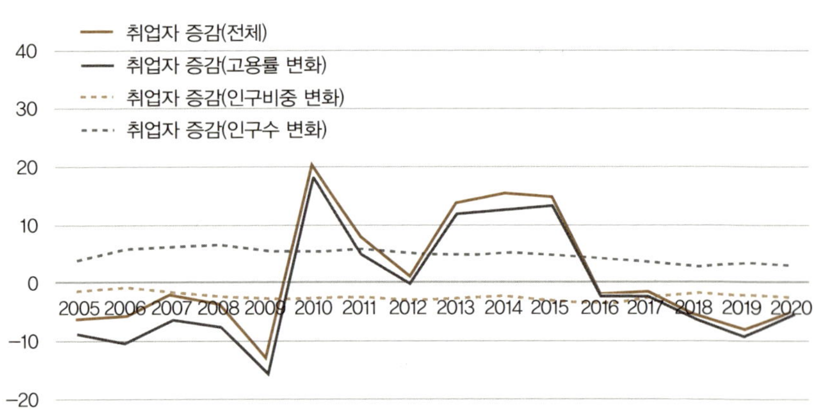

[그림 1-11] 취업자 수 증감 추이 분해(제조업): 고용률, 인구비중 및 인구수 변화

자료: 통계청, 「경제활동인구조사」, 2004-2020.

로 2005년 이후 인구비중의 변화는 제조업 취업자 수 증감에 지속적으로 부정적인 영향을 주고 있는 것으로 나타났다. 2004~2020년 기간의 평균 제조업 취업자 증감(1.2만명) 중 2.0만명이 인구구조 변화에 의해 설명되는 부분인데, 이는 인구수 변화의 효과(4.5만명)를 인구비중 변화의 효과(−2.5만명)가 일부 상쇄한 결과이다. 2005년 이후부터 [그림 1−7]에서의 제조업 취업자 연령분포와 [그림 1−3]에서의 인구 연령분포 사이의 차이가 커짐에 따라 인구고령화가 제조업 취업자 수 증감에도 부정적인 영향을 주고 있음

〈표 1−3〉 제조업 취업자 수 증감 추이 분해: 고용률, 인구비중 및 인구수 변화

(단위 : 만명, %)

연도	취업자 증감 (만명)					취업자 증감 (기여율, %)				
	전체	고용률	인구구조			전체	고용률	인구구조		
			소계	인구비중	인구수			소계	인구비중	인구수
2005	−6.3	−8.6	2.3	−1.5	3.9	100	137	−37	24	−61
2006	−5.8	−10.3	4.5	−1.0	5.5	100	177	−77	18	−95
2007	−2.4	−6.3	4.0	−1.8	5.8	100	267	−167	76	−243
2008	−3.9	−7.6	3.7	−2.4	6.2	100	196	−96	62	−158
2009	−13.1	−15.6	2.4	−2.9	5.3	100	119	−19	22	−40
2010	20.2	18.2	2.0	−3.0	5.0	100	90	10	−15	25
2011	7.8	4.8	3.0	−2.6	5.6	100	62	38	−34	72
2012	1.4	−0.1	1.5	−3.2	4.7	100	−7	107	−219	326
2013	13.6	12.0	1.6	−2.9	4.5	100	88	12	−21	33
2014	15.2	12.6	2.6	−2.4	5.0	100	83	17	−16	33
2015	14.6	13.3	1.3	−3.3	4.6	100	91	9	−23	32
2016	−2.1	−2.2	0.1	−3.8	3.9	100	107	−7	181	−188
2017	−1.7	−2.5	0.8	−2.6	3.4	100	145	−45	151	−195
2018	−5.6	−6.2	0.6	−2.0	2.6	100	111	−11	35	−46
2019	−8.1	−9.1	1.0	−2.2	3.3	100	113	−13	28	−41
2020	−5.3	−5.5	0.1	−2.7	2.8	100	103	−3	50	−53
평균	1.2	−0.8	2.0	−2.5	4.5	100	−72	172	−219	391

자료: 통계청, 「경제활동인구조사」, 2004−2020.

을 알 수 있다. 서비스업에서와 유사하게 제조업 취업자는 45~49세가 다수인 반면, 인구고령화의 영향으로 2005년 이후부터 45세 이상의 인구가 빠르게 증가하고 있다. 제조업 취업자의 연령분포는 일종의 제조업 노동수요의 연령분포로도 해석할 수 있으므로, 노동수요의 연령분포와 노동공급의 연령분포 사이의 괴리가 커지게 된다는 점에서 인구고령화(인구비중의 변화)가 제조업 취업자 수 증감에 부정적인 영향을 미친 것으로 추론된다.

한편, 서비스업과 다르게 제조업에서는 2020년 취업자 수 증감이 전년 대비 큰 폭으로 감소하지 않았다. 이러한 사실은 제조업 노동시장에서 코로나19 상황의 부정적인 영향이 그리 크지 않았음을 시사한다.

〈표 1-3〉은 제조업 취업자 수 증감에 대한 고용률 변화 및 인구구조 변화의 기여율을 보여준다. 2016~2018년의 경우 서비스업 유사하게 인구비중 변화가 취업자 증감에 미치는 부정적 효과가 완화되면서 지속적인 인구 수 변화의 부정적 효과를 일부 상쇄하고 있다. 서비스업에서는 2018년과 2020년을 제외하고는 고용률 변화에 의한 취업자 수 증감이 양수로 나타났으나, 제조업에서는 경기 및 노동수요 변화에 따라 고용률 변화에 의한 취업자 수 증감이 민감하게 반응하면서 양수 및 음수 전환이 빈번하게 나타나는 특징이 있다. 제조업 취업자 수 증감은 2014년 정점을 이룬 뒤 2016년 이후부터는 줄곧 음수를 기록하였고, 이는 대부분 고용률 변화에 의해 설명되었다. 2016년에 큰 폭의 노동수요 감소가 나타난 후 현재까지 노동수요 부진이 이어지고 있는 것으로 판단된다.

3) 건설업

[그림 1-12]와 [그림 1-13]은 건설업 취업자 수 증감에 대한 분해 결과를 보여준다. 건설업 취업자 수 증감의 움직임도 주로 인구구조가 통제된 고용률 변화에 의해서 설명된다. 주택 착공물량 증가에 따라 급증한 2017

(단위: 만명)

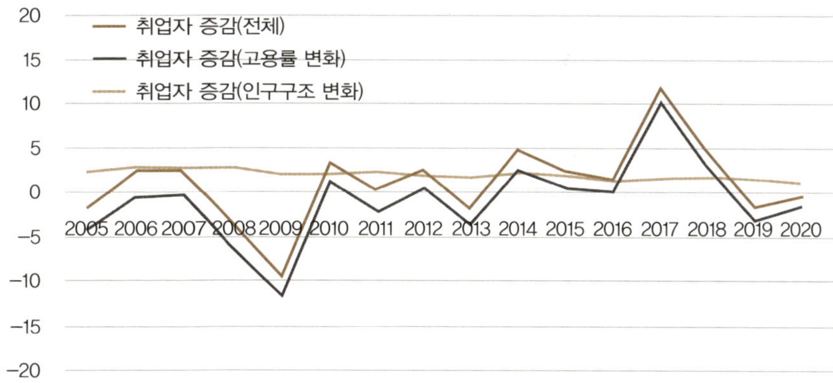

[그림 1-12] 취업자 수 증감 추이 분해(건설업): 고용률과 인구구조 변화

자료: 통계청, 「경제활동인구조사」, 2004-2020.

년의 취업자 수 증감을 제외하면 전반적으로 건설업 취업자 수 증감은 인구구조 변화 부분에 의해 지탱되어 간신히 양수를 유지하고 있는 것으로 보인다. 인구구조 변화에 의해 설명되는 부분은 2006년 2.9만명을 정점으로 최

(단위: 만명)

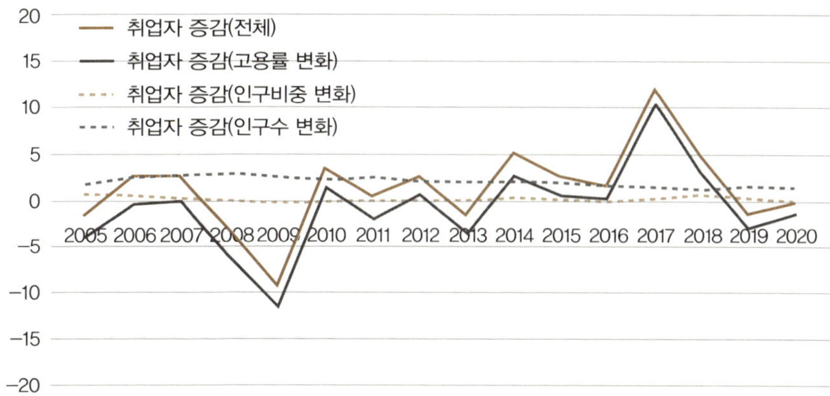

[그림 1-13] 취업자 증감 추이 분해(건설업): 고용률, 인구비중 및 인구수 변화

자료: 통계청, 「경제활동인구조사」, 2004-2020.

〈표 1-4〉 건설업 취업자 수 증감 추이 분해: 고용률, 인구비중 및 인구수 변화

(단위 : 만명, %)

연도	취업자 증감 (만명)					취업자 증감 (기여율, %)				
	전체	고용률	인구구조			전체	고용률	인구구조		
			소계	인구비중	인구수			소계	인구비중	인구수
2005	-1.6	-4.0	2.4	0.7	1.7	100	248	-148	-43	-105
2006	2.4	-0.5	2.9	0.5	2.4	100	-20	120	20	100
2007	2.6	-0.2	2.8	0.2	2.6	100	-9	109	6	102
2008	-3.5	-6.3	2.8	-0.1	2.8	100	178	-78	2	-80
2009	-9.4	-11.5	2.2	-0.3	2.4	100	123	-23	3	-26
2010	3.4	1.3	2.0	-0.2	2.3	100	40	60	-6	67
2011	0.4	-2.0	2.4	0.0	2.4	100	-510	610	0	610
2012	2.5	0.5	1.9	-0.1	2.0	100	22	78	-4	82
2013	-1.7	-3.6	1.8	-0.1	1.9	100	205	-105	6	-110
2014	4.9	2.6	2.3	0.3	2.1	100	53	47	5	42
2015	2.5	0.5	2.0	0.1	1.9	100	21	79	3	76
2016	1.5	0.1	1.4	-0.2	1.6	100	9	91	-13	104
2017	11.9	10.3	1.6	0.2	1.4	100	87	13	1	12
2018	4.6	2.9	1.8	0.6	1.1	100	62	38	14	24
2019	-1.5	-3.1	1.6	0.1	1.5	100	209	-109	-8	-101
2020	-0.4	-1.5	1.1	-0.1	1.3	100	420	-320	36	-356
평균	1.2	-0.9	2.1	0.1	2.0	100	-77	177	8	169

자료: 통계청, 「경제활동인구조사」, 2004-2020.

근까지 서서히 줄어들어 2020년에는 1.1만명까지 줄어들었다(〈표 1-4〉 참조). 따라서 향후 건설경기가 좋아져 고용률이 개선되지 않는 한 인구증가율 감소에 따른 부정적 효과로 인해 건설업 취업자 수 증감은 음수로 지속될 가능성이 높다.

서비스업과 제조업에서는 45~49세 취업자가 다수인 반면 건설업에서는 45~59세 취업자가 다수이다. 따라서 [그림 1-13]에서 확인할 수 있듯이 건설업에서는 인구고령화의 부정적 효과가 다른 산업보다 적게 나타나고

있다. 서비스업과 제조업과는 다르게 인구비중 변화에 의한 취업자 증감이 일부 양으로 나타나는 시기가 있으며, 특히 최근 들어 인구비중 변화에 의한 취업자 증감이 확대되는 모습도 보인다.

4) 기타 산업

[그림 1-14]는 기타 산업의 취업자 수 증감에 대한 분해 결과를 보여준다. 기타 산업의 대부분(약 95%)이 농업이므로 사실상 기타 산업은 농업으로 간주해도 무방하다. 2016년까지는 기타 산업의 취업자 증감은 음수로 유지되고 있었으나, 2017년 양수로 전환되었고 2020년까지 상승 추세가 이어지고 있다. 인구구조 변화에 의한 취업자 수 증감은 2005년 6만명에서 서서히 줄어들어 2020년에는 4.8만명을 기록하였다(〈표 1-5〉 참조). 2017년 이후 고용률 변화에 의한 취업자 수 증감이 늘어남에 따라 기타 산업의 취업자 수 증감은 2017년에 양수로 전환되어 비슷한 수준을 유지하고 있다.

고용률 변화에 따른 취업자 수 증감이 기타 산업(농업)에서의 실제 노동수

(단위: 만명)

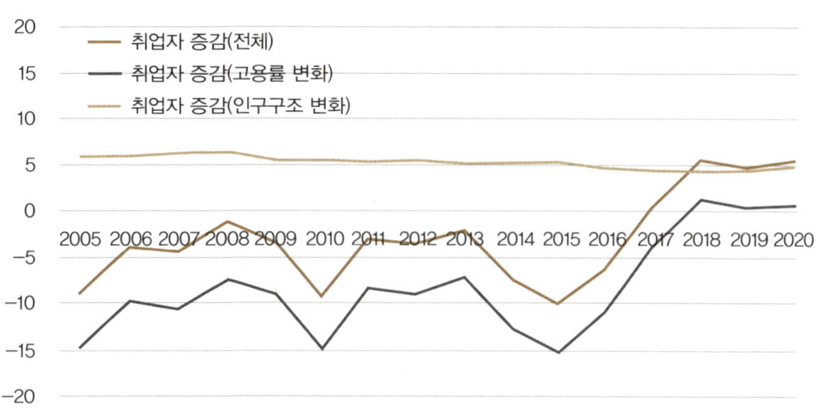

[그림 1-14] 취업자 증감 추이 분해(기타 산업): 고용률과 인구구조 변화

자료: 통계청, 「경제활동인구조사」, 2004-2020.

〈표 1-5〉 기타 산업 취업자 수 증감 추이 분해: 고용률, 인구비중 및 인구수 변화

(단위 : 만명, %)

연도	취업자 증감 (만명)					취업자 증감 (기여율, %)				
	전체	고용률	인구구조			전체	고용률	인구구조		
			소계	인구비중	인구수			소계	인구비중	인구수
2005	-8.8	-14.7	6.0	4.1	1.8	100	168	-68	-47	-21
2006	-3.8	-9.8	6.0	3.4	2.6	100	256	-156	-89	-67
2007	-4.3	-10.6	6.3	3.7	2.6	100	245	-145	-84	-61
2008	-1.1	-7.5	6.4	3.6	2.8	100	692	-592	-336	-257
2009	-3.4	-9.0	5.6	3.2	2.4	100	265	-165	-94	-71
2010	-9.2	-14.8	5.6	3.3	2.3	100	161	-61	-36	-25
2011	-3.0	-8.3	5.3	3.0	2.3	100	280	-180	-102	-78
2012	-3.4	-9.0	5.5	3.7	1.9	100	261	-161	-106	-55
2013	-2.0	-7.1	5.1	3.4	1.7	100	360	-260	-172	-87
2014	-7.5	-12.8	5.3	3.5	1.9	100	171	-71	-46	-25
2015	-9.9	-15.2	5.4	3.8	1.6	100	154	-54	-38	-16
2016	-6.2	-10.9	4.7	3.5	1.2	100	175	-75	-56	-19
2017	0.6	-3.8	4.4	3.4	1.0	100	-635	735	565	169
2018	5.6	1.3	4.3	3.5	0.8	100	23	77	63	14
2019	4.8	0.4	4.4	3.4	1.0	100	8	92	70	22
2020	5.4	0.6	4.8	3.9	0.9	100	11	89	71	17
평균	-2.9	-8.2	5.3	3.5	1.8	100	284	-184	-122	-63

자료: 통계청, 「경제활동인구조사」, 2004-2020.

요 증가를 반영할 수도 있지만, 경기에 민감하게 반응하는 농업에서의 무급가족종사자 수 변화를 반영하고 있을 가능성도 있다. 2008년 글로벌 금융위기로 2009~2010년 기간 동안 고용률 변화에 의한 기타 산업의 취업자 증감이 큰 폭으로 축소된 적이 있었다. 따라서 단순히 무급가족종사자 수 변화로만 최근의 기타 산업 취업자 수 증가 추세를 설명하기는 어려울 것으로 보인다.

(단위: 만명)

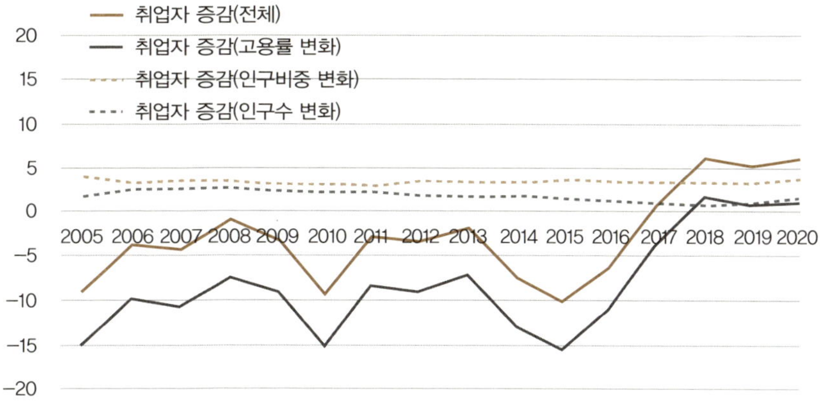

[그림 1-15] 취업자 증감 추이 분해(기타 산업): 고용률, 인구비중 및 인구수 변화

자료: 통계청, 「경제활동인구조사」, 2004-2020.

[그림 1-15]는 인구구조 변화의 영향을 인구비중과 인구수 변화의 영향으로 추가 분해한 결과를 보여준다. 인구증가율 둔화에 따라 인구수 변화에 의한 취업자 증감은 다른 산업과 마찬가지로 추세적으로 둔화되고 있으나, 인구비중 변화에 의한 취업자 증감이 2010년 이후 3.5만명 내외로 안정적으로 유지되고 있다. 이러한 이유로 인구구조 변화에 따른 취업자 증감은 고용률 변화에 따른 취업자 감소세를 상쇄하고 있다. [그림 1-7]에서 나타나듯이 기타 산업의 취업자 연령분포에서는 55세 이상이 다수를 차지하고 있다. 따라서 인구고령화가 기타 산업의 취업자 수 증감에 미치는 부정적 영향은 제한적이며 향후에도 부정적 영향이 크게 확대되지는 않을 것으로 예상된다.

3. 인구구조 변화에 따른 산업별 취업자 수 증감 전망

본 절에서는 인구구조 변화가 2021~2040년 기간의 전체 및 산업별 취업자 수 증감에 미치는 영향을 전망한다. 코로나19 상황이 노동시장에 미치는 부정적 영향이 2021년부터 완화되어 2021년에는 경제 전체의 노동수요가 2019년 수준으로 회복된 후 이후에는 동일한 수준이 지속되는 것으로 가정한다. 구체적으로 2021~2040년의 성·연령대별 고용률이 2019년 수준으로 일정하게 유지된다고 가정한다. 이러한 가정은 미래 노동시장에 대한 다소 긍정적인 전제이므로 본 절의 전망치를 해석할 때 이를 감안할 필요가 있다.

가. 전체 취업자 수 증감 전망

인구구조 변화가 2021~2040년의 취업자 수 증감에 미치는 효과를 살펴보기 위해서 인구구조가 통제된 고용률 변화에 의한 취업자 증감은 0으로 가정하여 전망을 실시한다. 이러한 가정은 2021~2040년의 성·연령대별 고용률이 2019년과 동일하게 유지된다는 가정과 같다. 이는 다소 비현실적으로 보일 수 있으나, 인구구조 변화가 취업자 수 변화에 미치는 영향을 추출해 내는 데에는 효과적인 방법이다. 전망에 사용되는 인구구조 변화에 대한 정보는 통계청의 「장래인구특별추계(2017~2067)」을 사용하였다.

[그림 1-16]은 인구구조 변화만을 반영하여 2021~2040년의 전체 취업자 수 증감을 전망한 결과이다. 2019년의 성·연령대별 고용률이 2021~2040년 사이에 변하지 않고 유지된다고 할 때, 2021년 취업자 수 증감은 47.4만을 기록할 것으로 전망되었다. 이는 2021년에 코로나19 상황이 노동시장에 미치는 부정적인 영향이 완전히 사라지는 경우를 가정한 것으로 실제 2021년 취업자 수 증감을 과대평가할 가능성이 높다. 2021년의 노

(단위: 만명)

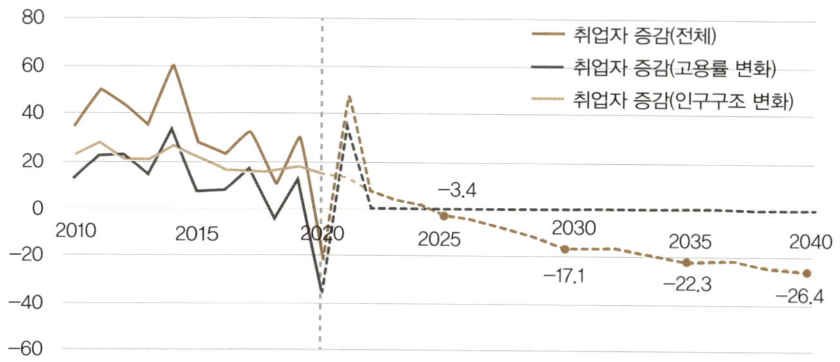

[그림 1–16] 2021–40년 취업자 수 증감 전망(인구구조 변화만 반영)

자료: 통계청, 「경제활동인구조사」, 2004–2020.; 통계청, 「장래인구특별추계(2017~2067)」, 2019.

동시장 환경을 반영한 정확한 분석은 아니지만, 2021년 취업자 수 증감의 최댓값 정도로 해석할 수 있을 것이다.

한편, 2025년, 2030년, 2035년, 2040년의 취업자 수 증감은 각각 −3.4만, −17.1만, −22.3만, −26.4만명을 기록할 것으로 전망되었다. 인구구조 변화에 의한 취업자 수 증감은 2016년부터 2021년까지는 15만명 내외로 비교적 일정한 수준을 유지하다가 2022년부터 큰 폭으로 하락하는 것으로 전망되었다. 생산가능인구 증가율 둔화에도 불구하고 2016~21년 취업자 증감이 15만명 내외로 유지되는 것은 고용률이 가장 높은 45~49세 인구의 일시적인 증가에 기인한 것으로 추측된다. 45~49세 인구의 일시적인 증가는 2차 베이비붐 세대(1968~74년생)와 관련이 있을 것으로 보인다. 생산가능인구가 감소함에도 불구하고 인구비중의 변화가 2020년대 초반까지는 취업자 수 증감에 유리한 방향으로 작용하기 때문에 종합적으로 인구구조 변화에 의한 취업자 수 증감이 크게 감소하지 않는 것으로 판단된다. 따라서 2

(단위: 만명)

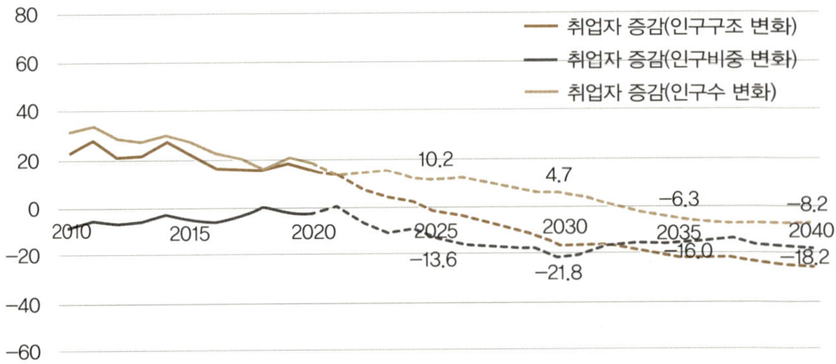

[그림 1-17] 2019-23년 취업자 수 증감 전망(인구구조 변화만 반영): 인구비중과 인구수 구분

자료: 통계청, 「경제활동인구조사」, 2004-2020.; 통계청, 「장래인구특별추계(2017~2067)」, 2019.

차 베이비붐 세대가 대부분 50대로 진입하는 2020년대 중반이 되면 인구구조 변화에 따른 취업자 수 증감은 큰 폭으로 축소될 것이라 예상할 수 있다.

[그림 1-17]은 인구구조 변화에 의한 취업자 수 증감 전망결과를 인구비중과 인구수 변화로 분해한 내용이다. 인구비중 및 인구수 변화에 의한 취업자 수 증감은 추세적으로 감소하여 2030년에는 각각 -21.8만명, 4.7만명, 2040년에는 각각 -18.2만명, -8.2만명이 될 것으로 전망되었다. 앞에서 언급하였듯이 2017~2021년에는 45~49세 인구의 일시적인 증가에 기인하여 인구비중 변화의 부정적 영향이 다소 완화됨에 따라 2017년 이전에 비하여 취업자 수 증감을 일시적으로 높이는 역할을 하고 있다. 그러나 2017~2021년에 45~49세였던 인구가 50~54세로 넘어가는 2022년부터는 인구고령화의 부정적 영향이 강하게 나타나 취업자 증감을 크게 낮추는 요인으로 작용하게 된다. 한편, 인구수 변화에 의한 취업자 수 증감은 2021~2040년 사이에 지속적으로 감소하는 것으로 전망되었다. [그림 1-1]에 나타나듯이 생산가능인구는 2019년부터 빠르게 감소하지만, 15세 인구

는 2031년까지 여전히 증가하는 것으로 전망된다. 이는 65세 이상 고령층의 인구가 늘어나고 있음을 의미하며 65세 이상 고령층 취업자 수 증감의 확대가 15~64세 취업자 증감의 급격한 축소를 일부 상쇄하고 있는 것으로 해석할 수 있다.

나. 주요 산업별 취업자 수 증감 전망

[그림 1-18]~[그림 1-21]은 서비스업, 제조업, 건설업 및 기타 산업에 대해 인구구조 변화만을 반영한 취업자 수 증감의 전망결과를 보여준다. 방법론상 인구구조 변화 중 인구수 변화의 패턴은 산업별로 절대적인 수준은 다르지만 [그림 1-16]과 유사한 패턴으로 나타난다(〈표 1-6〉 참조). 따라서 산업 간에 인구구조 변화에 의한 취업자 수 증감 전망치가 다르게 나타나는 것은 주로 산업 간 인구비중 변화의 차이에서 기인한다고 볼 수 있다.

[그림 1-18]은 서비스업에 대해 인구구조 변화만을 반영하여 취업자 수 증감을 전망한 결과이다. 인구수 및 인구비중 변화에 따라 서비스업 취업

(단위: 만명)

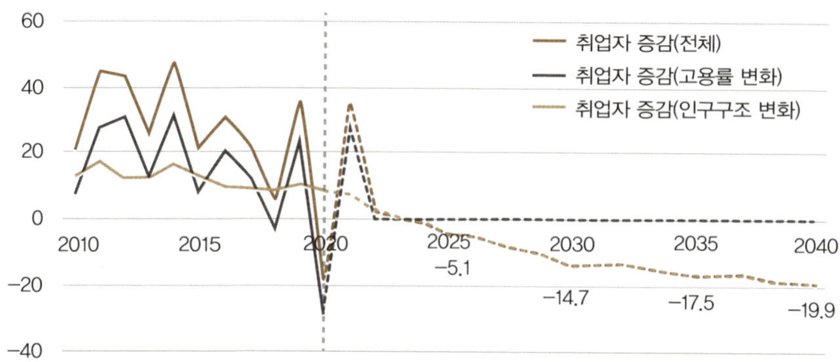

[그림 1-18] 2021-40년 취업자 수 증감 전망(인구구조 변화만 반영): 서비스업

자료: 통계청, 「경제활동인구조사」, 2004-2020.; 통계청, 「장래인구특별추계(2017~2067)」, 2019.

(단위: 만명)

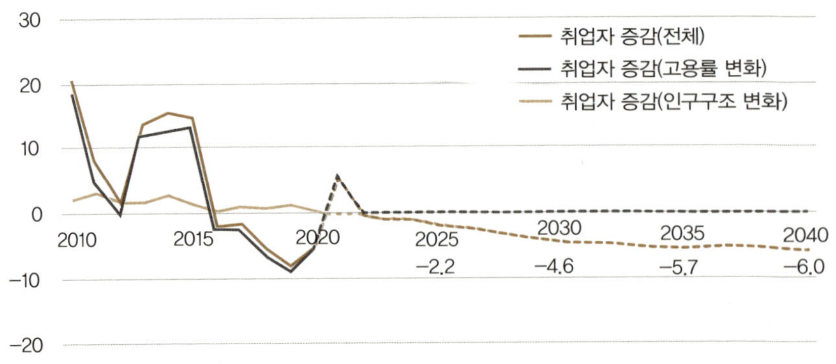

[그림 1-19] 2021–40년 취업자 수 증감 전망(인구구조 변화만 반영): 제조업

자료: 통계청, 「경제활동인구조사」, 2004–2020.; 통계청, 「장래인구특별추계(2017~2067)」, 2019.

자 수 증감은 2021년 이후 지속적으로 감소할 것으로 보인다. 성·연령대별 고용률이 2019년 수준으로 유지된다고 할 때, 서비스업 취업자 수 증감은 2030년에는 −14.7만명, 2040년에는 −19.9만명을 기록할 것으로 전망되었다. 지난 10년간 고용률 변화로 설명되는 서비스업 취업자 수 증감은 서서히 감소하고 있다. 따라서 인구구조 변화와 함께 노동수요를 반영하는 고용률 변화까지 고려하여 전망하는 경우 서비스업 취업자 증감은 [그림 1−18]보다 큰 폭으로 줄어들 가능성이 있다.

[그림 1−19]는 제조업에 대해 인구구조 변화만을 반영하여 취업자 수 증감을 전망한 결과이다. 제조업에서는 2021년 이전에도 인구구조 변화에 의한 취업자 수 증감의 기여는 크지 않았으며, 2021~2040년에도 인구구조 변화에 의한 취업자 증감은 전체 취업자 증감에 거의 영향을 주지 않을 것으로 판단된다. 이러한 결과는 인구수 변화의 긍정적 요인이 인구비중 변화의 부정적 요인에 의해 거의 상쇄되고 있기 때문이다(〈표 1−6〉 참조). 2015년 조선업 구조조정과 2010년대 후반 자동차 산업의 침체로 인해 여전히 제

(단위: 만명)

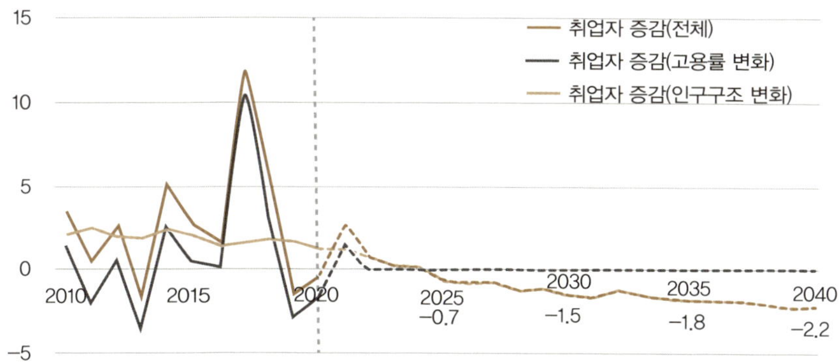

[그림 1-20] 2021-40년 취업자 수 증감 전망(인구구조 변화만 반영): 건설업

자료: 통계청, 「경제활동인구조사」, 2004-2020.; 통계청, 「장래인구특별추계(2017~2067)」, 2019.

조업 취업자 수 증감은 둔화된 채로 지속되고 있다. [그림 1-19]에서 나타나듯이 제조업에서는 인구구조 변화에 의한 취업자 수 증감이 양(+)의 기여를 하지 못할 것으로 전망되므로 향후 조선업과 자동차 산업의 회복이 지연된다면 제조업 취업자 수 증감은 현재의 둔화된 추세를 계속 유지할 가능성이 높다.

[그림 1-20]은 건설업에 대해 인구구조 변화만을 반영하여 취업자 수 증감을 전망한 결과이다. 건설업에서의 취업자 증감 패턴은 제조업과 대체로 유사하게 나타나고 있다. 다만, 건설업에서는 제조업에 비교하여 인구비중 변화(인구고령화)의 부정적 효과가 상대적으로 적어 인구구조 변화에 따른 취업자 증감이 2024년까지도 양수로 나타나고 있다는 차이가 있다(〈표 1-6〉 참조). 이는 [그림 1-7]에서 나타난 것처럼 건설업에서는 45~59세 취업자가 다수인 사실과 관계가 있다. 한편, 건설업에서 고용률로 설명되는 취업자 증감이 2017년 에 크게 확대된 것은 주택물량 급증의 영향으로 매우 이례적인 경우이다. 따라서 건설업에서는 인구구조 변화가 취업자 수 증감에

(단위: 만명)

[그림 1-21] 2021-40년 취업자 수 증감 전망(인구구조 변화만 반영): 기타 산업

자료: 통계청, 「경제활동인구조사」, 2004-2020.; 통계청, 「장래인구특별추계(2017~2067)」, 2019.

여전히 양의 기여를 하고 있음에도 불구하고 제조업과 유사하게 전체 취업자 증감은 곧 음수로 전환되어 유지될 가능성이 높다고 판단된다.

[그림 1-21]은 기타 산업에 대해 인구구조 변화만을 반영하여 취업자 수 증감을 전망한 결과이다. 2021~2040년 동안 취업자 수 증감은 약 3만 명 대 중반을 유지하는 것으로 나타났다. 전체 취업자 중 기타 산업 취업자의 비율이 5% 정도임을 감안하면, 상당히 큰 값으로 볼 수 있다. 기타 산업은 대부분 농업이고, 기타 산업에서 다수가 55세 이상 취업자임을 감안하면 현재 빠르게 진행되고 있는 인구고령화(인구비중의 변화)는 기타 산업 취업자 수 증감에 유리하게 작용할 것으로 예상할 수 있다(〈표 1-6〉 참조). 이와 같은 이유로 다른 산업과 다르게 기타 산업에서는 2021~2040년 동안 취업자 증감이 축소되지 않고 대체로 일정 수준을 유지하는 것으로 나타난다. 고용률로 설명되는 취업자 수 증감이 2016년 이후 상승 추세에 있으므로 고용률 변화까지 고려하여 기타 산업의 취업자 수 증감을 전망할 경우 [그림 1-21]보다 소폭 더 높게 전망될 가능성이 있다.

〈표 1-6〉 산업별 2021–40 취업자 증감 전망(인구구조 변화만 반영)

(단위 : 만명)

	서비스업			제조업			건설업			기타 산업		
	인구구조	인구비중	인구수	인구구조	인구비중	인구수	인구구조	인구비중	인구수	인구구조	인구비중	인구수
2005	10.1	−3.4	13.5	2.3	−1.5	3.9	2.4	0.7	1.7	6.0	4.1	1.8
2006	16.0	−4.1	20.1	4.5	−1.0	5.5	2.9	0.5	2.4	6.0	3.4	2.6
2007	16.3	−5.5	21.9	4.0	−1.8	5.8	2.8	0.2	2.6	6.3	3.7	2.6
2008	16.9	−7.2	24.1	3.7	−2.4	6.2	2.8	−0.1	2.8	6.4	3.6	2.8
2009	12.4	−8.9	21.3	2.4	−2.9	5.3	2.2	−0.3	2.4	5.6	3.2	2.4
2010	12.4	−8.8	21.2	2.0	−3.0	5.0	2.0	−0.2	2.3	5.6	3.3	2.3
2011	16.5	−6.3	22.7	3.0	−2.6	5.6	2.4	0.0	2.4	5.3	3.0	2.3
2012	11.5	−7.7	19.2	1.5	−3.2	4.7	1.9	−0.1	2.0	5.5	3.7	1.9
2013	11.8	−6.8	18.5	1.6	−2.9	4.5	1.8	−0.1	1.9	5.1	3.4	1.7
2014	15.9	−4.6	20.5	2.6	−2.4	5.0	2.3	0.3	2.1	5.3	3.5	1.9
2015	12.6	−6.2	18.8	1.3	−3.3	4.6	2.0	0.1	1.9	5.4	3.8	1.6
2016	9.3	−6.2	15.5	0.1	−3.8	3.9	1.4	−0.2	1.6	4.7	3.5	1.2
2017	8.4	−5.4	13.8	0.8	−2.6	3.4	1.6	0.2	1.4	4.4	3.4	1.0
2018	8.1	−2.7	10.8	0.6	−2.0	2.6	1.8	0.6	1.1	4.3	3.5	0.8
2019	10.0	−3.7	13.7	1.0	−2.2	3.3	1.6	0.1	1.5	4.4	3.4	1.0
2020	7.9	−4.2	12.1	0.1	−2.7	2.8	1.1	−0.1	1.3	4.8	3.9	0.9
2021	7.1	−1.8	8.8	−0.5	−2.5	2.0	1.1	0.2	0.9	4.9	4.2	0.7
2022	1.9	−7.5	9.4	−0.5	−2.7	2.2	0.7	−0.3	1.0	4.3	3.6	0.8
2023	−0.4	−10.4	10.1	−1.2	−3.5	2.3	0.2	−0.9	1.1	4.5	3.6	0.8
2024	−1.7	−9.6	7.9	−1.2	−3.0	1.8	0.1	−0.8	0.8	4.3	3.6	0.7
2025	−5.1	−12.2	7.2	−2.2	−3.8	1.6	−0.7	−1.5	0.8	4.5	3.9	0.6
2026	−5.8	−13.7	7.9	−2.5	−4.3	1.8	−0.9	−1.7	0.8	4.6	3.8	0.7
2027	−7.9	−14.3	6.4	−2.9	−4.4	1.5	−0.8	−1.5	0.7	4.0	3.4	0.6
2028	−9.7	−14.8	5.2	−3.5	−4.6	1.2	−1.2	−1.8	0.5	4.1	3.6	0.5
2029	−11.4	−14.9	3.6	−4.2	−5.0	0.8	−1.2	−1.6	0.4	4.0	3.6	0.4
2030	−14.7	−17.9	3.3	−4.6	−5.3	0.7	−1.5	−1.9	0.3	3.7	3.4	0.3
2031	−14.5	−16.6	2.0	−4.9	−5.4	0.5	−1.7	−1.9	0.2	3.7	3.5	0.2
2032	−13.8	−13.7	−0.1	−4.9	−4.8	0.0	−1.3	−1.3	0.0	3.3	3.3	0.0
2033	−15.0	−13.1	−1.9	−5.2	−4.8	−0.4	−1.6	−1.4	−0.2	3.2	3.4	−0.2
2034	−16.5	−13.3	−3.2	−5.5	−4.8	−0.7	−1.8	−1.4	−0.3	3.0	3.3	−0.4
2035	−17.5	−13.1	−4.4	−5.7	−4.7	−1.0	−1.8	−1.4	−0.5	2.6	3.1	−0.5
2036	−17.6	−12.4	−5.2	−5.5	−4.3	−1.1	−1.9	−1.4	−0.6	2.4	3.1	−0.6
2037	−17.1	−11.4	−5.6	−5.4	−4.1	−1.2	−1.9	−1.3	−0.6	2.4	3.0	−0.7
2038	−18.8	−13.3	−5.5	−5.5	−4.3	−1.2	−2.1	−1.5	−0.6	2.0	2.7	−0.7
2039	−19.4	−13.7	−5.7	−5.9	−4.6	−1.2	−2.3	−1.7	−0.6	2.1	2.8	−0.7
2040	−19.9	−14.2	−5.6	−6.0	−4.8	−1.2	−2.2	−1.6	−0.6	1.7	2.5	−0.7

주: 1) '인구구조'는 '인구비중'과 '인구수'의 합을 의미함.

2) 2021–40년 수치는 전망치임.

자료: 통계청, 「경제활동인구조사」, 2004–2020.; 통계청, 「장래인구특별추계(2017~2067)」, 2019.

4. 결론 및 시사점

본 장에서는 2004~2020년 기간의 전체 및 산업별 취업자 수 증감 중 인구구조 변화에 의해 설명되는 부분을 분석하였다. 2004~2020년 평균 취업자 수 증감(26.4만명) 중 82%(21.6만)는 인구구조 변화에 의해서 설명되었으며, 나머지 18%(4.8만명)는 인구구조 변화와 무관한 노동수요를 반영하는 고용률 변화에 의해서 설명되었다. 인구비중 변화의 기여율은 －18%(－4.6만명), 인구수의 기여율은 100%(26.3만)으로 나타나 취업자 수 증감의 대부분이 인구수 증감에 의해서 설명된 것으로 분석되었다. 산업별로 동일한 분석을 수행한 결과, 정도의 차이는 있으나 2020년 현재까지 모든 산업에서 인구수 증감의 효과는 취업자 수 증감에 긍정적인 영향을 미친 것으로 나타났다. 다시 말해, 2004~2020년 기간 동안 인구수 증가가 없었더라면 취업자 수 증감은 실현된 수치보다 크게 낮았을 가능성이 있다. 이러한 분석결과는 향후 급격히 줄어드는 생산가능인구 감소의 영향으로 인해 성·연령대별 고용률 제고 없이는 전체 취업자 증감이 큰 폭으로 둔화될 것임을 시사한다.

급격한 생산가능인구 감소 및 인구고령화 효과를 명시적으로 살펴보기 위해 동일한 방법론을 활용하여 2021~2040년의 전체 및 산업별 취업자 수 증감을 전망하였다. 전망 결과, 2025년, 2030년, 2035년, 2040년의 전체 취업자 수 증감은 각각 －3.4만명, −17.1만명, −22.3만명, −26.3만명을 기록할 것으로 전망되었다. 산업별로는 취업자 수가 가장 많은 서비스업에서 취업자 수 증감의 감소폭이 가장 크게 나타났으며, 이어서 제조업, 건설업 순으로 취업자 수 증감의 감소폭이 크게 나타났다. 한편, 다른 산업과는 다르게 기타 산업(주로 농업)에서는 2040년까지도 여전히 취업자 수 증감이 양수로 유지되는 것으로 전망되었다. 분석 방법론 상 인구수 변화가 취업자 수 증감에 미치는 효과는 전 산업에 걸쳐 비슷한 정도로 나타난다. 따라서 산업 간 전망결과의 실질적인 차이는 주로 인구비중(인구고령화 정도)의 변화에 따라 발생한다. 45~49세 취업자가 다수인 서비스업과 제조업에서는 인구고령화가 취업자 수 증감에 미치는 부정적 영향이 비교적 크게 나타난다. 한편, 45~59세 취업자가 다수인 건설업과 55세 이상 취업자가 다수인 기타 산업에서는 인구고령화가 취업자 수 증감에 미치는 부정적 영향이 상대적으로 적을 것이다.

이처럼 인구구조 변화가 한국의 미래 고용 상황에 미치는 영향은 대체로 부정적으로 전망된다. 따라서 인구구조 변화가 노동시장에 미치는 부정적 영향을 상쇄하기 위해서는 경제 전반의 노동수요와 근로자의 노동생산성을 지속적으로 높이는 노력이 필수적이다. 한국은 급격한 인구구조 변화와 함께 빠른 속도의 기술진보를 동반하는 4차 산업혁명 시대를 맞이하고 있다. 4차 산업혁명이 노동시장에 미치는 부정적인 영향에 대한 우려도 존재하지만, 반대로 4차 산업혁명의 장점을 살려 인구구조 변화의 부정적 효과를 상쇄시킬 수도 있을 것이다.

우선 정부는 청년 및 여성의 고용률과 노동생산성을 높이기 위한 실효성 있는 정책적 노력을 지속하면서, 중장기적으로는 빠른 기술진보 속도에 대응하여 직업훈련 및 평생교육을 통해 노동공급의 질적 향상을 추구해야 할 것이다. 한편, 4차 산업혁명에 따른 급속한 기술진보로 인해 일자리를 잃을 가능성이 있는 중장년층 취업자들을 위한 사회안전망을 강화하고 이들의 원활한 노동시장 이행을 지원하는 정책을 마련해야 할 것이다. 4차 산업혁명으로 인해 고용형태가 다양화될 것에 대응하여 다양한 고용형태를 포괄할 수 있는 노동시장 법과 제도 개선도 선제적으로 이루어 나갈 필요가 있다.

4차 산업혁명 시대에 고용률과 노동생산성을 높이기 위해 정부 주도의 일자리 정책도 중요하겠지만, 근본적으로는 민간에서 양질의 일자리가 충분히 창출되고 이에 맞추어 원활한 노동공급이 뒷받침되어야 한다. 이러한 관점에서 4차 산업혁명에 대비하여 전략적으로 한국 노동시장에 적합한 미래인력 양성체계의 로드맵을 구축할 필요가 있다. 최근 디지털 전환이 가속화됨에 따라 디지털 기반기술에 근간한 신기술에 대한 숙련수요 및 일자리가 빠르게 증가할 것으로 예상된다. 따라서 인력 양성체계도 이러한 기술 및 숙련수요 변화에 맞추어 탄력적으로 양질의 노동력을 제공할 수 있는 방식으로 전환되어야 할 것이다. 또한 고용형태의 다양화와 디지털 전환 등의 노동시장 환경 변화에 대응하여 인사관리 및 근무환경 등 기업이 일하는 방식도 융통성 있게 변화시켜 나가야 한다. 일하는 방식의 변화는 근로자들의 노동생산성을 높여, 인구구조 변화에 따라 노동공급이 감소하는 부정적 영향을 일부 완화시킬 것이다. 이처럼 4차 산업혁명 시대에 대비하여 양질의 미래인력 양성을 위한 정부와 민간의 적극적인 노력이 병행된다면, 급격한 생산가능인구 감소 및 인구고령화 진행에도 불구하고 한국의 미래 노동시장의 전망은 밝을 것이라 기대한다.

[부록] 취업자 증감 분해 방법론[11]

특정 시점(t)에서의 취업자 수(E_t)는 아래와 같이 성·연령대별 취업자 수($E_{j,t}$)의 합이며, 성·연령대별 취업자 수는 고용률($er_{j,t}$), 인구비중($pr_{j,t}$), 15세 이상 전체 인구수(p_t)의 곱으로 나타낼 수 있다.

$$
\begin{aligned}
E_t = \sum_j E_{j,t} &= \sum_j \frac{E_{j,t}}{p_{j,t}} \times \frac{p_{j,t}}{p_t} \times p_t \\
&= \sum_j er_{j,t} \times pr_{j,t} \times p_t
\end{aligned}
$$

여기서 j는 남성과 여성에 대해 5세 단위(15−19세, 20−24세, ⋯, 70−74세, 75세 이상)로 정의된 총 26개의 인구집단을 의미한다. $er_{j,t}$은 각 인구집단별 고용률을 나타내며, 성·연령대별 취업자 수($E_{j,t}$)를 성·연령대별 인구수($p_{j,t}$)로 나눈 값을 의미한다. $pr_{j,t}$은 각 인구집단별 인구비중을 의미하며, 성·연령대별 인구수($p_{j,t}$)를 15세 이상 전체 인구수(p_t)로 나눈 값이다. 따라서 서로 다른 시점 간 취업자 수 변화는 성·연령대별 고용률, 인구비중 변화 및 15세 이상 인구수 변화로 설명할 수 있다. 보다 구체적으로 두 시점($t > s$) 간 취업자 수 변화(ΔE_t)는 다음과 같이 고용률 변화(①)[12], 인구비중 변화(②) 및 인구수 변화(③)로 분해된다.

$$
\begin{aligned}
\Delta E_t &= E_t - E_s \\
&= \sum_j er_{j,t} pr_{j,t} p_t - \sum_j er_{j,s} pr_{j,s} p_s \\
&= \underbrace{\sum_j \Delta er_{j,t} pr_{j,t} p_t}_{\text{(① 고용률 변화)}} + \underbrace{\sum_j er_{j,s} \Delta pr_{j,t} p_t}_{\text{(② 인구비중 변화)}} + \underbrace{\sum_j er_{j,s} pr_{j,s} \Delta p_t}_{\text{(③ 인구수 변화)}}
\end{aligned}
$$

11 정대희 · 김지운(2017)의 내용을 간략히 정리하여 기술하였다.

12 여기서 고용률 변화는 인구구조(인구비중 및 인구수)의 영향이 통제된 고용률 변화를 의미한다.

제2장 4차 산업혁명과 위드 코로나 시대의 국내 노동시장 변화

김유빈 한국노동연구원 동향분석실장/연구위원

요약

- 코로나19의 고용충격은 과거 유사 경제위기 및 감염병 위기 당시의 충격을 상회하는 수준이다.
- 연령 및 성, 종사상지위, 업종 등 계층별로 고용충격의 발현 및 회복이 상이하게 나타나고 있다는 점에서 큰 우려가 있다.
- 중층적 고용안전망 구축으로 안전망의 사각지대를 최소화하는 한편, 현장안착을 위한 「전국민 고용보험 로드맵」의 적용확대를 적극 추진해야 한다.
- 저임금 고용회복을 위한 사회보험료 지원을 강화하고 사회보험 가입을 유도해야 한다.
- 디지털 전환, 탄소중립 등 산업구조 개편에 대응한 인력양성 및 직업훈련 강화, 공정한 노동전환을 위한 지원체계 구축이 절실하다.

키워드 : 위드코로나, 고용충격, 고용회복, 고용안전망, 노동전환

2020년 1월 첫 확진사례가 발생한 이후, 코로나19는 국내 고용시장에 이례적으로 큰 충격을 가져왔다. 백신접종률이 높아지고는 있지만, 재확산 추세와 맞물려 뚜렷한 회복세를 나타내지 못하고 있는 와중, 노동시장에 새겨진 깊은 상흔은 장기적으로도 아물지 않을 가능성이 높다. 본고는 코로나19 전후 국내 노동시장의 변화양상을 살펴보고, 이를 토대로 일자리 회복과 전환을 위한 정책적 시사점을 제공하는 것을 목적으로 한다.

1. 코로나19의 노동시장 충격

2000년대 이후 한국의 주요 고용지표는 글로벌 금융위기를 전후로 악화되었다가 이후로는 양적 증가추세를 보인다. 경제활동참가율과 고용률은 2007년을 기점으로 1%p 내외의 감소폭을 보였다가 경제위기가 회복국면으로 돌아선 2009년 이후 지속적인 증가추세를 나타내었으나, 코로나19의 고용충격으로 일제히 악화추세로 전환되었다. 실업률의 경우에는 동 기간 감소추세를 보이다 2013년 이후 다시 증가추세를 보이고 있으나, 코로나19의 영향을 받은 2020년을 제외하고는 고용활력 회복으로 인한 구직활동 증가 영향이 동반되었음을 고려할 필요가 있다.

이에, 취업자 동향 역시 2009년 이후 안정적인 증가폭을 유지하며 취업자 수가 지속적으로 증가하였는데, 이러한 고용회복의 배경에는 특히 성별로는 여성, 연령별로는 청년층(15~29세)의 고용증가가 크게 기여했다. 이처럼 일자리의 질적 개선추세는 논외로 하더라도, 양적인 측면에서의 노동시장 현황은 개선추세를 보이고 있었으며, 근로시간 단축, 비정규직의 정규

(단위: %)

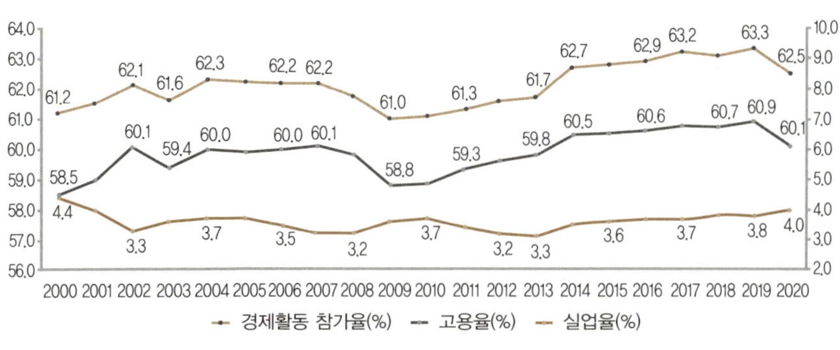

[그림 2-1] 경제활동참가율, 고용률, 실업률 변화 추이, 2000~2020년

자료: 경제활동인구조사 원자료 각연도

(단위: 천명)

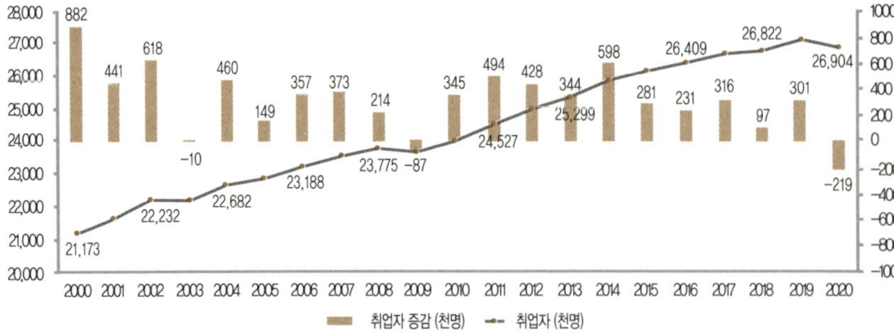

[그림 2-2] 취업자 수 변화 추이, 2000~2020년

자료: 경제활동인구조사 원자료 각연도

직 전환 등 일자리 질 개선을 위한 정부의 노력 역시 지속적으로 추진된 바 있다. 이를 고려할 때, 일자리의 양적·질적 전환을 앞둔 시점에서 코로나19의 고용충격은 매우 뼈아팠다고 평가할 만하다.

코로나19가 국내 노동시장에 미친 영향을 살펴봄에 있어, 우선 고용지표 위주로 고용동향을 요약하면 다음과 같다. 코로나19의 고용충격이 반영된 2020년, 경제활동참가율은 전년대비 0.8%p 하락한 62.5%를 기록하였으며, 고용률은 전년대비 0.9%p 하락한 65.9% 기록, 취업자는 전년대비 21만 8,000명 감소한 2,690만 4,000명을 기록하였다. 세부연령별로는 60세 이상을 제외한 전 연령대에서 감소하여, 60세 이상에서 37만 5,000명 증가, 30대는 16만 5,000명 감소, 40대 15만 8,000명, 20대 14만 6,000명, 50대에서 8만 8,000명의 감소폭을 나타내었다.

산업별로는 대면서비스 업종인 도매 및 소매업, 숙박 및 음식점업, 교육서비스업 등의 업종등을 위주로 취업자가 감소한 반면, 코로나19 방역 및 충격대응에 관련된 보건업 및 사회복지서비스업과 운수 및 창고업, 농림어업 등의 산업은 취업자가 증가하였다.

〈표 2-1〉 고용지표 변화 추이, 2019~2020년

(단위: %, %p, 천명)

구 분	2019	증 감	2020	증 감
경제활동참가율	63.3	0.2p	62.5	–0.8p
고 용 률	66.8	0.2p	65.9	–0.9p
취 업 자	27,123	301	26,904	–218
비경제활동인구	16,318	31	16,773	455

주) 취업자 증감: 전년대비
자료: 경제활동인구조사 원자료 각연도

종사상지위별로는 경제위기 하에서 통상적으로 일어나는 양상과 같이, 임시근로자와 일용근로자의 감소폭이 두드러진 반면, 상용근로자는 증가하였으며, 비임금근로자 중에서는 고용원 있는 자영업자와 무급가족종사자는 감소, 고용원 없는 자영업자는 전년대비 증가하였다.

비경제활동인구는 전년대비 45만 5,000명의 큰 폭으로 증가하였는데, 사회적 거리두기 수칙 강화와 일자리의 위축 영향으로 쉬었음, 가사 등 활동상태 증가가 두드러진 반면, 코로나19 충격 이전 증가추세에 있던 재학 및 수강 등의 활동은 감소하였다.

이상 요약한 코로나19 영향 하의 고용동향을 토대로, 코로나19의 고용 충격의 특징을 보다 세부적으로 살펴보면 다음과 같다. 2020년 2월 24일, 국내 첫 확진자가 발생한 이후 코로나19발 고용충격은 3월부터 본격적으로 고용지표에 반영되기 시작하였다. 특히 코로나19의 충격이 가장 극심했던 3월과 4월, 2개월 간 누적된 취업자 감소폭은 102만 명에 이르는데, 취업자로 분류되지만 실질적으로 근로중단 상태에 놓인 일시휴직자를 포함하면, 일자리의 충격범위는 200만 명으로 늘어난다. 이후 5~8월 기간에는 충격 완화로 취업자 수가 회복추세를 보였으나, 이후 코로나19가 재확산 추세를

보임에 따라 정체 추세를 보이다 11월과 12월에는 취업자 수가 다시 큰 폭으로 감소하였다. 특히 12월 취업자 수는 전년동월대비 98만 2천명 감소하

a. 원계열, 전년동월대비

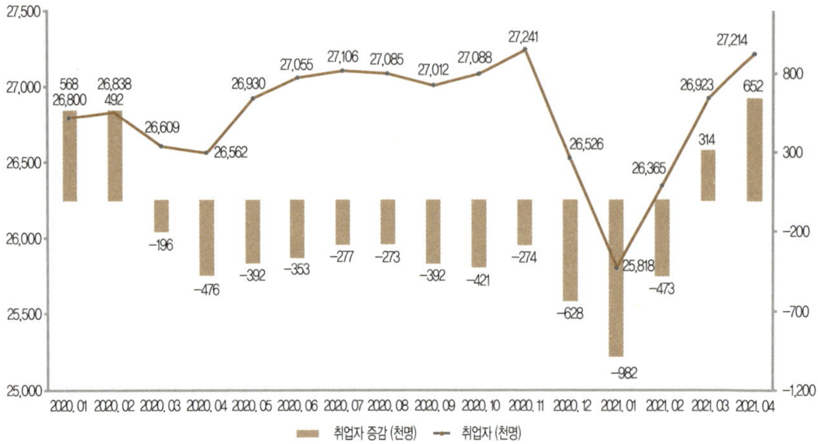

b. 계절조정계열, 전월대비

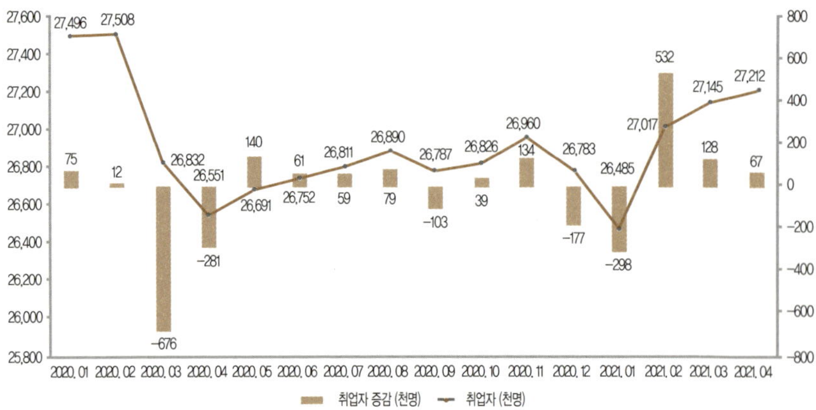

[그림 2-3] 취업자 수 변화 추이, 2020~2021년 4월

주) 계절조정계열, 증감은 전월대비 수치

자료: 경제활동인구조사 원자료 각연도

였는데, 이는 기저효과를 감안하더라도 과거의 유사 경제위기에 비해 매우 이례적인 수준이다.

업종 및 고용형태별로는 음식 및 숙박업, 교육서비스업, 보건 및 복지서비스업 등 대면서비스업의 취업자 감소가 두드러졌는데, 앞서 언급한 임시·일용직과 청년 및 여성 계층의 취업자 감소는 이들의 취업 비중이 높은 대면서비스업의 취업분포 특성에 기인한 것이라 볼 수 있다. 경기악화의 입구 국면에서는 청년과 여성 취업자의 고용충격이 선행되고, 경기회복 국면에서도 우선적으로 고용흡수 되는 것이 경기변화에 따른 통상적인 고용추세이며, 코로나19로 인한 작금의 고용충격 역시 다르지 않은 흐름을 나타내고 있다.

청년층(15~29세)의 경우, 타 연령대에 앞서 2월부터 취업자 감소가 나타났으며, 3월에는 전년동월대비 22만 9천명 감소하여 19만 6천명 감소한 전체 취업자 감소폭을 상회하였으며, 이어 4월에도 24만 5천명 감소하는 등 취업자 감소폭의 상당비중을 차지하는 양상을 보이고 있다. 해당 기간, 계절조정계열의 누적 취업자 감소폭은 23만 명 수준이며, 6월 이후 회복세를

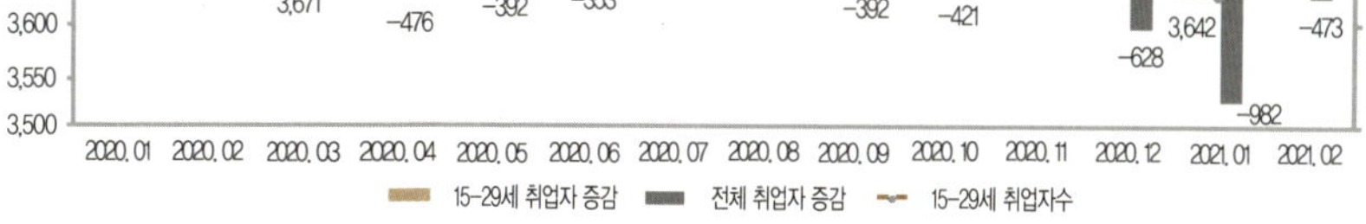

[그림 2-4] 청년층 취업자 수 및 증감 추이, 월별, 2020~2021년

주) 원계열, 증감은 전년동월대비 수치

자료: 경제활동인구조사 원자료 각연도

(단위: %)

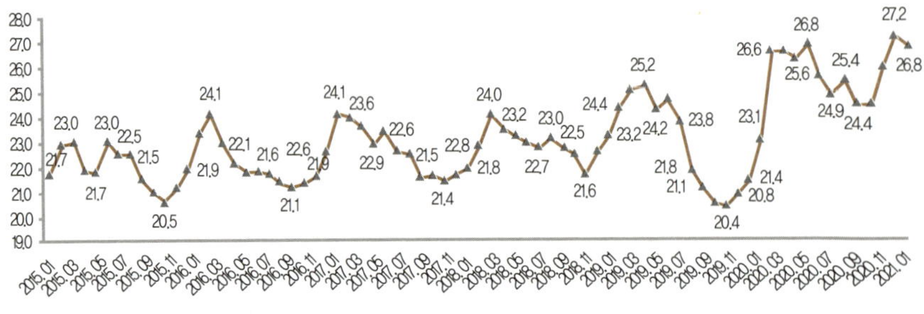

[그림 2-5] 청년층 확장실업률 변화추이, 월별, 2015~2021년

자료: 경제활동인구조사 원자료 각연도

보였으나, 9월 재확산 이후 취업자 감소폭이 다시 확대되는 모습을 보인 바 있다. 청년층의 경우, 업종에 있어서는 교육서비스업과 음식 및 숙박업의 취업자 감소가 두드러진다.

청년층의 고용충격은 확장실업률[13]로 볼 때, 더욱 두드러진다. 확장실업률은 공식적으로 분류되는 실업자[14]에 더해, 잠재경제활동인구[15]와 시간관련 추가취업가능자[16]를 실업상태에 있는 것으로 분류한 것이다. 코로나19의 영향 전인 2019년 12월 20.4% 수준이었던 청년층의 확장실업률은 3·4월 26.6%로 급증하였으며, 이후에도 지속적으로 높은 수준을 유지하다가 2020년 12월에는 통계작성 이후 가장 높은 수치인 27.2%를 기록하였다.

13고용보조지표3에 해당한다.

14실업자는 15세 이상 인구 중, 조사대상 기간에 수입이 있는 일을 하지 않았고, 지난 4주간 적극적으로 구직활동을 하였으며, 조사대상 기간 일이 주어지면 즉시 취업이 가능한 사람을 의미한다. 따라서 실업자로 분류되기 위해서는 단순히 일을 하지 않는 것에 그치는 것이 아니라, 구직활동이 동반되어야 한다.

15비경제활동인구 중 지난 4주간 구직활동을 했지만 취업이 불가능했던 사람과 지난 4주간 구직활동은 하지 않았지만 취업을 희망했고, 취업도 가능한 사람을 의미한다. 학교 졸업 뒤 학원 등에 다니는 취업 준비생이나 고시생, 취업을 희망하는 주부 등이 이에 해당된다.

1636시간 미만의 단시간 근로자이면서, 추가로 취업을 희망하는 사람을 의미한다.

청년 확장실업률의 급증은 특히 시간관련 추가취업가능자의 증가에 배경이 있다. [그림 2-6]에서 확인할 수 있듯이, 지난 3월 이후 시간관련 추가취업가능자의 증가추세가 매우 두드러지는데, 이는 취업을 하고 있는 청년

(단위 : %p, 전년동월대비)

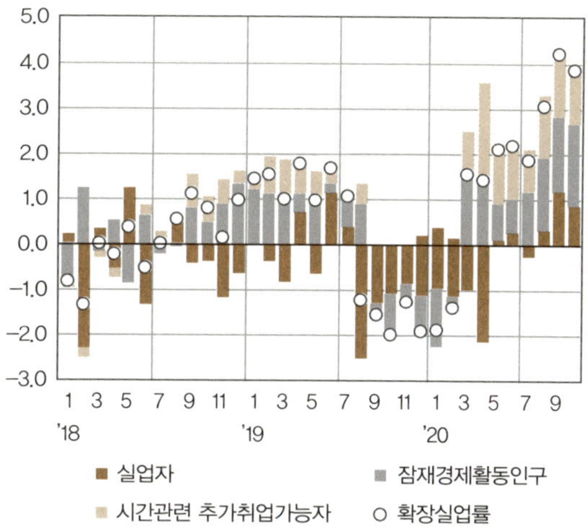

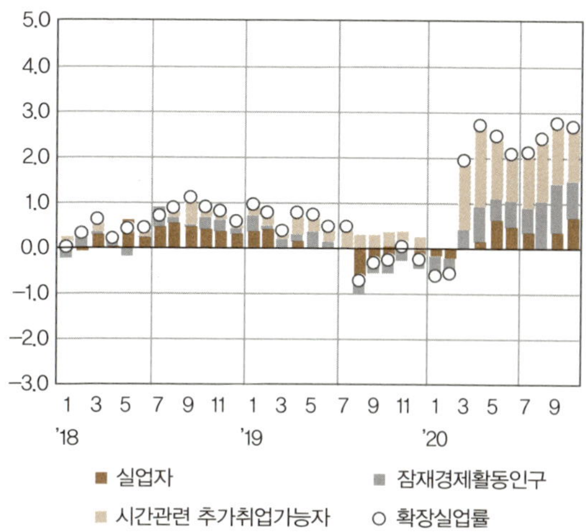

[그림 2-6] 고용보조지표(확장실업률) 구성(좌 : 15~29세/우 : 30~59세)

주) 잠재경제활동인구는 잠재취업가능자 및 잠재구직자를 합한 것을 의미

자료 : 노동리뷰 2020년 12월호 재인용. 통계청, 「경제활동인구조사」 원자료, 각 연도.

〈표 2-2〉 성별 · 연령대별 주요 고용지표 변화 추이

(단위 : 천 명, %, %p, 전년동기대비)

구 분		남성				여성			
		2019 1~10월	(증감)	2020 1~10월	(증감)	2019 1~10월	(증감)	2020 1~10월	(증감)
15~29세	인구	4,536	(–33)	4,461	(–75)	4,533	(–56)	4,463	(–70)
	취업자	1,914	(53)	1,835	(–79)	2,025	(–17)	1,940	(–86)
	실업자	215	(–6)	206	(–9)	187	(–11)	173	(–15)
	비경제활동인구	2,407	(–80)	2,419	(12)	2,321	(–29)	2,351	(30)
	고용률	42.2	(1.5)	41.1	(–1.1)	44.7	(0.2)	43.5	(–1.2)
	실업률	10.1	(–0.5)	10.1	(0.0)	8.5	(–0.4)	8.2	(–0.3)
30~59세	인구	12,265	(–51)	12,192	(–73)	11,864	(–90)	11,742	(–122)
	취업자	10,876	(–146)	10,703	(–174)	7,595	(23)	7,373	(–222)
	실업자	324	(–5)	317	(–6)	201	(–10)	237	(36)
	비경제활동인구	1,065	(100)	1,172	(107)	4,067	(–103)	4,131	(64)
	고용률	88.7	(–0.8)	87.8	(–0.9)	64.0	(0.7)	62.8	(–1.2)
	실업률	2.9	(–0.0)	2.9	(–0.0)	2.6	(–0.1)	3.1	(0.5)
60세 이상	인구	5,069	(269)	5,370	(301)	6,209	(279)	6,535	(326)
	취업자	2,653	(172)	2,843	(190)	2,017	(191)	2,215	(198)
	실업자	106	(13)	112	(5)	62	(11)	74	(12)
	비경제활동인구	2,310	(83)	2,415	(105)	4,130	(76)	4,246	(116)
	고용률	52.3	(0.7)	52.9	(0.6)	32.5	(1.7)	33.9	(1.4)
	실업률	3.9	(0.2)	3.8	(–0.1)	3.0	(0.3)	3.2	(0.2)

자료 : 한국노동연구원 노동리뷰 2020년 12월호 재인용. 통계청, 「경제활동인구조사」 원자료, 각 연도.

이라 하더라도 단시간 근로에 그쳐 소득이 불안정한 청년층의 취업실태가 더욱 악화되고 있음을 여실히 드러내는 것이라 할 수 있다.

취업자 수가 크게 감소한 청년층과 달리, 60세 이상의 고령층은 성별을 불문, 취업자 증가폭이 2019년에 비해서도 크게 확대되어 39만 명 가량 증가하였다. 이는 정부의 노인 직접일자리 사업의 영향이 일정부분 반영된 것으로, 고령층 취업자 증가분 중 12만 명이 이에 해당하는 공공행정, 보건 및 사회복지업 취업자이며, 그 외 농림어업(5만 7천 명), 제조업(3만 6천 명)의

(단위 : 천 명, 전년동월대비)

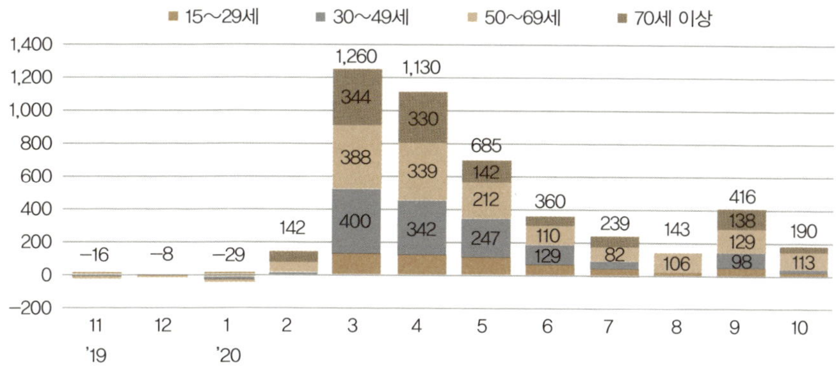

[그림 2-7] 일시휴직자 증감의 연령대별 구성

자료 : 노동리뷰 2020년 12월호 재인용. 통계청, 「경제활동인구조사」 원자료, 각 연도

고령 취업자가 증가하였다.

코로나19의 영향 아래, 또 하나 주목할 만한 특이점은 일시휴직자의 증가추세이다. 일시휴직은 고용관계의 종료를 의미하는 것이 아니기 때문에, 취업자로 분류되지만 실질적으로는 근로중단 상태에 있기 때문에 취업시간에 있어서는 0시간으로 구분된다. 2020년 3월 일시휴직자는 126만 명 가량 증가하였고, 이후 사회적 거리두기 완화로 증가폭이 감소하다, 코로나19 재확산 추세로 9월에는 41만 6천 명 증가하였다. 연령대별로는 고령층의 일시휴직 증가 추세가 두드러지는데, 이는 방역지침 강화에 따라 70세 이상 노인일자리사업 참가자의 일시휴직이 증가한 영향이다. 이 외, 30와 40대는 교육서비스업, 50대와 60대는 운수 및 창고, 제조업, 건설업 등의 일시휴직자 증가가 두드러지는 경향을 보였다.

종사상지위별로는 임시직과 일용직, 자영업자의 감소폭이 확대되었다. 임시직 감소는 과거 유사 경제위기에 비해서도 이례적으로 큰 수준으로, 3월 급격히 감소한 이래 코로나19 발생 이전 수준을 회복하지 못한 상태에 있다. 2020년 3월 임시 및 일용직의 감소폭은 전년 동기간 대비 평균 39만 9천명 감소하여, 2000년 이후로는 가장 큰 규모로 감소하였다. 이는 재확산 이후 증가폭이 축소되었지만 전년동월대비 증가추세를 유지했던 상용직과

(단위 : 천 명, 전년동월대비)

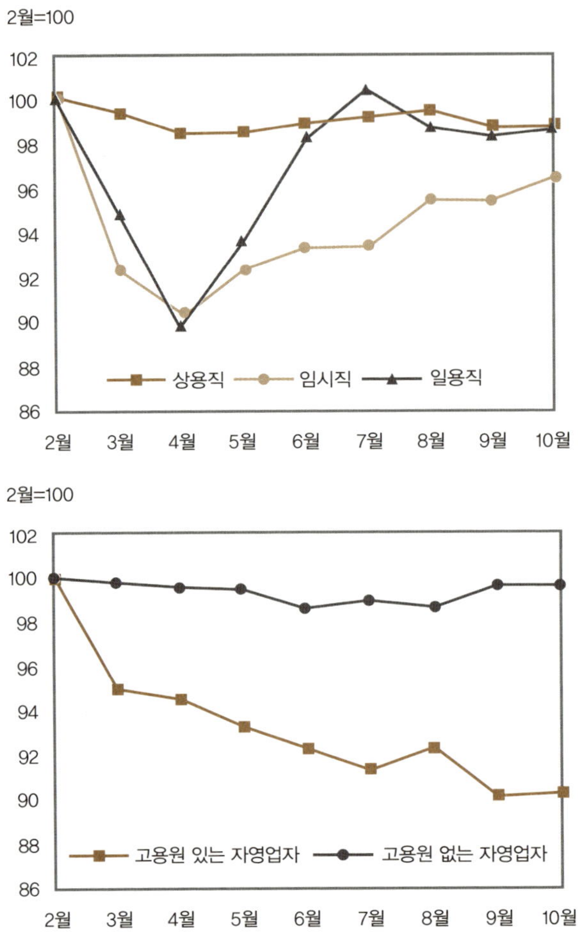

[그림 2-8] 종사상 지위별 취업자 증감 추이

주 1) 계절조정계열

주 2) 2020년 2월=100.

자료 : 노동리뷰 2020년 12월호 재인용. 통계청, KOSIS.

는 대비되는 것으로 경제위기에 따른 고용충격에 있어 종사상지위별 양극화가 뚜렷하게 나타나고 있음을 의미한다.

비임금근로에 있어서는 고용원 없는 자영업자가 전년동기대비 8만 2천명 증가한 반면, 고용원 있는 자영업자는 3~10월 간 숙박음식업을 중심으로 평균 약 18만 명이 감소하였다. 이 같은 고용원 유무에 따른 자영업자의 고용변화 추이 역시 통상적 경기변동과 흐름을 같이 하는 것으로, 경기악화 국면에 있어서의 고용원 없는 자영업자의 증가는 최근에 이르러서는 플랫폼종사자 및 특수형태고용종사자의 증가추세와도 궤를 같이 하는 것으로 볼 수 있다.

코로나19 발 고용충격에 있어 과거 경제위기와 차별되는 또 다른 점은 비경제활동인구의 예외적인 증가추세이다. 과거 유사 경제위기와 같이 취업자 감소가 실업자로의 편입으로 이어지지 않고, 구직을 단념하고 근로의욕을 상실해 비경제활동인구로 편입하는 경향이 최근 두드러지게 나타나고 있다. 살펴보았듯, 코로나19 발생 초기 고용보험의 사각지대에 있는 임시·일용직을 중심으로 고용 충격이 집중되면서 이들의 비경제활동인구로의 편입이 증가했다고 볼 수 있다. 특히 청년층의 경우 이러한 현상은 더욱 우려스러운데, 코로나19의 충격이 가장 극심했던 당시 해외 선진국의 경우에는 청년실업률이 크게 증가했으나, 2020년 4월 한국은 청년실업률이 오히려 감소하고, 비경제활동인구가 크게 증가하였다. 이는 청년 취업자가 근로의욕을 상실하여 구직활동을 포기하고 노동시장을 이탈하고 있음을 의미하는 것으로 다른 해외국가에 비해 청년의 일자리 실태가 더욱 심각한 구조적 문제를 내포하고 있음을 의미하는 것이기도 하다. 동일 기간인 3~4월 간 미국의 청년 실업률은 10.3%에서 27.4%, 일본은 4.4%에서 6.8%로 크게 증가한 반면, 한국의 경우 청년실업률은 9.9%에서 9.3%로 감소하였다.

산업별로는 대면서비스업의 감소추세가 지속되고 있는 반면, 비대면서

〈표 2-3〉 청년고용 지표 변화, 실업률/경제활동참가율

(단위 : %, %p)

구 분	'19.5월	'20.1월	2월	3월	4월	5월
15~29세 실업률(%)	9.9	7.7	9.0	9.9	9.3	10.2
(전년동월대비 증감, %p)	(-0.6)	(-1.2)	(-0.5)	(-0.9)	(-2.2)	0.2
15~29세 경활참가율(%)	48.4	47.7	47.2	45.4	45.0	47.0
(전년동월대비 증감, %p)	(0.7)	(0.6)	(-0.3)	(-2.7)	(-3.4)	(-1.4)

자료 : 통계청, 「경제활동인구조사」 원자료, 각 연도.

비스 산업은 고용증가 추세를 보이는 점에서 차별된다. 서비스업은 2020년 상반기 큰 폭으로 고용이 감소한 후 5~6월 간 회복세를 보였으나, 이후 코로나19 재확산으로 3분기 이래 감소추세를 보인 바 있다. 다만 최근인 2021년 3월 기준으로는 공공행정, 보건복지, 예술여가, 음식숙박 업종을 중심으로 대면서비스업의 고용이 V자 반등을 하고 있다는 점에서 긍정적이다. 공공행정, 보건복지의 경우 정부의 노인일자리 사업 재개로 60대 이상 취업자가 증가 전환한 영향이 컸다.

비대면서비스업은 2월 코로나19 충격 이후 꾸준히 고용이 증가해 왔다. 3분기 8월 코로나19 재확산에도 불구하고 고용 증가세를 유지한 바 있으며, 전체 서비스업의 고용 증가는 앞으로도 비대면서비스업이 견인할 것으로 예상된다.

이상과 같이 코로나19는 과거 유사 경제위기 및 감염병 위기에 비해서도 크다고 볼 수 있는 고용충격을 야기하였다. 특히, 고용충격의 발현에 있어 연령 및 성, 종사상지위 등 계층별로 그 충격의 규모와 범위가 달리 나타나고 있다는 점에서 우려가 더욱 크다. 코로나19로부터의 회복에 있어, 그 추세가 K자형을 띨 가능성이 높다는 전망도 여기에 기인한다 볼 수 있다. 코로나19의 충격대응에 있어 분야 및 영역별 다양한 수준의 정책적 논의가

(단위 : 천 명)

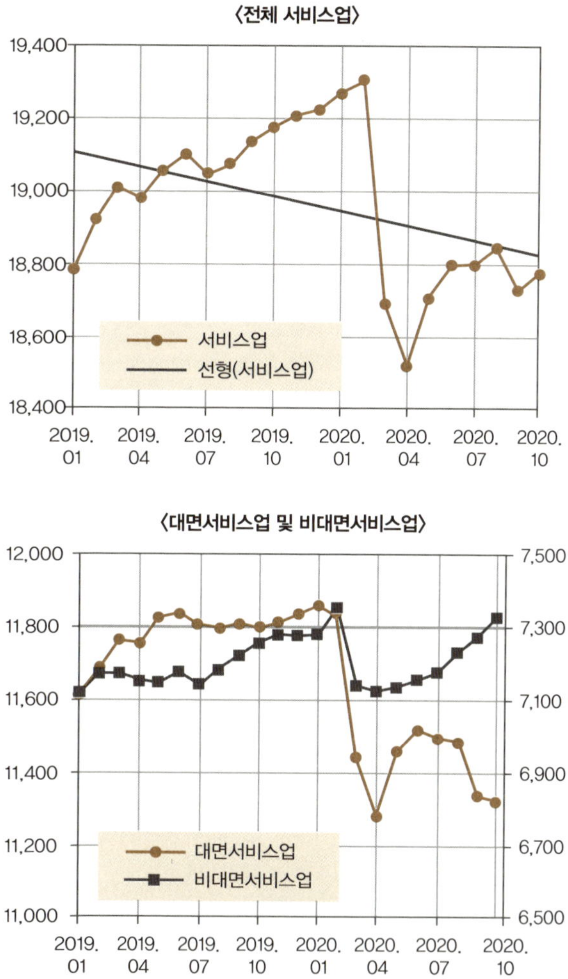

[그림 2-9] 서비스업 취업자 수, 계절조정계열

자료 : 통계청, 「경제활동인구조사」 원자료, 각 연도.

지속되고 있지만, 기존의 양극화 추세가 더욱 심화되지 않도록 하기 위해 포용적 회복을 위한 사회적 논의 역시 간과되어서는 안 될 것이다.

2. 코로나19가 야기한 노동시장의 변화

코로나19로 인한 근로조건의 변화는 근로시간에서 가장 명확히 드러난다. 한국의 근로시간은 전 세계에서도 멕시코 다음으로 가장 긴 국가로 알려져 있는 만큼, 장시간 근로관행이 오랜 기간 고착화되어 온 바 있다. 한국의 주평균 취업시간은 90년대 꾸준히 50시간 이상을 유지하다, 2002년 49.8시간으로 감소해 50대 미만의 근로시간을 기록했으며, 코로나19의 영향 아래 2020년에는 39.0시간을 기록하여 역사상 처음으로 40시간 근로시간대로 진입하였다.

최근의 취업시간 감소는 워낙 장시간이기도 했지만 2018년부터 도입된 주52시간 근무제 시행과 같은 제도적 요인과 더불어 일생활균형에 대한 사회적 인식이 증가하였고, 공급측면에서는 주40시간 미만 근로비중이 높은 여성과 고령층을 중심으로 노동공급이 증가하고, 정부의 노인일자리 사업 추진으로 고령층 취업자가 증가한 점 등이 영향을 미쳤다 볼 수 있다.

(단위 : 시간)

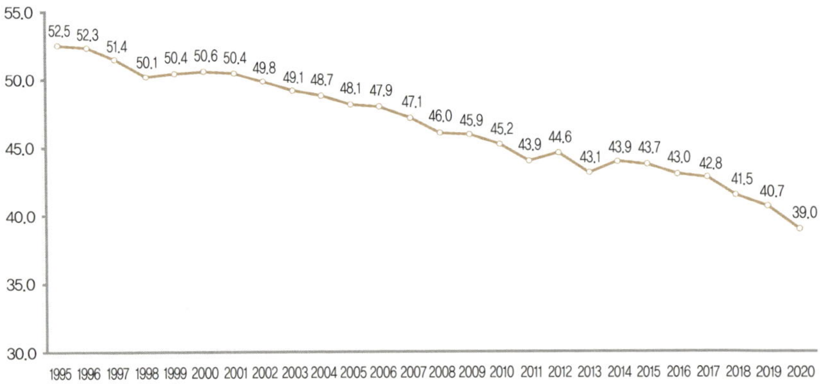

[그림 2-10] 주평균 취업시간 변화 추이

자료: 경제활동인구조사 원자료 각연도

이에, 취업시간별 취업자의 분포를 시계열로 살펴보면, 주52시간 근무제의 영향으로도 볼 수 있는 53시간 이상 취업자의 가파르게 감소하고 있는 반면, 40시간 미만 취업자의 비중은 증가하는 와중에 17시간 미만 근로자의 비중 증가가 두드러지는 것을 확인할 수 있다. 코로나19의 고용충격이 가해진 2020년에는 경제활동의 제약으로 인해 단시간 근로자의 증가추세가 더욱 두드러지게 나타났으며, 취업자로 분류되나 취업시간이 0인 일시휴직자의 증가 역시 근로시간 감소의 주요 요인으로 작용하였다.

코로나19의 위기는 단순히 근로시간의 조정 뿐 아니라, 근무방식의 변화를 동반하고 있으며, 이는 최근 더욱 가속화되는 양상을 보이고 있다. 사회적 거리두기 단계가 강화됨에 따라 기업은 감염병 예방과 고용조정 최소

〈표 2-4〉 취업시간별 취업자 비중 추이

(단위 : 천 명, 시간, %)

구 분	비중								
	전체	40시간 미만	1~17시간 미만	(1~15시간 미만)	17~40시간 미만	40시간 이상	40~52시간	53시간 이상	일시 휴직자
2010	100.0	20.0	4.3	(3.2)	15.7	78.5	50.3	28.2	1.6
2011	100.0	23.5	4.7	(3.4)	18.8	74.7	48.9	25.8	1.7
2012	100.0	19.2	4.3	(3.2)	14.9	79.1	53.3	25.9	1.7
2013	100.0	24.5	4.5	(3.3)	19.9	73.9	51.7	22.2	1.6
2014	100.0	19.8	4.5	(3.3)	15.3	78.6	55.1	23.5	1.6
2015	100.0	19.5	4.6	(3.3)	15.0	78.9	56.2	22.7	1.6
2016	100.0	21.8	4.7	(3.4)	17.1	76.6	55.7	20.9	1.6
2017	100.0	20.6	5.0	(3.6)	15.6	78.0	58.1	19.9	1.4
2018	100.0	24.1	5.6	(4.1)	18.5	74.4	57.6	16.8	1.5
2019	100.0	24.0	6.6	(4.8)	17.4	74.5	59.6	14.8	1.5
2020	100.0	26.7	7.0	(4.8)	19.7	70.2	57.8	12.4	3.1

자료 : 한국노동연구원 내부자료 재인용. 통계청, 「경제활동인구조사」 원자료, 각 연도.

화를 위해 일하는 방식의 변화를 도모하려는 양태를 보였으며, 유연근무제의 도입은 이의 일환이라 볼 수 있다. 정부 역시, 코로나19 발 고용충격이 추가적 휴직이나 휴업으로 이어지지 않도록 새로운 근무환경의 안착을 위한 기반 조성에 정책적 노력을 수반할 필요성이 있음을 강조하였으며, 이에 근로시간제 도입으로 근무시간을 단축한 기업에 대한 지원금을 대폭 인상한 바 있다. 고용노동부 고용안정장려금 사업의 내역사업인 워라밸 일자리 장려금의 기간연장이 이의 일환이다.

워라밸 일자리 장려금은 전일제 근로자가 가족돌봄, 본인건강, 은퇴준비, 학업 등으로 인해 일정기간 소정 근로시간을 단축하는 것을 허용한 사업주에게 근로자의 임금감소보전금, 간접노무비, 대체인력 인건비 등을 지원하는 제도이다. 임금감소액 보전금은 사업주를 통한 근로자 지원방식으로 이루어지며, 근로자의 임금감소 보전 금액 범위 내에서 주 15~25시간인 경우에는 월 최대 40만원, 주 25~35시간인 경우에는 월 최대 24만원을 최대 1년간 지급한다[17]. 또한 간접노무비는 중소·중견기업에 한해 전환형 근로자의 인사·노무관리에 소요되는 비용으로 1인당 월 20만원을 추가 지원하며, 소정근로시간 단축근로자의 대체인력을 고용하는 경우에도 대체인력 인건비로 우선지원대상기업의 경우 월 60만원, 대규모기업의 경우에는 월 30만원을 지원하고 있다[18]

코로나19로 인한 경기위축 대응의 일환으로 워라밸 장려금의 활용실적이 크게 증가한 것이 사실이지만, 향후에도 근로시간 단축지원에 대한 정책수요는 일생활균형 확산에 따라 더욱 증가할 가능성이 큰 만큼, 포스트 코로나 시대에 있어서도 그 활용범위와 규모를 지속 확대해 나갈 것을 검토할 만하다.

17 단, 임신 근로자는 주 15~30시간, 월 40만원을 지급한다.

18임금의 80% 한도, 인수인계기간 2개월 추가 지원

(단위 : 천명, %)

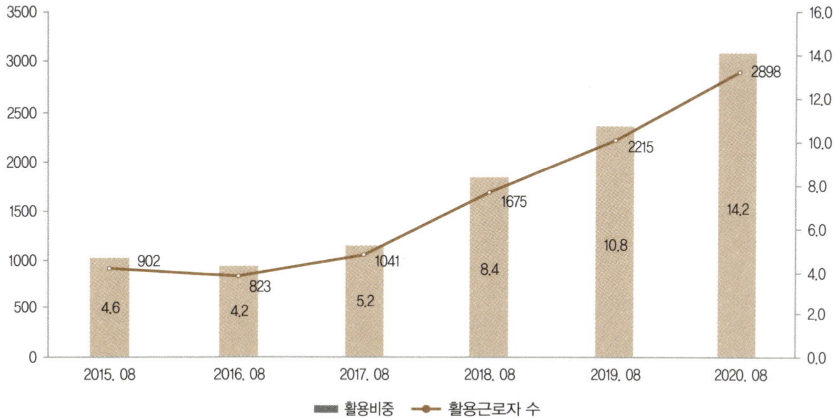

[그림 2-11] 유연근무제 활용근로자 수 및 비중

주) 좌축: 활용근로자수, 우축: 활용비중

자료 : 경제활동인구조사 근로형태별부가조사 각 연도 원자료

임금근로자를 대상으로 유연근무제의 활용 현황을 살펴보면 다음과 같다. 경제활동인구조사 근로형태별부가조사를 분석한 결과에 따르면, 임금근로자 중 유연근무제를 활용하는 비중은 매년 지속적인 증가추세를 보이고 있으며, 특히 주 52시간 근로제가 도입된 2018년 7월 이후로는 증가세가 더욱 가속화되는 경향을 보이고 있다. 2020년 8월을 기준으로, 유연근무제를 활용하고 있는 임금근로자의 수는 2,898천명이며, 이는 임금근로자의 14.2%에 해당하는 규모이다.

유연근무제 도입의 세부 현황 파악에 있어서는 김유빈(2020)이 수행한 코로나19 실태조사 결과를 활용할 수 있다. 코로나19 실태조사 결과에 따른 유연근무제 신규 활용 임금근로자의 비중을 살펴보면, 코로나19 발생 이전

(단위 : %, 일)

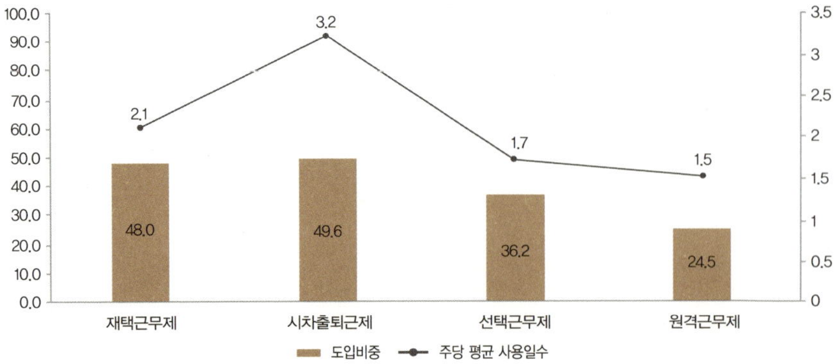

[그림 2-12] 유연근무제 신규도입 비중 및 주당 평균 사용일수

주) 좌축: 도입비중, 우축: 주당 평균 사용일수
자료 : 김유빈(2020) 원자료, 김유빈 · 강신혁 · 김영아(2020) 재인용

유연근무제를 활용하지 않았던 기업이 신규로 유연근무제[19]를 도입한 비중은 18.5% 수준이며, 세부 유형에 있어서는 시차출퇴근제를 도입한 기업이 49.6%로 가장 많고, 다음으로 재택근무제 48.0%, 선택근무제 36.2%, 원격근무제 24.5%의 순으로 비중이 높은 것으로 나타났다.

근로자를 대상으로 유연근무제의 효율성에 대한 인식을 설문한 결과는 다음과 같다. 유연근무제를 활용한 경험에 대해 근로자들은 근무장소의 종속성에 있어서는 부정적인 인식을 가지고 있으나, 근무시간의 자율성 확보를 선호하며, 연령이 낮고 종사하는 사업체의 규모가 클수록 생산성에 있어 더 효율적으로 작용한다고 여기는 경향이 강한 것으로 나타났다. 이에, 재

19(재택근무제) 정보통신기기 등을 활용, 주거지에 업무공간을 마련하여 근무하는 제도
(시차출퇴근제) 기존의 소정근로시간을 준수하면서 출퇴근시간을 조정하는 제도
(선택근무제) 1개월 이내의 정산기간을 평균하여 1주간의 소정근로시간이 40시간을 초과하지 않는 범위에서 1주 또는 1일 근무시간을 조정하는 제도
(원격근무제) 주거지, 출장지 등과 인접한 원격근무용 사무실에서 근무하거나 사무실이 아닌 장소에서 모바일 기기를 이용하여 근무하는 제도

〈표 2-5〉 국가별 유연근무제 도입률

(단위 : 천 명, 시간, %)

구 분	한 국	일 본	미 국	유 럽
시간선택제	11.6	-	36.0	69.0
시차출퇴근제	12.5	-	81.0	66.0
선택적근로제	11.6	52.8	-	-
재택근로제	4.1	11.5	38.0	-

원자료: 1) 고용노동부(2016), 2) Eurofound(2013), 3) National Study of Employer(2014), 4) 일본 후생노동성(2014)

자료인용: 한국노동연구원(2017) 재인용

택근무 및 원격근무제의 생산성에 대한 인식이 상대적으로 낮게 나타난 반면, 시차출퇴근제와 선택근무제가 일반 근무환경에 비해 더 생산적이라고 응답한 비중은 60%를 상회하였다.

유연근무제의 활용현황을 근로자가 아닌 기업 측면에서 살펴보면 다음과 같다. 코로나19 이전 상황을 미루어 볼 때, 한국의 유연근무제 활용 비중은 해외 선진국과 비교해 낮은 수준을 보인다. 미국, 일본, 유럽국가 등 주요 국가의 유연근무제 도입률을 비교해 볼 때, 이들은 대부분의 유연근무 유형에 있어 한국에 비해 높은 도입률을 나타내고 있다. 한국의 유연근무제 도입률은 21.9%로, 유형별로는 시차출퇴근제 도입 비중이 12.5%로 가장 높으며, 재택근무 도입 비중은 4.1% 수준으로 미국의 재택근무 도입률에 비해 33.9%p 낮은 수준을 보인다. 사업장 규모별로는 300인 이상 사업장의 유연근무제 1개 이상 도입 비중이 41.6%인데 반해, 5~9인 사업장은 21.1%로 규모가 커질수록 도입률이 높은 경향을 보이고 있다.

코로나19 위기 대응을 위해 유연근무제를 새로이 도입한 기업의 비중은 8.4%로 높지 않으나, 이전부터 유연근무제를 활용하고 있는 기업을 고려하면, 해당 시기 유연근무제를 활용하고 있는 기업의 비중은 보다 높을 것으

(단위: %)

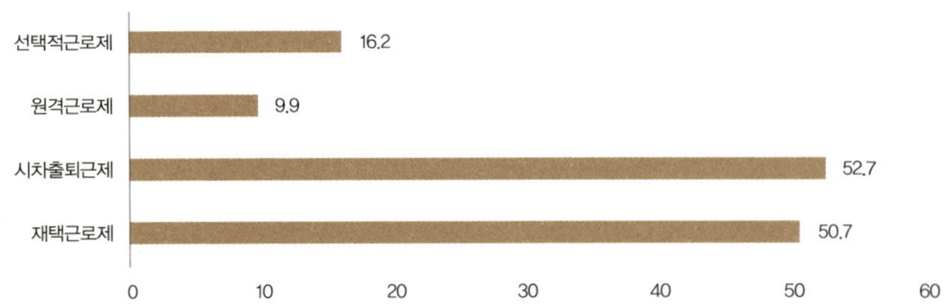

[그림 2-13] 기업의 유연근무제 신규도입 비중

자료 : 김유빈(2020) 원자료, 김유빈 · 강신혁 · 김영아(2020) 재인용

로 예상된다. 유연근무제의 효용성 평가에 있어서는, 코로나19 종료 후에도 유연근무제를 활용(37.3%)하거나, 추후 재판단(47.2%)하겠다는 기업 비중이 높아 향후 유연근무제 도입은 지속적으로 증가할 것으로 전망된다.

업종별로는 제조업, 숙박 및 음식점업의 시차출퇴근제도 활용 비중이 높게 나타나고, 도매 및 소매업, 금융 및 보험업, 교육 서비스업 등의 산업은 재택근로제 활용 비중이 높은 경향을 보이는 만큼, 업종의 특성에 따라 유연근로제 활용방식에도 영향을 받는 것으로 보인다.

작금의 코로나19 위기는 방역예방 및 치료, 수요 급증에 따른 장시간 근로 위험 노출에 특정 업종의 부담을 가중시키고 있는 한편, 비대면·디지털 전환을 가속화하고, 플랫폼노동자 및 특수형태고용종사자 등 다양한 형태의 고용형태를 양산하는 특징을 보이고 있다.

필수노동자(essential worker)는 코로나19와 같은 국가 재난상황에 있어 위험에 노출된 채, 안전확보 및 기본생활 유지에 필요한 업무를 수행하는 노동자를 의미한다. 감염위험에 크게 노출되어 있으면서도, 저임금, 장시간 근로 및 불안정 고용비중이 높아 정부는 2020년 10월 6일, 고용노동부와 기획재정부를 주축으로, '필수노동자 보호를 위한 범정부 TF'를 출범한 바 있다.

(단위: %)

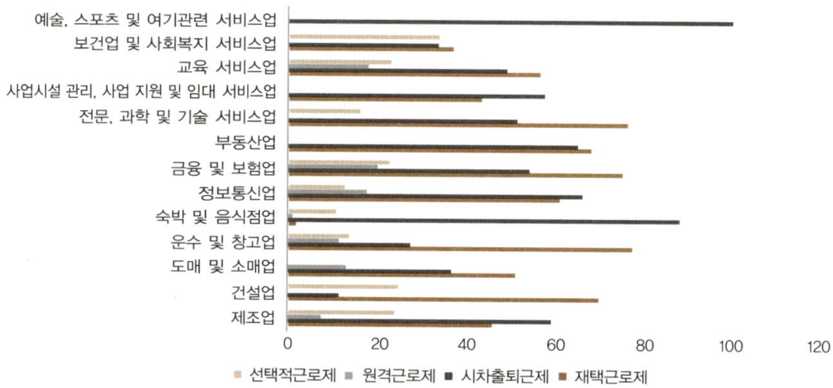

[그림 2-14] 업종별 유연근로제 도입 비중

자료 : 김유빈(2020) 원자료, 김유빈 · 강신혁 · 김영아(2020) 재인용

코로나19 확산 장기화로 비대면 서비스가 중점 대안으로 활용되고 있으나, 국민의 생명·안전 및 사회기능 유지를 위해 대면서비스는 필수적인 만큼, 필수노동자 보호 필요성에 대한 공감대는 이미 크게 형성되어 있다고 보아도 무방하다. 문제는 이들 필수노동자에 대한 지원이 이들 근로자에게 충분히 체감될 정도로 이루어지고 있는지에 있다. 이들 필수노동자들은 근로조건에 있어 코로나19 이전에도 소득 불안정 및 장시간 근로 등 과로로 인한 건강상의 문제와 더불어, 감염 및 산업재해 위험노출 경향이 큰 업종에 종사하는 경향이 높은데, 코로나19로 인해 그 위험이 가중되고 있는 양상이다. 이들 필수노동자에 대한 지원방안을 마련하는데 있어 현재 중점적으로 거론되는 보건의료종사자, 돌봄서비스종사자, 택배기사, 배달종사자, 환경미화원 등의 직종 외 지원방안 수립에 있어 누락되어 있는 직종이 없는지 지원의 포괄범위 확대를 지속적으로 검토할 필요가 있다.

3. 코로나19 충격에 따른 노동시장 변화 전망

2020년 상반기 이후, 코로나19는 재확산 추세를 보이면서 팬데믹 위기 종식에 대한 전망이 불투명한 상황이다. 2021년 들어, 고용상황은 확진자 증가세의 정체, 백신도입 등의 영향으로 개선되는 흐름을 보이고 있지만, 코로나19 재확산 및 변이 바이러스의 등장 등으로 인한 불확실성은 여전히 큰 상황이다. 이에 따라, 노동시장의 변화 전망 역시 예측에 있어서의 한계가 크다. IMF, OECD 등 국제경제기구와 한국은행, 경제관련 연구기관 등 국내외의 경제 및 노동시장 전망 역시 수정에 수정을 거듭하고 있는 실정이다.

1998년 외환위기와 2008년 금융위기 등 과거 유사 경제위기 사례를 토대로 코로나19에 따른 노동시장 변화를 간접적으로 전망하면 다음과 같다. 한국노동연구원(2020)에 따르면, 과거 유사 경제위기 시 고용회복에는 14~16개월 가량이 소요되었으며, 월 평균 10% 수준의 고용증가가 이루어졌다. 보다 구체적으로는 고용회복에 있어 1998년 외환위기에 16개월, 2008년 금융위기에 14개월 정도의 기간이 소요된 것으로 나타난다. 한국의 경우, 2020년 5월 이후 고용회복 수준이 50%에 이르러, 유사 경제위기 대비 회복추세가 빠른 경향을 보였으나, 하반기 코로나 재확산 추세로 인해

〈표 2-6〉 경제위기 시 취업자 동향

(단위 : 천 명, %)

구 분		취업자	상용	임시	일용	고용주	자영자	무급
외환위기 (1998)	증감률	−7.5	−11.5	−10.6	−15.5	−18.1	−4.3	−11.5
	회복기간(월)	16	39	12	13	20	9	12
금융위기 (2008)	증감률	−1.0	3.3	−3.9	−11.6	−4.1	−8.0	−9.7
	회복기간(월)	14	−	19	36	11	31	25

주: 회복기간은 고용감소가 시작시기부터 전년동월대비 취업자 수가 증가하기 시작한 시기 사이의 기간을 의미함

자료 : 한국노동연구원(2020) 재인용, 필자가 재구성

노동시장이 재악화 국면으로 접어들었던 바 있다.

코로나19 위기는 2020년 상반기 임시·일용직을 중심으로 부정적 여파가 집중된 바 있다. 코로나19 재확산으로 취업자 수 감소가 상시 일자리까지 확대될 경우, 코로나19의 노동시장 충격은 더욱 장기화 및 극대화될 우려가 있는데, 최근 임시 임시·일용직을 중심으로 고용이 크게 회복된 반면, 상시 일자리의 고용증가는 주춤한 상태에 있기 때문에 보다 적극적인 모니터링이 요구된다. 일자리의 상실에 있어서는 구직을 단념하고 근로의욕을 상실치 않도록 긴급 지원하고, 중장기적으로는 고용안전망의 포괄범위를 확대해 나가야 실업 장기화를 막을 수 있다.

앞서 기술하였듯이, 코로나19의 고용충격은 특정 연령대 및 고용취약계층을 중심으로 집중되는 경향이 나타나고 있다. 특히 코로나19의 고용충격 여파는 청년층에 집중되어 장기실업으로 인한 인적자본 축적의 공백으로 이어질 가능성이 높다. 최근 청년일자리의 양적 회복추세가 이어지고 있으나, 실업 및 비경활인구로 지원의 사각지대에 머물러 있는 청년의 경우, 그 충격은 생애주기별로 장기화될 가능성이 크다. 미취업자가 3년 후 미취업 상태를 유지할 확률은 2001년 71%에서 2017년 80%로 지속적인 증가추세에 있으며(한국노동연구원, 2019), 첫 일자리로의 진입이 1년 지연될 경우, 향후 10년 간 임금수준이 연평균 4~8% 감소한다는 연구결과도 존재한다(한요셉, 2017). 이와 같이, 노동시장 진입 지연 및 취업 공백은 향후 전 생애에 걸쳐, 임금수준, 복지수혜 등 근로조건 및 노동시장 이행 성과에 악영향을 미칠 수 있음을 염두에 두고, 청년층에 대한 지원방안을 마련할 필요가 있다.

해외 기구 및 국내 기관의 2021년 고용전망은 다음과 같다. 2021년 상반기 이후, 취업자 수는 증가추세로 돌아설 것으로 전망된다. 계절조정계열 월별 취업자 수는 3월부터 증가세로 전환되었다. 코로나19로 인한 2020년

〈표 2-7〉 2021년 5월 고용동향

(단위: 천명)

구 분		2020년	2021년		
		5월	4월	5월	증 감1)
취업자	원 계 열	26,930	27,214	27,550	619
	계절조정계열	26,691	27,212	27,313	101
실업자	원 계 열	1,278	1,147	1,148	−130
	계절조정계열	1,196	1,032	1,073	42

주: 원계열은 전년동월, 계절조정계열은 전월과 비교한 값임
자료: 통계청(2021c), 2021년 5월 고용동향 재인용

상반기 취업자 감소분은 2021년 상반기 내 회복될 것으로 예상된다. 현 원고작성 시점에서 가장 최근자료인 경제활동인구조사 2021년 5월 자료에 따르면, 5월 취업자 수는 원계열로 전년동월대비 61만 9천명, 계절조정계열의 경우 전월대비 10만 1천명 증가해 회복세가 지속되고 있는 상황이다.

한국노동연구원 및 한국은행 등 기관별 취업자 전망을 살펴보면, 2021년의 연간 취업자 전망은 14~19.5만명 수준을 보이고 있다. 최근 회복추세에 있는 제조업, 건설업 등 주요 산업의 취업자 증가세가 지속되고, 도소매 및 음식숙박업 등 대면서비스 업종의 수요가 회복될 경우, 취업자 전망은 현 전망치보다 더 개선될 가능성도 존재한다. 다만, 코로나19의 재확산

〈표 2-8〉 기관별 취업자 전망

(단위: 만 명, 전년동기대비)

구 분	21년 상반기	21년 하반기	연간	전망 발표일자
한국노동연구원	4	35	19.5	20년 12월
한국은행	4	23	14	21년 5월 27일
KDI	5	34	19	21년 5월 13일
현대경제연구원	4	35	19	21년 4월 23일

자료: 기관별 고용전망 자료, 한국노동연구원 내부자료 재인용

(단위: 천명, 전년동기대비)

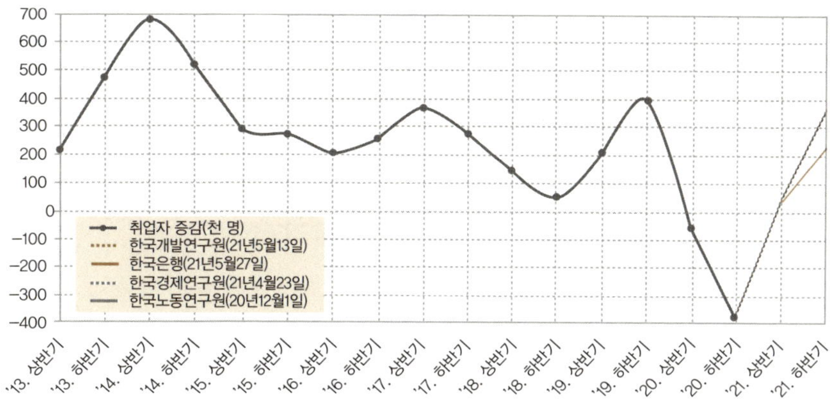

[그림 2-15] 취업자 증감추이 및 전망

자료: 기관별 고용전망 자료, 한국노동연구원 내부자료 재인용

추세와 백신의 효과 여부에 따른 불확실성은 여전히 존재하는 만큼, 고용전망은 유동성이 클 수 있음을 고려해야 한다. 특히, 코로나19발 경기침체는 저숙련 및 자동화 취약부문 고용감소에 상대적으로 더 큰 영향을 미쳤는데, 이미 소비위축이 진행된 바 있는 소매 및 음식업 위주의 저임금 대면서비스 업종은 코로나19에 따른 경영환경 변화에 따라 향후에도 회복이 지체될 것으로 전망된다.

4. 위드코로나 시대 일자리정책의 방향

1) 코로나19 충격완화를 위한 단기 정책방향

본고에서 살펴보았듯, 코로나19 위기는 글로벌 공급망의 약화, 소비 위축 등에 따른 실물경제 악화로 전 세계적으로 심각한 수준의 노동시장 충격을 가져왔다. 현재 백신접종 건수가 증가하고 있음에도 불구하고, 코로나19의 확산추세는 누그러지지 않고 있으며, 백신접종이 코로나19의 종식을 의미하지는 않을 것이라는 전문가들의 견해가 우세한 만큼, 이제는 코로나19의 고용충격을 상수로 감안하여 위드코로나 시대에 대응할 필요가 있다.

한국은 초기방역과 정책대응에 있어 성공적 사례 중 하나로 평가받고 있는 것이 사실이나, 대면서비스 산업, 임시·일용직, 영세 자영업자 등 고용취약계층을 중심으로 고용충격이 집중되는 양상을 나타내고 있음에 우려가 크다. 평균적 시각에서의 고용충격이 상대적으로 심하지 않다 하더라도, 그 충격의 분포가 양극화되어 지속된다면, 코로나19의 부정적 여파는 추후 보다 장기적으로, 그리고 심층적으로 증폭되어 나타날 가능성이 높다. 이러한 관점에서 취약계층의 집중지원을 담보하는 포용적 회복의 중요성은 한층 강조된다.

고용충격 완화를 위해 고용조정이 아닌 일자리 유지와 실업자 지원에 중점을 두고, 노동시장 신규진입 지원을 비롯한 일자리의 양적확충 및 질 개선 노력을 병행할 필요가 있다. 특히, 돌봄노동자와 택배업계 등 현재 장시간 근무와 감염 위험에 노출되어 있으며, 향후에도 정책수요가 높을 필수노동자와 특수형태근로종사자·프리랜서, 업종별로는 고용충격이 큰 여행업, 관광서비스업 등 서비스 자영업자 등 고용취약계층 전반에 대한 고용안정 및 회복 지원이 더욱 강화될 필요가 있다. 이를 위해서는 코로나19의 고용위기 전개에 대한 상시 모니터링을 병행하고, 지속적인 제도개선을 하는 동시에, 신규 보완사업을 운영하여 취약근로계층의 고용유지를 지원해야 한다. 위기 전개양상에 따라 우선지원 대상은 선별하되, 업종별 형평성을 유지하면서 지원의 사각지대를 최소화하는 방향으로 지원을 확대하는 것이 바람직할 것이다.

청년과 여성 등 고용충격이 집중된 계층에 대한 고용안정 및 채용활력 제고도 중요한 과제이다. 이를 위해서는 기 추진되고 있는 청년 및 여성일자리 대책의 차질없는 수행이 전제되어야 한다. 인건비 지원 등 청년채용에 대한 기업의 인센티브를 강화하고, 청년 고용서비스의 확대·개편 등 청년에 대한 지원대책과 돌봄 및 경력단절 예방, 재취업 지원, 공공·민간 일자리 확대 등 여성에 대한 지원대책의 적극 이행이 요구된다. 취업지원에 있어서는 코로나19의 감염위험에 대응하여 비대면 방식의 채용 및 구인·구직 인프라 지원이 우선될 필요가 있다. 보다 구체적으로, 민간부문 청년일자리 창출을 위한 추가 지원을 위해서는 청년추가고용장려금, 청년내일채움공제 등 주요 고용장려금 사업과 청년고용증대세제 등 조세정책의 지속 추진과 확대 시행이 필요하며, 국민취업지원제도 청년특례 지원 확대, 적극적 재취업지원 서비스를 제공하여 청년층의 경력공백을 최소화하려는 노력이 필요하다. 여성 지원에 있어서는 돌봄 및 경력단절 예방, 재취업 지원이 우선될 필요가 있다. 재택근무 등 유연근무제 도입과 근로시간 단축에 따른 임금손실 보전 등 근로시간 단축에 대한 지원을 강화하여 돌봄부담이 큰 여성근로자의 고용안정을 지원해야 한다.

코로나19 발현 이전, 정부는 중장기적으로 고용창출 및 훈련 프로그램의 일부 직업훈련사업과 직업훈련사업 고도화, 고용서비스 확대 및 개편을 위한 일자리 예산 비중을 증대하는 방안을 검토해 온 바 있다(기획재정부 2020). 다만, 일자리 정책의 중·장기 방향을 설정하는 현 시점에 있어 간과되지 않아야 할 점은 최근의 코로나19 확산 여파에서 파생되는 경제 및 고용의 불확실성이다. 한국 뿐 아니라, 전 세계적으로 코로나 확산에 따른 산업위축, 지역봉쇄로 인해 발생한 경제 및 고용위기가 상존하고 있는 만큼, 일자리 정책의 기본 틀과 중장기 방향은 유지하되, 코로나19의 전개 양상을 살피면서 즉시적으로 발생하는 고용 위기에 능동적으로 대처하는 한편, 중장기 일자리 정책의 조정 시점을 보다 유연하게 가져갈 필요가 있을 것으로 보인다. 코로나19로 인한 경제위축 영향은 근로취약계층의 고용불안정을 확대시킬 것이며, 이는 특히 비정규, 임시·일용직, 특수형태고용종사자를 중심으로 더욱 크게 나타날 가능성이 높다. 또한, 노동시장 진입 초기에 있는 청년층의 경우, 노동시장 수요 위축으로 인한 고용 위기가 직접으로 가해질 것으로 예상되는 만큼, 고용유지를 위한 긴급지원대책이 필요한 시점이다. 고용장려금, 고용유지지원금 등을 포함, 직접일자리 창출 프로그램에 대한 사회적 요구가 당분간 클 것으로 예상되는 만큼, 직접일자리 창출 프로그램의 예산축소 시점을 코로나 사태 진정 이후로 일시 연기하고, 일반회계 전입을 통한 고용보험 기금의 확대 운영 등 고용안전망의 사각지대 해소를 위한 소극적 노동시장 정책의 예산비중 확대 노력을 병행할 필요가 있다.

2) 위드코로나 시대 대응을 위한 중장기 노동정책의 방향

본고에서 제언하고자 하는 위드코로나 시대 대응을 위한 중장기 노동정책의 방향은 다음과 같다.

첫째, 중층적 고용안전망 구축으로 안전망의 사각지대를 최소화하는 한편, 현장안착을 위한 「전국민 고용보험 로드맵」의 적용 확대를 적극 추진해야 한다. 코로나19 고용위기 하에 있는 현재의 노동시장은 침체와 회복부문이 중첩적으로 존재하는 상황으로, 향후에 있어서도 회복양상이 양극화되어 나타나는 K자형 회복이 이루어질 가능성이 크다. 인적특성, 일자리특성에 따른 침체부문 및 취약계층을 중심으로 고용회복 지원을 지속 추진할 필요가 있다. 이를 위해서는 즉흥적·단발적 지원방식을 지양하고, 고용위기 대응력 강화를 위한 위기대응정책을 매뉴얼화할 필요가 있다. 또한, 전체 취업자를 보호대상으로 하는 전국민 고용보험제도 로드맵의 차질 없는 이행을 통해 고용안전망의 사각지대 축소노력을 지속해야 한다. 보완적 고용안전망으로서 국민취업지원제도의 효과적 시행과 국민내일배움카드 확대를 통한 평생직업능력개발 지원을 제도화하는 노력 역시 필요하다. 국민취업지원제도의 지원대상을 확대하고 지원요건을 완화하는 한편, 저소득 구직자 보호를 위한 구직촉진수당 대상자를 확대하는 방안을 검토할 만하다. 국민내일배움카드의 지원액 역시 상향하는 방안을 검토할 필요가 있으며, 기업수요에 대응하기 위한 직업훈련의 포괄범위를 확대할 필요도 있다.

저임금 고용회복을 위한 사회보험료 지원 확대가 필요하다. 수차례 강조하였듯이, 코로나19에 따른 실업과 소득감소의 충격은 대면서비스 저임금근로자를 위주로 집중되고 있다. 고용의 경기후행적 특성에 따라 고용회복에는 장기간이 소요될 것으로 예상되는 만큼, 두루누리 지원사업을 기존 사각지대 해소 사업에서 저임금 부문 고용안정과 일자리 창출 도모로 목표 변경하여, 저임금 신규채용 촉진을 위한 대규모 사회보험료 지원 사업을 실시해야 한다. 고용보험 확대로 사업주에게는 보험료 부담이 추가적으로 발생할 것인 만큼, 고용창출 촉진을 위해 사업주의 사회보험료 지원 역시 확대할 필요가 있다. 또한, 근로장려금과 취업자 사회보험료 지원을 연계하여, 실업·노령 등 사회적 위험에 대비하기 위한 저임금 근로자의 사회보험 가입을 적극 유도해야 한다.

마지막으로, 디지털 전환 및 탄소중립 등 산업구조 개편에 대응한 인력양성 및 직업훈련을 강화하고, 공정한 노동전환을 위한 지원체계를 구축할 것을 제언한다. 코로나19로 인한 기술발전의 촉진 및 다변화로 인해 향후에는 오프라인·대면서비스업 등 일부 저숙련 제조업종사자와 내연기관 자동차·석탄화력발전 등 저탄소화에 따라 일자리 축소 가능성이 큰 산업의 종사자를 중심으로 일자리 충격이 확대될 가능성이 높다. 디지털·저탄소산업 성장동력 확충을 위한 인력양성체계 개편을 추진하고, 산업구조 개편에 따른 기업수요를 반영하여 신기술 훈련지원을 강화하는 한편, 숙련수준별 인력양성 트랙을 구축해야 한다. 산업구조 개편에 있어서는 앞서 언급한 전

국민을 포괄하는 중층적 고용안전망 강화 역시 절실하다. 공정하고 지속가능한 노동전환을 위한 법령개정을 추진하는 동시에, 소득파악 인프라를 구축하고 지역주도적 고용위기 대응정책을 추진할 필요가 있다.

효율적인 위기 극복을 위한 정책방향 설정과 실행에 있어 가장 주요한 요인 중 하나는 사회·경제적 위기를 대하는 사회구성원의 총체적 인식 수준과 위기대응 역량이라 볼 수 있다. 개인적 위기 대응을 넘어 노동시장과 일자리 질서의 체질 개선을 위해, 공공성에 기반한 새로운 사회통합 전략이 절실히 요구된다. 코로나19 위기는 원하던, 원치 않던 우리가 지금껏 경험해 보지 못한 새로운 시대로의 변화와 질서를 요구하고 있다. 작금의 코로나19 위기 극복을 위한 다양한 사회적 논의와 정책실험이 현재의 일시적 위기극복에 머무는 것이 아니라, 향후 다가올 또 다른 각종 사회·경제적 위기에 있어 효과적인 대안 마련을 위한 논의의 기틀이 되기를 기대해 본다.

제 2 부

사람(People)-미래 인재 양성 및 주체간 협업

제3장 디지털 전환 과정의 청년에게 좋은 일자리 지원 방안

정동열 한국공학대학교 산업융합학과 교수

요약

- 디지털 전환은 과거와 달리 산업·교육·일상의 동시다발적 변화, 특정 기술이 산업 전반에 영향, 기존숙련인력과 청년 신규취업자의 역량 차이 감소 등에서 차이가 있다.
- 현재 디지털 인력양성은 디지털 기술과 결과물(end product)의 혼동, 디지털 신기술에 대한 기술·수준 세분화 부족의 문제가 있다.
- 디지털 관련 일자리의 변화는 디지털 기술 중심 일자리 증가, 전통산업의 디지털 융합 증가가 이루어지고 있으며, 디지털 리터러시를 갖춘 새로운 인재를 요구하고 있다.
- 디지털 역량 강화 지원을 위해 교육방식의 변화, 교육과정 구성 시 기술과 산업의 연계 강화, 디지털 역량 수준에 맞는 교육과정 및 자격체계 개발이 필요하다.
- 일자리 연계를 위해 진로·취업과 연계된 신기술 학습지원, 기술수준에 기반한 경력개발경로 제공이 필요하다.

키워드 : 디지털 전환, 청년 일자리, 디지털리터러시, 산업기반 교육, 교육의 변화

1. 서론

최근 4차 산업혁명으로 대두된 디지털 전환이 산업뿐만 아니라 일상생활까지 전반적인 변화를 일으키고 있다. 특히, 청년층의 디지털 전환은 그 속도나 파급 효과 측면에서 큰 변화가 예상된다. 우선 청년의 삶 자체가 변화하고 있다. 취업을 위한 디지털 교육이 아닌 일상생활 속에서 디지털 전환을 겪으면서 기성세대에 비해 디지털에 대한 흡수능력이 높아졌다. 즉, 기성세대에서 만들어진 기술을 청년층이 활용하는 것이 아닌 기술변화와 함께 성장하는 세대가 된 것이다. 따라서 디지털 전환에 따른 일자리 지원은 청년들의 삶 속에서 접근하고 산업의 변화와 동시에 이루어질 수 있도록 지원되어야 한다.

이러한 디지털 전환은 과거 기술 및 산업의 발전과정과는 다른 양상으로 우리 사회에 반영되고 있다. 첫째, 과거 기술의 발달이 산업으로 연계되고 다시 일상생활로 접목되기까지 일정 시간이 소요되었다면, 최근 변화는 산업의 변화, 교육의 변화, 일상의 변화가 동시에 이루어지고 있다. 즉, 새로운 기술이 소개되면 제품으로 양산되기까지의 기간이 매우 짧으며 업그레이드 주기 역시 매우 빠르다. 이로 인해 일상생활에서 변화 대응, 직업을 갖기 위한 변화 대응, 일자리 내에서 디지털 변화를 받아들이기 위한 대응 등 전방위적 대응이 필요하게 되었다.

둘째, 과거 기술 변화는 특정 산업에 국한되어 반영 되었던 데 반해, 현재의 디지털 전환은 산업 전반에 변화를 야기하고 있다. 즉, 과거에는 특정 기술 중심으로 발달하여 기존에 없던 새로운 산업에 종사하는 새로운 인력이 필요한 경우가 대다수였다. 그러나 현재의 변화는 소비자에게 전달되는 최종 생산품의 변화도 있지만, 그 이전에 생산 과정의 변화, 생산 기술의 변화, 기존 생산품에 디지털 요소가 가미되는 등 모든 산업에서 변화를 받아

들여야 하는 상황이다. 예를 들어 빅데이터를 통한 AI 기술이 정보통신분야에서 개발되었으나 동시에 스마트팩토리, 헬스케어 등 제조업부터 마케팅 등에 이르기까지 광범위한 사업으로의 변화가 이루어진다. 이로 인해 디지털과 연관이 적을 것으로 생각되는 제조업 분야 등에서도 디지털 전환(Digital Transformation)이 이루어지고 있다.

셋째, 기존 숙련인력과 청년층으로 대변되는 노동시장에 신규 진입하는 신규인력간의 차이가 줄어들고 있다. 즉, 전방위적 변화로 인해 기존 인력 역시 기본선(zero base)에서 새로운 디지털 기술을 익혀야하기 때문에 신규 인력과 차이가 없게 되었다. 예를 들어 과거 금형의 경우 금형 기술이나 설계 기술의 개발이 이루어질 경우 기존 숙련 인력이 향상 훈련을 통해 업무를 습득하는 형태였다. 그러나 적체가공에 따른 3D프린팅 기술이 도입되면서 노동시장에 신규 진입하는 청년이나 기존 숙련 인력이나 동시에 새로운 기술을 습득하고 적용해야 하는 상황에 놓이게 되었다. 이로 인해 과거 닷컴기업 창업붐과 같이 청년층의 디지털 전환에 따른 창업이 다시 활발해 질 수 있는 터전이 만들어지고 있다.

넷째, 디지털 전환에 따른 일자리의 변화가 가속되고 있다. 신기술이 도입되면 새로운 일자리가 늘어나던 과거와 달리 최근 디지털 전환은 기술 도입과 동시에 일자리의 잠식이 동시에 나타나고 있다. 기술에 따른 일자리 대체가 가능한 행정사무분야, 가공분야 등은 기계나 기술이 대체하게 되었고 대체가 불가능한 고숙련 고급여의 인력과 대체로 인한 이익이 기술·기계 개발 비용보다 낮은 저숙련 저급여의 인력만이 남게 될 것으로 예측된다. 이러한 디지털화로 인해 인력 대체가 나타남으로 인해 중간수준의 일자리가 줄어드는 현상이 발생하고 있다.

따라서 이러한 변화를 대비하기 위하여 디지털 전환과 관련된 인식 및 기술교육이 활발하게 이루어지고 있으며 정부나 민간 측면에서 막대한 지원을 하고 있다. 그러나 디지털 관련 기술이나 인력양성, 인력 활용 측면에서 인력 양성 측면이나 인력 활용 측면에서 두 가지 오류가 계속적으로 발생하고 있다.

첫째, 디지털 기술과 생산의 결과물(end product)을 혼동하고 있다. 대부분의 디지털 기술의 적용 결과는 새로운 생산품이 아닌 기존 생산품 또는 공정과정에서의 부가가치를 높이는 형태이다. 따라서 디지털 신기술에 대한 학습 결과는 다양한 산업에 적용이 가능하나 이에 대한 이해가 부족하다. 즉, 빅데이터를 기반으로 한 딥러닝 기술을 배울 경우 제조업에서 스마트공장 운영, 자동차 산업에서 공정 개선 등의 분야에 취업하여 활용할 수 있으나, 아직까지 딥러닝은 프로그래밍 업계로만 진출할 수 있다는 오해가 있다.

둘째, 디지털 신기술에 대한 기술 수준을 구분하지 못하고 있다. 모든 기술은 수준에 따라 구분되고 수준을 기준으로 양성을 담당하는 기관, 프로그램, 양성 기간 등이 설정된다. 그러나 아직 디지털 신기술에 대한 세부적 접근이 부족하여 직업계고등학교부터 대학원까지 유사한 내용의 유사한 교육이 이루어지고 있다.

이와 같이 최근 디지털 전환에 따른 산업 및 인력의 변화, 적용과정에서의 오해와 실수 등이 다양하게 이루어지고 있다. 따라서 변화에 대응한 청년층의 일자리 이동이 원활히 이루어지기 위한 대안 마련이 필요한 시점이다. 특히, 전통적 산업 중심의 인력양성 및 채용에서 디지털 기반기술에 근간한 신기술 기반의 일자리가 증가할 전망이며, 신기술간 융합이 필요한 융합형 일자리의 확대가 예상된다. 이에 따라 인력의 양성 방향과 내용, 입직 및 초기 경력개발을 위한 다양한 방식의 교육훈련 제공이 필요하며, 기업의 변화를 지원할 수 있는 방향으로의 고용서비스 변화도 필요한 시점이다.

2. 디지털 전환과 청년층 일자리 변화

가. 디지털 전환에 따른 입직 단계의 일자리 변화

1) 디지털 전환과 관련한 새로운 기술 변화

4차 산업혁명 등 대내외 디지털 기술 관련 환경변화에 따라 정부 및 다양한 연구에서는 미래 유망산업 분야를 예측하고 있다. 다양한 연구의 결과

〈표 3-1〉 미래 유망 산업 분야 종합

구분		삼성경제연구소 (2013)	미래준비위원회 (2015)	서울대 KAIST (2015)	이승규 외 (2016)	박종화 외 (2017)	기재부 (2019)	산업통상자원부 (2019)	과기부 (2018)
4차 산업 ICT 기반 기술	① 인공지능(AI)	●	●	●	●	●	●	●	●
	② 빅데이터		●	●			●		●
	③ 클라우드컴퓨팅								
	④ 차세대통신				●		●		●
	⑤ 사물인터넷(IoT)	●	●	●	●	●			●
융합 서비스	⑥ 지능형로봇			●	●	●			
	⑦ 자율주행차	●		●			●	●	
	⑧ 드론								
	⑨ 가상증강현실		●		●				
	⑩ 스마트시티								
	⑪ 맞춤형헬스케어			●4)	●			●	●
	⑫ 혁신신약	●	●	●			●	●	
산업기반 기술	⑬ 지능형반도체						●	●	
	⑭ 첨단소재	●	●						
	⑮ 신재생에너지	●	●	●					
	⑯3D프린팅	●	●						
기타			●3)		●5)	●6)			

주 1) 산업통상자원부, 과기부의 경우 중점적으로 제시한 산업만 정리함.
2) 웨어러블 컴퓨터(디바이스)는 사물인터넷으로 종합함.
3) 온실가스 저감기술, 우주기술, 원자력 기술
4) 바이오 센서
5) 시스템 기반 미세먼지 대응기술
6) 초미세먼지 제거 기술, 친환경 녹조 · 적조 제거 기술, 생활폐기물 첨단 분류 · 재활용 시스템, 환경변화 실시간 입체 관측 기술

를 종합하면 미래 유망 산업 분야는 신기술을 기반으로 한 인공지능(AI), 가상현실(VR), 사물인터넷(IoT), 3D 프린터, 빅데이터, 웨어러블 디바이스, 신재생에너지 등으로 보고 있다.

세부적으로 개별 연구 및 정책에서 제시한 미래 유망 산업 분야를 종합하면 다음과 같다. 특허청의 4차 산업혁명 관련 신 특허분류 체계 기준 종합 결과, 그간 선행연구 및 정책에서 제시한 미래 유망 산업분야는 적절히 구분되는 것으로 확인된다. 특히, 인공지능, 사물인터넷의 경우, 다수의 연구 및 정책에서 제시하는 산업분야임이 확인되며, 융합서비스의 맞춤형헬스 케어, 혁신 신약의 경우, 바이오산업으로써 다수의 연구 및 정책이 미래 유망 산업 분야로 제시하고 있었다.

2) 디지털 기술 중심의 일자리 증가

디지털 신기술 확대에 따라 다양한 디지털 기술 중심의 기업이 만들어지

〈표 3-2〉 글로벌 新산업 분야 창업현황

분야명	관련 첨단기술	기업수	관련기업
자동차	자율주행, 스마트센서, AI, AR, V2V · V2I 등	1,500↑	oryx AURORA
모빌리티	커넥티드카, 경장소재, 자율주행, AR 등	8,000↑	PACE ECOMOVE
헬스케어	3D프린팅, 웨어러블, 로보틱스, AI 등	3,000↑	3dbio FDNA
바이오테크	바이오센서, AR/VR, 유전자편집, 나노의약 등	600↑	SENSIBLE MEDICAL CRISPR
생산제조	로보틱스, AI, 적층제조, 복합소재, IIoT 등	800↑	ROZUM ROBOTICS BIONTEC
인더스트리4.0	AR, 빅데이터, 예지보전, 적층제조 등	12,500↑	Atmo additiveworks
농업테크	IoT, 드론, 로보틱스, 빅데이터, AI 등	950↑	GAMAYA AGROBOT
푸드테크	인공단백질, IoT, 3D푸드프린팅, 로보틱스 등	900↑	IMPOSSIBLE innit
에너지	블록체인, 재생에너지, 스마트미터, 스토리지 등	15,000↑	ICEWIND Sylfen

고 있다. 예를 들어 자동차의 경우 자율주행 시스템, 자율주행을 위한 스마트센서, AI를 통한 딥러닝, AR 등의 기술과 접목시켜 기존 완성차 중심의 자동차 시장을 변화시키고 있다. 현재 세계적으로 1,500여개의 자동차 신기술 관련 기업이 만들어지고 있다.

한편, 디지털 전환에 따른 신산업분야의 일자리 부족이 증가하고 있다. 차세대반도체부터 미래형자동차까지 10개 분야의 인력 현황을 보면 전체적으로 10,765명의 인력이 부족하여 부족률이 4.1% 수준이다. 한편, 10년 후 증가를 예측할 때, 현재 26.4만명에서 42.2만명으로 증가하여 10년간 15.8만개의 일자리가 생겨날 것으로 예측된다.

3) 전통산업의 디지털 융합 증가

전통산업이 디지털기술과 융합하여 창업기업을 중심으로 신(新)산업 전환이 가속화되고 있으며, 전환에 대한 교육훈련 미흡으로 신산업 분야 인력

〈표 3-3〉 新산업 분야 일자리 부족 현황

분야명	조사연도 현황			10년 후 전망		
	현원(명)	부족인원(명)	부족률	전망(명)	증가분(명)	연평균 증가율
차세대 반도체	27,297	1,146	3.8%	43,679	16,382	4.8%
차세대 디스플레이	13,759	834	5.5%	21,824	8,065	4.7%
IoT가전	30,634	880	2.8%	46,744	16,110	4.3%
AR · VR	4,782	286	5.4%	9,017	4,235	6.5%
첨단신소재	32,101	1,037	3.1%	43,576	11,475	3.1%
디지털헬스케어	38,050	2,900	7.1%	63,048	24,998	5.2%
스마트 · 친환경선박	35,549	932	2.6%	49,217	13,668	3.3%
항공드론	4,823	215	4.3%	9,258	4,436	6.7%
지능형로봇	26,338	708	2.6%	46,567	38,536	5.9%
미래형자동차	50,533	1,827	3.5%	89,069	20,229	5.8%
계	263,866	10,765	4.1%	421,999	158,134	4.8%

부족이 발생하고 있다. 4차 산업혁명의 주요 핵심 기술인 AI, IoT, 빅데이터, 클라우드 관련 기술들이 제조업에 적용되면서 제조업의 디지털화를 촉진하면서, 신산업으로 전환이 가속화됨에 따라 이를 반영한 융합 인력 양성이 시급한 상황이다.

[신기술을 활용한 신산업 전환 현황]

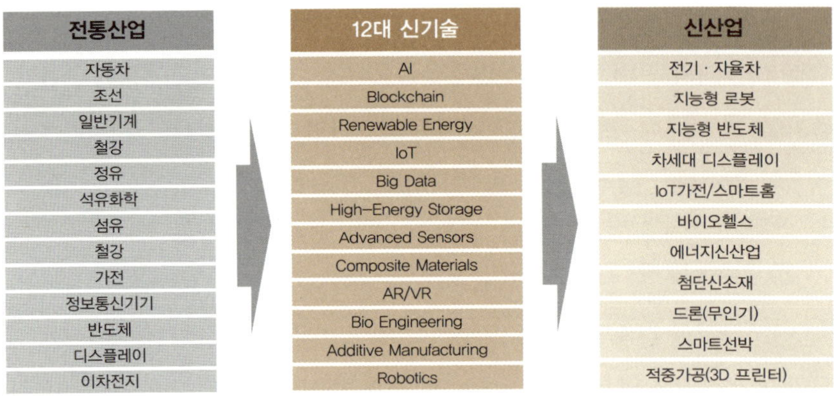

나. 일자리 수요 기업의 변화 방향

1) 디지털 기술 기반 산업간 연계 다양화

디지털 기술을 기반으로 산업이 연계됨에 따라 산업간 연계가 다양화 되고 있다. 과거의 산업은 산업분류나 산업군에 따라 산업군을 대표하는 산업과 이를 이끌어가는 대기업이 존재하였으며, 타 산업과의 연계는 B2B 기반의 교류 수준이었다. 또한, 동일 산업군 내에서도 타분야와의 단절이 일반적이었다. 예를 들어 조선업의 경우 자동차 산업과 유사하게 설계, 용접 등 유사한 직무가 있으나, 조선업과 자동차 산업이 분리되어 교류가 적었다. 또한 조선업 내에서도 설계, 용접, 전장 등 세부 분야간 교류도 많지 않았다.

그러나 신기술이나 신산업을 중심으로 산업간 교류를 보면, 디지털 기반기술이 되는 AI, 빅데이터, 클라우드 등의 산업이 상호 교류가 이루어지며, 상호 기술 보완 등을 위하여 전략적 제휴, 인수합병 등이 발생하는 경우도 다수이다. 또한, 디지털 기술력을 보유한 IT산업이 제조분야의 스마트팩토리 지원을 위해 연계·협업하거나, AI를 통해 산업내·산업간 정보 교류가 활발하게 이루어지고 있다.

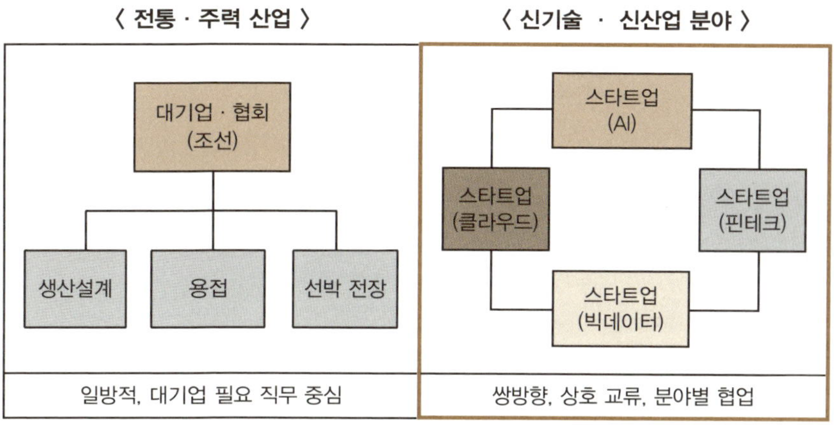

산업간의 연계 이외에 기반기술 산업과 신산업의 연계는 다음과 같이 볼 수 있다. 빅데이터의 경우 스마트모빌리티, 지능형반도체, AI 제조 등 다양한 분야에 기반으로 작용되어 기술과 산업의 연계가 이루어질 수 있다.

〈표 3-4〉 첨단제조분야와 연계한 신기술 훈련과정 설계 체계

신산업 기반기술	스마트모빌리티	바이오/ 디지털헬스	IoT가전/ 스마트홈	지능형반도체	AI제조
Big Data	◎	○	○	◎	◎
AI	◎	○	○	◎	◎
Cloud/5G	○	◎	◎	○	○
IoT	○	◎	◎	◎	◎
블록체인	○	○	○	○	
3D Printing	○		○	○	○
AR/VR		○			○

2) 제조 분야 기업의 디지털 전환

4차 산업혁명이라는 용어는 처음 독일에서 추진한 인더스트리 4.0(Industry 4.0)으로부터 논의가 시작되었다. 당시 독일에서는 제조업 대부분의 공장이 해외로 이전하였고, 저출산 및 고령화로 인하여 기술 숙련공들이 감소하였다. 그리고 미국 ICT 기업들의 급성장으로 자국 경쟁력 제고방안을 마련하였으며, 그 결과 국가와 사회기관이 협력하여 2011년부터 스마트팩토리(Smart Factories)가 추진되었다.

스마트팩토리의 도입은 전통제조업의 상징인 대량생산을 넘어 맞춤형 생산을 가능하게 하였다. 또한 전통제조업의 형태가 대규모, 다지역 네트워크형 스마트공장 산업단지로 재편되면서 새로운 운영 모델로 가능하게 되었다. 이러한 시도는 곧 성과로 이어져 경제협력개발기구(OECD, 2016)에서는 스마트팩토리 도입의 모델을 차세대 제조혁명으로 제시하게 되었다.

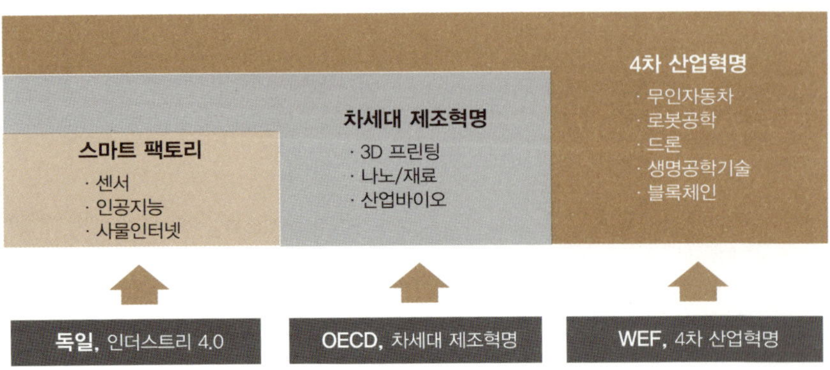

제조 분야에서의 4차 산업혁명은 다양한 ICT 인프라를 기반으로 제조업과 서비스업이 융합되면서 기존과는 차별화된 '스마트 제조(Smart Manufacturing)'로 진화되고 있으며, 미국과 독일을 선두로 주요 각국에서는 제조업 육성 전략을 추진하고 있다.

〈표 3-5〉 국가별 디지털 기반 제조업 활성화 방안

국가	정책명	추진목적
미국	첨단제조 파트너쉽	첨단제조업 육성
독일	Industry 4.0	전통제조업과 IT의 접목
한국	제조업 혁신 3.0 전략	제조업의 스마트혁신 촉진
중국	중국제조 2025	제조업의 스마트 혁신 촉진
대만	생산력 4.0 프로젝트	제조업 업그레이드

※ 출처 : 한국제조업의 위협요인 분석 및 대응방향(산업은행)

한편, 제조 분야의 디지털 전환을 보면 IT 인프라를 기반으로 기술산업을 접목시켜 제조혁신이 이루어지는 스마트제조 형태로 변화하고 있다. 따라서 이에 기반하여 기존 제조업분야에 IT 인력, 에너지, 금융서비스 등 다양한 분야의 인력이 필요하게 되었다.

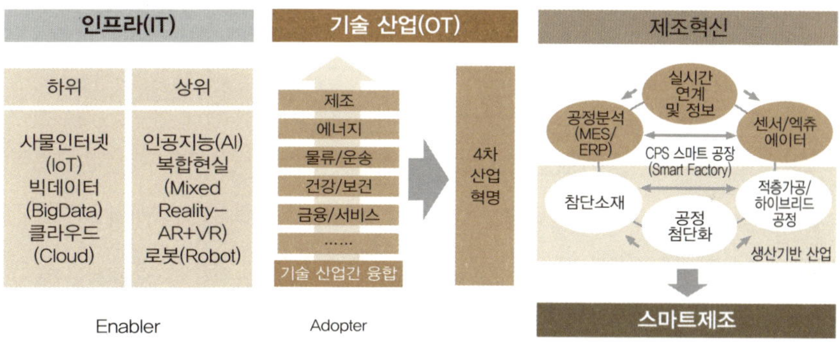

3. 기존 인력양성 체계 검토 및 변화 방향

가. 디지털 신기술 관련 인력양성

2021년 현재 3월 기준으로 정부에서는 6개 부처에서 22개 디지털 신기술 분야(인공지능, 클라우드, 사물인터넷, 실감형콘텐츠 5G, 블록체인, 핀테크, 빅데이터, 서비스플랫폼, 미래차, 지능형로봇, 드론, 3D프린팅, 첨단소재, 시스템반도체, 스마트공장, 스마트시티, 스마트팜, 스마트헬스, 바이오, 녹색융합기술, 신재생에너지) 100여개 인력양성 사업 시행 중에 있다. 이 사업을 통해 매년 디지털 신기술분야 16.1만명을 양성하며 이에 투입되는 예산은 9,788억원 규모이다.

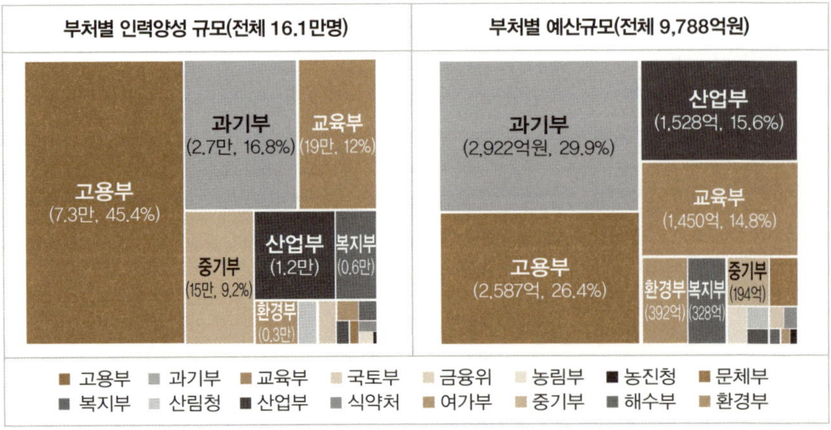

산업 분야별로는 고용노동부, 과학기술정보통신부, 교육부, 산업통상자원부 등은 모든 분야에 걸쳐 인력을 양성하는 데 반해, 중소벤처기업부는 스마트공장, 보건복지부 및 식약처는 바이오 분야에 초점을 두고 인력을 양성하는 경향이 있다.

양성하는 인력의 수준 측면에서는 고용노동부와 교육부는 초·중급을 중

〈표 3-6〉 부처 · 신기술 분야별 훈련 현황 (인원 기준, 원격훈련 제외, 단위: 명)

구분	네트워크중심스마트기술									미래차 · 로봇등전장기술						스마트산업			환경 · 바이오				계
	AI	클라우드	IoT	실감형 콘텐츠	5G	블록체인	핀테크	빅데이터	서비스 플랫폼	미래차	지능형 로봇	드론	3D 프린팅	첨단 소재	시스템 반도체	스마트 공장	스마트 시티	스마트 팜	스마트 헬스	바이오	녹색융합기술	신재생 에너지	
고용부	5,844	4,500	3,418	3,717	705	715	1,025	10,124	64	762	1,209	5,054	5,647	945	8,147	8,737	448	148	83	9,413	491	1,982	73,178
과기부	15,709	1,332	777	1,515	1,341	1,385	0	1,899	0	49	0	34	650	1,663	130	286	20	40	218	63	0	23	27,132
교육부	699	0	74	679	0	780	0	679	0	11,485	679	0	0	183	625	200	834	780	367	387	0	808	19,260
국토부	180	0	0	180	0	0	0	180	0	180	0	180	0	0	0	0	360	0	0	0	0	0	1,260
금융위	0	0	0	0	0	0	462	0	0	0	0	0	0	0	0	0	0	0	0	0	0	0	462
농림부	0	0	0	0	0	0	0	0	0	0	0	0	0	0	0	0	0	250	0	0	0	0	250
농진청	0	0	0	0	0	0	0	75	0	0	0	0	0	0	0	0	0		0	0	0	0	75
문체부	234	0	0	166	0	0	0	0	0	0	0	0	0	0	0	0	0	0	0	0	0	0	400
복지부	247	122	0	0	0	0	0	183	0	0	0	0	0	0	0	0	0	0	0	5,535	0	0	6,087
산림청	0	0	36	0	0	0	0	172	0	0	0	0	0	0	0	24	30	0	0	0	39	0	302
산업부	1,799	0	149	75	400	0	0	449	0	879	130	149	123	424	298	2,493	400	0	150	234	186	3,750	12,088
식약처	0	0	0	0	0	0	0	0	0	0	0	0	0	0	0	90	0	0	0	1,250	0	0	1,340
여가부	233	0	20	20	0	0	0	117	78	20	0	20	136	0	0	0	0	0	0	58	0	0	700
중기부	289	0	0	0	0	0	0	0	0	133	0	0	0	209	57	13,850	133	76	133	0	0	0	14,880
해수부	102	0	0	0	68	0	0	170	0	0	0	0	0	0	0	200	0	0	0	26	0	0	566
환경부	0	0	0	0	0	0	0	0	0	0	0	0	0	0	0	0	0	0	0	0	3,064	0	3,064
계	25,336	5,954	4,474	6,351	2,515	2,880	1,487	14,048	142	13,508	2,019	5,436	6,556	3,423	9,257	25,881	2,225	1,294	950	16,965	3,780	6,563	161,044

심으로, 과학기술정보통신부, 산업통상자원부, 보건복지부는 고급과정 중심으로 편성되어 있다.

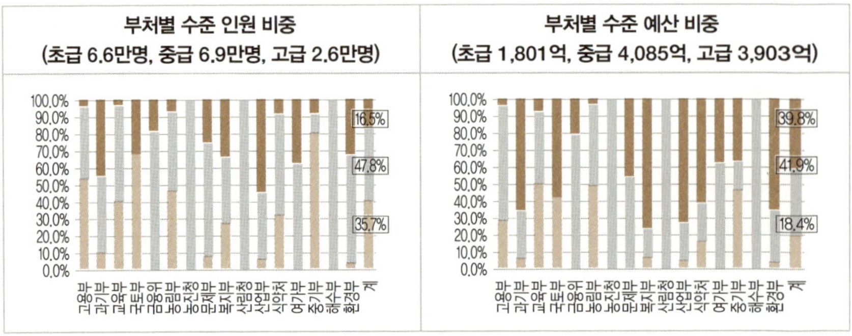

한편, 양성하고자하는 인력의 수준, 분야 등에 따라 체계적인 인력양성 모델을 수립하고 이에 따라 관련 부처가 역할을 구분하여 협업하는 전략이 필요한 상황이다. 이를 위해 2020년부터 디지털·신기술 분야 중장기 인력수급전망을 토대로 범정부 디지털 인력양성 사업을 통한 통합 관리할 수 있도록 고용노동부를 중심으로 협업예산 사업이 운영 중에 있다.

나. 디지털 분야 인력의 세분화

4차 산업혁명에 따른 디지털화로 인하여 직업기초능력의 하나로 디지털 리터러시 중요성이 증대되고 있다. 이 때 디지털 리터러시는 디지털 기기를 다룰 수 있는 기술적 능력뿐만 아니라 이를 통해 정보를 검색하고, 비판적으로 수용하며 목적에 맞는 형태로 재창조하여 사용하는 능력(Gilster, 1997)을 의미한다. 따라서 각 전문분야의 전문적 직무수행능력과 차별화되는 기초 수준의 능력 정의와 평가가 필요한 시기가 되었다.

빅데이터 등 디지털 신기술 분야 의 인력양성 및 직무 수행을 위한 세분화된 기준 마련이 필요해지고 있다. 일을 함에 있어서 직무 내용이나 난이도

〈표 3-7〉 디지털 협업예산 트랙 운영 가이드(안)

구분	초급	중급	고급
인력 양성 목표	• 디지털 신기술 분야에 필요한 범용적인 역량을 갖춘 인재 양성	• 디지털 신기술 분야 입직 후 독자적 기본 업무 수행 수준 인재 양성	• 특정한 분야의 고급 역량을 보유한 핵심인재 양성
훈련 분야	• 해당 분야 산업공통능력 • 전반적인 디지털 신기술 분야 + 필요시 특정 분야	• 해당분야 기반기술능력 • 관련분야 디지털 신기술 분야	• 해당분야 응용기술능력 • 관련부처의 인력수요를 반영한 특정 분야
훈련 대상	• 기본적으로 별도의 제한 없이 허용	• 해당 트랙의 초급 과정 이수자 • 관련분야 전공자 또는 직무유경험자	• 해당 트랙의 중급 과정 이수자 • 관련 분야 전공자 혹은 별도의 선발과정을 거친 자
훈련 수준	• NCS 4레벨 이하의 수준	• NCS 5레벨 이하의 수준	• NCS 6레벨 이상

자료: 윤동열, 정동열, 전승환(2021). 디지털 신기술분야 훈련사업간 연계 체계 수립을 위한 요건 정비 및 훈련모델 발굴.

에 따른 직무수준이 존재하나, 디지털 신기술 분야는 신기술 도입에 초점을 두고 있으며, 수준 세분화가 가능한 정도의 산업 규모 미확보 등으로 수준 논의는 부재한 상황이다. 이러한 문제를 해결하기 위해 최근 디지털 신기술 분야의 역량 수준 세분화 도입 논의는 지속적으로 진행 중이며, 디지털 신기술 훈련의 수준을 초-중-고급으로 구분하여 체계화하는 노력을 하고 있다.

다. 디지털 리터러시 요구 증가

사업 전반에 걸친 디지털화에 따른 직업기초능력 요구가 증가하고 있다. 디지털화에 대응하기 위한 핵심 역량에 대해 Deloitte(2017)[20]에서는 창의성, 사회 지능, 시스템 이해, 기술, 건강, 훈련, 커뮤니케이션 등을 제시하였으며, 이를 통해 디지털 정보를 전달할 수 있는 디지털 커뮤니케이션 능력의 중요성이 증대되고 있다.

20 Deloitte. (2017). What key competencies are needed in the digital age? The impact of automation on employees, companies and education.

〈표 3-8〉 4차 산업혁명에 따른 공통적으로 필요한 디지털 역량

구분	필요 역량	세부내용
디지털 커뮤니케이션	데이터 구조화	• 업무 적용을 위한 데이터 분석 및 보고서 구조화
	데이터 시각화	• 데이터분석 결과를 시각화도구를 활용하여 시각적으로 표현하는 능력
	디지털 콘텐츠 활용	• 다양한 형태의 디지털 콘텐츠를 검색, 평가, 선택, 구성하여 업무에 활용하는 능력
	디지털 콘텐츠 제작	• 기존 지식체계의 정보와 콘텐츠를 수정, 개선, 작성, 편집하여 다양한 디지털 형태의 콘텐츠를 생성하는 능력
	디지털 협력	• 디지털 도구와 기술을 활용하여 지식과 자원을 다른 사람들과 공유하거나 협업하여 개발하는 능력
데이터 분석	데이터 전산화	• 아날로그 데이터를 디지털 형태로 구현하는 능력
	데이터 디지털화	• 디지털 데이터를 ICT 기술로 활용하는 능력
	데이터 마이닝	• 데이터 내의 통계적 규칙이나 패턴을 분석하여 업무에 필요한 가치 있는 정보 추출
	데이터 해석	• 정량적, 정석적으로 분석된 결과를 해석하여 설득력 있는 보고서 작성
	데이터 기획/관리	• 업무 프로세스별로 생성되는 데이터의 종류와 양을 파악하여 데이터를 수집, 관리, 분석하는 과정을 계획, 실행, 개선하는 능력

출처: 정동열(2020). 4차 산업혁명시대 공통직무능력 국가기술자격 종목 신설 연구. 대한상공회의소.

4. 디지털 전환 과정에서 좋은 일자리 지원 방안

가. 디지털 인력수요를 반영한 교육 · 훈련 변화 방안

1) 교육 방식의 변화

디지털 신기술 교육을 위한 교수학습방식이 디지털 중심 체계로 대전환을 통해 뉴노멀 시대에 대응하고, 학습자 중심의 교육방식 혁신 요구를 충족할 필요가 있다. 세부적으로 과거 교수학습방법은 교수자 중심으로 전달 형태의 수업이 이루어졌으며, 이로 인해 학생은 수동적으로 강의에 참여하며, 지식 획득 형태의 수업이 주로 이루어졌다.

그러나 디지털 전환에 따른 새로운 교수학습은 교수자는 조력자나 촉진

〈표 3-9〉 교수학습방식의 혁신

과거 교수학습 방식	구분	새로운 교수학습 방식
수동적 강의 청취	학생	능동적 문제탐구
Teaching, 전달자	교수	조력자, 촉진자
교수자 중심	학습방식	학습자 중심
지식획득, 개인복습 중심	학습형태	시공간초월 사전지식 획득, 협업과 토론, 문제정의 및 대안제시 중심, 액션러닝 중심
선형적, 순차적, 직선적 접근, 정형화된 학습	학습과정	다차원적 경험, 상호작용적 접근, 개인별 맞춤학습
정형화된 지식 습득, 지식체화는 수업 후	학습효과	창의력 문제해결능력 배양, 수업시간에 지식체화 완결
오프라인 방식	학습방식	온라인 중심 + 오프라인

자 역할을 하며 학생이 능동적으로 학습에 참여하는 형태로 이루어져야 한다. 이를 위해 학습형태는 시공간초월 사전지식 획득, 협업과 토론, 문제정의 및 대안제시 중심, 액션러닝 중심으로 이루어지며, 다양한 경험과 개인 맞춤 형태의 교수학습이 이루어질 필요가 있다.

한편, 이러한 새로운 형태의 학습 방식으로 (가칭)Edufactory를 운영할 수 있다. Edufactory는 산업체의 실제 사례(Case) 및 문제(Problem)를 프로젝트화하고, 산업체가 교원으로 함께 참여하는 형태이다.

2) 교육과정 구성 시 기술과 산업의 연계

교육과정 구성시 기초기술, 기반기술과 최종 적용이 가능한 산업을 연계하여 교육과정을 구성할 필요가 있다.

이를 위해서는 기존 학과 중심의 교육이 아닌 모듈 중심의 교육과정 개편이 필요하다. 다양한 디지털 기술이 산업이나 개인에 따라 맞춤형으로 적용되기 위해서는 디지털 분야별로 모듈식 교육이 구성되고 수요 기관이나 학과에서는 이를 조합하여 커리큘럼을 구성하는 형태로 교육이 이루어져야

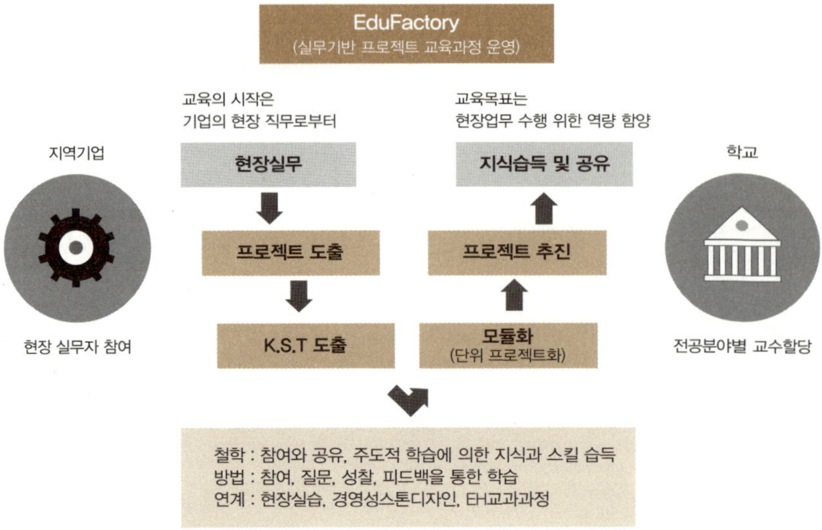

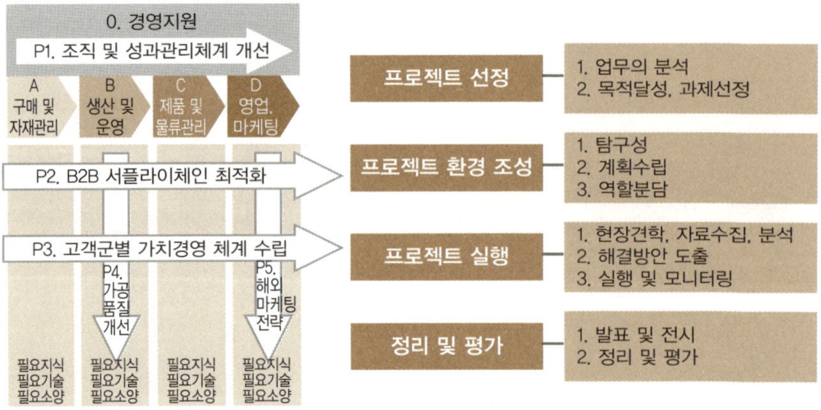

한다. 또한, 특정 학과나 학교에서만 수업을 이수하는 것이 아닌 타 교육기관, 타 과에서 수업을 들을 수 있는 고교학점인정제, 대학간 학점 교류, 공유대학 등이 활성화될 필요가 있다.

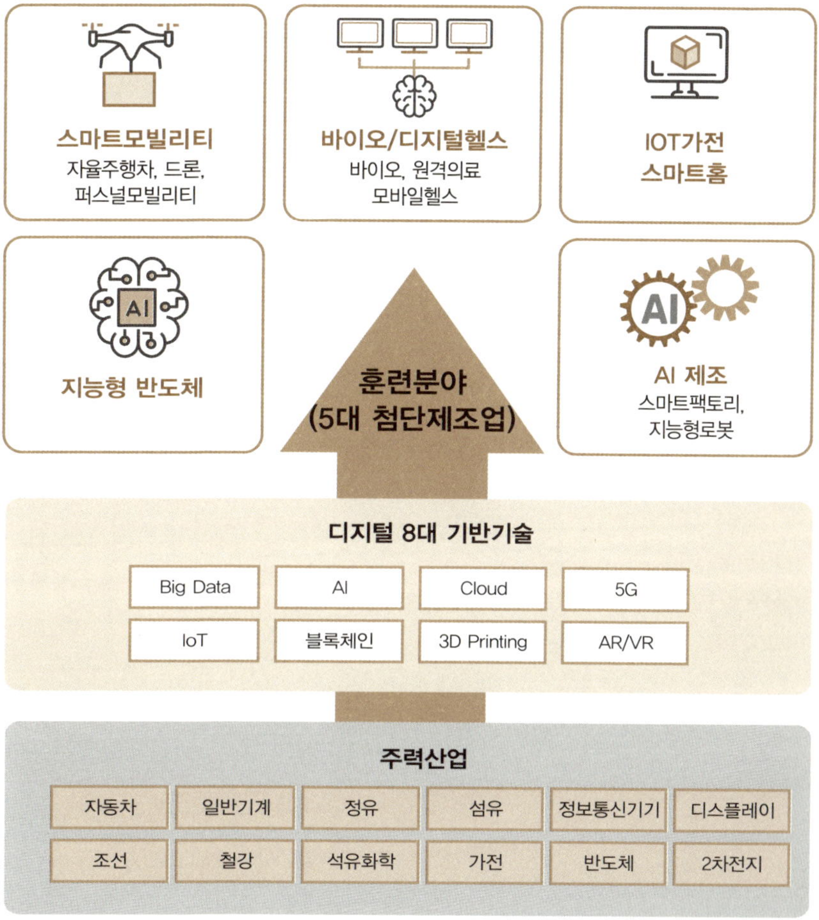

[그림 3-1] 첨단제조분야 산업과 기술의 연계 예

3) 디지털 역량 수준에 따른 교육과정 및 자격체계 개발

전방위적 변화에 따라 디지털 리터러시 관련 중요성이 강화되고 있으며, 이후 산업으로의 연계 및 경력개발이 중요하다. 이를 위해 각 전문분야의 전문적 직무수행능력과 차별화되는 기초 수준의 능력 정의와 평가가 필요하다. 따라서 모든 청년층에게 공통적으로 필요한 디지털 역량을 규명하

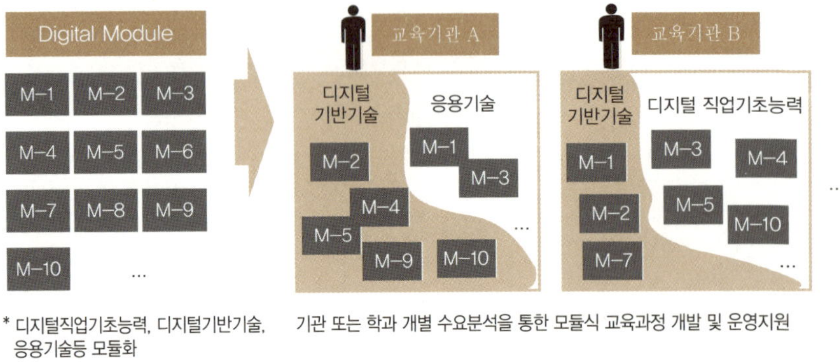

[그림 3-2] 모듈식 교육과정 개념도

고, 평가하기 위한 수단으로 디지털 분야 공통직무능력 관련 교육과 자격 개발이 필요하며, 이후 숙련 향상에 따른 체계적인 교육 및 자격 부여가 필요하다.

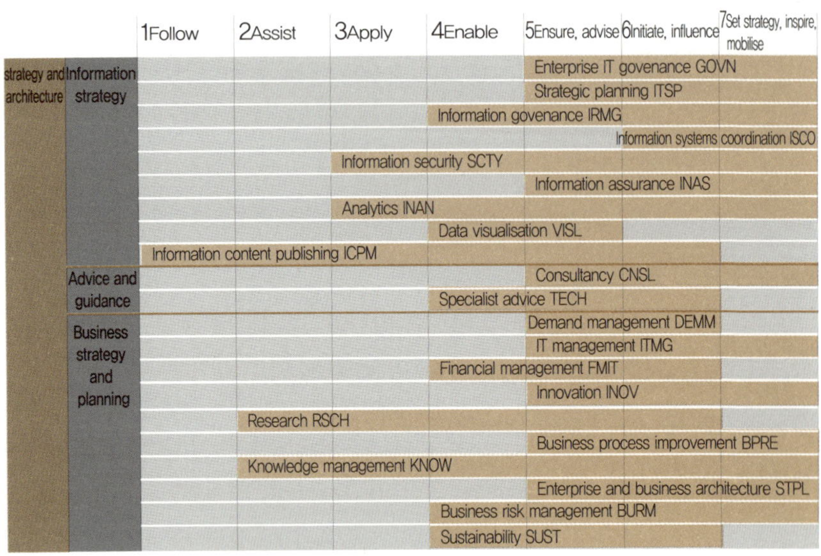

[그림 3-3] SFIA 7에서 제시된 Strategy and architecture의 subcategory 및 스킬

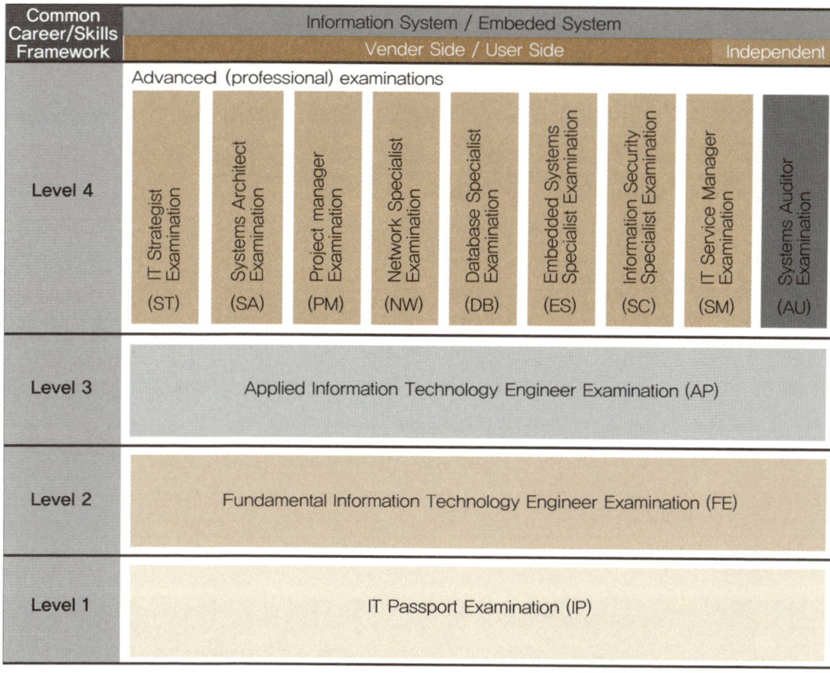

[그림 3-4] 일본의 ITEE 체계도

예를 들어 The Skills Framework for the Information Age(이하 SFIA)는 200개 이상의 국가 및 관련기관 등이 참여하여 구축한 정보 통신 기술, 디지털 변환 및 소프트웨어 엔지니어링 관련 역량 체계(framework)를 구축하고 있으며, 이를 통해 인력의 수준 및 경력개발 경로 설계를 지원하고 있다.

일본의 경우도 ITEE 체계도를 통해 정보통신 관련 인력의 수준체계를 구분하고 이에 따른 인력 활용이 이루어지고 있다. 또한 이 체계를 통해 우리나라의 국가기술자격과 연계하여 국가 간 자격의 상호인정(Mutual Recognition Agreement)으로 국내 IT 관련 전공 청년이 일본으로 해외취업하였던 성과도 있었다.

그러나 현재까지의 국내 디지털 신기술 분야 능력은 수준 세분화가 되어 있지 않아 입직을 준비하는 청년 입장에서 어느 수준까지의 교육을 받아야 하는지 혼란을 겪고 있다. 따라서 빅데이터 등 디지털 신기술 분야 의 인력 양성 및 직무 수행을 위한 세분화된 기준 마련이 필요하다. 이는 직무 수행 시 직무 내용 및 난이도에 따른 직무수준이 존재하나, 디지털 신기술 분야는 신기술 도입에 초점, 수준 세분화가 가능한 정도의 산업 규모 미확보 등으로 수준 논의가 미흡하다.

따라서 디지털 역량 수준 기반 재설계 및 자격기반 경력경로 설계가 필요하다. 기존 디지털 신기술 관련 자격은 필요 역량을 규명·검정하였으나, 향후 역량 내용 및 수준을 종합적으로 검토하여 세분화 필요가 필요하다. 실제 정보통신분야의 디지털 신기술분야 자격은 현재 높은 수준(기사 등)에 초점을 두고 있으며, 하위등급에 적합한 자격이 부재하다. 따라서 입직수준을 포함한 특성화고, 전문대졸업생, 타전공자의 디지털분야 직무능력 확인 등을 위한 공통직무자격을 신설하고 이들의 공통직무능력이 추후 관련 산업기사·기사 자격으로의 연계가 이루어질 수 있도록 한다면 우수 인재로 성장하는 데 역할을 할 수 있다.

4) 디지털 교육 경로 제공

고등학교 단계부터 체계적으로 디지털 교육의 경로를 제공할 필요가 있다. 이는 교육·훈련 내용 및 고교 졸업 후 경력경로 등에 따라 다음 그림과 같이 체계를 구축할 수 있다.

고교단계에서는 기초능력과 실무능력으로 구분하여 습득할 필요가 있음. 이 중 전통적인 10개 영역의 직업기초능력, 해당분야의 기반기술 등은 해당 고교에서 교육을 추진할 수 있다. 이 중 디지털직업기초능력은 K-Digital Credit을 통해 온라인에 기반하여 추진할 수 있으며 이 밖에 해당 분야 핵심 역량, 현장 적용 역량 등은 공동훈련센터를 비롯한 훈련기관을 통해 습득할 수 있다.

고졸 이후는 해당분야의 취업, 진학, 추가 훈련으로 구분할 수 있다. 이 경우 취업은 디지털 전환을 추진하는 기업, 디지털 선도 기업 등으로 취업이 가능하다. 진학은 P-tech, 4년제 일학습병행제 등으로 연계가 가능하다. 단, 일학습병행제로의 진학은 취업 후 재직자 일학습병행으로 참여하는 것으로 취업-진학 병행으로 볼 수 있다. 이 밖에 해당분야 훈련으로 디지털협업예산 훈련, 국민내일배움카드 활용(K-digital training 훈련 포함), 사업주 훈련으로의 참여 등이 있다.

이러한 교육경로 운영을 위해서는 수직·수평적 연계가 필요하다. 수평적 연계로 고교 수준에서 타 기관과의 연계를 통해 학내에서 수행할 수 없는 훈련을 운영할 필요가 있다. 온라인 교육의 경우 최근 구축되고 있는 K-digital Platform과의 연계, K-Digital Training 및 Credit과의 연계를 통해 우수한 콘텐츠를 확보할 수 있다. 특히 2021년 시범사업으로 시행될 플랫폼의 경우 컨소시엄사업으로 시설·장비를 지원하고 이를 주변 훈련기관에 공유하도록 되어 있어 수평적으로 확대가 가능하다.

시설·장비 측면에서는 고용노동부 컨소시엄 공동훈련센터를 적극적으로 활용할 수 있다. 특히 전략분야 컨소시엄사업은 신기술에 초점을 둔 훈련 지원과 시설·장비 지원이 가능하며, 대중소상생형 컨소시엄사업의 경우 주변 중소기업의 훈련 지원이 가능하다는 점에서 본 사업과의 연계가 적합하다. 단, 수평적 연계를 위해 현재 운영 중인 외부 훈련기관에 대한 정비를 통해 컨소시엄, K-Digital 플랫폼 등 고용노동부 차원에서 검증이 완료되고 지원이 이루어지고 있는 양질의 기관간 매칭을 지원할 필요가 있다.

수직적 연계로는 전문대, 대학 등 교육기관, 상위수준의 디지털 신기술 훈련과의 연계를 추진할 필요가 있다. 이를 위해 특성화고 인근의 고등직업교육기관을 발굴하고 협업할 수 있는 체계를 구축하여야 한다. 특히 일학습

병행제 참여 대학, 계약학과 등 재직자 교육에 참여하는 대학 등의 리스트 확보를 통해 학점 단위의 연계가 가능한 방안을 검토할 수 있다. 또한, 기존 재직자 일학습병행제를 운영하는 대학과의 연계를 통해 고용노동부 차원에서 협업인력양성이 가능한 분야 설정과 이를 기반한 고교-대학 전공개편을 지원하여 연계된 교육이 이루어질 수 있도록 할 필요가 있다. 한편, 고등직업교육기관과의 연계 훈련 결과는 추후 학점은행제, 선이수학점 등의 제도를 통해 학생의 경력개발경로에 활용하는 방안도 검토할 수 있다.

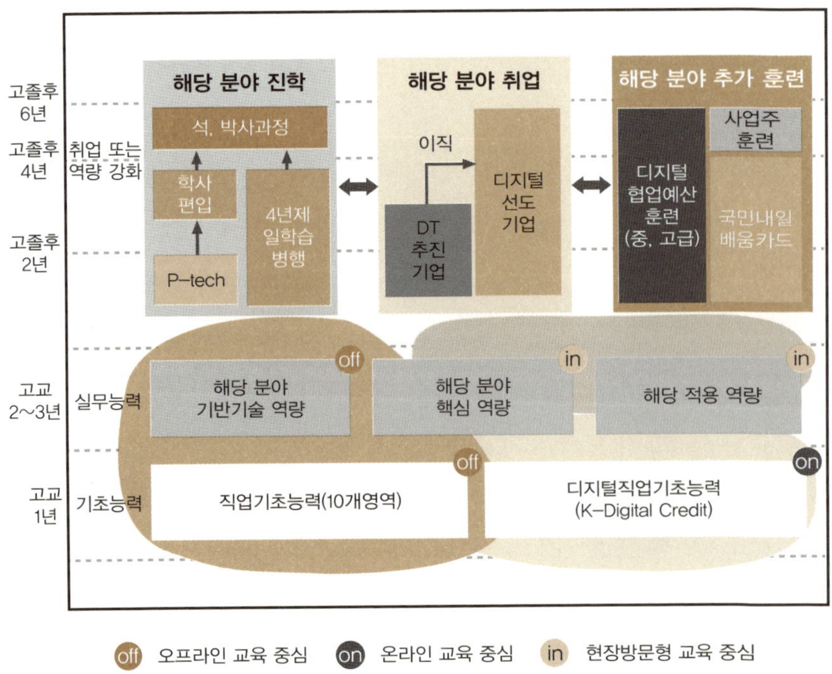

나. 일자리 지원을 위한 청년층 고용서비스 변화 방안

1) 진로·취업과 연계된 디지털 신기술 학습 지원

디지털 신기술 학습은 진로 및 취업과 연계될 수 있도록 고용서비스와 연계하여 시너지 효과를 창출할 필요가 있다. 세부적으로는 디지털 신기술 학습을 디지털 직업기초능력, 기반기술, 산업응용기술, 취업단계로 구분하여 단계별 역량 강화를 지원한다. 이 때, 교육훈련기관은 인력 수요 기업과의 연계를 통해 기업이 교육과정에 참여하고 요구하는 인력 수준을 교육에 반영할 수 있도록 할 필요가 있다. 또한, 각 단계별 교육시에는 학생을 대상으로 전공이나 교육내용과 연계된 진출분야 안내, 개인별 경력설계 및 포트폴리오 지원, 디지털 관련 취업역량 강화 등이 이루어질 수 있도록 시스템화 할 필요가 있다.

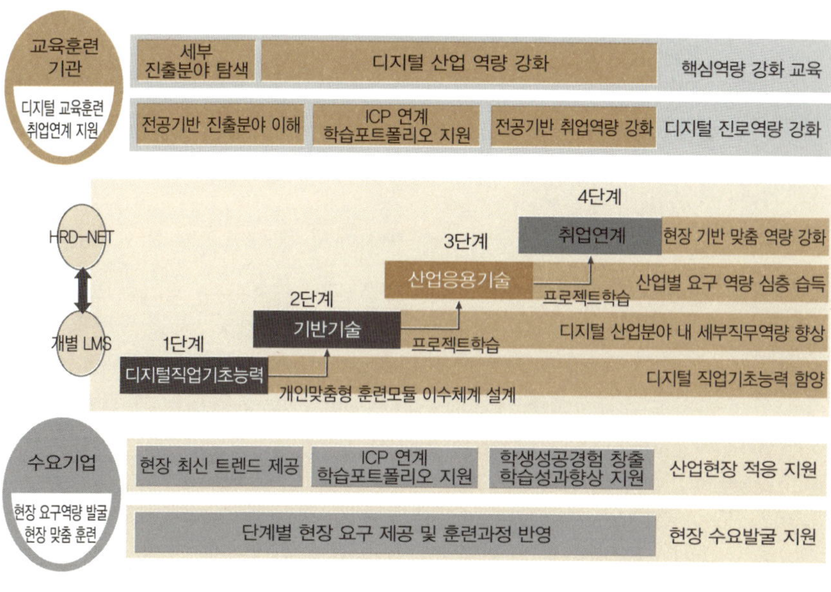

[그림 3-5] 진로 · 취업 연계 디지털 신기술 학습 지원 체계(안)

[그림 3-6] 스마트제조 인력 수준 및 수준별 주요직무

자료: 정동열, 강지훈(2020). 스마트제조고급인력양성을 위한 수준 및 직무 체계.

2) 디지털 기술 수준에 기반한 경력개발 경로 제공

고용서비스 측면에서 디지털 기술 수준에 기반하여 경력개발 경로를 설계·지원할 필요가 있다. 그림과 같이 제조분야에서 디지털 신기술을 접목시킬 경우 입직수준의 분야에서 최고 수준까지 향상하는 과정이 전통적 산업에 비해 복잡하게 연결된다.

따라서 산업과 기술을 연계시키는 관점에서 경력경로별 필요 기술, 다음 단계로 성장하기 위해 필요한 역량 등을 구체적으로 설계하여 지원하여야 한다.

5. 결론

4차 산업혁명을 시작으로 사회 및 산업의 디지털화가 급속하게 이루어지고 있으며, 코로나 19 이후 그 변화의 속도는 더욱 가속화되고 있다. 이러한 상황에서 기업은 기존 아날로그 방식에서 디지털 방식으로 변화하고 있으며, 청년은 디지털 세대로서 디지털 기반의 교육과 일자리로의 이동을 준비하고 있다. 이러한 시점에서 인력의 수요와 공급 측면의 요구를 충족하고 원활한 이동이 이루어질 수 있는 다양한 지원이 필요한 시점이다. 이를 위해 국가, 산업, 교육훈련 차원의 과제를 종합하면 다음과 같다.

국가차원에서는 디지털 일자리에 대한 인력수급 예측과 지속적인 인력양성 지원이 필요하다. 현재 중구난방으로 지원되고 있는 디지털 관련 인력양성 사업에 대한 조정을 통해 무분별한 지원이 이루어지는 것을 예방하고 기술, 산업과 연계된 인력 양성이 이루어질 수 있는 방안 마련이 필요하다. 또한 국가 수준에서 디지털 역량에 대한 청사진 마련을 통해 장기적인 인력 확보 및 매칭이 이루어질 수 있도록 할 필요가 있다.

산업 측면에서는 적극적인 디지털 기술 도입과 이에 따른 인력 발굴 및 양성이 필요하다. 디지털 전환에 따라 산업계에서는 다양한 기술을 도입하고 있으나, 체계적인 산업 변화, 타 산업과의 연계 등 전략이 부족한 상황이다. 따라서 기술과 산업의 연계 모델을 구축하고 기초능력, 기반기술, 산업응용기술 등을 조합하여 산업계의 디지털화를 촉진 할 필요가 있다. 또한 이 과정에서 기존 인력에 대한 재교육 및 활용뿐만 아니라 새롭게 양성되는 인력의 적극적인 수용이 필요하다.

교육훈련 측면에서는 디지털 교육의 목적을 명확히 하고 학제에 따른 디지털 인력의 수준 체계를 수립할 필요가 있다. 이를 통해 학제 기준으로 중복교육이 발생하지 않도록 할 필요가 있으며, 학력 등 역량 체계에 따라 적합한 교육이 이루어질 수 있도록 체계화 할 필요가 있다. 또한, 교육을 통해 향상되는 기술역량이 어떠한 산업으로 연결될 수 있는지 기술-산업 연계방안을 마련하여 교육과 진로지도가 원활히 이루어질 수 있도록 할 필요가 있다.

제4장 전통산업 전환 과정에서 중장년 이·전직 일자리 지원

고혜원 한국직업능력연구원 선임연구위원

요약

- 중장년층 경제활동은 생애단계적 특성으로 개인 및 저출생의 급속한 진행과 생산가능인구의 절대적 규모 감소에 따라서 국가의 지속적 경제발전에도 매우 중요하다.
- 중장년층은 평균 72.3세까지 수입이 있는 근로를 희망하고 있으나 자영 및 임시직의 비율이 높고, 고용유지율과 임금 수준도 OECD 평균에 비해 낮은 상태로 고용의 안정성이 낮다.
- 중장년층의 이·전직은 직업교육훈련을 통한 역량강화로 현 직장에서 근무하거나 재취업 및 창업 맞춤 연계 등 직업교육훈련과 고용의 연계성 제고 지원이 필요하다.
- 디지털화 등에서 소외될 수 있는 중소 전통산업 종사 중장년층에 대하여 산업현장에서 필요한 신기술 분야에 대한 직업교육훈련 지원이 필요하다.
- 중장년층에 진입하는 40세 이상의 재직자에게는 주기적으로 능력진단의 기회를 제공하고, 향후 직업경로와 직업교육훈련 참여(현 직업유지를 위한 직무향상 또는 직업이동을 위한 고용연계훈련) 설계가 필요하다.

키워드 : 중장년층, 이·전직, 전통산업 전환, 직업기초능력, 능력진단

1. 중장년층의 특성과 경제활동

가. 중장년층의 특성

중장년층은 개인의 생애주기별로도 또한 우리나라의 지속적 경제를 위해서도 매우 중요한 의미를 가지고 있다. 먼저, 개인적으로 볼 때 윌리엄 새들러(2015)의 생애주기별 분석에서도 볼 수 있듯이 중장년층은 생애주기에

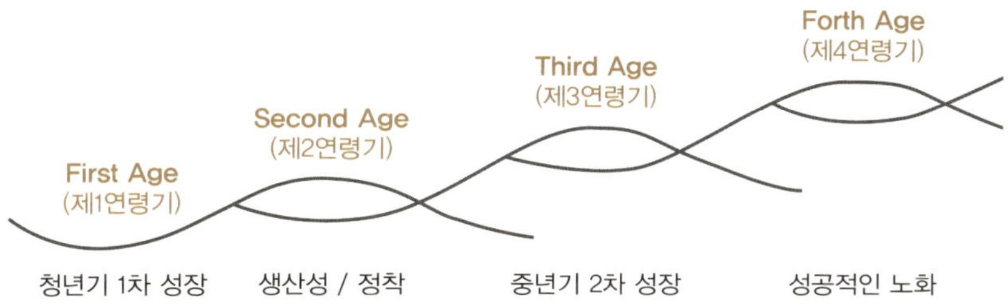

[그림 4-1] 윌리엄 새들러의 생애주기별 단계

자료: 윌리엄 새들러, 김경숙 옮김, (2015), 『The Third Age, 서드 에이지, 마흔 이후 30년』, p. 14

서 매우 중요하다. 윌리엄 새들러는 태어나서 학창 시절인 10대까지의 시기를 포함하는 배움의 단계인 퍼스트 에이지(first age), 일과 가정을 위한 정착의 단계로 20~30대의 시기인 세컨드 에이지(second age), 삶을 재편성하는 단계로 인생에게 가장 긴 시간인 40대에서 70대 중반까지의 서드 에이지(third age), 성공적인 노화를 추구하는 포스 에이지(fourth age)로 생애주기를 구분하였다. 이와 같은 생애주기별 단계에서 특히 고령화로 인해 길어진 삶에서 엄청난 성장 잠재력을 지닌 중장년층인 40세~70세의 삶에 주목하였다. 서드 에이지는 자신을 정확하게 파악하고 자신이 좋아하는 일 또는 할 수 있는 일의 포트폴리오를 확대해야 하는 시기이며, 교육훈련을 통해 개인의 역량을 개발하고 자아실현을 추구해야 하는 시기이다.

한편, 우리나라에서 중장년층인 40~64세에 해당하는 인구[21]는 총인구의 39.4%에 해당하는 1,966만 4,000명이고, 생산가능인구(15~64세)의 1/3 수준에 달한다(통계청, 2018). 저출생이 급속하게 진행되면서 생산가능인구의 절대적 규모도 줄어들고 있기 때문에 중장년층의 경제활동은 우리의 지속적 경제발전에 매우 중요하다. 지난 10년 동안 중장년층 비중이 빠른

21 2018년 통계청에서 고령화 정책 수립을 위해 처음 발표한 통계 자료 「중 · 장년층 행정 통계」에서 중고령층 연령은 만 40~64세로 설정되어 있다.

속도로 증가했는데, 향후 10년 동안에도 중장년층은 우리 경제의 성장잠재력으로 매우 중요하다. 하지만 중장년층의 자영 및 임시직의 비율이 높고, 고용유지율과 임금 수준도 OECD 평균에 비해 낮은 상태로 고용의 안정성이 좋지는 못한 편이다.

나. 중장년층 경제활동의 특성

우리나라 중장년층의 학력 등 인적자본 수준, 경제활동참가율 및 고용률은 과거보다 높아지고 있으나 세부 연령대별로는 차이가 있다. 노동시장에서 이직이나 전직 등 큰 변화를 맞이하게 되는 50세 이후 중장년층만 보아도 15세 연령대에 걸쳐 있기 때문에 사실상 동질적인 집단으로 보기는 어렵다. 50세 이상의 중장년층의 경우에도 주된 일자리 퇴직 전 시점에서 비교적 활발히 활동하는 50~54세 연령대와 퇴직이 본격적으로 이루어지는 55~59세 연령대 그리고 퇴직 이후 자영업이나 다른 일자리로 전직하는 60~64세 연령대로 구분할 수 있다. 실제로 60~64세 연령대의 경제활동참가율은 하락 추세를 보이는 반면에 50~54세는 상승 또는 유지 국면에 있다. 55~59세 연령대는 이 두 연령대의 이행기 특성을 보여 주고 있으며 전체 중장년층의 추세를 대표하고 있다.

여성의 경제활동참가율이 증가 추세를 보이고 있는데, 동일 연령대의 남성은 정체나 하락 추세에 접어들었지만 여성의 경제활동참가율은 계속 증가하고 있다. 직업별 변화를 보면, 50세 이후부터 중고숙련에 해당하는 전문가 및 관련 종사자와 사무 종사자의 감소가 나타나며, 농림어업 종사자와 단순노무 종사자에서 다른 연령대에 비하여 고령층의 증가가 두드러지고 있다. 산업별 취업자 비중 변화를 보면 대체로 비중이 감소한 산업보다 비중이 증가한 산업이 더 많았는데, 여성 중장년층의 평균임금이 상승한 산업을 보면 대부분 제조업으로 나타났다. 중장년층은 일반적으로 50대를 기

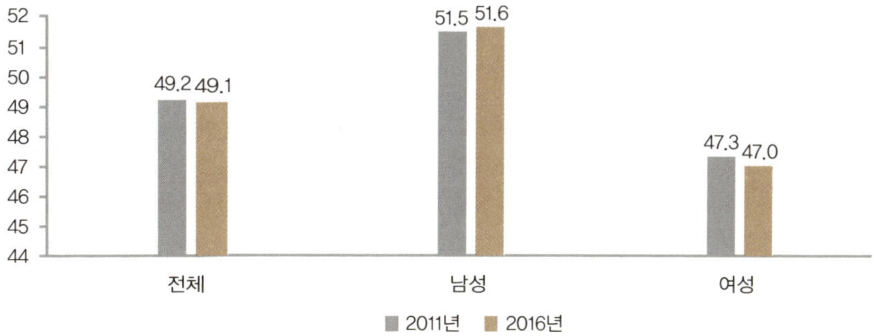

[그림 4-2] 주된 일자리에서 퇴직연령 변화

주: '주된 일자리에서 퇴직연령'은 55~64세를 대상으로 한 조사 항목 중 '가장 오랜 기간 근무한 일자리'를 퇴직한 연령의 평균

자료: 통계청, (2017), 경제활동인구조사; 한국고용정보원, (2017), '우리나라 장년층의 실질 퇴직연령', p. 23 재인용

점으로 고용 불안을 겪게 된다. 「고용상 연령차별금지 및 고령자고용촉진에 관한 법률」 제19조에 따라 정년이 60세 이상으로 법제화되어 있지만, 2017년 통계청의 경제활동인구조사에 따르면, 주된 일자리에서 퇴직연령은 남성이 51.6세, 여성이 47.0세이며, 평균 49.1세에 퇴사하는 것으로 나타났다.

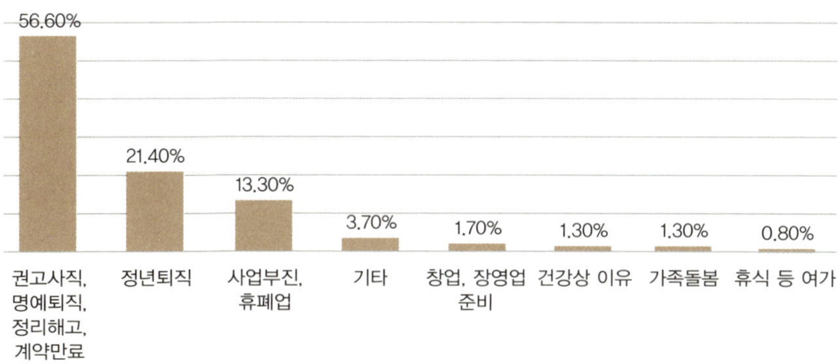

[그림 4-3] 중장년층의 주된 직장 퇴직 이유

자료: 전경련 중소기업협력센터, (2018), 「2018년 중소 · 중견기업의 중 · 장년 채용계획 및 채용인식 실태조사」 : 이수정 외, (2019) p. 30 재인용.

중장년층이 이전 직장에서 퇴직한 이유는 권고사직과 명예퇴직, 정리해고 등이라는 응답이 56.6%로 가장 많았고, 이들 중 54.8%가 재취업을 하지만 45.4%는 근무기간이 1년이 되지 못하는 것으로 나타났다. 중장년층은 여전히 취업과 실업 상태를 반복하며, 일자리의 질과 임금 수준이 저하되는 불안전성을 가지게 된다. 퇴직을 하는 경우에 일자리를 찾는데 어려움이 있으며, 전문가의 도움 없이 사적 관계망을 통해 구직활동 중인 경우가 많은 것으로 나타나고 있다.

더욱이 중장년층은 부모와 자녀에 대한 이중부담과 자신의 노후 준비로 인하여 다른 세대보다도 경제적인 부담 및 어려움을 겪게 된다. 따라서 이 시기에 퇴직이나 실업과 같은 부정적 생애 사건은 중장년층 개인과 가족에게도 빈곤과 해체를 야기하게 한다. '2018년 중소·중견기업의 중·장년 채용계획 및 채용인식 실태조사'(전경련 중소기업협력센터, 2018)에 의하면, 중장년층에게는 은퇴 후 생계문제가 가장 큰 고민이며, 은퇴 후 자금의 충족방법은 재취업이라는 응답이 가장 많은 것으로 나타났다.

다. 중장년층의 직무역량과 수준

일반적으로 고용가능성 제고를 위한 직업교육훈련 방안은 연령 변화에 따른 작업능력에 대한 객관적인 평가를 전제로 하는 경우가 많다. 예를 들어, 유럽에서 많이 사용하고 있는 작업능력지표(Work Ability Index: WAI)는 건강과 기능, 숙련과 역량, 가치, 동기, 태도, 그리고 작업으로 구성되어 있다. 작업능력 구조가 서로 유기적으로 잘 작동하면 근로자에게는 안전한 일자리와 삶의 질이 보장되는 한편, 기업에는 노동의 생산성과 품질 향상의 결과를 가져오게 된다. 연령 변화에 따른 작업능력의 변화를 보면, 남녀 모두 연령이 증가할수록 작업능력 평균치가 감소하는 것으로 나타난다. 특히, 남녀 모두 45세를 기점으로 작업능력 점수가 하락하기 시작한다(이요행 외,

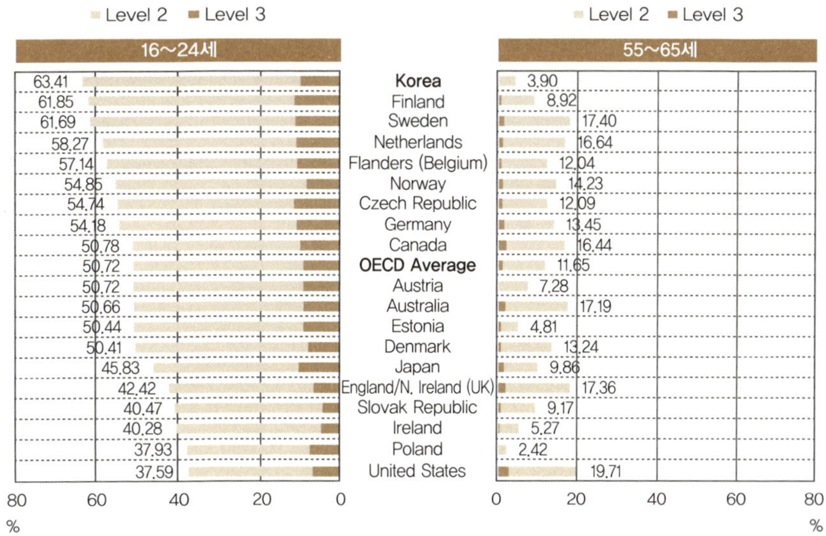

[그림 4-4] 16~24세 연령층과 55~65세 연령층의 기술기반환경에서의 문제해결능력의 차이

주: OECD 국제성인역량조사(PIAAC)에서 기술기반환경에서 문제해결능력의 조사 결과는 총 7단계로 분류됨. 1)컴퓨터 사용경험 전무, 2)컴퓨터기반 평가 포기선택, 3)기본 ICT역량 부족, 4)레벨 1이하, 5)레벨 1, 6)레벨 2, 7)레벨 3

OECD Skills Outlook (2013)에서는 이 7가지의 결과 중 레벨 2, 레벨 3을 기술기반환경에서 문제해결능력이 숙달되었다고 함

자료: OECD, (2012). Survey of Adult Skills (PIAAC)

2014). 이는 45세를 기점으로 추가적인 직업교육훈련이 필요하다는 것을 시사한다.

멕킨지 글로벌 연구소는 신생 기술과 관련한 새로운 직군의 산업 분야에서 일자리가 등장하고 고숙련 노동자에 대한 수요가 증가할 것으로 예상하면서 직무 관점에서도 로봇과 인공지능이 담당하지 못하는 '인지능력'과 '복합문제 해결능력'에 대한 요구가 높아질 것으로 예상하여 이에 대한 교육훈련이 필요하다고 주장하였다(최석현, 2017).

그런데 우리나라 청년층의 학업성취도 등 역량수준은 OECD 최상위권이지만 성인의 역량수준은 그렇지 않은 것으로 나타나고 있다[22]. 더욱이 다른 국가들과 달리 45세 이후 평생학습 참여율도 급감하는 경향을 보이는데, 이와 같은 중장년층의 낮은 교육훈련 참여율은 직업의 숙련 수준 및 고용의 질에 부정적인 영향을 미칠 수 있다(황경란 외, 2018).

구체적으로 OECD 국제성인역량조사(PIAAC)에서는 레벨 2와 레벨 3을 받아야 ICT 활용능력이 숙달되었다고 하는데, 우리나라의 16~24세 연령대는 이 비율이 63.41%로 (OECD 평균 50.72%) OECD국가들 중 최상위수준이나 55~65세 연령대는 3.90%로 OECD평균 11.65%의 절반에도 미치지 못하는 수준으로 최하위 수준으로 나타난 바도 있다.

산업의 구조조정과 이른바 4차 산업혁명으로 일컬어지는 노동시장의 변화는 변화된 교육 내용을 필요로 한다. 즉, 새로운 일자리가 출현하고 기존 일자리의 감소는 인재가 갖추어야 할 기술과 역량에도 변화를 요구한다. 이에 따라 새로운 기술력과 새로운 역량은 무엇인지에 대한 논의가 확대되고 있다. 세계경제포럼(2016)에서 발표한 직업의 미래 보고서에서는 2020년에 요구되는 능력, 고용 상황과 직업에 대한 예측을 하였는데, 가장 중요하다고 한 능력은 실세계에서 정의되지 않는 문제를 해결할 수 있는 복잡한 문제의 해결능력이라고 하였다. 또한, 사람들과 협업하고 설득하는 기술, 교육하는 능력인 사회적 기술, 그리고 적극적으로 얻은 정보를 통해 합리적으로 추론하는 능력인 프로세스 기술 등을 주요 능력으로 꼽았다(이수정 외, 2019).

실제 우리나라의 「2018년 중소·중견기업의 중·장년 채용계획 및 채용인식 실태조사」(전경련 중소기업협력센터, 2019)에 따르면 기업들이 중장년을 채용할 때에도 사회적 기술인 '직원과 소통할 수 있는 조직융화력'

22 OECD, (2012). Survey of Adult Skills (PIAAC)를 분석한 교육부 · 고용노동부 · 한국직업능력개발원, (2013), 「한국인의 역량, 학습과 일: 국제성인역량조사(PIACC)」 조사 결과 16~24세 청년층 역량 수준은 비교 대상국 최상위 수준인 반면, 55~64세 중 · 장년층은 비교 대상국 최하위 수준으로 나타났다.

〈표 4-1〉 2020년에 요구되는 직무능력

직무능력	내용	요구 정도
복잡한 문제 해결능력	실세계의 정의되지 않는 문제의 해결력	36%
사회적 기술	다른 사람들과 협업하고 설득, 교육하는 능력	19%
프로세스 기술	적극적으로 정보를 얻어 합리적으로 추론하는 능력	18%
시스템 기술	시스템을 파악해서 가장 좋은 조건을 찾는 능력	17%
인지능력	서로 다른 규칙들을 관찰해서 창조적으로 결합하는 능력	15%
자원 관리 기술	목적을 위해 자금, 시간 등을 효율적으로 사용 능력	13%
기술적 능력	기기를 관리, 검사하고 프로그래밍하는 능력	12%
콘텐츠 기술	말하기, 쓰기, 디지털 콘텐츠를 통해 표현하는 능력	10%
육체적 능력	물건을 정교하게 다루거나 힘을 쓰는 능력	4%

자료: 세계경제포럼, (2016); 이수정 외(2019), p. 44에서 재인용.

(36.5%)을 가장 중요하게 생각하는 것으로 나타났다.

이상과 같이 우리나라 중장년층의 역량 등이 OECD 국가에 비하여 그다지 높지 않다고 볼 수 있으나 과거와는 달리 중장년층의 인적자본 수준이 높아져 가고 있기 때문에 이를 고려하면 중장년층의 지속적 경제활동이 가

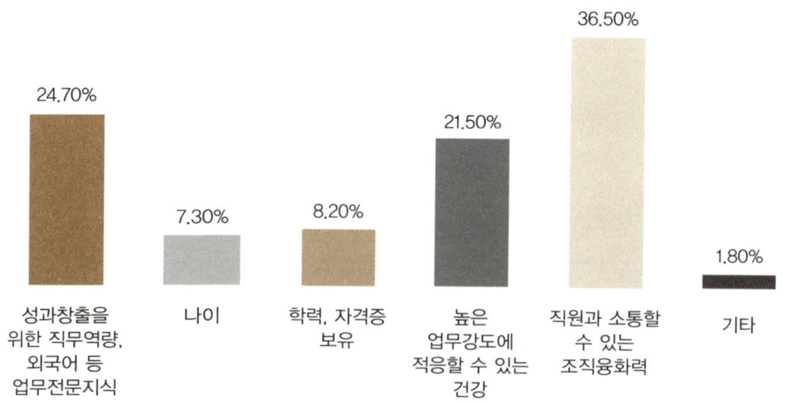

[그림 4-5] 중장년 채용 시 우선 고려 사항

자료: 전경련 중소기업협력센터, (2019), 「2018년 중소 · 중견기업의 중 · 장년 채용계획 및 채용인식 실태 조사」; 이수정 외, (2019), p. 35 재인용

능할 수 있다. 산업구조의 디지털화가 가속화되고 있으나 작업환경을 스마트화하면 중장년층의 생산성이 상승할 여지도 있기 때문이다. 이때 양질의 이·전직 교육훈련이 보완된다면 중장년층의 경험과 숙련을 활용할 가능성이 더욱 높아질 것이다.

2. 중장년층의 직업이동 수요와 현황

가. 중장년층의 희망 일자리 특성[23]과 직업교육훈련

통계청의 2019년 경제활동인구조사 고령층 부가조사 결과를 토대로 55세 이상 중장년의 장래 근로 희망 여부를 조사한 결과 장래에 일하기를 희망하는 경우는 64.9%로 희망하지 않는 경우에 비해 높은 것으로 나타났다. 성별로는 남성의 일자리 희망 비율이 75.5%로 여성(55.2%)에 비해 높았으며, 연령대가 높아질수록 일자리 희망 비율은 감소하였다. 경제활동상태별로는 현재 취업자이거나 실업자로 노동시장에서 이탈하지 않은 경우에는 장래에도 계속 근로를 희망하였으나, 비경제활동인구로 노동시장에서 이탈한 경우에는 장래에도 일자리를 희망하지 않는 것으로 나타났다. 월평균 수령연금 수준별로는 연금을 수령하지 않거나 수령금이 적을수록 일자리를 희망하는 비율이 높아져 노후 생활자금 확보를 위해 일자리를 희망하는 것으로 나타나고 있다.

장래 계속 근로를 희망하는 중·고령층은 평균 72.3세까지 수입이 있는 근로를 희망하는 것으로 나타났다. 성별로는 평균 근로희망 연령의 차이가 크지 않은 반면, 연령대가 높을수록 근로를 희망하는 연령대가 높아지고, 교육수준이 낮을수록 근로를 희망하는 평균 나이가 증가하였다.

23 통계청의 경제활동인구조사 고령층 부가조사(2019년)는 만 55세~79세로 연령을 제한하여 조사하므로 해당 연령층에 대한 분석이다.

〈표 4-2〉 중고령층의 장래 근로 희망 여부

(단위: 명, %)

구 분		사례 수	원함	원하지 않음	계
전 체		13,843,229	64.9	35.1	100.0
성별	남	6,587,439	75.5	24.5	100.0
	여	7,255,790	55.2	44.8	100.0
연령	55-59세	4,288,091	81.2	18.8	100.0
	60-64세	3,594,903	72.1	27.9	100.0
	65세 이상	5,960,235	48.8	51.2	100.0
교육 수준	중졸 이하	6,391,795	58.6	41.4	100.0
	고졸	4,863,351	70.7	29.3	100.0
	전문대졸 이상	2,588,084	69.3	30.7	100.0
경제 활동 상태	취업자	7,738,838	92.1	7.9	100.0
	실업자	235,155	97.8	2.2	100.0
	비경제활동인구	5,869,237	27.6	72.4	100.0
월평균 수령 연금	연금 없음	7,485,302	72.8	27.2	100.0
	50만원 이하	4,455,624	53.6	46.4	100.0
	50-100만원	1,071,522	66.2	33.8	100.0
	100만원 이상	830,782	52.5	47.5	100.0

자료: 통계청, (2019), 2019년 통계청 경제활동인구조사 고령층부가조사

계속 근로를 희망하는 중·고령층이 일을 선택할 때 가장 중요하게 고려하는 사항은 일의 양과 시간대가 28.4%로 가장 높았고, 임금수준(23.8%), 계속근로 가능성(16.6%), 일의 내용(13.2%)의 순으로 나타났다. 성별로는 남성의 경우 임금, 일의 내용, 계속근로 가능성, 과거 경험과의 연관성 등이 여성에 비해 일을 선택할 시에 중요한 고려사항이었으나, 여성의 경우 일의 양 및 시간대, 출퇴근 거리(위치) 등이 남성에 비해 중요한 고려사항으로 나타났는데 이는 여성이 일을 선택할 시 가사 등 가족과 관련된 부분을 고려하기 때문으로 보인다.

희망하는 근로형태를 살펴보면, 전일제 근로를 희망하는 비율이 58.8%

로 시간제(41.2%)에 비해 높은 편이었다. 성별로는 남성의 경우 전일제 희망 비율이 71.8%로 매우 높았으나, 여성의 경우 전일제 희망비율보다 시간제를 희망하는 비율이 57.3%로 높은 편이었다. 연령대가 증가할수록, 교육수준이 낮을수록 전일제보다는 시간제 근무를 희망하는 비율이 높았으며, 현재 경제활동상태별로는 비경제활동인구의 경우 전일제 일자리보다는 시간제 일자리 희망 비율이 더 높았다.

한편, 이수정 외(2019)에서 1,224명의 40~64세 중장년층을 대상으로 한 설문조사 결과를 보면, 직업교육훈련을 받은 중장년층은 직무능력과 취업을 위한 목적으로 서비스 분야나 컴퓨터, 정보, 통신 분야, 사무 관리 분야의 직업교육훈련을 받고 있는 것으로 나타났다. 스스로 진단한 직업기초능력은 높게 제시하고 있는데, 직업기초능력에 대한 진단을 받은 적이 없다는 응답이 69.0%로 절대 다수를 차지한 가운데, 입사 초기에 받는다는 응답이 13.9%로 나타나서, 중·장년층은 직업기초능력에 대한 명확한 진단 없이 스스로의 직업기초능력이 높다고 인지하고 있다는 점이 확인된다. 이는 향후 직업이동에서 걸림돌로 작용할 가능성이 높다는 것을 짐작하게 한다. 따라서 주기적으로 자신의 직업기초능력에 대한 진단을 통해 스스로의 능력을 객관적으로 진단하고 이를 바탕으로 직업이동의 시기나 직종을 선택하고 준비하도록 지원할 필요가 있다.

나. 중장년층 직업이동의 양적 접근

40~64세의 중장년층 중에서 40대~50대 초반의 근로자의 경우 대체로 연령–임금 곡선상의 정점에 있거나 혹은 정점 주위에 있는 상태이고, 50대 중반 이후의 근로자는 연령–임금 곡선 상에서 뚜렷한 임금 감소를 경험하는 위치에 있는 것으로 알려져 있다. 따라서 현재 임금이 하락하고 있는 근로자의 경우 직업교육훈련과 이에 부합하는 직업이동을 통하여 임금 손실

을 최소화하는 것이 매우 중요하다. 현재 임금이 상승 중이거나 정점에 있는 근로자라 하더라도 머지않은 시기에 임금 감소가 시작될 것이 예상되므로 직업교육훈련을 통하여 새로운 직업경로를 찾고 이에 대비하는 것이 필요하다(이수정 외, 2019).

이수정 외(2019)에서는 한국노동연구원의 '한국노동패널 2014~2018년'의 자료를 활용하여 중장년층 직업이동 현황을 네트워크 분석 기법을 적용하여 분석하였다. 분석결과를 보면, 첫 번째, '일반사무 관련 종사자', '대인서비스 관련 종사자', '조리 및 음식 서비스 종사자', '도소매 판매 종사자', '농업 숙련 종사자', '기타 기능원 및 관련 기능 종사자', '기계 조작원 및 관련 종사자', '운전원 및 관련 종사자', '서비스 관련 단순노무 종사자', '광업, 건설 및 운송 관련 단순노무 종사자' 등의 직업이 중장년층의 이직이 활발한 직업군인 것으로 나타났다.

두 번째, 연령대를 세부적으로 구분하여 보면, 40대의 경우 직업이동이 활발한 직업은 '경영 및 재정 준전문가', '일반사무 관련 종사자', '조리 및 음식 서비스 종사자', '도소매 판매 종사자', '서비스 관련 단순노무 종사자' 등이다. '경영 및 재정 준전문가'는 '일반사무 관련 종사자'로 직업을 이동하는 경우가 많고, '일반사무 관련 종사자'는 '도소매 판매 종사자', '경영 및 재정 준전문가', '조리 및 음식 서비스 종사자'로 직업을 전환하는 경우가 많다. 50대의 경우 직업이동이 활발한 직업은 '대인 서비스 관련 종사자', '조리 및 음식 서비스 종사자', '도소매 판매 종사자', '서비스 관련 단순노무 종사자' 등이다. 40대에서 직업이동이 활발했던 '경영 및 재정 준전문가'와 '일반사무 관련 종사자'는 빠졌다. 60대의 경우 직업이동과 직업이동 직업군 자체가 크게 줄어든 모습이다. 대체로 '조리 및 음식 서비스 종사자', '추출 및 건설 기능 종사자', '운전원 및 관련 종사자', '서비스 관련 단순노무 종사자'가 직업이동이 비교적 많은 편으로 나타났다.

다. 중장년층 직업이동의 질적 접근

한국고용정보원은 베이비부머의 주된 일자리 퇴직 후 경력경로 및 경력 발달 이해를 위한 질적 종단 연구를 질적 패널 자료를 통하여 실시하고 있는데, 베이비부머의 경력경로와 퇴직과정에서 나타나는 다양한 삶의 맥락적 의미를 심층적으로 파악하는데 목적이 있다. 이와 같은 질적 패널 자료를 활용하여 2020년에 실시한 연구 결과(김은석 외, 2020)를 보면, 중장년층의 경제적 여건과 건강은 주된 일자리 퇴직 후 삶의 만족과 관련하여 매우 중요한 전제 조건이자 필수 요건에 해당하는 것으로 나타났다. 또한 퇴직한 중장년층은 새로운 일자리를 찾는 과정에서 매우 어려움을 겪었는데, 새로 하게 되는 일에 대하여 의미를 부여하고, 그 과정에서 주된 일자리 퇴직 후 손상된 자신의 존재감을 다시 회복해 나가는 과정을 통해 삶에 대한 만족감을 높여나가고 있음을 확인할 수 있다. 또한 직업뿐만 아니라 비직업적 활동(취미, 봉사, 여가 등) 영역으로 삶의 중심을 점차 이동하고 있는 양상이 나타났다.

3. 중장년층 대상 서비스

가. 중장년층 대상 사업

2017년에 들어서자 2000년 고령화사회 도달 후 17년 만에 고령사회로 진입하여 세계에서 유례없이 빠른 고령화가 진행되었고, 생산인구 감소와 중고령층의 규모 및 비중도 급격하게 증가하였다. 또한 1955년~1963년에 태어난 베이비붐 세대들이 본격적인 은퇴시기에 접어들면서 개인의 은퇴 후 삶의 문제뿐만 아니라, 취업자 규모 등 노동시장에 큰 영향을 미칠 수 있는 세대로 인식되어 이에 대한 대책 마련이 필요하게 되었다.

〈표 4-3〉 중장년층 대상 사업

<table>
<tr><th>분류</th><th colspan="2">세부사업</th></tr>
<tr><td rowspan="2">직접일자리</td><td rowspan="2">신중년사회공헌활동지원</td><td>사회공헌활동지원사업</td></tr>
<tr><td>신중년 경력활용 일자리</td></tr>
<tr><td rowspan="2">직업훈련</td><td colspan="2">신중년특화과정</td></tr>
<tr><td colspan="2">전직 실업자훈련</td></tr>
<tr><td rowspan="3">고용서비스</td><td colspan="2">취업성공패키지</td></tr>
<tr><td rowspan="2">중장년 취업지원</td><td>고령자인재은행</td></tr>
<tr><td>중장년일자리희망센터</td></tr>
<tr><td>고용장려금</td><td colspan="2">장년고용지원금</td></tr>
</table>

자료: 고용노동부, (2018), '2019년 직접일자리사업 중앙부처-자치단체 합동지침'내용 정리

이러한 대책의 일환으로 2017년에 정부는 「신중년 인생 3모작 기반 구축 계획」 및 「제3차 고령자 고용촉진 기본계획」 등을 통하여 5060 신중년[24]을 위한 일자리 제공, 직업훈련, 고용서비스, 창업지원 등 고용지원 사업을 다음과 같이 마련하였다.

현재 이루어지는 고용관련 중장년층 대상 사업은 '고령사회에 대응한 신중년 고용안정과 재취업 지원'으로 요약할 수 있으며, 크게 재직근로자의 고용안정, 재취업, 퇴직 후 사회공헌 및 일자리 지원으로 구분이 된다. 또한 「고용상 연령차별금지 및 고령자고용촉진에 관한 법률」 제21조의3 등에 따라 피보험자 1,000인 이상 사업주는 50대 이상의 비자발적 이직예정자에게 재취업지원서비스(진로설계, 취업알선, 재취업 또는 창업에 관한 교육)를 의무적으로 제공하여야 한다.

24 신중년은 2017년 「신중년 인생 3모작 기반 구축 계획」에서 처음 사용된 용어로 '고령자'나 '노인'을 대신하여 활력 있는 생활인이라는 긍정적인 의미를 담고 있다고 한다.

나. 중장년층 대상 고용서비스 및 생애설계 지원

중장년층의 이전직을 지원하는 차원에서 이루어지는 서비스를 살펴보면, 첫 번째로 '중장년일자리희망센터'가 있다. 주된 일자리에서 퇴직(예정)하는 40세 이상 중장년층에게 생애설계, 재취업 및 창업, 사회참여 기회 등 고용지원서비스를 제공하여 중장년층의 고용안정 및 취업촉진을 도모하는 것이다. 구체적으로 생애경력설계로 경력점검, 미래설계 등을 통하여 체계적 재취업 활동과 적극적인 경력관리를 지원하는데, 특별히 만 50세 이상 신중년을 대상으로 생애경력설계를 토대로 재취업·창업·귀농귀촌·사회공헌 등 유형별·단계별 맞춤형 고용지원서비스로 '신중년 인생 3모작 패키지'를 제공한다. 재직자에게는 1:1 상담, 심리안정·변화관리 등 전직교육, 역량진단, 취·창업 정보 제공 등 전직 또는 경력개발을 위한 컨설팅을 제공한다. 구직자에게는 1:1상담, 취업알선, 재취업지원교육, 취·창업 정보 제공, 동아리 운영 등 재취업지원서비스를 제공하는데, 신중년 적합직무 고용장려금 제도와 연계하여 양질의 일자리 발굴 및 취업알선을 지원하고자 한다. '중장년일자리희망센터'는 2021년 기준 전국적으로 32개가 설치되어 있다.

구체적으로 생애경력설계서비스는 2015년부터 추진되었으며, 재직자에게는 연령별 프로그램을 통해 중장년 경력자산 발견 및 생애경력설계를 지

〈표 4-4〉 '중장년일자리희망센터' 운영 민간기관

노사발전재단 서울센터, 노사발전재단 금융센터, 노사발전재단 서부센터, (사)한국경영혁신중소기업협회, 전경련 중소기업협력센터, 노사발전재단 인천센터, 경기동부상공회의소, 고양상공회의소, 파주상공회의소, 노사발전재단 경기센터, 안산상공회의소, 평택상공회의소, 노사발전재단 강원센터, 노사발전재단 부산센터, 부산경영자총협회, 경남경영자총협회, 노사발전재단 울산센터, 울산양산경영자총협회, (사)한국커리어, 노사발전재단 대구센터, 경북동부경영자협회, 경북경영자총협회, 광주경영자총협회, 노사발전재단 광주센터, 노사발전재단 전북센터, 목포상공회의소, 전남경영자총협회, 노사발전재단 충청센터, 대전경영자총협회, 충북경영자총협회, 충남북부상공회의소, 노사발전재단 제주센터

〈표 4-5〉 생애경력설계 프로그램

프로그램		기초과정		심화과정		선택과정
재직자	연령대	3h	3h	3h	3h	2~3h
	40대 경력전성	경력관리	변화관리	평판 및 네크워킹 관리	성과관리	건강, 재무, 여가, 관계 등
	50대 경력확장	나의생애 조망하기	직업역량 도출하기	경력대안 개발하기	평생경력계획 수립하기	건강, 재무, 여가, 관계 등
	60대 경력공유	능동적인 인생을 위한 숨고르기	삶의 가치 발견하기	삶의 균형 잡기	100세 인생 준비를 위한 뛰어들기	건강, 재무, 여가, 관계 등
구직자 인생 들여다보기		1.5~5h	1.5~6h	1.5~3h	1.5~6h	2~3h
		인생 되돌아보기	제 2인생 계획하기	제 2인생 실행하기	건강, 재무, 여가, 관계 등	

자료: 고용노동부 홈페이지 정리

원하고, 구직자에게는 중장년 노동시장에 대한 이해를 통해 재취업, 창업 등 다양한 진로를 모색하고 경력 설계를 지원한다. 이때 워크넷 자가진단서비스를 통한 경력개발 준비 지원이 이루어진다.

두 번째로 '고령자인재은행'으로 만 50세 이상 구직자를 대상으로 하여 민간의 무료직업소개사업을 수행하는 비영리법인 또는 공익단체를 고령자인재은행으로 지정하여 고령자 고용안정 및 인력수급 활성화를 도모하는 것이다. 구체적으로 고령자에 대한 구인·구직등록, 직업지도 및 취업알선,

〈표 4-6〉 '고령자인재은행' 운영 민간기관

서울중부여성발전센터, 서울서부여성발전센터, 북부종합사회복지관, 생명의전화종합사회복지관, 서울북부여성발전센터, 동작종합사회복지관, 의정부YWCA, 남양주YWCA, 수원 YWCA, 평택YWCA, 춘천YWCA, 속초YWCA, 강릉YWCA, 원주YWCA, 부산진여성인력개발센터, 동래여성인력개발센터, 해운대여성인력개발센터, 실버벨노인종합복지관, (사)경남고용복지센터, 울산YWCA, 양산YWCA, 진주YWCA, 대구달서여성인력개발센터, 포항YWCA, 한국산업단지공단 대경권본부, 영주시종합사회복지관, 안동YMCA, 광주YWCA, 노동실업광주센터, 전주YWCA, 원광효도마을 시니어클럽, 익산YWCA, 군산노인종합복지관, 목포YWCA, 순천YWCA, 여수YWCA, 세종YWCA, 천안YWCA, 충주YWCA, 제천YWCA, 제주YWCA, 서귀포YWCA

취업희망 고령자의 직업상담 및 정년퇴직자의 재취업상담, 구직등록자 중 취업능력을 제고할 필요가 있는 사람에 대해 일정기간(50시간 이상) 취업의욕 고취 및 직무능력향상교육을 실시한다. 고령자인재은행은 2021년 기준 42개소가 설치되어 있다.

다. 중장년층 특화 직업교육훈련 사례

현재 중장년층을 대상으로 대표적으로 실시되는 직업교육훈련은 폴리텍대학의 중장년재취업훈련과정이다. 중장년층을 대상으로 은퇴 후 제2의 인생을 시작할 수 있도록 직업역량을 강화하는 직업훈련으로 자격증 취득 및 재취업을 지원하는 과정이다.

대상은 만 40~65세 이하 중장년층으로 고용보험 미가입자, 영세사업자 등이다. 주요 훈련직종은 뿌리산업·서비스분야 등(전기설비, 특수용접, CNC가공, 공동주택설비전문가, 건축인테리어, 기계정비 등)이며, 3개월(240시간 이상)~6개월(480시간), 주 5일, 일 4~6시간 수업으로 이루어지고 있다.

다음으로 폴리텍대학의 신중년특화과정이 있다. 이 과정은 창업과 선식을 위한 교육훈련제공으로 인생 이모작 설계 및 안정적 노후생활 준비를 지

〈표 4-7〉 '중장년재취업훈련과정' 개요

구분	내용
훈련기간	3개월~6개월 과정
입학자격	만 40세~65세 이하 실업자, 영세자영업자
전형방법	면접
훈련생 특전	• 교육훈련비 전액 국비지원(교육훈련비, 실습비, 식비 등) • 훈련수당 지급(매월 출석률 80% 이상자), 교통비 5만원(통학생 한함) • 추가장려금 최대 6만6천원/월 지급 (단, 추가장려금 지급대상자 중 기초생활수급자, 차상위계층, 한부모자녀, 장애인, 국가보훈대상자는 20만원을 지급)

자료: 폴리텍대학 홈페이지

〈표 4-8〉 '중장년재취업훈련과정' 2021년 개설 현황

캠퍼스	구분	
	과정	모집정원(명)
강릉	• 전기내선공사	20
	• 공조냉동기계	20
광주	• 전기설비실무	20
구미	• 설비보존유지보수	24
남인천	• 지게차운전관리	24
대구	• 무자본 플라워샵 창업	20
대전	• 전기제어실무	20
부산	• 가죽공예&디지털공방(온라인 기초창업)	20
서울 정수	• 전기설비시공관리	20
성남	• 공조냉동 및 시스템 에어컨	20
	• 전기내선공사	20
	• 기계설비 자동화	20
아산	• 공동주택설비전문가과정(승강기)	24
익산	• 특수용접	20
인천	• 전기설비 시공 및 관리	24
진주	• 내선공사	20
창원	• CNC가공	24
	• 차량정비 및 지게차운전정비	24
청주	• 공동주택 및 기업체시설(기전)주임	20
포항	• 노인장기요양실무자과정	20
항공캠퍼스	• 항공기 기체조립	24
화성	• 전기설비실무	22

자료: 2021년 4월 6일 기준 폴리텍의 모집공고문을 바탕으로 작성

원하는 것으로 되어 있다.

2018년에 300명에 대하여 최초 실시한 이후에 매년 200명씩 증원하고 있으며, 당초 대상을 50세 이상으로 기획하였으나 2020년 하반기부터 연령 기준 완화(만 40세 이상)가 이루어졌다.

〈표 4-9〉 신중년특화과정 개요

구분	내용
훈련직종	• 신중년 친화 직종 기준 * 공조냉동, 전기, 용접, 자동차, 시니어 헬스케어, 패션제품생산 등
훈련대상	• 만 40세 이상 실업자, 전직 예정자, 영세 자영업자
훈련인원	• 900명
훈련기간	• 6개월(480시간 이상)
훈련수당	• 훈련수당 6.6만 원, 교통비 5만 원 지급(80% 이상 출석 시)

자료: 폴리텍대학 홈페이지

라. 디지털 관련 교육훈련 사례

2020년부터 코로나19의 확산으로 사회·경제 전반의 구조적 변화가 나타나고 있다. 비대면 온라인 수요가 급격히 확대되어 전자 상거래 및 배달 서비스가 오프라인 소비를 대체하고, 사이버교육, 스마트워크, 재택근무 등 전 분야의 디지털화가 촉진되고 있다. 이러한 변화는 전통 서비스업 및 중소 제조업체 등 디지털 기반이 취약한 기업에 충격이 집중되는 반면, 온라인 플랫폼 기업들은 오히려 매출이 증가하는 현상으로 나타나고 있다. 지난 수십 년간 아날로그에서 디지털 환경으로의 변화가 서서히 진전되고 있었으나, 코로나19가 이러한 변화를 앞당겨 놓은 것이다.

디지털 경제로의 전환으로 신기술·신산업 일자리 창출과 함께, 플랫폼 노동, 원격근무 확대 등 다양화된 일자리 형태의 등장이 예상되나, 이와 함께 저숙련 노동수요 감소, 일자리 미스매치 등도 진행된다. 이로 인해 양극화, 실업과 이·전직 등에 대한 부담 또한 확대되고 있다. 요컨대 비대면 수요가 단기간에 급증하면서 디지털 경제 전환이 가속화되었으며, 디지털 경제로의 전환 속도가 국가 및 기업 경쟁력을 좌우하는 시대를 맞이하게 된 것이다. 마이크로소프트 최고경영자인 사티아 나델라가 언급하였듯이 “2년

간 일어날 디지털 변화를 코로나19로 2개월 만에 경험"한 세계 각국은 국가 경쟁력 제고 및 위기 극복을 위한 디지털 기반 투자를 확대하고 있다.

우리나라에서도 디지털 기반 투자를 뒷받침할 우수 인재 양성이 핵심인 바, 이를 위한 투자가 확대되고 있다. 특히, 구직 청년과 경력단절·실직 등 일자리 문제를 겪고 있는 계층에게 디지털 전환을 위한 양질의 직업훈련을 제공하여 핵심 실무인재를 양성하고, 디지털 시대 적응력을 높여 노동시장에 진입하도록 촉진하는 것이 필수적이다. 이에 새로운 훈련방식(기업과 연계한 현장맞춤 훈련, 플랫폼 기반 훈련, 프로젝트 기반 학습, 개인맞춤형 훈련, 자기주도적 문제해결 등)을 활용하여 디지털 신기술 분야 실무 핵심 인력을 양성하기 위해 '디지털 핵심 실무인재 양성사업(K-Digital 훈련)'이 실시되고 있다. 그러나 이러한 계획의 대부분이 청년을 핵심 실무인재로 육성하는 데 초점을 두고 있다는 한계가 있다.

4. 기업의 중장년층 대상 서비스 사례

가. 기업의 관련 역량[25]

우리나라의 기업과 근로자들은 이른바 4차 산업혁명 시대를 대비함에 있어 혁신에 대한 준비를 잘하지 못하는 것으로 나타나고 있다[26]. 국내 중소기업의 '디지털화' 역량이 OECD 주요국 중 최하위 수준(조선비즈, 2019. 3. 3.)이라는 보도[27] 등은 이와 같은 사실을 여실히 드러내고 있다. 특히 4차

25 고혜원 외, (2020)의 내용을 요약하였다.

26 델테크놀로지스가 기업들의 디지털 혁신 현황을 조사한 '디지털 트랜스포메이션 인덱스(Digital Transformation Index)'보고서에 따르면, 국내 기업들이 아직까지 디지털 혁신을 시작하지 않은 비중이 전 세계 평균보다 높고, 미래에 대한 자신감도 크게 떨어지는 것으로 나타났다(이광재, 2019). 또한, 국내 기업 71%는 직원 중 절반 이하만 디지털 역량을 갖춘 것으로 나타나 디지털 역량 강화가 급선무라고 지적하고 있다(임영신 · 이용익, 2020).

27 한동희, (2019), "중기연 "韓 중기 디지털 역량 OECD 최하위…독일 참고해야", 조선비즈, (2019.3.3.)

산업혁명은 ICT와 결합하여 직업 내 변화 속도를 매우 빠르게 할 것이기 때문에 이를 대비하기 위한 개인의 노력 외에도 정책적 지원을 필요로 한다. OECD(2019)에서는 디지털 기술이 생산성의 향상과 복지를 이끌 수도 있지만 불평등을 증가시킬 수도 있으므로 국가가 전체 인구의 직업 역량을 향상함으로써 신기술이 모두에게 좋은 혜택이 될 수 있도록, 종합적이고 협력적으로 정책 개입을 하는 것이 요구된다고 밝히고 있다[28].

여기에 더해 최근 코로나 바이러스로 인한 비대면이 일상화되면서 변화가 더욱 가속화되고 있는 양상이다. 그간 기술이 개발되어 있었지만 제한적 활용에 그쳤던 재택근무, 원격수업, 화상회의가 국가적으로나 세계적으로 일거에 도입되어 그 편리함과 장점에 대한 경험이 이루어졌기에 전통적인 근무와 교육을 보완하는 방식으로 지속적으로 활용될 것으로 예상(서덕록, 2020)할 수 있다. 또한, 코로나 바이러스가 가져오는 사회 변화 중 우리를 어렵게 만드는 변화를 극복할 수 있는 방안으로서 직업교육훈련은 중요한 도구가 될 수 있다. 그 밖에도 미래를 대비하면서 산업구조와 산업 경쟁력을 강화하고, 산업구조 고도화를 지원하는 직업교육훈련이 되도록 정책을 추진하는 것도 중요한 이슈 중 하나이다.

나. 기업의 관련 직업교육훈련 현황

기업이 실시하는 '4차 산업혁명'관련 직업교육훈련 현황을 검토하기 위하여, 재직자훈련에 대한 HRD–Net DB(정부지원 직업능력개발사업 실시에 대한 행정 DB)의 2013~2017년 기간 중 모든 재직자 훈련과정을 분석한 결과(김철희 외, 2019)를 살펴보았다.

4차 산업혁명 관련 21개 키워드(스마트제조, 사물인터넷, 빅데이터, 정

28 OECD, (2019), OECE Skills Outlook 2019: Thriving in a Digital World, OECD Publishing, OECD웹사이트, 2019년 OECD 직업역량 전망: 디지털 세계에서 성공하기, 한국어 개요에서 재인용.

보보안, 바이오, 핀테크, 무인이동체, 실감형콘텐츠, 스마트팜, 에너지신산업, 스마트시티, 미래자동차, 3D 프린트, 인공지능, 웨어러블 디바이스, 로봇, 4차산업, 자동제어, 클라우드, 융복합, 정보기술)가 포함되어 있는 직업교육훈련과정을 분석하였다.

분야별로는 미래자동차가 전 기간에 걸쳐 가장 많은 훈련과정으로 개설되어, 전 기간 누적 27,762개의 훈련과정이 개설되었고, 빅데이터는 2013년 상반기 715개에서 2017년 하반기 1,585개까지 개설 훈련과정 수가 지속적으로 증가하여 누적 10,394개의 훈련과정이 개설되었다.

훈련 실시인원은 반기 평균 14.7만 명 수준으로, 전체 훈련 실시인원 중 3.74%를 차지하였으며, 전체 실시인원 중 차지하는 비율은 2013년 상반기

〈표 4-10〉 분야별 개설 훈련과정 수

(단위: 개)

분야 키워드	2013. 1/2	2013. 2/2	2014. 1/2	2014. 2/2	2015. 1/2	2015. 2/2	2016. 1/2	2016. 2/2	2017. 1/2	2017. 2/2	누적
3D 프린트	747	656	685	737	727	678	618	514	449	417	6,228
4차 산업	65	76	70	71	31	36	53	37	86	474	999
로봇	63	65	43	53	83	109	119	108	129	152	924
미래자동차	3,691	3,208	3,636	2,918	2,269	2,369	2,515	2,333	2,317	2,506	27,762
빅데이터	715	662	763	1,013	859	1,006	1,228	1,246	1,317	1,585	10,394
스마트제조	648	553	542	521	400	388	294	329	308	346	4,329
실감형콘텐츠	626	631	591	579	492	565	533	405	481	513	5,416
인공지능	199	174	122	138	107	105	121	112	163	274	1,515
정보보안	163	212	206	306	199	202	240	286	306	697	2,817
클라우드	107	167	165	190	183	169	181	190	125	161	1,638
사물인터넷	0	0	0	41	58	105	169	180	242	272	1,067
핀테크	0	0	0	0	0	32	92	104	106	94	428
기타	87	81	78	166	178	129	119	137	138	125	1,238

주: 기타는 무인이동체, 바이오, 바이오헬스, 자동제어, 융복합, 정보기술, 웨어러블디바이스, 스마트시티, 에너지신산업을 포함

자료: 김철희 외, (2019)

〈표 4-11〉 분야별 실시인원

(단위: 명)

분야 키워드	2013. 1/2	2013. 2/2	2014. 1/2	2014. 2/2	2015. 1/2	2015. 2/2	2016. 1/2	2016. 2/2	2017. 1/2	2017. 2/2	누적
3D 프린트	7,300	6,762	6,202	6,921	9,133	8,578	8,939	7,578	8,015	6,841	76,269
4차 산업	2,365	3,383	2,122	3,144	1,418	1,574	1,912	1,511	2,775	17,656	37,860
로봇	1,510	1,528	1,253	1,741	1,292	1,603	1,797	1,843	2,698	2,930	18,195
미래자동차	62,714	55,655	62,427	54,309	49,219	67,218	70,762	55,557	52,337	50,958	581,156
빅데이터	10,336	9,346	11,765	15,361	14,499	15,075	17,550	18,851	20,491	24,201	157,475
스마트제조	6,457	6,234	6,895	6,234	5,719	7,498	5,416	5,835	5,759	5,931	61,978
실감형콘텐츠	14,744	15,635	12,994	8,830	7,457	8,868	11,294	4,817	13,760	13,963	112,362
인공지능	4,577	3,263	3,510	2,241	2,101	1,688	2,554	1,888	3,502	7,860	33,184
정보보안	3,215	4,833	4,902	39,028	13,629	30,908	28,291	36,462	42,687	112,201	316,156
클라우드	3,560	4,798	3,198	3,191	3,313	2,971	3,182	3,652	2,442	3,583	33,890
사물인터넷	0	0	0	1,204	1,749	1,968	4,235	3,353	4,598	3,516	20,623
핀테크	0	0	0	0	0	980	1,984	857	1,496	720	6,037
기타	1,213	1,086	1,310	1,902	2,731	3,338	4,823	3,793	5,158	3,996	29,350

주: 기타는 무인이동체, 바이오, 바이오헬스, 자동제어, 융복합, 정보기술, 웨어러블디바이스, 스마트시티, 에너지신산업을 포함

자료: 김철희 외. (2019)

2.79%에서 2017년 하반기 4.69%까지 상승하였다. 분야별로는 미래자동차가 전 기간에 걸쳐 가장 많은 인원에게 실시되어, 전 기간 누적 581,156명이 참여하였고, 정보보안은 2013년 상반기 3,215명에서 2017년 하반기 112,201명까지 실시인원 수가 큰 폭으로 증가하여 누적 316,156명으로 나타났다.

훈련 실시인원 중 중소기업 근로자는 2013년 상반기 70,858명에서 2017년 상반기 136,312명까지 증가하고, 대기업(상시근로자 300인 이상의 사업체를 의미) 근로자는 2013년 상반기 47,133명에서 2017년 상반기 117,324명까지 증가하였다. 4차 산업혁명 분야 훈련에서 중소기업 근로자가 차지하는 비율은 2013~2014년 기간 54~60% 수준이었으나, 2015년 이

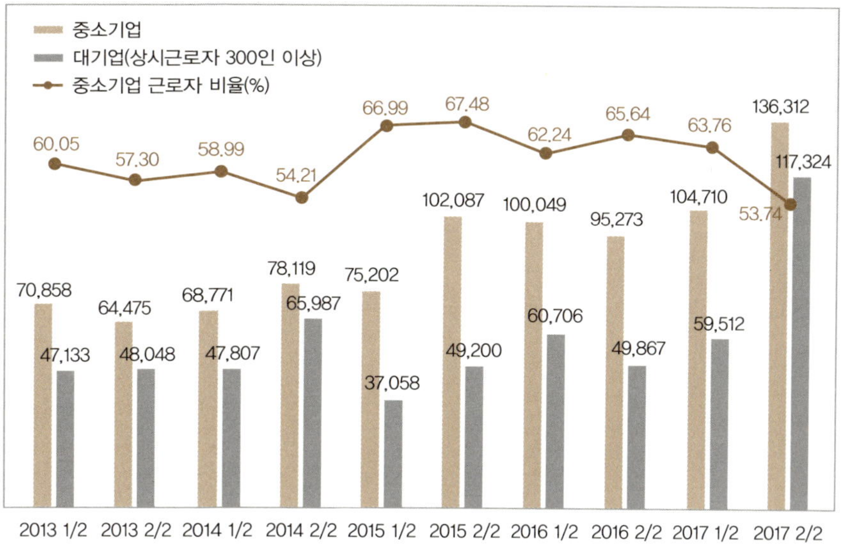

[그림 4-6] 4차 산업혁명 관련 훈련의 사업체 규모별 실시인원

자료: 김철희 외, (2019)

후 2017년 상반기를 제외하면, 62~67% 수준까지 상승하였다. 4차 산업혁명 분야가 아닌 훈련 실시 인원 중에서 중소기업 근로자가 차지하는 비율이 2015년 이후 기간에서 60%에 미치지 못하는 사실에 비추어 보면, 4차 산업혁명 분야 훈련에 대한 중소기업 근로자의 참여 유인이 대기업 근로자의 참여 유인보다 큰 것으로 추론할 수 있다.

특히 4차 산업혁명 관련 훈련의 실시인원은 2015년 상반기~2015년 하반기 구간, 2017년 상반기~2017년 하반기 구간에서 크게 증가하였는데, 2015년 실시인원의 증가를 사업체 규모별로 살펴보면, 대부분의 규모에서 40%를 상회하는 실시인원 증가율을 보이지만, 10인 미만, 300~999인 규모에서는 각각 6.4%, 3.4% 증가율에 그쳤다. 2017년 실시인원의 증가를 사업체 규모별로 살펴보면, 마찬가지로 대부분 규모에서 큰 폭의 실시인원 증

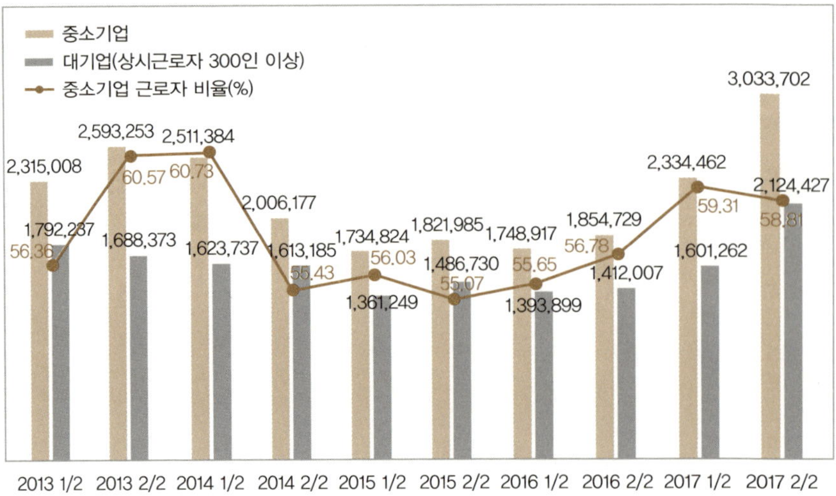

[그림 4-7] 비 4차 산업혁명 관련 훈련의 사업체 규모별 실시인원

자료: 김철희 외, (2019)

가율을 보이지만, 10인 미만 규모에서는 오히려 실시인원이 8.6% 감소하였다. 즉 4차 산업혁명 관련 분야 훈련에 대한 관심 증가 또는 공급의 증가

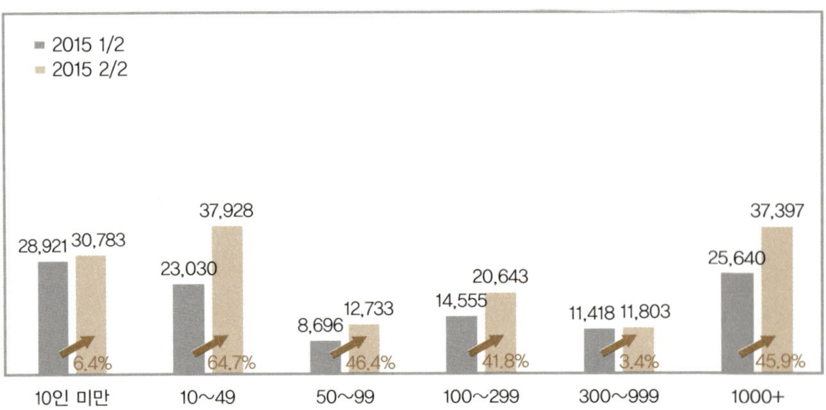

[그림 4-8] 사업체 규모별 4차 산업혁명 관련 훈련 실시인원 증가(2015년)

자료: 김철희 외, (2019)

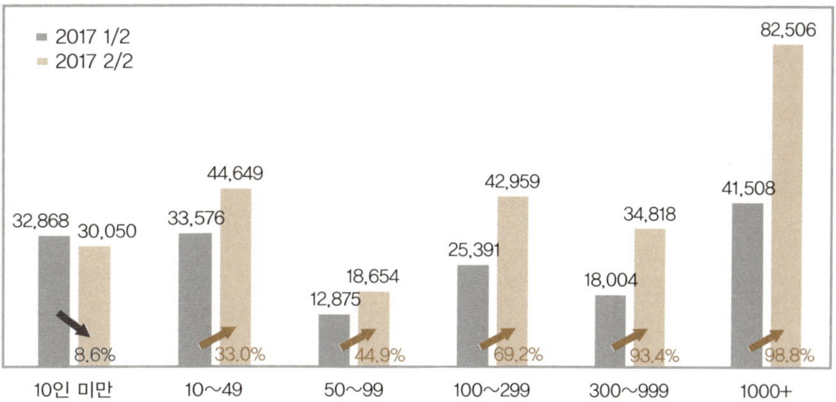

[그림 4-9] 사업체 규모별 4차 산업혁명 관련 훈련 실시인원 증가(2017년)
자료: 김철희 외, (2019)

로 인한 실시인원의 급격한 증가에도 10인 미만의 영세사업장 근로자는 반응하지 않는 특성을 보이고 있다. 이와 같은 영세사업장의 특성은 중소기업 근로자의 직무전환 및 직무능력 유지를 위한 4차 산업혁명 관련 직업훈련 기회를 확대하는 정책을 설계할 때 영세사업장의 근로자가 수혜대상에서 벗어나지 않도록 설계가 요구됨을 함의한다.

다. 관련 지원 사업

2019년 신기술분야 재직근로자에 대한 직업훈련 방안이 발표된 바 있다(일자리위원회·관계부처합동, 2019). 주요한 내용은 기술의 발전으로 지식·정보의 유통기한이 단축되고 있는 상황에서 중장년 재직자의 일자리 유지를 위해서는 기존 직무의 디지털화, 신기술 접목 등에 대한 재교육훈련이 매우 중요하기 때문에 연 270만 명의 재직자에게 지원하고 있는 직무역량 향상 훈련을 신기술직종 중심으로 개편하여 2020년까지 15%로 확대하겠다는 것이었다(신기술분야 훈련비중, 2018년 3.6% 기준).

이를 위하여 첫째, 중소기업의 재직자 대상 훈련을 실시하는 공동훈련을 신기술직종 훈련 중심으로 개편하는 내용이 포함되었다. 사무분야 등은 성과평가를 거쳐 훈련비 지원을 축소하고, 바이오, 핀테크 등 신기술직종 훈련은 훈련비 및 인프라 지원을 우대한다는 것이었다. 또한 소속 재직자를 대상으로 고숙련·신기술직종 훈련을 실시하는 사업주에게는 훈련비를 최대 3배까지 우대 지원하는 것이다. 둘째, 중소기업의 신기술분야 훈련참여를 촉진하기 위하여 중소기업 대상 훈련정보 제공 및 훈련계획 수립 등을 지원하고, 보다 체계적인 현장훈련 필요시 프로그램 개발 및 기업현장교수 육성 등 맞춤형 현장훈련(S-OJT) 설계를 지원하는 것을 포함하였다.

5. 향후 개선 방안

가. 개인 지원

중장년층의 이·전직과 관련하여 직업이동의 경로는 크게 3가지로 구분(이수정 외, 2019)할 수 있으며, 이러한 중장년층의 직업이동 경로를 감안한 지원이 필요하다.

첫째, 직업교육훈련을 통한 역량 강화를 통하여 현재의 직장에서 계속 근무하다가 퇴직할 수 있도록 지원하는 것이다. 중장년층은 급변하는 사회변화에 대한 불안감을 가지고 있어 직업이동이 필요하다는 인식은 높으나, 실제로 이들이 직업이동을 할 만한 여지는 많지 않다. 특히, 50대 이상의 중장년층의 경우에는 현재의 직장보다 낮은 직위로 이동을 할 가능성이 높기 때문에 직업이동을 생각하기 전에 스스로의 역량을 향상시켜서 현재의 직장에서 필요로 하는 인재로 성장하여 퇴직까지 살아남는 것이 중요하다. 이런 점에서 디지털화에 대비한 재직근로자에 대한 직업교육훈련이 무엇보다도 중요하다.

둘째, 직업이동에 성공하기를 지원하는 것이다. 중장년층들이 단순한 자기진단 혹은 진단 없이 주어지는 직업교육훈련 프로그램에 참여하기 때문에 직업이동으로 이어지지 못하는 경우가 많은데, 이 프로세스를 바꿀 필요가 있다. 개인들이 무작정 직업교육훈련 프로그램을 찾아보고 다른 사람이 하는 것이기 때문에 참여하기보다는 첫 단계로 자신의 직무능력과 직무 선호도에 대한 꼼꼼한 진단을 토대로 자기능력을 알아보는 기회를 갖는 것이 중요하다. 그 다음 단계로는 재취업이나 창업이 가능한 취업처를 먼저 알아보고 그 취업처에서 요구하는 능력을 갖추기 위한 직업교육훈련에 참여한다면 고용 연계가 보다 용이해질 것이다.

셋째, 직업교육훈련의 다양성과 현장 맞춤형 실무교육으로 직업교육훈련과 고용의 연계성 강화 지원이다. 중장년층의 직업이동은 실업 상태에서 고용으로 연계되기보다는 고용 상태에서 고용으로 연계되는 것이 보다 바람직하고 이를 위해서는 현 직장에서 근무하는 동안 직업교육훈련에 참여해야 하는데, 그럴 수 있는 여건을 갖추기가 어렵다. 따라서 고용상태에 있는 중장년층을 위한 주말반이나 야간반 직업교육훈련 프로그램을 활성화시키고, 무엇보다 바로 고용 연계가 될 수 있는 현장 맞춤형 실무교육을 제공할 필요가 있다.

이상의 세 가지 지원방안에서도 강조되었듯이 기술구조 변화 등에 대응한 일자리의 변화 속에서, 전 국민이 미래를 대비하는 다양하면서도 적절한 직업능력을 향상할 수 있도록 생애에 걸친 평생직업교육훈련 지원이 필요하다. 특히, 디지털화 등에서 소외될 수 있는 중소 전통산업 종사 중장년층에 대한 직업교육훈련 지원이 무엇보다도 절실하다. 앞서 살펴본 바와 같이 디지털화에 대비하는 직업교육훈련이 주로 청년층에 초점을 맞추고 있기 때문이다.

디지털화로 인한 직무전환이나 부가적 역량 향상이 필요한 근로자와 사업체를 연계하여 지원하고, 실제 디지털화로 인한 고용조정 및 직무전환의 수요가 발생하는 산업 및 사업체, 근로자를 대상으로 기존의 일터혁신사업 및 관련 직업교육훈련 사업들도 연계하여 지원할 필요가 있다.

중장년층이 근무하는 중소 제조업 현장에서도 근로자들에 대한 교육훈련은 매우 필요하다. 예를 들어, 제조실행시스템(MES)이 돌아가게 하려면 현장 작업자들이 정보를 바로바로 입력을 해줘야 한다. 작업자들이 실시간으로 입력을 해 주지 않으면 실시간으로 정보가 들어오지 않기 때문에 시스템이 작동하지 않는다. 이러한 부분의 교육훈련을 활성화시키면서 제조업 부문 근로자의 저숙련 일자리 이동을 방지하고, 필요한 분야의 이직과 전직을 위한 직업교육훈련과 맞춤형 사업을 마련할 필요가 있다.

나. 기업 지원

기업의 혁신성장 전략에 맞는 사람에 대한 투자 전략이 미흡한 편이다. 코로나19 이후 대면 산업에서 비대면 산업으로의 구조 전환이 전망되고 AI 활용 정보산입 활성화가 전망되는 가운데, 디지털화는 한국 경제의 혁신성장 동력으로 작동할 전망이다. 비대면 서비스산업 활성화에 따른 대면 산업의 구축효과 또는 대체효과가 구체적으로 전망되지 않은 상황에서 코로나 위기 이후 새로운 고용위기가 올지 알 수 없고 40대 이상 일자리 위기 근로자의 이직과 전직을 위한 대응책도 구체적으로 보이지 않고 있다. 더 나아가서 디지털화 및 혁신성장 대비 중장기 인력양성 대책이 수립되지 않아 새로운 성장 국면에서 인력수급 대책도 미비한 측면이 보인다. '산업에 대한 투자'는 있으나 '사람에 대한 투자'가 없어 혁신성장을 주도할 세력 또는 세대도 구체화하지 않아 지난 시기 정책과 차별성도 낮다고 본다.

디지털화를 기반으로 한 신산업을 육성함에 있어 사실상 신산업 육성의 주 참여자는 일반 전통적인 기업들이다. 기존 기업들이 일터에서 활발히 디지털 기술을 도입, 활용하여 업무 방식의 변화, 생산성 향상을 이루어 내야 신산업의 성장이 가능하고, 경제 성장의 건강한 생태계가 조성될 수 있다. 따라서 정책을 통하여 작업 관행의 개선과 생산성 향상에 필요한 물적·인적 인프라 확충에 대규모의 투자가 이루어질 때 현장에서는 이를 활용하여 산업구조를 재편하고 일터 혁신을 이루어 낼 수 있다. 더욱이 혁신 기술로 3D 업종 일터의 3D를 해소하여 청년 눈높이에 부합하는 일자리로도 만들어 낼 수도 있을 것이다.

전문가들은 우리나라 중소기업의 생존과 성장은 기술혁신 역량의 부족이 아니며, 오히려 제품화나 사업화와 관련된 조직역량의 부족이라고 지적한다. 예를 들어 ICT 기업의 경우 기술적 숙련요건(technical skills, 프로그램 언어, 툴, 서버, 네트워크, 클라우드 및 플랫폼 기술과 구조 등)뿐만 아니라 사회적 숙련 등 비기술적 숙련(외국어, 프로젝트 관리, 조직적 숙련, 팀워크/소통, 작업에 대한 시스템적 접근 능력, 그리고 시장 환경 및 고객 기반/수요에 대한 집중 능력 등)이 중요해지고 있다.

그러나 현재 우리나라 직업교육훈련은 주로 직무역량 강화에만 중심을 두고 있다. 따라서 향후 작업과정 변화와 조직수준의 역량개발이라는 관점에서, 최소한 중소기업에서라도 재직자의 숙련개발이 직무와 관련성을 뛰어넘어 다양한 분야와 융합하거나 적용해 보는 교육훈련을 지원하는 방향으로 변화할 필요가 있다. 이런 지원이 있을 경우에 전통적인 중소기업들은 인력과 업무 절차를 기계의 능력에 맞도록 하는 디지털 전환을 이루어 나갈 것이다. 새로운 비즈니스 모델을 창출할 수 있는 상품과 자산, 그리고 고객을 이미 보유하고 있는 전통기업이 현재의 위기를 기회로 삼을 수 있도록 직무와 조직역량을 동시에 지원할 필요가 있다.

또한 향후 정부가 지원하는 사업주훈련의 경우 개별 근로자의 역량을 고립적으로 개발하는 것이 아니라, 기업에 속한 모든 근로자의 역량을 고르게 개발하고 효과적으로 상호 연계함으로써 조직역량을 강화하는 것이 필요하다. 사업체 수요에 부응하는 혁신적 직업교육훈련 지원은 근로자의 직무역량을 넘어서서 기존 사업체의 조직역량과도 연계될 수 있어야 하고, 사업체 성장을 위한 것이어야 한다. 따라서 이는 일하는 방식의 혁신 등 일터혁신 확산과 연계할 필요가 있다. 현재 중소기업 대상의 다양한 정부지원 사업이 이루어지고 있으나, 부처별로 또는 부처 내부에서 개별적인 심사 과정을 거치므로 지원사업에서 중복이 발생하거나 실제 사업체의 혁신성장을 지원하는 데는 미흡하므로, 지원사업을 패키지화하여 운영할 필요가 있다.

다. 지원 방식 및 인프라 개선

현재 AI, SW 분야 등으로 정부가 지원하는 신기술 분야가 협소하게 제시되어 있는바, 실제 산업현장에서 필요한 신기술 분야를 추가적으로 발굴하여 지원할 필요가 있다.

또한 직업교육훈련 방식을 특화형 맞춤 교육 방식으로 전환할 필요가 있다. 예를 들면 제조업의 경우에는 공정의 디지털화를 위하여, 공정의 단계를 이해하고 있는 기존 재직 근로자가 ICT 기술의 연계를 활용할 수 있도록 기업 내에서 관련인력을 양성할 필요가 있다. 이를 위해서는 기존 재직 근로자의 디지털 역량을 강화하여 제조업 내에서 디지털 전환을 이끌어 내고 디지털 혁신을 견인해 갈 수 있는 역량을 갖추도록 지원할 필요가 있다. 이를 위해서 산업 내 인력에 대한 교육은 보편적인 교육 방식이 아닌, 특화형 맞춤 교육 방식으로 전환하는 것이 필요하다. 또한, 교육 방식에서도 직접적인 현장 생산성을 높일 수 있도록 실습·체험형 밀착 교육이 병행될 필요성이 있다.

마케팅과 같은 서비스업의 경우에도 기본적으로 디지털 기술은 4차 산업혁명 시대에 노동시장 진입을 위한 입직 조건에 해당할 수 있으나, 디지털 경제를 최대한 활용하려면 그 이상의 기술 활용이 가능해야 한다. 특정 디지털 기술 중 상당수는 이미 마케팅과 같이 잘 확립된 분야에서 활용 중이었다. 그러나 최근 해당 분야의 구인공고를 분석해 보면 이전의 마케팅 분석가의 직책에 필요하지 않았던 데이터베이스 및 분석 기술을 필요(Julia Nania, Hal Bonella, Dan Restuccia & Bledi Taska, 2019)로 하는 것으로 나타나고 있다. 따라서 이러한 변화에 대응할 수 있도록 준비해야 한다.

그 밖에도 기업 단위 내의 배치 전환 및 신기술 적응을 위한 정책이 필요하다. 저탄소 분산형 에너지 확산 중 공정 전환에서 볼 수 있는 바와 같이, 디지털화나 그린화로 인한 산업구조 전환에서는 필연적으로 구조조정, 직업 전환 및 새로운 작업 환경 등의 노동시장 변화가 불가피한 상황이다.

또한 한편으로는 현재 제시되고 있는 직업교육훈련의 범위와 범주가 변화하는 사회에 맞게 설정되어 있는지에 대해서도 고민이 필요하다. 2019년 우리나라 성인(25~64세)의 고등교육 이수율은 50.0%로 OECD 평균보다 높았고, 특히 청년층(25~34세)은 69.8%로 OECD 국가 중 2위를 차지했다. 다른 나라들에 비해 고등교육 이수율이 높다는 것은 직업교육훈련을 통해 향상을 꾀할 수 있는 디지털 스킬의 수준이 더 높을 수밖에 없다는 것을 의미한다. 고등교육을 상회하는 관련 직업교육훈련과정을 개설하거나 운용이 필요하다고도 할 수 있는데, 그렇다면 현재 제공되고 있는 직업교육훈련의 수준이 과연 그러한가에 대한 고민이 있어야 할 것이다. 이러한 점에서, 직업교육훈련의 개념을 변화하는 사회에 맞추어 현재와는 다르게 고등교육과도 연계하여 정립해야 할 필요성도 제기할 수 있다.

한편, 직업교육훈련은 개인별 능력진단 및 상담을 통하여 이루어질 필요가 있다. 실제 능력진단과 심층상담은 동시에 이루어지게 되는데 이 과정을 통해 중장년층은 나의 현재 직무능력 등을 점검하고 향후 직업경로와 직업교육훈련 참여 목적(현재 직업 유지를 위한 직무향상 교육훈련인지 또는 고용연계(직업이동)를 위한 교육훈련인지 등)을 결정하게 된다. 따라서 적어도 중장년층에 진입하는 40세 이상의 재직자에게는 주기적으로 능력진단의 기회를 제공해야 한다. 이때 표준화된 진단 검사 결과, 직업상담사와 일정 기간 동안 직업과 관련된 경력, 태도에 대한 인터뷰한 결과, 직업과 관련된 프로젝트 수행 결과 등을 종합한 통합적인 능력진단이 필요하다. 이를 통해 결론을 도출하고 향후 직업과 관련된 개인별 액션플랜을 작성한 후 직업교육훈련 목표를 설정하도록 지원해야 할 것이다.

제5장 지역 좋은 일자리 거버넌스 구축과 인력양성 방안

주무현 한국고용정보원 선임연구위원

요약

- 2018년 1인당 국민소득 3만불 시대 진입으로 저임금 기반의 산업구조가 재편하면서 지역노동시장의 일자리가 소멸하고, 지역공동체 위기가 현실화되고 있다.
- 지역경제의 지속 가능한 성장을 위해 주력산업과 일자리 창출이 내생적으로 서로 결정하는 지역 주도의 경제고용발전전략 수립과 혁신적·대안적 지역고용거버넌스 구축이 필요하다.
- 지역 좋은 일자리 거버넌스는 기존 행정구역을 넘어서는 초광역 고용거버넌스로서 노동자, 고용주, 지방정부와 시민단체 등 이해관계자가 민주적으로 참여하는 지역경제의 핵심 성장 동력이다.
- 초광역 고용거버넌스는 조정된 분권화를 지향하고, 17개 광역시도 행정단위를 넘어서는 5~7개 초광역 단위 지역고용기구를 설치할 수 있을 것이다.
- 초광역 지역고용기구가 경제권역 및 생활권역 경제고용발전전략 수립하면 일자리 권역내 지방정부는 이를 직접 실행하는 주체가 되는 법률적·제도적 기반이 요구된다.
- 앞으로 지역경제의 산업구조 연계 일자리 전략이 행정구역 범위에 한정하지 않는 초광역 범위에서 실현되어야만 한다.

키워드 : 일자리 위기, 지역경제고용발전전략, 초광역 고용거버넌스, 분권화와 책무성

1. 서론

세계는 쌍둥이 전환 시대에 있다. 디지털과 그린 전환이 그것이다. 한편에서 행운이지만, 다른 한편에서는 위기를 낳고 있다. 이런 전환 시대에 지역경제 주력산업의 구조재편에 따라 일자리는 위기의 소용돌이 속으로 빠져들 것으로 전망된다. 지역경제는 고용위기, 인구소멸과 청년 인구 역외

유출 등 이중·삼중의 위기를 맞고 있다. 그러나 지역사회 리더들은 중앙정부로부터 더 많은 예산을 받아내거나 대기업 투자유치만 이뤄지면 지역경제가 한순간에 번영을 누릴 수 있다는 환상에 빠져 있다. 지역의 입지 경쟁력이나 인프라 등에 대한 제대로 된 투자없이 대기업과 우수 인재 유치를 외치는 지역의 리더들이 한둘이 아니다.

지역사회는 4차 산업혁명이나 디지털 전환에 대비하여 미래형 산업의 성장과 발전을 꿈꾸기보다는 당장 인구소멸과 청년의 역외 유출을 걱정해야 할 형편이다. 그럼에도 지역경제의 인적·물적 자원을 효율적으로 동원하고 배분하여 미래형 일자리 생태계를 만들어낼 전문가 집단의 지성이나 역량을 묶어줄 혁신적 지역 거버넌스가 제대로 운영되는 지역사회를 찾아보기 힘들다. 기존의 화석에너지 중심 주력산업이 새로운 전환을 준비하기도 전에 '일자리와 인구의 위기'의 한 가운데로 진입하고 말았다. 일자리 위기를 슬기롭게 대응하는 것뿐만 아니라 일자리 창출 중심의 지역 산업전략 추진을 주도하는 혁신적·대안적 거버넌스가 절실하게 필요하다.

일부 광역 지방정부는 일자리재단을 신설하여 일자리정책을 자율적으로 책임감 있게 추진하려는 의지를 보이고 있다. 그러나 중앙정부는 산업발전과 일자리 창출 전략 수립과 추진에서 지방정부 전문성과 역량 수준에 대해 회의적인 견해를 포기하지 않았다. 지방자치제도 도입 이후 지방정부 역량이 꾸준하게 성장하였음에도 재정투자의 효과성과 효율성 측면에서 기존의 중앙집중적 자원배분이 효과적이라는 주장이 변하지 않고 있다. 이전 사정 때문에 중앙정부는 지방정부의 취약한 전문성 등을 이유로 자치단체 사이의 '역량 경쟁'을 요구하는 공모제를 통해 일자리 예산을 배분하고 있다. 공모제 방식은 지방정부에 자율성은 주지 않으면서 책무성만을 강조하고, 중앙정부의 불필요한 개입을 일상화하는 수단으로 작용하고 있다. 세계적으로 지역고용정책이 분권화되고 있는 상황에서도 우리의 지역사회는 리더십, 기업가, 혁신 역량 및 물적·인적 자원 활용을 위한 자율적·혁신적 거버넌스를 제대로 구축하지 못하고 있다.

지역경제의 행위자와 참여자는 숙의와 논의 공간에서 자신의 이익을 주장하는 의사 발언권(voice power)을 갖고는 있지만, 권한(authority)과 책무(accountability)를 동시에 담아낼 수 있는 거버넌스 기구의 의사결정자(decision maker)는 아니다. 제5장은 디지털과 녹색 전환 시대 지역경제의 산업과 일자리를 연계하는 지역 일자리 거번넌스 구축과 인력양성 방향을 제시하려고 한다. 2절은 지역사회 차원에서 경제와 고용의 내생적 발전을 위한 거버넌스를 이론적 측면에서 검토하고, 주요 성장 동인들이 효과적으로 작동하기 위한 논리적 근거를 제시한다. 지역경제의 핵심적 動因(drivers)이 무엇인지에 대해 이론적으로 탐색하고, 이 동인들을 결합하여 조정하는 거버넌스 기능과 구성 요소가 정의된다. 3절은 디지털과 그린 전환 시대 지역의 일자리 위기 원인과 실태, 그리고 현재 단계 고용위기지역의 복원력(resilienace)이 작동하기 위한 조건이 미흡하다는 실증적 근거를 제시한다. 4절은 경제협력개발기구(OECD)의 대부분 국가에서 성공을 거둔 것으로 평가되는 혁신적 거버넌스 사례를 벤치러닝(bench-learning)하여 우리에게 필요한 함의를 도출한다. 5절은 지역의 산업발전과 인력양성의 핵심 과제를 도출하고, 지역맞춤형 인력양성을 위한 고용안전망 강화에 있어 자치단체의 정책 의지가 그 어느 때보다 중요하다는 측면을 제시한다. 6절은 지역경제의 발전과 일자리 창출을 주도할 혁신적 거버넌스의 표준 모델을 제시하고 지역 좋은 일자리 거버넌스 실행 방안을 모색하고자 한다.

2. 지역경제의 성장 동력과 거버넌스[29]

거시경제든 지역경제에서든 혁신, 기술, 기업가 정신 및 사회결속(social cohesion) 등과 같은 주요 성장 동인(動因)은 거버넌스와 밀접하게 연결되어 있다. 경쟁력과 번영을 촉진하기 위한 정책은 성장 동인들이 거버넌스와 연관되어 있다. 정책수단은 조정이 필요하고, 그것은 지역 조건에 적응하면서도 산업계 및 시민 사회와 연계되어야 한다. 거버넌스 기구의 형태와 관계 없이 그것의 목표는 지역경제의 각종 프로그램 운영의 유연성을 극대화하고, 프로그램 전달체계의 효율성을 유지하면서 재정지출의 책무성이 필요하다(Giguère, 2005). 우리는 지역경제의 주요 성장 동인을 [그림 5−1]과 같이 4개로 설정하고, 성장 동인들의 연계성과 효과성은 거버넌스를 통해 실현된다고 본다.

가. 혁신

기업은 경쟁력 있는 신제품을 가장 먼저 생산해야만 시장 우위를 계속 확보할 수 있다. 혁신은 기업이 성장하기 위한 핵심적 내생 변수이다. 혁신

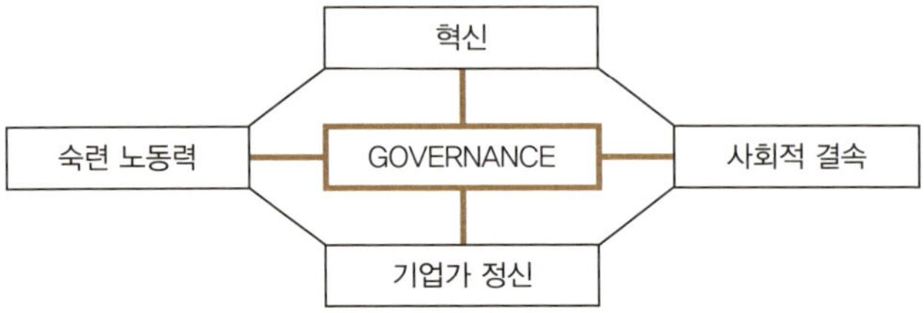

[그림 5−1] 경제성장의 동인(drivers)과 거버넌스 관계

29 제2절은 Sylvain Giguère(2005)을 요약하거나 정리한 것이다. Sylvain Giguère(2005)은 거버넌스가 단지 이해관계자의 의사발언권을 집단적으로 제시하고 조정하는 기구가 아니라 경제적 합리성 관점에서 타당하고 효과적이라는 측면을 강조하기 위해 성장의 동인들을 제시하고 있다.

이 사라진 기업에서 시장의 경쟁력은 지속할 수 없고, 기업의 생존 그 자체가 불가능하게 된다. 연구개발(R&D)에 따른 새로운 기술은 기업의 혁신적 생산력으로 작용하는 것이다. 이런 이유로 정부의 연구와 혁신 활동 지원은 합리적이다. 연구개발에 대한 지속적 재정투자는 궁극적으로 기업의 혁신 능력을 제고하고, 산업의 국제 경쟁력을 강화한다. 다만, 연구개발과 혁신이 지역 차원에서 생산적 활동으로 연계되고 효과를 발생하는지에 대한 탐색이 필요하다.

혁신은 단순한 발명에만 국한하지 않는다. 새로운 제품 디자인에서 새로운 생산 공정에 이르기까지 다양한 형태의 혁신이 있을 수 있다. 일반적으로 혁신은 그 자체로 지식의 생성이라는 세 단계 과정의 결과이다. 잠재적 지식 사용자 사이에서 지식의 공유 및 배포, 새로운 지식을 제품 개발로의 적용은 새로운 기업 활동과 경제 발전으로 이어진다. 혁신 과정과 단계는 교육기관의 연구 역량, 기업의 R&D 활동 및 관련 인적 자본 수준에 따라 다양하다. 지식 확산과 적용은 교육, 연구, 경영계와 직업훈련 등이 복합적으로 작동하는 효과에 의해 결정된다.

과거 혁신 활동의 핵심적 교훈은 미시적 개별 기업과 지역이 혁신을 촉진하는 데 가장 중요하다는 것이다. 물론 국가정책과 전략도 기업과 지역의 혁신에서도 핵심적이다. 안정적 거시경제 조건, 효과적 기술개발정책 및 비즈니스 개발에 우호적인 틀(framework) 등이 그것이다. 기업은 다른 기업으로부터 많은 것을 배우고, 외부 경제 이익을 활용하고, 제품 개발과 관련한 위험을 내재화하고, 공급망 연결을 구축한다. 이런 행위 대부분이 지역 차원에서 이뤄진다. 지역경제 차원에서 혁신 촉진은 다음과 같은 요인들에 의해 결정된다. 첫째, 지식 기반 구축이다. 연구 활동을 장려하고 첨단 기술을 갖춘 기업이 재능있는 연구자와 학생을 유치할 수 있는 기반이다. 둘째, 연구의 생산, 확산 및 개발 활동 간의 협력과 조정을 촉진하는 것이다. 지역경제

〈표 5-1〉 지역경제의 혁신을 위한 거버넌스 역할과 기능

성장 동인	주요 구성 요소	세부 내용
혁신	지식기반구축	1) 중소기업의 자본 부족 해소를 위한 재정지출 2) 투자유치 3) 우수인재 유치
	지식 생산 · 분배	1) 기업간 네트워킹(클러스터) 2) 연구와 생산의 네트워킹 3) 산학연민관 네트워킹

의 혁신을 위한 지식 기반 구축과 지식 생산·분배·개발에서 거버넌스가 핵심적 역할을 담당해야만 한다.

1) 지식 기반 구축

첫 번째, 중소기업이 투자 자본 부족으로 혁신이 미흡할 때 국가와 지역의 재정투자를 통해 지식 기반을 구축하는 것이다. 신규 및 기존 기업의 혁신 및 R&D 프로젝트에 대한 재정 지원은 자본 부족 문제를 해결할 수 있다. 국가와 지역은 중소기업 지원을 위해 다양한 계획을 수집하여 실천 수단을 도입해야 한다.

두 번째, 투자유치(inward investment)는 지식 기반 구축에서 중요하다. 투자유치는 지역 기업과 사업체의 새로운 지식과 기술 도입을 가능하게 한다. 특히 경영 관행과 기술 측면에서 기업 특수적 장점을 갖는 해외자본의 유치는 투자유치 지역의 산업에 긍정적 효과를 발휘한다. 대기업 유치는 지역 인프라 수준, 숙련노동력 수급 등 복잡한 문제를 포함하고 있지만, 지식 기반 구축의 최고 촉진 요인이다.

세 번째, 우수인재 유치는 지역 교육기관의 수준 및 지역의 삶의 질 등과 같은 다양한 요인에 의해 결정된다. 때문에 지방정부는 연구원과 학생이 지역에 정착하기 위한 인센티브로 보조금, 장학금과 세금 감면 등을 제공해

야 한다.[30]

2) 지식 생산과 분배

지식 배분과 적용을 보장하고, 연구성과와 공공 서비스를 효과적인 방식으로 연결하는 다양한 메커니즘이 필요하다. 혁신을 촉진하는 세 가지 다른 네트워킹은 다음과 같이 상호 보완적 역할을 하게 된다. 기업간 네트워크(클러스터)는 생산에서 시너지 효과를 식별하여 끌어내고, 생산과 연구를 연결하는 네트워크는 학습 과정을 강화한다. 그리고 연구교육부문, 산업계와 공공행위자(지방정부, 공공 서비스와 경제단체)의 협력적 네트워크는 혁신 프로세스를 최적화하기 위한 인센티브가 있는지를 확인하여 전략적으로 접근한다.

첫 번째, 혁신을 위한 지식 생산과 분배는 기업간 네트워킹(클러스터)을 통해 생산적으로 활용된다. 예컨대 기술센터는 기업을 네트워크화하고, 기업간 기술 및 지식 확산을 지원한다.[31] 기술센터는 혁신을 위한 중소기업의 자원 및 자본 제약 문제를 해소하는데 적극 활용된다. 두 번째, 연구와 생산의 네트워킹은 지식생산과 분배의 기능을 담당한다. 예컨대 기업의 혁신적 요구 사항을 식별하여 관련 대학 및 연구 기관과 연계하는 네트워킹이 혁신기반에서 중요하다. 이와 같은 네트워크는 기업의 낮은 기술 역량, 시장 조사 부족 및 협소한 전략적 비전 등과 같은 장애물 극복에 기여한다. 세 번째는 산학연관 네트워킹이다. 민간부문 파트너로서는 경제개발단체와 고용주단체가 있다. 산학연관 네트워크는 혁신 생산, 확산과 활용을 최적화한다. 예컨대 혁신 생산과 확산 과정에서 병목현상을 해소하고, 민간부문과 공공부문의 연계를 강화하고, 기업과 대학의 협력을 강화한다.

---

30 우리나라와 달리 외국은 지역으로의 우수 인재 유치를 위해 이민 절차 완화와 본국으로의 송환 계획 등을 설계한다.

31 우리나라에서는 모든 광역자치단체에 설치되어 있는 테크노파크(TP) 등이 대표적인 사례이다.

나. 숙련 노동력

노동자의 숙련 수준이 지역의 경제성장으로 발전하는 데는 여러 가지 채널이 존재한다. 첫째, 숙련은 지역의 경제와 고용 발전에서 핵심 요소이다. 숙련 노동력이 있는 곳에서는 기업가 정신, 경제발전과 투자유치를 위한 더 많은 기회가 존재한다. 둘째, 다양하고 전문화된 숙련(diverse and specialised skill)은 혁신의 전제 조건이다. 마지막으로, 직업훈련과 숙련 향상 기회 확대는 사회통합에 필수적이다. 이런 관점에서 노동시장정책은 강력한 숙련 및 인력양성 인프라 고도화에 집중해야 한다. 취업 알선, 상담, 직업 훈련 및 직업 보조금 등과 같은 수단을 활용하여 정부는 노동력의 고용 가능성을 발전시키고, 지리적 이동성을 촉진하며 추가 기술 습득 인센티브를 제공해야 한다.

노동시장정책 프로그램은 정책집단의 지역적 특성을 고려하고, 이것을 지역 노동시장의 요구에 맞추려고 할 때 더 효과적이다(Martin and Grubb, 2001). 현지 고용주와 정책대상 집단의 대표가 제공하는 정보는 노동시장 정책 프로그램 운영에 유용하다. 경제단체, 노동조합, 시민단체와 지방정부는 고용 서비스를 추가적으로 제공한다. 예컨대 직업훈련사업, 인력배치와 재통합 서비스 등의 상호 보완성을 극대화하고 유사 중복 해소를 위한 조정 기능이 필요하다. 결과적으로 노동시장 효율성은 미래의 지역 투자를 고려하여 산업의 급격한 기술적 변화에 대한 맞춤형 직업훈련사업에 의해 좌우된다.

지역경제는 산업발전을 위한 숙련 인력 풀의 유치 및 유지와 육성을 중요하게 고려하지 않을 수 없다. 산업간 인력배치, 상담 및 직업훈련은 현재와 미래의 기술적 숙련 요구를 잘 알고 있는 경영단체, 경제개발기관 및 지방정부의 협력을 통해 가장 좋은 성과를 거둘 수 있다. 지역경제의 고용 발전은 저숙련 노동자의 숙련 향상(up-skilling)을 통해 실현하거나, 다른 지역의 고숙련 노동자 이주와 유치에 의해 달성된다. 하지만 공공고용서비스(PES)만으로는 저숙련 노동자의 숙련 향상과 고숙련 노동자의 유치가 실현되지 않기 때문에 민간부문과 공공기관이 인력수급 미스매치를 해소하는 데 실질적 역할을 하기도 한다.

다. 기업가 정신

기업가 정신은 성장에 필수적이다. 국가는 창업 인센티브를 제공하고, 고등학교 커리큘럼에서 진취적인 문화를 육성하고, 근로자와 실업자 대상 기업가 정신 교육을 실시하고, 지역 고용서비스기관을 통해 통합적인 비즈니스 서비스를 제공하려는 노력을 한다. 특히 기업 활동은 지역간 특성으로 인해 지역마다 다르다. 같은 국가에서도 지역에 따라 기업 생존률은 차이가 존재하는 것이 일반적이다. 예컨대 기업 집중 지역(특정 업종 중심의 클러스터)은 기업 활동에 유리하고, 기업간 또는 업종간 연관관계에 따른 집적효과를 얻는다고 볼 수 있다. 따라서 산업정책은 지역별 특수성을 고려하지 않을 수 없다. 창업 인큐베이터, 기업자문과 정보 서비스, 기업간 비즈니스 네트워크는 지역 사정에 따라 설계되어야만 성과를 거둘 수 있다. 이런 측면에서 지역경제의 성장과 발전 전략은 거시경제의 안정적 성장을 위한 조건이라고 볼 수 있다. 지역과 지방정부가 기업 친화적 경영기반 조성과 투자에 유리하다고 볼 수 있다.

도시와 농촌의 빈곤 지역, 그리고 고립 지역은 모두가 기업활동을 시작하거나 확장하는 데 걸림돌이 되는 고유한 약점을 갖고 있다. 이러한 장애물은 중개인이나 촉진자 역할을 할 수 있는 공동체 지도자를 포함하여 민간부문이나 비영리기관과 같은 파트너 지원에 의해 손쉽게 해결할 수 있다. 시민사회와 부문별 전문조직이 취약 지역의 기업가 정신 발전 기회를 식별해내는데 가장 유리하다. 이처럼 부문별 전문조직과의 파트너십은 지역차원의 경제발전을 촉진하는 데 필요한 유효한 접근 방식이다.

라. 사회적 결속

혁신, 숙련 노동력과 기업가 정신 등은 사회적 차원이 존재한다. 사회적 결속의 중요한 개념은 삶의 질의 중요한 측면이며, 이것은 자본과 재능을 끌어들이는 좋은 기업환경 조성에 유리하다. 사회적 결속은 특정 지역에 존재하는 사회적 통합 수준과 사회적 자본의 총합이라고 볼 수 있다. 사회적 통합은 취약계층과 소수자 집단을 노동시장으로 유입시켜 근로소득이나 사업소득을 벌 수 있는 경제주체로서 독입적 생활을 영위하게 한다는 것을 의미한다. 사회 통합은 취약계층이 사회 발전과 번영에 동참하도록 지원한다. 사회적 자본은 산업발전을 지원하는 역할을 담당하는 네트워크와 가치를 공유한다.

마. 지역 성장 동력의 지원자와 조정자로서 거버넌스

정책 집행의 조정, 지역 요구와 여건에 대한 정책의 적응, 기업 및 시민사회와 협력하려는 정책 방향 등은 지역차원의 경제고용발전과 성장 동력에 영향을 미치기 위해 필수적이다. 조정에 대한 정의는 이중적이다. 첫째, 부문간 접근은 성장을 촉진하고, 지역개발의 장애물을 극복하는 데 종종 더 효과적이다. 둘째, 하나의 성장체제를 촉진하는 도구는 외부성을 가지기 때문에 다른 성장체제에도 영향을 미친다. 정부가 지역 거버넌스를 개선하기 위해 준비하고, 경제고용발전의 동력을 촉진하기 위해 할 수 있는 메커니즘은 무엇인가? 첫째는 파트너십, 플랫폼 및 동맹 등이고, 둘째는 탈중앙화, 권한 이양과 위임 등이 그것이다.

첫째, 파트너십, 플랫폼과 동맹은 정부가 시민 친화적 정책을 시행하고, 시민의 참여를 촉진하는 데 파트너십 역할을 강조하는 과정에서 출연한 개념이다. 처음에 파트너십 원리는 도시 붕괴 및 농촌 빈곤 등에 관련한 사회 경제적 문제에 대응하기 위해 지역 차원에서 적용되었다. 둘째는 탈중앙화, 권한 이양과 위임이다. 지역경제의 성장을 향한 도전은 단순히 정부 수준의 권한 이동을 통해 해결할 수 없다. 한 수준에서 다른 수준으로 자원을 이동시킨다고 해서 반드시 상황이 개선되는 것은 아니다. 원칙적으로 분권화는 물적·인적 자원을 지역의 조건과 필요에 맞춰 분배하는 데 훨씬 유리하다. 의사결정의 분산이 지역경제의 주요 문제를 실용적으로 해결하는 촉진 요소로 작용한다. 1990년대에 주요 OECD 국가에서는 노동시장정책이 경제발전을 위한 핵심적 전략으로 정의되고, 사회적 요구 수준에 더 가깝게 구현하기 위해 탈중앙화와 분권화를 추진했다. 의사결정 분권화는 공공부문 자원 배분과 활용의 유연성을 높이는 데 기여한다. 정책이 경제개발, 사회통합과 삶의 질 등에 관련된 문제의 균형을 맞추는 개발 전략을 지원하기 위해서는 자치단체, 민간부문, 노동조합 및 공동체와 결합해야 한다. 예컨대 고용정책의 유연성 향상을 통한 분권화는 중앙집중적 고용서비스만으로는 해결할 수 없는 복잡한 문제와 장벽에 직면한 저숙련 근로자, 취약계층 및 편부모 가정 등과 관련한 사회적 문제에 더욱 유연하게 접근할 수 있다.

바. 유연성과 책무성의 균형

지역 차원에서 개별기관이 추진하는 정책에서 유연성이 부족해서 파트너십 또는 분권화 틀에서 개발한 전략이 실제 추진되지 못하기도 한다. 지역과 자치단체에서 전략이 부족하지는 않다. 오히려 대다수 지역에서 독립적으로 관리하는 수많은 전략이 수립되고 있다. 지방정부는 대부분 전략 수립에 경험이 있으며 관련 행위 주체를 정책 설계와 추진과정에 참여시켜 직접 실행에 옮길 수 있도록 유도하는 데 익숙하다. 그러나 주요 역할을 담당하는 조직 목표에 대한 유연성 부족으로 인해 공공기관 또는 준(準)공공기관은 지역 차원의 집단적 목표보다 자기 자신의 목표에 우선순위를 부여할 가능성이 있다. 따라서 전략적 목표 실현은 자기 조직의 목표를 합의한 공공 목표와 일치시키려는 각 조직의 능력에 의존한다. 물론 거버넌스의 파트너는 최종 목표가 자신의 목표 및 목적과 일치할 때까지 공동 전략 계획에 영향을 주려고 노력한다. 그러나 계획 수립 과정에는 참여 수준이 그다지 높지 않다. 전략과 그것의 추진체계는 법적 구속력이 거의 없어 문제가 적지않게 발생하기도 한다. 대부분은 파트너가 집단적인 전략 계획에 자유롭게 참여할 수 있지만, 합의 결과를 구체적인 조치로 변환할 의무는 없다. 정책의 유연성과 이해관계자의 책무성이 조화를 이룰 때 성과를 거둘 수 있다.[32]

3. 디지털 시대 산업구조 재편과 지역 일자리 위기

가. 한국경제의 일자리 창출 능력 저하와 지역의 고용위기

한국경제는 실질 GDP 성장률의 경향적 저하와 취업유발계수 감소로 인한 고용흡수력이 저하하고 있다. 특히 2018년 이후 1인당 국민소득 3만불 시대 진입은 기존 저임금 기반의 전통적 산업구조가 구조조정 또는 재편되는 과정에서 지역의 일자리 위기가 심화하고, 심지어는 지역공동체가 해체되는 일까지 일어나고 있다. 2015년 이후 조선업 고용위기 특별업종과

32 Giguère(2004)는 정부 기관과 공공 서비스가 파트너십에 모두 참여하여 지역의 경제발전 전략 수립 과정을 구현하는 데 방해가 되는 장애요인을 다음과 같이 정의한다. 첫 번째는 목표 설정의 경직성이다. 정부 기관은 국가 정책 목표를 달성하기 위해 목표를 설정한다. 따라서 다른 정책 분야에서 취한 조치와 지역 관심사에 대한 목표를 조정하는 방법은 대개 제한적이다. 둘째는 효율성 추구이다. 공공자원의 효율적 사용을 극대화하기 위해 성과관리 방법이 도입되고, 때로는 민간 공급자와의 공개 경쟁을 통해 이루어진다. 이것은 정책 구현에 대한 접근 방식을 좁힌다. 세 번째는 수직적 책무성이다. 공무원은 내부 행정 계층에 대한 책임이 있으며 지역 수준에서 다른 정책영역이나 단체의 요청에 응할 의무가 없다. 네 번째는 합법성이다. 지방정부와 공무원은 행위자에 대한 대표 메커니즘이 느슨한 경우 기업 및 시민사회 대표와 협력하고 정보 공유를 회피한다.

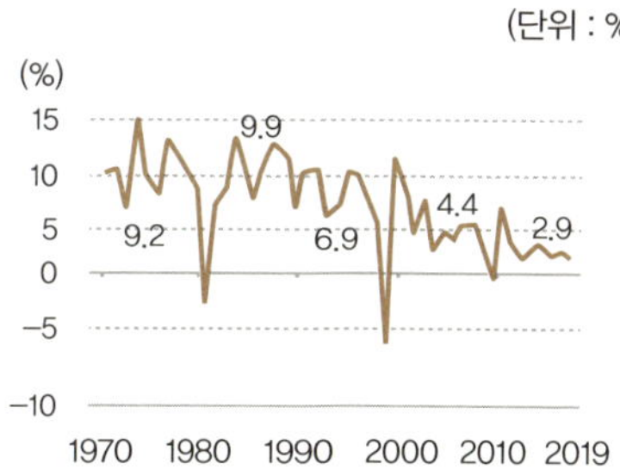

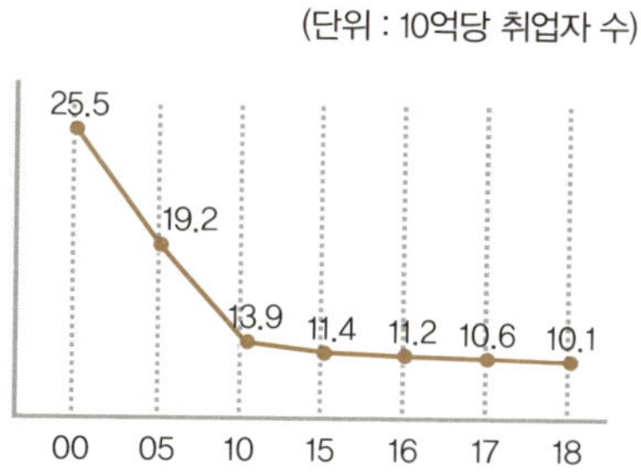

[그림 5–2] 실질 GDP 성장률 추이 및 취업유발계수 추이

고용위기지역 지정은 조선업이나 자동차산업의 일시적 매출액 저하나 구조조정에 머물지 않고, 지역의 일자리 변동과 위기를 심화시키고 있다.[33] 이처럼 지역경제는 주력산업의 산업구조 재편에 따른 일자리 위기, 인구 소멸과 청년 인구 역외 유출 등 이중·삼중의 위기에 직면하고 있다. 최근 COVID−19 팬데믹 이후 경기회복에 힘입어 조선업과 자동차산업이 새로운 활력을 맞이하고 있지만, 지역경제의 회생과 복원으로 이어질지는 여전히 의문이다.

나. 지역별 · 산업별 구조재편과 변동

한국경제는 농림어업 GDP 비중이 1970년 29%에서 2018년 2.2%로 급격하게 축소되고, 제조업은 1990년 24%에서 2018년 30%으로 증가하는 등 산업구조가 재편되고 있다. 서비스산업 GDP 비중은 1970년 44.3%에서 2018년 64.1%로 증대하고, 건설업은 1970년 5.0%에서 1990년 9.5%로까지 증가하였으나 2010년대 들어 5%대로 감소하고, 사업서비스와 보건·사회복지가 각각 5%대로 진입하였다.

33 200년 현재 조선업과 자동차산업의 경기 부진과 공장폐쇄 등으로 7개 고용위기지역(울산 동구, 창원 성산구, 경남 거제, 통영 및 고성, 전북 군산, 전남 목포 · 영암) 지정되어 있다. 고용위기지역의 고용위기 원인과 유형에 대한 세부적 논의는 3절 마지막 부분에서 상세하게 언급된다.

국내 주력산업이 세계 생산에서 차지하는 위상이 점차 위축되고 있어 산업구조 재편은 더욱 심화할 전망이다. 반도체, 일반기계, 방위산업 등을 제외하면 세계시장 점유율이 낮아지고, 자동차, 조선, 석유화학, 섬유, 가전, 통신기기 등은 산업발전을 위한 다양한 노력이 추진된다 하더라도 2025년 목표 점유율이 2015년 세계시장 점유율에 미치지 못할 전망이다([그림 5-3] 참조). 산업연구원(2019)에 따르면, 조선, 항공, 가전, 바이오헬스 등은 세계시장 점유율이 상승하고, 반도체는 2010년 11.3%에서 2030년 20.3%로 크게 상승할 전망이다. 다시 말해 최종 완성재 산업인 수송기계산업과 IT·전자산업의 성장은 다소 둔화할 가능성이 점차 커질 것으로 예측된다(이준 외, 2020).

주력산업 가치사슬체계(value chain)가 변화하면서 국내 부문 생산 규모도 약화할 전망이다. 주력업종 대부분의 국내 생산이 위축되면서 해외생산이 지속해서 확대되며, 디스플레이와 반도체는 해외생산이 현재 10% 수준에서 30%를 상회할 전망이다. 해외 원자재 조달이 관건인 석유화학산업은 5%에서 20%, 섬유산업은 30%에서 50% 증대가 예상된다. 그리고 조선

(단위 : %)

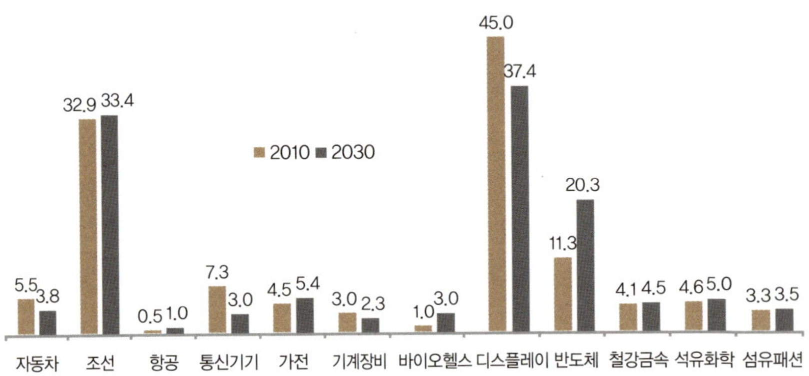

[그림 5-3] 주력산업 생산 부문 세계시장 점유율 전망

과 철강은 산업구조와 생산과정 특성으로 해외생산은 그다지 크지 않을 것이고, 방위산업도 2020년 이후에나 해외생산이 시작되어 3~5% 수준에 불과하다. 자동차도 대부분 해외생산체제를 구축하여 급격한 확대는 없을 것이고, 일반기계도 소폭 확대만 예상된다. 이처럼 주력산업의 생산과 수출은 성장기에서 성숙기로 진입하여 미국과 일본뿐만 아니라 중국과도 경쟁하는 국면으로 진입했다. 주력산업의 국내 생산 둔화로 산업구조의 지역별 재편과 변화는 심화가 예상된다. 2015년 이후 조선업 특별고용위기업종 지정, 2018년 고용위기지역 지정은 국내 주력산업의 생산량 감소 등에 따른 직접적 영향이라고 볼 수 있다.

다. 지역별 사업체와 종사자의 장기 동학

지난 20여년간 지역별 사업체 비중은 경기도가 가장 많이 증가하였다. 반면 서울시 사업체 비중은 가장 많이 감소하였다. 이른바 전통적 제조업 중심 지역으로서 서울, 부산과 대구 사업체 비중이 매년 1%씩 감소하고, 인천과 광주는 매년 0.4%씩 증가하는 추세에 있다.

경기도 사업체 비중은 1998년 16.3%에서 2017년 24.5%로 연평균 2.2%씩 증가했다. 다른 한편, 서울은 1998년 27.7%에서 2017년 22.3%로 연평균 1.2%씩 감소하였다. 이른바 수도권 규제에도 불구하고 경기도와 인천은 지난 20여년간 사업체 비중이 연평균 2.2%와 0.4%씩 지속해서 증가했다.

호남권 지역 사업체 비중은 연평균 1%씩 감소하는 반면, 충청권 지역 사업체 비중은 연평균 0.3%씩 증가했다. 충청권은 수도권 규제 효과를 최대한 활용하여 '다른 지역 소재 기업의 충청권 지역으로 이전시키는' 투자유치를 확대하였다. 그 결과 충청권은 자동차, 반도체와 철강 분야의 부품생산 중소기업이 집적지로서 떠오르고 있다. 경제권역과 생활권역 단위로 사업체 비중의 장기 추이를 살펴보면, 사업체의 수도권 집중 심화는 지속되면서

〈표 5-2〉 지역별 사업체 비중 추이

(단위 : %)

	1998	2003	2008	2013	2017	연평균 증가율
서울	27.7	26.1	24.2	22.8	22.3	−1.14
인천	4.5	4.8	4.7	4.7	4.8	0.41
경기	16.3	19.5	22.4	23.7	24.5	2.18
강원	3.2	3.1	3.0	3.0	3.0	−0.37
대전	2.8	2.7	2.7	2.8	2.8	0.08
충북	2.8	2.8	2.9	2.9	3.0	0.25
충남	3.6	3.4	3.6	3.6	3.8	0.27
부산	8.6	8.2	7.4	7.2	7.1	−1.03
울산	1.7	1.9	2.0	2.0	2.0	0.82
경남	5.9	6.1	6.4	6.5	6.2	0.26
대구	5.6	5.4	5.0	5.0	4.8	−0.86
경북	5.3	4.8	4.7	4.8	4.8	−0.51
광주	2.8	3.0	3.0	3.0	3.0	0.38
전북	3.9	3.3	3.3	3.4	3.3	−0.91
전남	4.0	3.3	3.3	3.3	3.3	−0.98
제주	1.3	1.3	1.3	1.4	1.4	0.34

자료 : 고용노동부, 「사업체 노동실태현황」, 통계청, KOSIS
주 : 전체 종사자 인원에서 세종시는 제외하여 계산하였음.

도 '수도권역의 충청권역으로 확산' 또는 '충청권의 수도권역화'로 특징된다.

전국 사업체 종사자 대비 서울, 부산, 대구와 인천 비중이 가장 많이 감소하였다. 다른 한편, 전국 대비 경기도와 충청권의 사업체 종사자 비중이 전반적으로 증가한 결과, 사업체 종사자의 수도권 및 충청권 집중이 심화되었다. 수도권(서울, 인천과 경기) 사업체 종사자 비중은 1998년 50.5%에서 2017년 537%로 연평균 0.3%씩 증가하였다. 그리고 충청권은 1998년 9%에서 2017년 9.9%로 연평균 0.4%씩 증가했다. 수도권과 충청권을 제외한 영남권역과 호남권역의 사업체 종사자 비중은 지속해서 감소하였다. 사업체와 종사자

〈표 5-3〉 지역별 사업체 종사자 비중 추이

(단위 : %)

	1998	2003	2008	2013	2017	연평균 증가율
서울	28.3	27.4	26.8	25.3	25.1	–0.61
인천	4.9	4.9	4.6	4.6	4.8	–0.11
경기	17.3	20.2	21.8	23.1	23.8	1.71
강원	2.6	2.5	2.4	2.5	2.5	–0.36
대전	2.7	2.5	2.7	2.7	2.7	0.06
충북	2.9	2.8	2.9	3.0	3.1	0.34
충남	3.4	3.5	3.8	4.0	4.1	0.91
부산	8.1	7.5	7.0	6.7	6.5	–1.10
울산	2.6	2.7	2.6	2.7	2.5	–0.22
경남	6.5	6.5	6.7	6.6	6.2	–0.22
대구	5.1	4.8	4.3	4.2	4.2	–1.02
경북	5.3	5.1	4.9	5.0	4.8	–0.56
광주	2.6	2.9	2.8	2.7	2.8	0.24
전북	3.3	2.8	2.8	3.0	2.9	–0.69
전남	3.4	2.8	2.9	2.9	2.9	–0.81
제주	1.0	1.0	1.0	1.1	1.1	0.37

자료 : 고용노동부, 「사업체 노동실태현황」, 통계청, KOSIS
주 : 전체 종사자 인원에서 세종시는 제외하여 계산하였음.

도 수도권과 충청권에 집중되었지만, 영남권과 호남권은 점차 축소되는 경향이 발견되고 있다. 산업구조 재편으로 사업체와 종사자가 수도권과 충청권에 집중되는 현상이 발견되고 있다. 조선업과 자동차산업의 구조조정으로 인해 동남해안벨트는 고용위기지역과 고용위기업종(울산, 거제, 고성, 통영, 목포와 군산)이 집중되어 있어 인구이동과 일자리 감소가 심각한 상태이다.

지난 20여년간 전국 사업체 수는 연평균 3.65%씩 증가하였다. 경기도는 연평균 5.9%로 가장 빠르게 증가했지만, 서울, 부산과 대구 사업체 증가율은 가장 낮았다. 외환위기 이후 1998~2003년과 세계금융위기 이후

〈표 5-4〉 사업체 수 5년간 증가율 추이

(단위 : %)

	1998-2003	2003-2008	2008-2013	20013-2017	연평균 증가율
서울	5.3	-0.3	2.2	2.6	2.46
인천	8.3	0.7	3.4	4.0	4.08
경기	10.4	4.1	4.5	4.5	5.90
강원	5.9	0.8	3.3	3.6	3.26
대전	6.4	1.3	3.5	3.7	3.74
충북	6.1	2.1	3.7	3.7	3.91
충남	5.0	2.4	3.5	5.0	3.93
부산	5.5	-0.7	2.6	3.3	2.59
울산	9.3	1.7	3.9	3.6	4.50
경남	7.1	2.2	3.6	2.8	3.92
대구	5.8	-0.4	3.1	2.8	2.76
경북	4.8	0.7	3.6	4.0	3.12
광주	8.3	1.1	3.1	3.9	4.05
전북	3.0	1.1	4.1	2.8	2.71
전남	2.7	1.2	3.1	4.1	2.64
제주	6.4	1.0	4.3	4.8	4.00
전국	6.5	1.3	3.3	3.6	3.65

자료 : 고용노동부, 「사업체 노동실태현황」, 통계청, KOSIS
주 : 전체 종사자 인원에서 세종시는 제외하여 계산하였음.

2008~2013년의 두 시기에 사업체 수 증가율은 경기도가 각각 10.4%와 4.5%로 가장 높았다. 1998년 이후 20년간 전국 사업체 수의 연평균 증가율 3.7%를 상회하는 경제권역은 수도권과 충청권뿐이다. 나머지 지역은 사업체 증가율이 전국 평균보다 낮아서 전국 대비 사업체 비중이 작고, 그 결과가 일자리 위기가 더 심하다고 볼 수 있다.

지난 20년간 연평균 종사자 증가율은 수도권이 4.2%씩, 충청권 4.3%, 부울경 3.3%, 대경권 3.0%, 호남권 3.4%씩 증가한 결과, 전체 종사자의

〈표 5-5〉 광역시도 내 제조업 종사자 비중 추이

(단위 : %)

	2006	2010	2015	2018	2006-2018
서울	7.9	5.9	5.6	5.1	-2.8
인천	30.3	27.6	27.2	25.6	-4.7
경기	30.3	27.5	27.0	25.5	-4.8
강원	9.4	9.2	9.7	9.3	-0.1
대전	10.9	10.4	10.5	10.0	-0.8
충북	27.4	27.1	28.9	29.3	1.8
충남	31.1	31.0	32.3	31.6	0.5
부산	17.1	16.4	16.5	15.0	-2.1
울산	38.5	34.7	35.9	33.4	-5.1
경남	33.9	33.3	32.5	29.5	-4.4
대구	20.7	19.8	19.9	18.2	-2.4
경북	31.0	29.8	30.8	28.7	-2.3
광주	15.6	14.9	14.7	14.0	-1.6
전북	17.1	17.6	18.2	16.6	-0.5
전남	17.6	16.9	17.6	16.1	-1.6
제주	4.6	4.6	4.7	4.4	-0.2
전국	20.9	19.4	19.6	18.5	-2.5

자료 : 통계청, 「전국 사업체조사」, KOSIS

50% 이상이 수도권이 집중되었다. 전국 사업체 종사자 연평균 증가율을 상회하는 수도권과 충청권 지역에 종사자 집중 및 증대 현상이 발견된다.

2018년 현재 광역시도 내 제조업 종사자 비중은 울산과 경남이 각각 33.4%와 29.5%로 가장 높고, 그다음으로 충북이 29.3%, 인천과 경기가 각각 25.6%와 25.5%를 차지하는 것으로 분석된다. 지난 15년간 지역 내 제조업 종사자 비중은 모든 지역에서 감소했다. 전국 제조업 종사자 비중이 2006년 20.9%에서 2018년 18.5%로 감소하고, 같은 기간 수도권에서는 22.8%에서 18.7%로 4.1%p 감소했다.

라. 지역 일자리 위기의 유형과 과제

한국경제의 산업구조 재편과 구조조정에 따른 지역의 일자리위기는 심화할 것이다. 그리고 지역 차원의 일자리대책은 고용정책의 분권화와 맞물려 추진되어야 할 필요성은 더욱 증가한다. 우리나라 주력 제조업의 과잉투자와 과잉생산으로 인해 구조조정이 진행되면서 지역경제의 산업구조 재편은 더욱 구체화하는 경향이 발견되고 있다. 예컨대 지난 2017년 이후 주력산업의 경기변동과 구조조정 등으로 고용위기지역이 점차 확산되면서 일자리 유지 및 창출에 대한 노동시장정책 수요가 증대하고 있다. 현재 7개 고용위기지역은 지정되어 있고, 고용위기지역은 과거에도 청년 일자리 부족으로 청년의 역외 유출이 심상치 않았는데 지역경제의 피폐화로 인해 청년 일자리 부족이 더욱 심각하다. 그리고 노사상생 '지역맞춤형' 일자리정책(예, 광주형 일자리 모델 등)은 한국경제의 성장과 발전이라는 장기적 관점에서 적절한 대응 전략이라고 보기 힘든 단기적 한시적 고용위기조치에 불과하다는 주장이 많다.

2021년 현재 7개 고용위기지역이 지정되어 있고, 크게 세 가지로 유형화될 수 있다(주무현 외, 2019). 제1유형은 일시적 고용위기지역으로 단기적 고용대책을 즉시 실시하면, 그 정책효과가 발휘되면서 고용위기는 단기간에 해소된다. 제2유형은 지역경제의 기존 산업구조가 전면적으로 재편되면서 새로운 산업 또는 대체 산업을 전략적으로 모색해야 하는 장기적인 산업구조고 구조적 고용위기 지역으로 산업구조가 전면적으로 재편되어 있다. 제2유형 고용위기는 산업의 전반적 구조조정이 장기적으로 추진되고 있으나 지역사회의 리더십(기업-노동조합-정치집단-시민단체)이 제대로 작동하지 않고 장기 침체의 원인이 파악되지 못했고, 지역경제의 산업재편 방향이 설정되지 못한 상태이다. 제3유형은 업종이나 산업의 전반적 경기침체와 지역경제의 주요 기업실적이 결합하면서 단기적 대응 기회를 놓치거나, 그 위기가 당분간 지

〈표 5-6〉 고용위기지역 유형화

지역	발생원인	지역고용창출	회복방향	고용위기유형	특이점
울산동구	집중산업침체	지역자동차와 에너지산업	집중산업회복	일시적 고용위기	현대중공업 노사갈등진행
군산시	특정기업 유출충격	없음	신규산업발굴개발	산업구조재편	지역기반 산업전무
영암군 목포시	집중산업침체	없음	집중산업회복	일시적 고용위기	조선업회복중
창원 진해구	집중산업침체	창원지역 중공업	집중산업회복	산업구조재편	노사갈등진행
통영시	집중산업침체	관광 · 서비스	집중산업변경	산업구조재편	관광업 성장 중심
거제시	집중산업침체	없음	집중산업회복 신규산업개발	구조적 고용위기	지역경제악화심화
고성군	집중산업침체	없음	신규산업발굴개발	산업구조재편	

출처 : 주무현(2019)

속될 것으로 예상되는 고용위기지역이다. 고용위기지역 유형화는 지역노동시장과 산업구조의 재편 등에 따른 고용위기대책과 지역경제 회복 전략이 모색되어야만 '합리적' 정책조합이 형성될 수 있다는 문제의식이다. 지역의 일자리 변동은 지역경제 주력산업 구조조정 성격과 규모에 따라 일시적 고용변동, 구조적 고용위기나 산업구조재편 등으로 유형화하고, 고용위기 성격에 따라 진입-성숙-극복(성공과 실패) 등으로 분류된다(주무현 외, 2019).

COVID-19 세계 대유행 이후 경기침체를 극복하면서 국민경제의 전반적 회복이 예상된다. 그러나 지역의 일자리 회복에 대한 기대감은 높지 않고, 저출산·고령화와 청년의 역외 유출 등에 우려감만 더욱 높아지고 있다. 다시 말해 현재 지역의 일자리 창출은 거시적 산업구조 재편 전략과 중위차원의 지역경제 활성화 전략이 결합하지 못했고, 지역의 자원을 효율적으로 활용하는 조정자로서 거버넌스도 체계적으로 작동하고 있다. 현재 고용위기지역의 회복 전략은 단기적이고 임시적 조치에 불과하다는 뜻이다.

한국경제 주력산업의 성장 및 발전 단계를 진단하고, 그것이 지역의 생산 및 산업기반과 어떻게 연결되어 있는지가 체계적으로 파악되지 않은 채 임기응변의 고용위기대책으로 일관하고 있다. 거시경제 차원의 산업구조 재편에 대응하기 위한 지자체의 지역경제 활성화 전략 또한 장기적 시계를 고려하지 않을 경우 고용위기를 반복할 수밖에 없을 것이다. 한국 경제의 미래산업과 세계시장 전망도 없이 '관심있는 일부의 의기 투합'으로는 일자리 위기는 결코 해소되지 않는다.

마. COVID19 이후 디지털과 그린 전환 가속, 지역 일자리 변동

COVID-19 이전에도 지역 노동시장은 거대한 변화를 겪고 있었다. 다름 아닌 자동화와 기술 변화, 세계화, 그린 전환과 인구구조 변화 등이 그것이다. 이것으로 일자리 지도, 숙련 수요, 그리고 지역 노동력 규모와 구성 등이 재구성되고 있다. COVID 이전에는 다수의 도시가 일반적으로 이와 같은 변화로부터 혜택을 받을 수 있는 좋은 위치에 있었다. 이런 변화의 수혜에서 벗어나 있던 지역들은 뒤처질 위험에 더 많이 노출되는 상황에 놓이게 되었다. COVID-19는 미래의 일(the future of work)로 전환을 가속화하고 있다. 그러나 코로나19 팬데믹은 도시화와 같이 추세를 재조정하여 잠재적으로 이런 변화 유형을 바꿀 수 있다. 중앙정부나 지방정부는 이런 추세에 따라 대응을 가속화하고 적응해야 한다.

<미래의 일로 가속화된 전환과 지역노동시장 추세의 변화>

COVID-19는 이미 진행 중인 광범위한 경제적, 사회적 및 인구통계학적 기류 이동을 한층 심화하는 쓰나미와도 같다. 이러한 변화는 일자리 지도, 숙련 수요와 지역 노동력 구성 등을 재편하고 있다. 성장하는 도시지역이나 기존 선두 지역은 기술 변화의 이익을 더 많이 얻을 수 있다. 그리고 이들 지역(수도권 및 '확장된' 수도권)은 세계적 전환의 이익을 취할 준비 태세를 이미 갖추고 있다. 그렇지 않고 전통적 산업의 기술 및 인력구조를 가진 지역은 위기에 노출되어 소멸할 수도 있다는 불안감마저도 갖고 있다. 여기에 COVID−19 세계 대유행이 이런 변화를 재촉하여 새로운 지형을 만들어내고 있다. 아마도 통계적 추세를 통한 변화를 확인할 때는 이미 변화의 한 가운데 있을 것이다.

<직업 구조가 변화하는 지역>

COVID−19는 디지털화와 자동화를 가속화하고 있다. 전통적으로 단순 반복적이고 노동집약적 일자리는 자동화 압력에 직면하고 있다. 이런 지역은 평균적으로 교육 수준이 낮은 인력을 보유하고 있거나 도시화 수준이 낮은 지역이다. 자동화와 디지털 가속화에 따른 재택근무 확장에 비춰볼 때 전통적 고성장 부문에서 다른 지역으로 일자리를 분산시키는 새로운 기회도 생길 수 있다.

과거의 기술 변화는 지역간 격차 확대와 일자리 양극화를 가져왔다. 공업지역과 비공업지역의 일자리 양극화가 그것이다. 노동시장의 이중구조는 지역간 일자리 양극화 원인으로 작용했다. 다시 말해 노동시장의 상층구조에 있거나 숙련 노동력이 집중된 지역경제는 COVID−19 확산에도 덜 민감하게 반응하고 있다.

현재 단계에서 녹색 전환의 순(純)고용에 미치는 영향은 크지 않으리라 전망된다. 천연자원 지역은 일자리 손실이 일어날 것이다. 일자리 창출을 위해 과거보다 더 큰 노력이 필요하다. COVID−19가 이러한 전환의 속도에 미치는 영향은 아직 확인되지 않았다. 녹색 전환을 위한 새로운 추진력이 창출되고 있지만, 여전히 중간 지대에서 맴돌고 있다.

디지털 분야 고학력 노동자와 숙련노동자는 특정 도시와 지역으로 점점

〈표 5-7〉 COVID-19는 이미 진행 중인 대다수 지역노동시장의 전환을 가속화

	장기 추세	COVID-19 영향
일자리 지도 · 숙련 수요	자동화와 디지털 전환	
	• 자동화로 인한 일자리 창출과 소멸이 항상 동일 지역에서 발생하지 않음 • 디지털 및 보완적 숙련 수요는 모든 지역사회에서 발생 • 모든 지역노동시장에서 일자리 양극화 현상 발생	↑ 자동화로 인한 일자리 손실은 예상보다 빠르게 진행 ↑ 재택근무, 전자 상거래 및 기타 디지털 도구 사용이 이미 크게 확대
	세계화	
	• 최근 세계화 지연과 추세 이동은 지역 특수성에 따라 다른 영향을 주고, 특히 상호 교역 가능 지역에서는 이런 경향이 더욱 분명	↓ 부품 공급망 위험 관리는 의료시설과 같은 전략적 부문을 재배치하고, 지역의 우수성 이동시키는데 이익이 되었으나 그 기능이 감소
	녹색 전환과 기후 변화	
	• 제조업 일자리(brown job) 소멸은 지리적으로 집중된 혼란을 낳고 있지만, 그것이 녹색 일자리 창출로 상쇄하지 않는 현상 발생 • 기후 변화는 일자리 소멸을 낳고, 지역 경제가 가장 큰 변화를 받음	↑ 친환경 소비에 대한 소비자 선호도 증대 ↑ 녹색 인프라에 대한 공공 투자 확대 • 어떤 희생을 치르더라도 일자리를 유지하려는 부문과 탄소 집약적 부문에서 전환하려는 부문 사이에서 새로운 긴장 관계가 형성되는지는 의문
지역 노동시장의 노동력 규모와 구성	고령화	
	• 대부분 국가, 특히 농촌 지역 노동력 소멸과 고령화 심화 • 모든 영역에서 고령 근로자가 자신의 숙련 수준을 최신 상태로 유지할 수 있어야 한다는 압박은 증대	• 점차 더 많은 농촌 지역이 새로운 거주자를 유치하여 고령화 인구를 상쇄할 수 있을지는 의문
	도시화	
	• 일자리와 노동자의 도시 집중, 특히 최고 숙련노동자의 도시 집중 심화 • 농촌 지역의 두뇌 유출	• 일부 인구의 대도시 탈출 • 농촌 지역 또는 주요 대도시 지역 이외의 기타 지역이 근로자와 일자리를 유치할 새로운 기회를 가질 수 있을지는 의문

출처 : OECD(2020), Job Creation and Local Economic Development 2020: REBUILDING BETTER, OECD Publishing, Paris

집중하고 있다. 과거에도 이미 고학력 및 고숙련 노동자 집중지역에서는 다른 지역, 심지어는 해외로부터 숙련노동자를 유지하고 유치하는 데 있어 성

공적이다. 이런 현상으로 지역간 격차는 더욱 확대되고 있다. OECD(2020) 보고에 따르면,[34] 2018년까지 교육을 가장 많이 받은 지역은 평균적으로 교육 수준이 가장 낮은 지역보다 고등교육을 받은 성인이 거의 두 배 이상인 것으로 나타났다. 향후 재택근무가 늘어날수록 그러한 집중이 느려지거나 심지어 감소하기 시작할 수도 있다. 그러나 한국의 직장문화에서 어느 정도 성공할지는 의문이다.

4. OECD 주요 국가의 고용거버넌스 혁신 사례

가. OECD 주요 국가의 고용정책의 지역 분권화 경향

2000년대 들어 경제협력개발기구(OECD) 회원국가를 중심으로 지역고용정책 패러다임(Paradigm)이 변화하고 있다. 과거의 지역고용정책은 중앙정부가 낙후·쇠퇴 지역의 지리적 단점을 해소하기 위해 행정구역 단위로 예산과 보조금을 일시적으로 지원하는 것이었다. 그러나 새로운 패러다임의 지역고용정책은 경제와 생활권역(기능단위) 단위로 지역의 경쟁력 강화를 위해 지역의 모든 잠재력을 활용하는 데 있다. 특히 지역고용정책은 광역 또는 지방정부가 지역의 다양한 하드웨어와 소프트웨어 자본을 결합하는 통합적 발전계획을 수립하여 책무성과 자율성을 강화하는 방향으로 추진되었다.

새로운 지역고용정책은 지역의 경쟁력 강화를 위한 모든 잠재력을 최대한 활용하는 것을 목적으로 한다. 지역고용정책의 조정 단위는 기존의 단순 행정구역에 따라 구획하지 않고, 산업과 노동시장의 기능지역과 생활지역에 따라 이뤄진다. 기존의 행정단위를 초월하여 새로운 공간 개념으로 고정되지 않고 유연하게 설정된다. 지역의 다양한 인적·물적 자원을 유연하게

34 OECD(2020), Job Creation and Local Economic Development 2020: REBUILDING BETTER, OECD Publishing, Paris

〈표 5-8〉 지역고용정책의 신구 패러다임

	과거 패러다임	새로운 패러다임
목적	낙후/쇠퇴 지역이 갖는 지리적 단점을 일시적으로 보상	지역의 경쟁력 강화를 위한 모든 잠재력 활용
조정 단위	행정구역	기능지역
전략	분야(섹터)별 접근	통합적 발전계획
수단	보조금과 정부 지원	지역의 다양한 HW/SW 자본의 결합
행위자	중앙정부	지역 혹은 지방정부

자료: OECD(2009)에서 정리

결합하는 사회적 결속을 강화하는 거버넌스 기능이 강조된다. 이런 측면에서 중앙정부와 지방정부의 단순한 구분에서 벗어나 지방정부도 기능지역의 또 다른 행위자(actor)로서 설정된다.

나. 네덜란드

네덜란드는 고용 문제 해결을 위한 파트너십을 구축하여 고용정책을 개발하고 추진하였다.[35] 네덜란드는 실업과 일자리 문제를 고용 관련 주체 간 파트너십에 기초하고, 중앙정부, 주정부와 지방정부 등이 파트너십을 형성하여 고용정책 개발에 참여했다. 각자 역할을 살펴보면, 중앙정부는 고용정책 개발에 전적으로 관여했다. 주정부는 고용 문제에 대한 공식적 책무성은 없으나 지역고용파트너십에 적극적으로 참여하여 주(州) 단위의 고용정책을 개발한다.[36] 지방자치단체는 노동시장 프로그램 시행 및 재정지출을 담당하고, 공식적·비공식적으로 중앙정부, 주정부와 지방정부 사이에서 일자리 창출 관련 파트너십과 이니셔티브가 형성된다.

35 네덜란드는 중앙정부가 사회적 파트너들과 함께 국가의 사회경제구조를 형성한 '폴더 모형(Polder Model)'으로서 의사 결정 과정에서 사회적 파트너들이 중요한 역할을 수행할 수 있도록 상당히 발전된 협의구조를 가지고 있다.

36 주(州) 단위의 고용정책 개발 활동은 주정부가 중앙정부 경제재구조화기금과 EU구조기금을 지원받아 추진된다.

네덜란드 지역고용거버넌스에서 중앙정부–주정부–지방정부 역할 분담과 특징은 다음과 같다. 중앙정부는 주로 취업 취약계층 구직활동 지원을 통한 노동시장 진입을 촉진하는 고용정책 개발과 집중에 집중한다. 예컨대 실업급여수급자 등 보조금 지원을 통한 민간부문 일자리로 이동을 촉진시켜 정부 보조금 의존률 저하에 집중한다. 대표적으로 사회고용부(Ministry of Social Affairs and Employment), 경제부(Ministry of Economic Affairs)와 내무부(Ministry of Internal Affairs) 등이 고용정책과 재정투자 등을 담당한다.

중앙정부의 사회고용부와 마찬가지로 주정부 수준에서는 지역 노동시장 정책 플랫폼(Regional Platforms for Labour Market Policy: RPAs)이 고용 및 노동시장정책을 조정하는 역할을 담당한다.[37] 그 주요 내용을 살펴보면, 다음과 같다. ① 지역노동시장활동의 조정 ② 재통합 활동과 지출의 조정 ③ 실업자를 위한 '서비스 연계망(service chain)' 확보 ④ 주정부의 노동시장정책에 적합하도록 학교 및 교육구조 조정 ⑤ 지역 및 주 경제정책에 적합하도록 주노동시장정책 조정 ⑥ 주노동시장 연구 ⑦ 노동시장 프로젝트들의 데이터베이스 구축 ⑧ 회의 및 프로젝트의 조직 등이다. 지역 노동시장정책 플랫폼은 개별 파트너들에게 주 단위 고용 문제 해결을 위한 참여와 협력 기회는 제공하지만, 공식적 의사결정 권한 및 재원은 없다.

2004년에 시행된 노동과 지원법(Work and Assistance: WWB)으로 지방정부의 고용정책 개발 유연성이 강화되면서 지방정부는 지역 고용 활성화 사업에 참여하게 되었다. 예컨대, 어떤 지방정부는 지역 내 청소년 퇴학률 감소를 위해 자체 사업을 추진하거나, 탁아사업(child care)으로 정책대상의 노동시장 진입을 촉진한다.

37 주노동시장정책플랫폼은 네덜란드 대부분 주에 설치되어 있다. 이러한 플랫폼들은 노·사·정 등의 대표가 구성원으로 참여하는 광범위한 파트너십 형태를 띠고 있으며, 이외 일부 주노동시장정책플랫폼은 교육센터, 업종 조직, 재통합회사, 사용자, 제3부문 조직 등도 포함한다.

네덜란드 지역고용거버넌스의 분권화는 고용정책 시행 과정에서 지역의 고용 관련 주체들이 주요 정책을 검토하여 일자리 창출을 위한 기회와 재원을 운용한다. 2002년에 새롭게 도입된 노동소득행정체제[38]는 노동시장정책을 지역 수준으로 더욱 분권화하여 주정부와 지역 주체의 책임은 더 확대되었다. 지방정부는 지역의 요구에 적합한 고용정책을 개발하는 데 상당한 유연성을 가지게 되었을 뿐만 아니라[39] 새로운 일자리 창출에 대한 책무성도 강화되었다.

다. 프랑스

프랑스는 지역고용거버넌스를 통해 Bottom-up 형태로의 고용정책 개발로 전환했다. 지역고용이 중요해지면서 지방정부의 고용정책 개발 참여가 확대되었다. 지역고용 문제 해결을 통한 일자리 창출이 점점 강조되면서 지역고용정책 개발은 거버넌스에서 중요한 과제로 설정되었다. 공공고용서비스의 지역사무소가 자치 행정구(sub-regional)[40] 수준에서 지역고용실천계획을 개발하여 실행할 필요성이 대두되었다.

프랑스 지역고용거버넌스에서 중앙정부-주 정부-자치 행정구-지방정부 역할 분담과 특징은 다음과 같이 정리된다. 중앙정부 차원의 고용정책은 노동시장의 투명성 확보 및 실업자에 대한 사회안전망 제공이며, 이러한 정책의 집행은 공공고용서비스에 의해 이루어진다. 공공고용서비스는 중앙고용기구와 성인직업훈련기구로 구성되어 있다. 중앙정부는 지역고용파트너십에 직접 참여하지 않고 재정만 지원한다. 주정부 차원의 일자리 창출에

38 노동소득행정구조는 노동과 소득에 대한 조치들의 효율성 향상을 통한 급여 신청자의 노동시장 재진입에 목적이 있다.

39 현재 지방정부는 중앙정부, 특히 사회고용부로부터 지역고용정책에 대한 재원을 지원받고 있다. 이러한 재원은 지역 수준에서 기획된 이니셔티브 지원을 위해 유연하게 사용된다.

40 네덜란드 행정체계는 '중앙정부-주정부-지방정부'로 이루어져 있고, 프랑스는 '중앙정부-주 정부-자치행정구-지방정부'로 구분되는데, 자치 행정구는 완전 자율성을 갖고 있다.

관여하는 지역위원회는 일자리 창출에 직접 관여하여 교육훈련 프로그램 개발, 공공–민간의 컨소시엄 형태로 수행되는 교육훈련 프로그램 자금 지원을 결정한다.[41] 주정부가 교육훈련 프로그램 집행 및 교육훈련 이니셔티브는 갖고 있으나 실제 집행은 주정부의 하위 행정단위에서 이뤄진다. 또한 지역위원회는 일자리 창출과 사회통합 분야에서 중앙정부와 자치행정구 사이의 협약을 조정하고, 중앙정부 지원금의 매칭 규모 등을 결정한다.

자치 행정구는 지역고용 진단 및 전략을 주요 내용으로 하는 지역고용실천계획[42]을 개발하고, 실업자를 위한 통합이나 사회적 지원 활동을 주로 담당한다. 자치 행정구 노동, 고용과 직업훈련국은 공공고용서비스 지역사무소 감독, 지역 수준에서 국가 고용 프로그램의 법률적 관리와 규제 집행, 일자리사업의 중앙정부 지원금 확보, 통계 정보 수집, 지역고용실천계획 수립 등을 담당한다.

지역고용정책 개발 및 집행 결정이 지역보다 상위의 정부 수준에서 이루어지지만, 이러한 활동이 실질적으로 수행되는 단위는 지방자치단체이다. 지역고용전략은 지역통합고용계획으로서 지역 주체들에 의해 개발되고, 중앙정부 또는 상급 행정단위가 승인하는 형식이다.[43] 지역 내 구직 청년층

41주 위원회는 18세 이하의 청년층을 대상으로 교육 · 훈련프로그램을 실시해야 하나, 이러한 교육 · 훈련 프로그램의 담당자는 교육부 직원이다.

42 프랑스 지역고용실천계획 특성을 요약하면 다음과 같다. ① 공공고용서비스지역사무소는 자치 행정구 수준에서 지역고용실천계획을 마련해야 하나, Herault와 같은 공공고용서비스지역사무소는 지역고용실천계획을 지역 경제활동 추이와 연관성이 높은 몇 개의 영역(zone)으로 구분, ② 공공고용서비스지역사무소는 지역 경제활동 추이에 따라 구분된 각각의 영역에 대한 계획을 수립한 후 하나의 문건으로 통합하는데, 이러한 계획은 해당 영역의 지역고용 목표 및 프로그램을 규정, ③ 공공고용서비스지역사무소는 지역고용실천계획 수립 시 지방정부, 사회적 파트너 등과 같은 지역 핵심 주체들의 의견 청취, ④ 지역고용실천계획 수립이 단지 행정 업무로만 간주될 위험이 존재하므로 특정 지역의 공공고용서비스지역사무소는 계획 수립 시에 지역 파트너의 참여 독려

43 장기실업자 및 취업취약계층이 노동시장에 재진입할 수 있도록 지원하는 개별 실천계획은 지역통합고용계획을 통해 수립되므로 지방정부는 이들 이외에도 비경제활동인구, 건강상의 어려움을 겪고 있는 자, 사회적 불이익을 겪고 있는 자에게도 고용의 기회를 제공해 주는 실천계획을 수립해야 할 필요가 있다.

지원의 지역 기반 정책은 지역고용추진단이 직접 수행하고, 지역 청년층 대상 상담 기능도 수행하면서 고용센터 네트워크를 운영한다.

프랑스 지역고용거버넌스의 분권화 수준은 여타 유럽국가와 달리 고용정책의 중앙집중화가 강하지만, 하위 수준의 행정단위의 일자리 창출에서 역할이 점점 강조되면서 분권화 시도가 제기되고 있다. 프랑스는 지방정부의 고용정책 개발을 위해 중앙정부의 권한이나 역량을 이양하기보다 분배하는 형식으로 분권화가 진행되고 있다.[44] 중앙정부는 주로 실업문제, 직업훈련 및 고용정책 개발을 담당했으나 최근 일자리 창출 이슈가 지역에서 추진되어야 하는 의견이 강하게 제기한다.

라. 덴마크

덴마크는 일자리 거버넌스의 분권적 집중화가 진행된 사례이다. 2004년 덴마크는 복지향상 및 공고화와 함께 기업, 무역 및 기술 변화에 대응하는 분권적 공공부문 강화를 위해 행정구역 및 지방정부 혁신을 추진했다. 주요 혁신방안을 살펴보면, 271개의 자치단체(municipalities)는 87개로 통합하고, 14개 지치주(country)를 폐지하고, 대신 4개 고용지역(employment region)을 신설했다.

공공고용서비스(PES)를 포함한 고용정책 거버넌스 개혁이 지방 분권의 핵심 사업이었다. 지역고용센터(local job-centre) 설립과 함께 실업급여 수급자 대상 적극적 조치 책임 기관이 자치단체로 이전했다. 공공고용서비스(PES)가 자치단체 주요 업무로 전환되었다.

덴마크 노동시장의 구조적 특성은 다음과 같다. 1990년대 후반까지 「관대한 사회보장제도-유연한 노동시장-높은 ALMP 지출」이라는 황금 삼각

44 사실 중앙정부의 권한 및 역량 배분이 지역 주체의 참여를 억제하는 역기능이 있기는 하나, 모든 정부 수준에서의 행정시스템이 지역고용파트너십과 이니셔티브를 통해 동원될 자원들을 제공하는 순기능도 함께 존재

구조(golden triangle)가 형성되었다. 고용정책 개혁 이전 덴마크 고용정책의 이중구조 형식을 가졌다.

(1) 사회급여의 이중구조 : ALMP는 실업급여 수급자격자 대상, 사회정책은 실업급여 수급 비자격자 대상

(2) 사회정책 운영의 이중구조 : 중앙정부에 의해 운영되는 노동시장정책은 사회적 파트너(노동조합, 고용주 단체)와 긴밀한 협의 속에서 운영, 사회정책은 자치단체의 책임 하에서 운영

2007년 고용정책의 주요 개혁 방향은 첫째, 2001년에 집권한 보수정부는 고용정책의 기본방향을 'human capital'에서 'in−work'로 변경했다. 둘째, 비효율적 자치단체의 활성화 프로그램과 교육훈련 제도 폐지, making work pay 정책을 적극 추진하였다. 셋째, 2007년 행정구역 및 자치단체 구조개혁 일환으로 PES를 포함한 고용행정 거버넌스가 개혁되었다. 넷째, 자치단체(municipality)마다 새로운 고용센터(local Job-centre) 1개소씩 설립되었다.

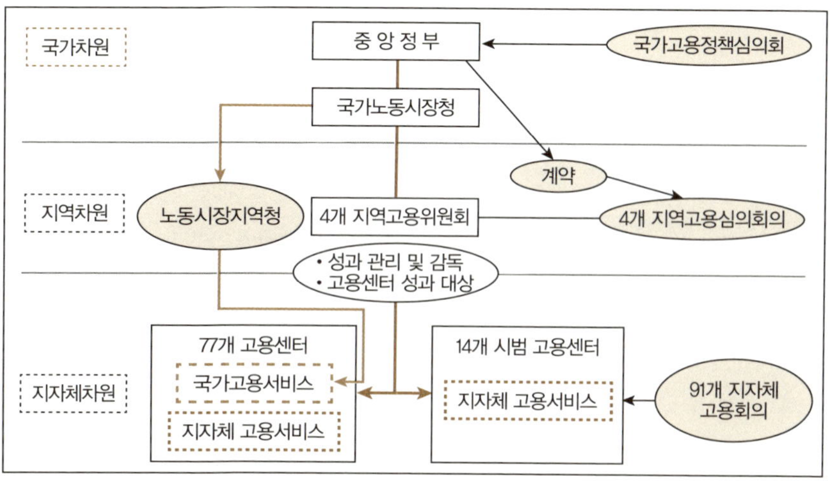

[그림 5-4] 덴마크 노동시장정책 추진체계

개혁 이후 네덜란드 고용정책은 국가-지역-지방(Nation-Region-Local) 삼중 구조로 형성되었다. 2007년 고용정책의 개혁조치는 3차원의 추진체계를 변경했다.

(1) 국가노동시장위원회(National Labor Market Council) → 국가고용위원회(National Employment Council)로 변경

(2) 지역노동시장위원회(Regional Labor Market Council) → 지역고용위원회(Regional Employment Council)로 변경

(3) 지방노동시장위원회(Local Labor Market Council) → 지방고용위원회(Local Employment Council)로 변경

《국가고용위원회의 구성과 역할》

- 구성 : 사회적 파트너(노사), 자치단체, 덴마크 장애인조직위원회로 구성
- 주요 역할 : ① 고용정책 목표 및 수단 등을 고용부장관에 제안, ② 지역고용 정책, 시범 프로젝트 등에 조언하고 새로운 입법 조언, ③ 국가고용위원회 제안과 조언은 국가노동시장청 미션, 전략 목표에 반영

고용부는 중앙 차원 고용거버넌스에서 국가 수준의 고용정책을 총괄한다. 고용부는 91개 잡센터의 고용정책과 4개 고용지역에 관한 최고행정당국을 담당한다. 고용부장관은 매년 자치단체가 준수해야 하는 3-4가지의 고용정책 목표를 발표하며, 자치단체는 반드시 이것을 자신의 고용정책 계획 수립에 반영해야 한다.

노동시장청은 신규 입법의 실행, 새로운 방법과 툴을 개발하여 고용정책 지원을 지원한다. 고용위원회는 중앙정부 고용정책 관련 수립 지원 및 자문, 관련 법률 초안을 마련한다. 매년 고용정책 최저요구사항(minimum requirements)을 고용부장관에게 제안한다.

지역고용거버넌스는 4개 고용지역(Employment Regions)에서 구성되었다. North Jutland, Central Jutland, South Denmark, Greater Copenhagen and Zealand 등 4개 지역이 그것이다. 지역고용거버넌스는 노동시장청 산하기관이며 지역고용위원회(regional employment council)을 두고 있다. 지역고용거버넌스는 덴마크 고용정책의 유연성을 지원하고 책임성을 보장하는 중심적 역할을 수행한다. 고용지역과 지역고용위원회는 매년 고용센터와의 협력 및 지역고용정책 성과 제고에 관한 계약을 고용부와 체결한다. 고용지역은 고용부와 노동시장청을 대신하여 소관 지역의 고용정책 성과, 결과 및 조치를 모니터링하고 자치단체 고용정책 수립에 개입한다. 고용지역은 고용부가 설정하는 핵심 고용정책 목표 추진현황과 애로사항 분석한다. 분석 결과는 지방자치단체 자체 고용정책 전략과 목표를 설정하는데 있어 중요한 근거로 사용한다. 고용지역은 지방자치단체의 다음연도 자체 고용정책 목표 설정과 계획 수립에 대해서 협의하고 조정하는 역할을 수행한다. 지역 고용센터가 제공한 결과와 정보에 근거하여 지역고용정책과 노동시장 상황을 모니터링한다. 모니터링에 근거한 자료는 자체 시스템(,jobindsats.dk)을 통해 제공한다.

지역고용위원회는 지역 고용센터와 협의한다. 고용지역과 고용센터는 고용정책의 성과와 평가를 위한 공동 추진 주체이다. 고용지역은 연간 4회 이상 지역 고용센터와 지방자치단체의 고용부서와 협의하며, 고용센터 성과와 정책 효과 개선 방안 등에 대해 논의한다.

지방자치단체 차원의 지역고용거버넌스는 98개 지방자치단체에 설치되어 있다. 기초자치단체는 자체 고용정책을 계획하고 개발하고 실행하며, 다른 정책영역과 고용정책을 조정한다. 7개 소규모 지방자치단체를 제외한 모든 자치단체는 고용센터를 설치했다. 고용센터는 취업알선 업무에 집중하기 위해 실업급여 업무는 고용센터에서 분리하여 지방자치단체가 직접 수행한다. 지방자치단체의 다른 이해당사자, 즉 교육기관, 기업 및 실업보험기금 등과 협조 하에서 고용정책을 수행한다.

고용센터는 지방고용위원회와 결합되어 있다. 지방고용위원회는 노동조합, 고용주 조직, 지방정부 및 이해관계자 단체로 구성된다. 지방자치단체는 고용성과를 모니터링하고, 노동시장 취약계층 대상 정책을 개발하고 조정한다. 사회적 파트너, 장애인 조직, 지방통합위원회(Local Integration Council), 시위원회(municipal council), 지역협회(Local associations) 등으로 구성된다.

국가 차원 고용정책의 핵심 목표 추진과정은 다음과 같다. 핵심 고용목표가 설정되면, 고용부는 고용지역 및 지역고용위원회와 노동시장 성과 향상을 위한 계약을 체결한다. 고용지역은 지역고용사정, 인력수요 및 고용센터 목표집단 현황 등에 관한 보고서를 제출하고 지방고용위원회와 자치단체 전략부서 직원 등이 참여하는 지역고용정략 수립 컨퍼런스를 개최한다. 고용지역 보고서는 개별 지방자치단체가 자체 작성한 보고서와 분석내용을 반영한다. 연차 보고서 작성 과정에서 지방자치단체 고용계획 수립 토대 형성한다.

중앙정부의 자치단체 고용정책에 대한 조정과 일관성이 확보된다. 중앙정부는 매년 고용정책의 최서요구사항(minimum requirements)을 설정하여 자치단체에게 준수 의무를 부과한다. 어떤 자치단체에 살고 있는지와 관계없이 모

〈표 5-9〉 국가고용정책 추진일정

시기	주요 내용
4월~5월	고용지역은 다음 해 자치단체 고용전략과 목표 수립 협의 돌입
	↓ ↓
7~8월	자치단체 의회는 다음 해 자치단체 고용정책 계획과 예산 승인 → 고용지역은 고용센터의 일상적 운영 계획 수립
	↓ ↓
10월~12월	고용지역-자치단체는 다음 해 고용센터 계획 실현 방안 협의

든 덴마크 시민이 동등한 수준의 노동시장 참여 기회와 고용서비스 제공을 보장받아야 한다는 「시민권」에 근거한 의무사항이다. 자치단체가 고용지역을 중시하고 좋은 노동시장 성과를 유도하기 위한 재정적 인센티브를 활용한다. 좋은 노동시장 성과를 거둔 자치단체는 투자유치, 세금감면 등의 혜택을 받는 대신, 성과가 낮은 자치단체는 반대의 불이익을 받는다. 재정적 인센티브는 자치단체가 소극적 조치보다는 적극적 고용 친화적 프로그램을 적극적으로 추진하도록 유도한다. 고용지역은 고용부와 노동시장청을 대신하여 소관 지역의 고용정책 성과, 결과 및 조치를 모니터링하고 자치단체 고용정책 수립에 개입한다.

고용계획 최저요구사항

〈모든 지방정부는 매년 다음 해 고용센터 활동을 위한 고용계획을 수립해야 하며, 중앙정부는 고용계획의 최저요구사항을 설정〉

(1) 고용부가 설정한 목표(targets)를 반영할 것

(2) 국가목표, 성과평가결과 등에 근거하여 가장 중요한 미래 고용정책 도전 목표을 설정할 것

(3) 로컬 수준의 전략과 목표가 포함될 것

(4) 고용센터가 기업에 제공하는 서비스의 전략과 목표가 포함될 것 등

덴마크에서 재직자훈련은 고용부가 담당하고, 나머지 직업훈련은 교육부가 담당하기 때문에 고용부와 교육부는 직업훈련에 대해 조정 작업을 한다. 노동시장청은 훈련위원회(National Training Council)와 협의하는 방식으로 직업훈련 관련 부처 간 조정을 한다. 훈련위원회는 사회적 파트너, 이해관계자, 자치단체로 구성되어 있고 직업훈련정책과 관련된 개선 방향, 자문, 분석 등을 정부 부처에 제공한다.

덴마크는 고용행정개혁 이후 예상 가능한 부정적 현상에 직면하였다.

고용행정개혁 이후 업무량 증가, 일선 직원들은 과거보다 행정 업무 처리에 더 많은 시간을 사용하는 등 Job-center의 관료화 현상이 발생한다. 새로운 행정조직에 대한 저항감이 자치단체 고위공무원과 일선 직원 사이에서 여전히 존재한다. 고용센터(PES)와 지방자치단체의 화학적 융합에 예상외 시간이 소요되었다.

고용정책의 분권화 추진에도 "연간 고용정책의 최소요구사항" 준수 의무화 등 중앙정부의 고용정책 목표가 자치단체 간에 일관성 있게 추진되도록 관리하는 것도 중요하였다. 고용지역(Employment Regions)은 중앙정부를 대리하여 기초자치단체의 고용정책 조정, 지원, 자문 등을 수행했다. 고용지역은 기초자치단체의 연간 일자리정책 수립 과정-추진-평가까지 전 과정에 개입하여 성과를 관리하고 중앙정부의 정책목표가 반영되도록 활동을 한다.

5. 지역의 경제발전과 고용성장을 주도할 혁신적 거버넌스

가. 지역경제고용발전전략[45]

디지털·그린 전환(Digital and Green Transition)이 급속히 진행하는 세계적 흐름에서 산업구조의 재편으로 지역경제와 고용위기가 발생하면서 노동시장의 지역별 분절 현상도 심화되고 있다. 지역경제는 주력산업 쇠퇴에 따른 미래 첨단산업으로의 업종전환, 폐업 기업의 실업자 지원 대책, 대체산업 육성 등 어려움에 직면하고 있다. 지역경제의 지속 가능한 성장을 위해 역외(域外)의 대규모 투자유치만이 아니라 지역의 주력(성장)산업과 일자리가 내생적으로 서로 결정하는 지역 주도의 경제고용발전전략이 필요하다.

45 경제협력개발기구(OECD)는 효과적 정책집행과 지역 주도의 더 좋은 일자리를 더 많이 만들기 모범 사례(Best Practice) 마련을 목적으로 OECD-LEED 프로그램(Local Economic and Employment; LEED)을 운영

지역 리더십 구축은 기존 거버넌스 구조 중심에서 벗어나 새로운 전략적 계기를 모색하려는 노력에서 출발해야 한다. 우리나라 고용정책은 전통적인 중앙집권형에서 혁신적 조정된 분권형(新집중형) 또는 조건부 분권형으로 전환하여 '완전' 분권형으로의 과도기 단계에 있다고 볼 수 있다. 다시 말해 고용정책의 분권화는 [경로 A]와 [경로 B]의 경로 탐색에 놓여 있다. [경로 B]는 고용정책 분권화에 조응하는 지역 리더십이 형성되지 않으면, 책무성 확보가 어렵고, 정책집행의 효율성과 효과성이 저하될 가능성도 존재한다. [경로 A]는 중앙정부가 정책집행에 있어서 여전히 상당한 조정기능을 유지하면서 지역 리더십 강화를 추진하는 것이 현실적으로 타당하다.

앞서 제2절에서 논의하였던 바와 같이 고용정책의 분권화와 권한 이양 주장은 세계적인 추세나 유행에 맞추자는 막연한 생각에 출발한 것이 아니다. 지역 노동시장의 취약계층 맞춤형 일자리사업을 추진하고 지역의 산업발전에 필요한 인력양성을 위해 지역과 지방정부에 고용정책의 권한을 이양해야 할 필요가 있다는 이론적 실증적 근거는 앞에서 여러 차례 언급되었다. 지역의 리더십이 효과적으로 작동하고, 중앙정부 대비 지방정부의 위임

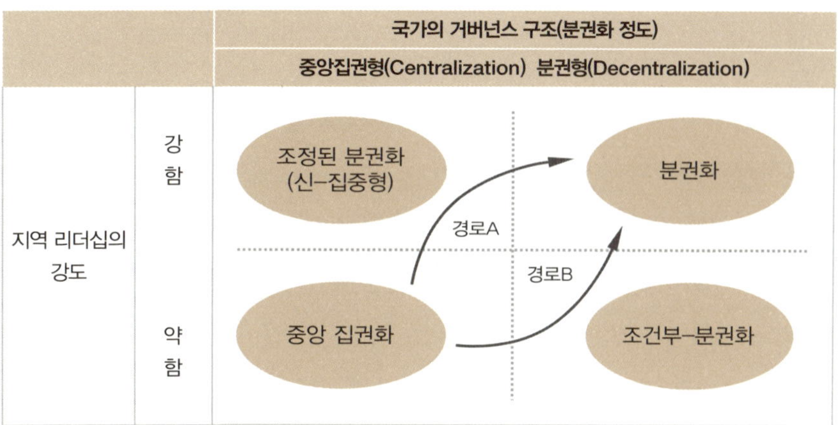

[그림 5-5] 고용정책 분권화 경로 탐색

수준이 높아야만 지역맞춤형 인력양성사업이 가능하다는 것이다. 예컨대 지역의 산업전략에 맞는 숙련인력양성사업은 지역의 고용거버넌스를 통해 수립되고 추진될 수 있는 메커니즘되어야 한다는 주장은 이제 상식에 해당된다.

나. 지역의 거버넌스 현황과 평가

지역노사민정협의회는 광역과 기초에 각각 17개와 135개소 설치, 지역인적자원개발위원회('19년 지역고용혁신추진단과 지역인자위 통합)는 17개 광역시도에 설치되어 있다. 지역고용거버넌스는 지역의 산업전략과 고용정책의 조정·결정에 관한 권한이나 역량이 취약계층 일자리 창출에 미흡하다.[46]

다. 행정구역을 넘어서는 일자리 권역

지역 주도의 혁신적·대안적 거버넌스를 만드는 것은 지역고용정책의 공간적·정책적 범위로서 행정구역과 산업·고용권역을 구분하고 재조정하는 작업이다. 행정단위에서 경제권 단위로 정책과 사업 추진 범위를 확장하는 것이다. 예컨대 광역단위 행정구역을 넘어서는 '경제권역'과 '산업·고용권역'으로 확장하는 '일자리 권역' 개념이 필요하다. 일자리 권역은 지역사회의 생활 범위, 경제활동영역, 노동시장 이동과 거리 등으로 설정되고, 지역고용정책의 집행과 추진 공간 범주이다.

이때 지역의 거버넌스(Governance)는 지역경제의 경쟁력과 번영을 촉진하는 정책 개발과 추진에서 지역맞춤형 일자리사업 조정과 협의의 연결 고리이고, 지역경제고용발전의 실천 계획을 조정하고, 기업과 시민 사회를 연결한다. 중앙정부는 거버넌스 설치와 운영의 가이드라인만 제시하고, 지역 주

46 9개 인자위는 지역노사민정협의회의 분과(특별)위원회로 구성되어 있다.

〈표 5-10〉 지역고용거버넌스의 주요 의제와 기능

	광역자치단체		기초자치단체
	지역고용심의회 (=지역노사민정협의회)	지역인적자원개발위원회 (지역고용혁신추진단 포함)	지역노사민정협의회
법적 근거	고용정책기본법 노사관계발전지원법	근로자직업능력개발법	노사관계발전지원법
설치	광역 17개	광역 16개	기초 135개
위원장	자치단체장	(공동) 부단체장, 사무국 설치기관의 장	자치단체장
구성	자치단체, 지방관서, 노사단체, 전문가	자치단체, 지방관서, 산업계, 노사단체, 대학, 전문가	자치단체, 지방관서, 노사단체, 전문가
운영	본회의 연 1~3회 실무 · 분과회의 연 1~10회	본회의 연 3~4회 실무 · 분과회의 연 20회	본회의 연 1~3회 실무 · 분과회의 연 1~10회
사무국	11개(지역 노총 · 경총 등)	16개(지역상의, 경총 등)	27개(지역 노총 · 경총 등)
운영 예산	약 16억원 (사업비 및 사무국 운영비 포함)	약 5억원 (사무국 운영비)	-
기능	- 지역고용정책기본계획 수립/시행 - 지역 고용촉진, 직업훈련, 실업대책 - 지역 노사관계 안정	- 지역혁신프로젝트 등 지역고용 활성화 사업 운영 - 지역 훈련수요조사, 인적자원개발 재원 배분 및 조정	- 지역고용정책기본계획 수립/시행 - 지역 고용촉진, 직업훈련, 실업대책 - 지역 노사관계 안정

도로 산업과 노동시장 특성을 반영한 이해관계자로 구성·운영되는 데 필요한 재정지원을 담당하는 것이다.

라. 중앙과 지역의 권한과 책임 분담

행정단위를 넘어서는 지역경제고용발전전략 수립과 집행에서 중앙과 지방은 역할과 책임을 나눈다. 중앙정부는 지역 경제의 경쟁력과 번영 촉진을 위한 정책개발과 고용정책의 지역 간 조정 및 예산 배분에 대한 책임을 지고, 전반적인 정책 목적과 운영 목표를 설정하며 고용안전망 관리와 고용서비스에 대한 책임을 진다. 중앙정부는 지역 산업정책의 전통적 지원 수단인 인프라 확충, 보조금, 조세혜택, 금융혜택, 산업입지공급 등을 지역과 협의하여 강

구분	행정기구	주요 역할	기능
중앙	중앙정부 (고용노동부, 산자부와 중기부 등등)	• 국가 수준의 일자리정책 목표 설정 • 광역지방자치단체 일자리기본계획 심의 • 일자리사업 예산 지역별 배분 • 초광역 권역간 협력체계 지원	보완
	초광역 기구 (신설 혹은 재편)	• 경제권역 노동시장정책과 고용정책 수립 • 인력수급 전망, 훈련 등 사업 수급 기획 • 지역 일자리사업 심의평가, 모니터링 • 지역간 일자리사업 조정, 연계협력 • 일자리사업 관련 인프라 구축 및 분석	핵심
지방	광역시 · 도	• 일자리사업 추진 기본계획 수립 • 일자리사업 기획 및 설계 • 전략산업 일자리 사업 주도적 추진 • 기초지방자치단체 일자리사업 심의평가	
	기초지자체	• 주요 일자리사업 실행단위 • 고용복지+센터의 일자리사업 실행단위 연계 협력 • 취약계층 중심의 일자리 사업 수행	자율

[그림 5-6] 고용정책 중앙-지역 간 역할 분담 방안

화하고, 인프라 확충보다는 연구개발, 인적자본 확충 등 혁신을 촉진한다.

지방정부는 중앙정부로부터 고용정책 권한과 책임을 이양받아 정책집행과 사업 추진에서 핵심 역할을 담당하고, 지역경제고용발전 주체로서 노사민정 등 이해관계자와의 협력을 도모한다. 지역고용정책의 목적과 운영 목표를 설정하고 이에 따라 설계-집행-전달의 수행 주체로서 역할을 강화한다. 중앙정부와 지방정부는 중앙수준 고용정책심의회의의 지방정부 협력 및 조정 강화, 초(超)광역단위 지역고용정책위원회 설치를 통한 경제권역(지역노동시장과 산업구조) 경제고용발전전략 마련 등을 협력한다. 중앙과 지역의 역할 분담과 협력, 분권과 책임의 법적 제도화를 통한 지역 주도 초광역 거버넌스의 고용정책 일관성 확보가 일자리 창출에 긍정적으로 이바지할 수 있을

것으로 기대된다.

마. 초(超)광역 거버넌스와 조정된 분권화

먼저 17개 광역시도 행정단위를 넘어서는 5~7개 초(超)광역 단위 지역고용기구를 설치하는 것이다. 그리고 초광역 지역고용기구가 경제권역 및 생활권역 경제고용발전전략 수립하면, 일자리 권역 내 지방정부는 그것을 직접 실행하는 주체가 되는 것이다. 지역의 거버넌스는 초광역–광역–기초 단위의 3단계로 설치된다. 하나의 일자리 권역에서는 국가 고용정책과 지역 일자리정책에 대한 중앙정부와 지방정부의 조정된 분권화(Coordinated Decentralization)를 실현해보자는 것이다. 초광역 지역고용기구는 기구의 위상(법적 근거), 역할, 예산, 집행역량 등에 따라 위원회 설치, 지방고용노동청의 위상 재정립, 독립기관 설립 등 다양한 유형을 조합하는 형태로 추진한다. 중앙정부는 '인위적이고 중앙집중적 거버넌스 재편'을 시도하지 말아야 한다. 그리고 지역의 거버넌스는 지역 내 또는 지역 간 합리적 경쟁을 통해 예산을 확보하고, 비효율적인 사업의 효율화를 통해 지역 주민이 체감하는 성과를 도출해야 지역 주민의 지지를 받을 수 있을 것이다.

바. 이해관계자의 파트너십 기반 일자리재단 설치

이익집단 또는 경제단체에 의한 지역고용거버넌스 운영을 지양하고 이해관계자의 협력관계를 도출할 수 있는 인프라가 마련되어야 한다. 지자체 산하기관(일자리재단 설치)으로 운영하는 방식과 미국 NASWA(National Association of State Worforce Agencies)와 같은 일자리사업 수행기관 연합체 운영을 통한 사업발굴과 예산 지원 방식에서 선택되어야 한다. 중앙정부는 지역의 일자리재단 설치에 관한 표준안 및 관련 법률 제정해야 한다.

일자리재단은 지역의 전략산업과 결합한 내생적 고용발전구조 형성에 뒷받침할 중장기 지역고용정책 수립 지원, 지역산업 맞춤형 일자리사업 발굴과 집행을 담당하는 것이다. 그리고 일자리재단은 지역 일자리 종합 HUB로서 체계적 일자리사업 수행·평가, 일자리사업 추진과 통합적 고용서비스 서비스 제공을 위한 지역 고용정책 전달체계의 핵심적 중추기관으로 성장하도록 설계한다. 아울러 전달체계 거버넌스로서 일자리재단은 일자리사업의 체계적·효율적 추진을 위해 분산된 일자리사업 유관기관을 집적화하여 분야별 일자리 사업의 연계성과 효율성을 강화한다. 일자리재단은 지역고용거버넌스를 운영하는 사무국 기능을 담당하면서, 산업계 이해관계자 참여 거버넌스 구축과 실무자 인적 네트워크 활성화를 지원한다. 일자리사업 활성화를 위한 인적 네트워크 지원, 각종 예산 집행 방식 공유와 실무자 협의체 활성화가 필요하다.

일자리재단 설립과 운영에 관한 지자체 조례로 법적 기반이 마련되어야 한다. 일자리재단 조례를 두고 있는 지방자치단체는 경기, 강원, 울산 등 3곳에 불과하며, 해당 조례 역시 각각 차이가 있어 지자체가 조례를 제정하기 쉽도록 표준 조례안이 필요하다. 그리고 해당 조례안은 표준안으로 각 지방자치단체가 지방의 사징에 따라 변용하여 제정해도 될 것이다.

일자리재단 설립과 관련되는 재단설립에 대해서는 민법 제32조의 재단법인, 일자리재단에 대한 지자체의 재원 출자에 대해서는 지방자치단체의 출자·출연기관의 운영에 관한 법률 제4조가 적용될 수 있다. 지방자치법 제9조 제2항에서는 지방자치단체의 자치사무를 예시적으로 열거하고 있는데, 통상적으로 이들 열거사무를 자치사무로 인식된다. 이 중 제2호가 복지사무인데 고용과 복지를 동일시하기는 어려움. 현행 법령에서 고용 관련 사항을 자치사무로 보기 힘들다.

고용정책기본법에 일자리재단의 근거 규정을 두고, 구체적 사항을 조례로 정한다고 규정하는 것이 합리적이다. 판례는 지방자치단체의 조례로는 포괄위임을 허용하고 있다. 지역인자위의 근거 법률인 「근로자직업능력개발법」은 직업훈련에 특화되어 있어 그것보다 업무 범위가 넓은 일자리재단을 포섭하기 힘들다.

5. 지역의 산업발전과 인력양성

가. 지역 인력양성의 현주소

고용정책의 지역 '분권화' 추세에도 지역의 산업전략과 노동시장의 고용구조를 연계한 지역산업 맞춤형 일자리 대책은 미흡하다. 그것은 다음과 같은 이유 때문이다. 첫째, 지역 일자리사업 유사 중복 현상이 심각하고, 중앙정부의 유사 중복 일자리사업의 중앙정부 조정기능도 존재하지 않는다.

둘째, 지방정부 일자리 사업은 지역산업의 중장기 전략과 분리된 채, 단기 성과 중심의 직업훈련과 고용서비스에 집중되어, 일자리 예산 집행의 효과성과 효율성 논란이 반복되고 있다. 중앙부처의 부처간 및 중앙-지방의 협업 일자리사업이 없다. 중앙정부 부처들이 경쟁적으로 지역 일자리사업을 발굴하여 시행한 결과, 유사 일자리사업이 지역에서 추진되었으나 일자리 창출 효과는 기대 이하이다.

셋째, 지방정부는 저성과 일자리사업을 단지 수행하는 전달체계의 기능 담당으로 만족하고 있기 때문이다. 중앙정부의 '일방적' 사업 추진과 지방의 '자율성' 부재로 중앙-지방의 조정기능이 없고, 이해관계자의 민주적 참여와 소통이 존재하지 않아 일자리 성과가 전반적으로 미흡하다.

중앙정부의 공급자 중심 일자리사업 예산 배분과 지역고용정책 개발 능력 부재로 지역의 산업과 노동시장의 구조적 특성에 맞는 인력양성사업이 실현되지 못해 의미있는 성과가 도출되지 않고 있다. 중앙정부는 지역의 경제·

고용상황 및 특성 등을 고려하여 일자리사업 예산을 배분·조정하려는 의지와 전략 모두 부족하다. 대체로 소규모 산발적 지역 일자리사업의 반복적 수행으로 지역의 중장기 산업전략에 대응한 고용정책 추진이 힘든 상태이다.

그리고 지역의 미래 성장산업 맞춤형 인력양성 우수사업 발굴과 확산을 위한 노력이 거의 없다고 본다. 지역 일자리사업의 신규모델 발굴과 확산이 전반적으로 미흡하다. 지역의 미래산업과 노동시장 특성을 반영한 '지역 맞춤형' 일자리사업 추진 여건과 환경이 성숙하지 못한 상태이다. 이로 인해 중앙과 지방의 역선택이 빈번하게 발생하고 있다. 지방정부는 중앙정부 일자리 예산에 의존하고 있어 '창의적' 일자리사업 발굴이 현실적으로 불가능하고, 중앙정부는 지역경제의 핵심 현안 해결에 대한 실효적 방안 마련도 미흡하다.

지역의 일자리 악순환이 해소되지 않고 있다. 일자리 사정이 나쁜 지역은 산업구조가 취약하고, 재정자립도도 낮아 중앙정부 예산에 의존하기 때문에 지역 노동시장의 이중구조 극복과 좋은 일자리 창출은 힘들다.

나. 지역인자위의 지역산업 맞춤형 직업훈련사업 성과와 과제

고용노동부 지원으로 지역산업 맞춤형 인력양성 사업과 함께 민간 훈련기관과 사업장의 재직자 및 실업자 훈련사업이 실시되고 있다.[47] 지역인자위는 지역과 산업의 수요에 맞는 인력을 양성하기 위해 2013년부터 전국 17개 시도에 설치·운영되는 회의체로서 「근로자직업능력 개발법」에 근거하고 있다.

그러나 지역산업 맞춤형 직업훈련사업은 일회성 단기사업으로 성과관리가 미흡하다. 대부분 인력양성사업이 일회성으로 실시되거나 여러 사업과 연계하여 실시되기 때문에 직업훈련의 규모를 정확히 파악하기 힘들고, 성

47 2020년 현재 지역의 재직자와 실업자 직업훈련사업 참여 인원은 각각 3,974천 명과 257천 명으로서 집행예산은 각각 7,890억 원과 7,209억 원(고용노동부)

과관리도 미흡하다.

이와 같은 문제의 개선과제는 다음과 같다.

(1) 직업훈련 수요조사의 정량 정보 수집 및 분석과 인력수요 주체(기업) 인터뷰에 의한 정성 정보의 수집 및 분석의 체계적 결합이다.

(2) 외부 리서치의 직업훈련 수요조사에 주로 의존한 결과, 정량적 훈련과정 수요예측에 치우쳐 지역 산업과 노동시장의 구조적 특성을 반영하지 못하는 한계가 존재한다. 지역인자위 담당자의 종합적 분석 능력 향상과 지역의 전문가 네트워크 활용이 제고되어야 한다.

(3) 지역 노동시장의 인력공급은 고용노동부의 직업훈련사업 통계에 주로 의존하여 타 부처 또는 지자체의 인력양성사업에 대한 종합적 정보 활용이 제고되어야 한다.

다. 지역대학과의 연계

지역 대학은 지역의 '지식집적체'로서 지역의 산업전략과 고용정책 수립에서 역할이 불분명하고, 전문성도 부족해서 지역경제고용발전의 주체로서 역할이 강화되어야 한다. 산업구조 변화, 인구 및 각종 경제적 자원의 수도권 집중 등에 따른 지역의 위기가 지역 대학은 위기(입학자원 감소, 대학 서열화, 교육·연구 역량 저하 등)를 맞고 있다. 지역의 위기 극복을 포함한 지역발전전략 구상에서 지역 주도성이 강조되면서 지역 내의 대학, 기업, 연구소 등 산학연 연계 활동 증대가 필요하다.

지역인재 육성·발굴에서 청년 취·창업 및 정착 등으로의 선순환 생태계 조성에서 지역 대학의 역할이 필요하다. 대학과 지역 내 다른 주체들 간의 협력, 지역 내 대학들의 협력체계 구축, 지역 대학 참여를 통한 지역발전·혁신 사업 연계와 협업을 촉진해야 한다.

대학–기업–지자체–공공기관이 공동으로 참여하는 협의체 구성·운영을 통한 지역인재 육성과 일자리의 연계가 필요하다. 지역대학과 지자체의 협업으로 지역의 좋은 일자리 기관(기업, 공공기관) 연계를 통해 지역의 우수 인재들이 수도권으로 유출되지 않고 지역에 정주하고 일자리와 연계할 수 있도록 업무협약을 통해 지역인재 채용 활성화 협약 체결이 확대되어야 한다. 지역산업의 인력수급 전망을 바탕으로 대학별로 인력 수요 맞춤형으로 커리큘럼 및 학과를 개설·운영하고, 지역기업 및 공공기관은 대학의 커리큘럼 및 학과 개편 시 참여하여 대학과 공동으로 교과를 구성하고, 교육 및 실습, 강사를 지원하는 등 맞춤형 지역인재 양성을 위한 체계가 구축되어야 한다.

산업구조 재편과 직업교육훈련 연계를 위해 지역대학 참여가 확대되어야 한다. 지역전략산업 클러스터 활성화를 통한 지속적·안정적·상시적 일자리 창출의 사회적 합의 모색에서 지역대학의 역할을 정립하고, 지역고용거버넌스의 주체로서 대학이 지역경제의 산업 및 고용구조 변화를 내생적 발전 모델로서 수용할 수 있는 인센티브가 개발되어야 한다. 지역의 대체산업 및 전략산업 활성화 과정에서 지역 대학과 밀접한 연계를 통해 지역 고급인력 양성을 위한 중장기 산업정책과 결합되어야 한다. 해외 고용위기극복 사례 분석 연구 주체로서 대학은 Benchlearning을 통해 Bencnmarking 확산 주체로서 역할이 강화되어야 한다. 스웨덴 말뫼시는 말뫼대학 설립으로 혁신 기반을 구축했으며, 기존 대학(미국 오하이오주 애크런대 등)을 활용하여 산업위기 극복한 사례도 살펴봐야 할 것이다.

라. 지방정부의 고용안전망과 인력양성

현재 지역의 산업구조재편에 따라 고급 숙련형성과 직업교육훈련 수요 증대는 예상되지만, 실직 가계 생계보장과 함께 교육훈련을 안정적으로 공급하는 사회안전망은 미비한 모순적 상황이다. 직업교육훈련–사회안전망 구축의 상호 보완적 관계에 대한 정책 인식조차 부재하기 때문에 장기 직업훈련과정 참여 실업자에 대한 생계비 지원이 어떻게 지원될 것인가에 대한 논의가 성숙하지 못한 상태이다. 디지털 전환 시대 지역경제의 활성화와 일자리 창출을 위한 재정투자 지출 방향도 존재하지 않는다.[48]

지역 차원에서 일자리 중심의 산업-교육-복지 연계 전략은 세 가지 차원에서 구축되어야 한다. 첫째, 「고용과 산업 연계 전략」은 지역전략산업, 지역 토착산업, 신산업 육성, 산업구조조정에 따른 지역의 복원력(resilience) 등과 관련된 인적자원개발 및 일자리 창출 전략 개발이다. 둘째, 「고용과 교육 연계 전략」은 지역 역량의 축적을 위한 제도적 토대, 이른바 지역고용 '리더쉽' 구축을 위한 지역기관 및 대학의 역할에 관한 것이다. 셋째, 「고용과 복지 연계 전략」은 고용-복지 서비스의 물리적 결합을 통해 화학적 결합을 통한 시너지효과를 도출하기 위한 것이다.

6. 지역 좋은 거버넌스

우리나라 지방정부는 지역경제의 산업육성사업과 일자리사업의 자율성이나 책무성이 부족한 게 현실이다. 최근 들어 다소나마 지방자치단체 기관장이나 공무원들이 일자리사업에 관한 관심이 증대하고 있으나 전반적으로 좋은 일자리 창출을 위한 혁신적이고 창의적인 역량이 부족하다. 지역사회는 경제와 고용 발전을 동시에 추구하는 전략을 시급하게 수립하면서도 좋은 거버넌스를 구축하여야 한다.

디지털·그린 전환 시대 지역 산업정책과 일자리 창출을 통합하는 지역주도 경제고용발전전략이 수립되어야 한다. 한국경제의 산업구조 재편으로

48 대기업 사내협력업체 노동자는 "최저생계비 지원 규모에서 크게 벗어나지 않아도 좋으니 직업훈련을 받아 안정적인 일자리로 이동하고 싶다며 생계비 지원 기간을 연장해달라는" 주장을 제기했다. 아울러 고용위기지역 실직 가정에 대한 학자금 지원 확대 및 기준 완화 등을 희망하는 경우도 적지 않았다.

지역경제는 주력산업의 침체와 청년 일자리 감소로 일자리 위기가 일상화되고, 취약계층 생계 곤란 심화하고 있다. 지역의 혁신성장과 일자리 창출을 위한 전략 수립과 추진을 위한 거버넌스가 필요하다. 지역의 거버넌스가 지역의 미래 성장산업과 좋은 일자리 창출이 내생적으로 발전하는 지역 주도의 지속 가능한 경제고용발전 전략 수립과 개발 방향을 제시해야 한다.

지역의 경제고용발전을 주도할 혁신적 거버넌스 구축은 시급하다. 과거 전통적 산업구조의 지역 노사평화를 위해 운영하던 지역노사민정은 새로운 역할로 전환되어야 한다. 즉 지역경제의 혁신성장과 좋은 일자리 창출을 위해 중앙과 지방의 연계와 역할 분담을 강화하는 '중간 지대'로서 지역고용거버넌스를 구축하는데 중심적 역할을 담당해야 한다. 지역의 산발적·분산적 일자리재단 설치 및 운영을 둘러싼 인적·물적 낭비를 최소화해야 한다. 지방정부에게 일자리재단 등과 같은 일자리사업 전달체계 거버넌스를 자유롭게 설치하고 운영할 수 있는 권한이 주어져야 한다. 다시 말해 거버넌스는 지역 일자리사업 추진의 지역 주도 bottom-up 방식을 주도하고, 지역의 산업과 노동시장 특성을 반영하여 좋은 일자리 창출을 주도할 수 있다.

지역 주도 초광역 거버넌스의 고용정책 일관성이 확보되어야 한다. 지역경제의 산업전략과 일자리 대책 연계를 위한 중앙과 지역의 역할 분담과 협력, 분권과 책임의 법적 제도화 기반이 마련되어야 한다. 초광역 거버넌스 구축의 법적 기반이 마련되어야만, 지역경제의 인적·물적 자원의 효율적 활용에 의한 일자리 창출 효과성이 제고될 수 있다. 중앙정부는 매년 고용정책의 최저요구사항을 설정하여 지자체에 준수의무를 부과하여 어떤 자치단체에 살든 모든 국민이 동등한 수준의 노동시장 참여 기회와 고용서비스 제공을 보장받는 '시민권'을 확립하는 것도 중요하기 때문이다. 미래사회의 성장과 발전은 국가 전략의 지역 착근(Regional Embeddedness)을 위해 지역사회의 이해관계자가 자발적으로 참여하는 인프라로서 거버넌스 역할이 중요하다.

제 3 부

환경(Environment)-변화된 노동시장을 반영한 법 및 제도 개선

제6장 4차 산업혁명에 따른 기업의 일하는 방식 변화와 대응

양재완 한국외국어대학교 경영학과 교수

요약

- 4차 산업혁명은 이미 우리 사회에 다양한 기회와 위기를 동시에 만들어 내고 있으며, 기존 산업의 붕괴 등 문제에 대처하기 위해서는 본질에 대한 이해가 필요하다.
- 디지털 대전환은 플랫폼 노동과 같은 고용과 구직의 디지털화, 그리고 다양한 사회문제를 가져오고 있으며, 이에 따라 디지털 역량에 대한 재정의가 필요하다.
- 사회변화와 일자리의 진화에 따라 인적자원의 획득, 활용, 평가, 보상에 있어 인공지능과 빅데이터 활용 등 기존과는 다른 새로운 접근방식이 급속히 확산하고 있다.
- HR진화로 기존 인사전문가의 기능과 역할이 모호해지고 있으며, 이에 대처하기 위해서는 인사 기능의 재설계와 같은 기업과 다양한 조직의 적극적인 대처가 필요하다.
- 기업은 HR 디지털 아젠다 구축 등 새로운 인적자원관리 전략의 수립이 필수적이며, 이에 있어 정부차원의 지원과 다양한 정책적 노력이 수반되어야 한다.

키워드: 4차 산업혁명, 디지털 대전환, 노동시장, 미래 인적자원관리, 인공지능, 인간-기계 협업

1. 4차 산업혁명의 본질, 그리고 촉발될 미래

4차 산업혁명에 관한 신문과 뉴스 기사가 연일 보도되고 있다. 기술의 비약적 발전은 인간의 삶의 방식과 산업의 패러다임을 획기적으로 변화시키는 중이다. 이러한 혁명적 변화는 우리의 삶을 더욱 풍족하고, 편리하게 만들 수 있지만 동시에 다양한 부작용을 초래할 수도 있다. 4차 산업혁명에 따른 기업의 일하는 방식의 변화에 대해 예측하기 위해서는 먼저 우리에게 다양한 기회와 위험을 동시에 가져오고 있는 4차 산업혁명의 본질에 대해 깊은 이해를 쌓는 것이 필수적이다.

가. 4차 산업혁명, 이미 와버린 미래

우리 사회는 인공지능(Artificial Intelligence: AI), 빅데이터, 로봇, IoT(Internet of Things) 등 기술의 획기적 발전을 경험하고 있으며, 이러한 기술발전은 이른바 4차 산업혁명과 디지털 트랜스포메이션이라는 형태로 경제, 사회, 문화 등 우리 삶의 기반과 일상을 통째로 바꾸어 놓고 있다. 4차 산업혁명의 도래는 2016년 천재 바둑기사 이세돌을 상대로 승리를 거둔 알파고나 몇 십년 경력의 초밥 장인을 무색하게 만드는 엄청난 스피드의 초밥 제조 로봇, 그리고 최근 안전성에 관련하여 세간의 관심을 집중시키고 있는 테슬라의 완전자율주행차 등을 통해 쉽게 엿볼 수 있다. 그러나 이러한 기술혁신 사례는 지금도 지구 어딘가에서 끊임없이 일어나고 있지만, 여느 사람의 일상에 그다지 큰 영향을 주지는 않거나 혹은 특정한 목적하에 기획된 일회성 이벤트로 받아들여지고 있을지도 모른다. 다시 말해 이러한 일들이 발생하고는 있지만, 우리 주위에는 나의 '오늘', 또는 '내일'이 어제와 별 차이 없이 그렇게 흘러갈 것임을 의심하지 않는 사람들로 가득 차 있을 수도 있다. 어찌 보면, 4차 산업혁명은 '이미 와버린 미래지만 널리 인식되지 않는 제한적 현실'에 갇혀 있는 상황일지도 모르겠다.

그러나 사실 정도의 차이는 있지만, 대부분의 사람들이 알게 모르게 기술혁신의 영향을 받으며 4차 산업혁명을 경험하고 있다. 요즘 인터넷을 사용하지 않는 가구는 거의 없다고 할 수 있으며, 몇 년 전부터 인터넷 서비스 계약을 체결하면 인공지능 스피커가 함께 제공되어 왔다. 인공지능 스피커는 사용자들이 선호하는 방송채널, 상품, 서비스 등에 관한 빅데이터를 체계적으로 수집하고 있으며, 이러한 정보는 다양한 영역에서 이용되고 있다. 또한 운전을 할 때 대부분의 사람들이 사용하는 네이비게이션 시스템도 인공지능을 활용한다. 간단히 말해서, 스마트폰이나 인터넷을 사용하는 이들은 누구나 인공지능을 직, 간접적으로 경험하고 있는 것이다. 요즘 구직을 준비하는 취업준비생들은 적어도 한 두번씩 인공지능 기반의 채용을 경험하고 있고, 개인의 인터넷 사용정보를 기반으로 제공되는 검색 및 추천 서비스, 스마트 홈, RPA(Robotic Process Automation), 빅데이터와 인공지능을 활용하여 코로나 발병패턴을 예측하는 코로나맵 등 디지털 트랜스포메이션은 이미 우리 삶과 비즈니스의 전 과정에 깊숙이 침투해 있다.

그런데 과연 4차 산업혁명이란 무엇인가? 4차 산업혁명(Fourth Industrial Revolution, 4IR)이란 다양한 정보통신기술(ICT)의 융합을 통해 경제와 산업 전반에 급격한 구조적 변화를 가져오는 차세대 산업 혁신이라 할 수 있다. WEF(World Economic Forum)의 의장 Klaus Schwab (2016)에 의하면, 이 혁명의 핵심은 빅데이터 분석, 인공지능, 로봇, IoT, 무인운송수단, 3차원 인쇄, 나노기술과 같은 7대 분야라 할 수 있다. 그러나 사실 대다수 사람들은 4차 산업혁명이 무엇인가에 대해 잘 알지 못하며, 다양한 영역의 전문가들조차 4차 산업혁명이 무엇인지에 대해 구체적으로 이야기할 수 있는 사람은 많지 않다. 그럼 왜 사람들은 너나 할 것 없이 4차 산업혁명에 대해 이야기하며, 미디어에는 하루가 멀다하고 4차 산업혁명에 관한 기사와 사건이 보고되고 있는 것일까? 이는 4차 산업혁명이 촉발하는 다양한 기회와 위기 때문이라 할 수 있다. 이는 앞으로 다가올 기회와 위기에 맞서 어떻게 하면 기회를 통한 혜택을 극대화하고 위기로 인한 불이익을 최소화할 수 있을 것인가에 대한 우리 사회의 뜨거운 관심을 반영하는 것이다. 정보통신 분야를 비롯한 최근의 기술적 진보는 산업구조의 혁명적 재편을 가져오고 있으며, 기업은 생존을 위해서 이에 대해 올바르게 이해하고 발빠르게 대처해야 한다.

나. 4차 산업혁명의 본질

4차 산업혁명은 어떻게 이해되어야 하는가? 산업혁명을 역사적 관점에서 바라보면, 1차산업혁명은 인간의 노동력을 대체할 수 있는 기계가 출현한 '동력혁명'의 시기라 할 수 있다. 역사적으로 사람의 제한된 근력을 대체해 온 것은 사람보다 강인한 근력을 지닌 동물 정도라 할 수 있다. 이러한 동물을 통한 사역(使役)은 여러 측면에서 제한적이었으나, 증기기관의 발명은 다양한 측면에서 인간과 사역동물의 노동을 대체, 생산성의 획기적 증가를 가져왔다. 1800년대 미국의 철도 노동자 '존 헨리의 전설(기계와의 터널파기 경쟁)'이나 영국 중북부 직물 공업지대의 '러다이트 운동'은 증기기관 발명이 가져온 기계화 혁명이 그 당시에 사회적으로 얼마나 큰 충격이었는지를 보여주는 단적인 예라 할 수 있다. 2차산업혁명은 기계 동력의 원천으로 전기를 사용하고, 이를 기반으로 통신기술의 발달이 이루어진 '전기혁명'이라 할 수 있다. 이를 통해 철도건설, 철강생산, 다양한 제조업의 발달이 이루어진 시기로 기존의 증기기관 시대보다 더 높은 수준의 생산성 향상이 일어났다. 포드자동차의 대량생산 시스템도 이 시기에 구축되었다. 다음으로 3차산업혁명은 이른바 '정보혁명'의 시기로 볼 수 있다. 이 시기에는 전자기술과 IT의 발전으로 인해 생산과정의 자동화, 컴퓨터의 보급, 그리고 인터넷의 급속한 확산이 일어났다. 이러한 정보혁명의 시기에는 사이버 공간에 정보가 넘쳐나기 때문에, 정보의 '소유'나 '보유'가 아닌 정보의 '검색'이 사회적 주도권을 확보하는 가장 중요한 수단이 되었다.

4차 산업혁명은 빅데이터, 로봇, IoT, 가상물리시스템(Cyber-Physical System) 등 다양한 형태로 나타나고 있다. 그러나 4차 산업혁명의 본질을 가장 잘 규정할 수 있는 것은 인공지능을 기반으로 각종 사물이 지능을 보유하게 되는 '지능혁명'이라는 것이다. 4차 산업혁명은 2016년 스위스 다보스에서 열린 World Economic Forum(WEF)에서 2010년부터 독일이 주도하고 있는 Industry 4.0이라는 이름으로 전세계적으로 인지되기 시작하였고, 이에 대한 본격적인 논의가 진행되기 시작하였다. 4차 산업혁명은 정보혁명의 성격이 강하다는 측면에서 3차산업혁명의 연장선상에서 이해될 수 있지만, 1, 2차산업혁명과는 본질적으로 차이가 있다고 볼 수 있다〈표 6-1〉. 지금까지의 산업혁명이 인간의 삶에 어떠한 기여를 해 왔는가를 근본적인 측면에서 보면, 1, 2차산업혁명은 주로 생산성 향상을 통한 인간의 기본욕구의 충족에 기여해 온 것으로 볼 수 있다. 반면, 3, 4차 산업혁명은 인간의 보다 고차원적 욕구를 충족하는 데에 기여하는 것으로 볼 수 있다. 매슬로우(1943)의 욕구 단계론에 따르면, 인간의 욕구는 5단계로 구성이 되어 있다. 맨 하위단계에서부터 생리적 욕구, 안전의 욕구, 소속의 욕구, 존중의 욕구, 자아실현의 욕구가 존재하며, 개인의 하위 욕구가 충족이 되었을 때 상위 욕구가 작동하고, 이를 충족하기 위한 개인의 동기부여 수준이 향상된다.

〈표 6-1〉 1~4차 산업혁명의 유형별 분류

구분	유형	특징
1차산업혁명	동력혁명	동력활용 고도화
2차산업혁명	전기혁명	
3차산업혁명	정보혁명	데이터활용 고도화
4차 산업혁명	지능혁명	

3, 4차 산업혁명은 정보기술의 비약적 발전과 연계되어 있고, 매슬로우의 상위욕구를 해소시키는 기반을 제공한다는 점에서 공통점을 가지지만, 또한 서로 구분되는 차이점도 가지고 있다. 대부분의 사람들은 4차 산업혁명이 서로 다른 다양한 분야간의 융합이 근간이 되는 초융합 혁명으로 인지하고 있다. 실제로 디지털과 아날로그, 인문학과 기술, 물리적 공간과 사이버 공간 등의 융합이 4차 산업혁명의 근간이 되는 것은 분명한 것 같다. 그러나 단순히 '융합' 그 자체만으로 4차 산업혁명을 설명할 수는 없다. 이는 융합이라는 것이 최근의 4차 산업혁명에서 비롯된 것이라고만은 볼 수 없으며, 융합은 3차산업혁명의 특징이라고도 볼 수 있기 때문이다. 산업혁명이라는 것을 기술간의 융합이 일어나는 기술혁명으로 인식하는 순간 문제에 봉착하게 된다. 사실 기술간의 융합은 과거에도 있어 왔다. 다소 느리고, 파격성이 덜하지만 기술적 융합은 인류의 역사를 통해 우리 사회의 여러 측면에서 추구되어 왔다. 그러나 산업을 기술적 관점이 아닌 인간 중심의 관점에서 보면, 그 본질은 생산 그 자체에 있는 것이 아니라 생산을 통해 인간의 욕망을 충족시키는 것이라 할 수 있다. 그러한 측면에서 이미 3차산업혁명은 사이버 공간을 통해 인간과 인간을 연결하고 융합을 실현하였다.

4차 산업혁명의 도래는 기존의 융합은 더욱 빠르고 과감하게 만들었고, 생산현장의 자동화를 가져왔다. 그러나 3차산업혁명이 연결을 통한 가치창조에 역점을 두었다면, 4차 산업혁명은 연결에서 그치지 않고, 연결을 기반으로 실현한 융합을 다시 발산하는 순환의 사이클을 만들어 내고 있다는 매우 중요한 차이점이 있다. 기존에는 현실의 세계가 융합을 통해 사이버 공간으로 변환하는 디지털트랜스포메이션이 중심이 되었다면, 4차 산업혁명에서는 디지털 융합의 결과물을 다시 현실로 변환시키는 아날로그 트랜스포메이션이 동시에 일어난다. 예를 들어 네이비게이션을 통해 수집된 모든 도로, 차량, 교통 정보는 디지털 융합이지만, 개별 차량에 수정된 경로, 맛집, 통행료 등을 제공하는 것은 아날로그 발산이라고 할 수 있다. 이렇게 융합과 발산이 서로 짝지어 일어나는 현상은 디지털 트랜스포메이션을 넘어선 스마트 트랜스포메이션이라 할 수 있으며, 4차 산업혁명의 본질은 빅데이터나 로봇, 또는 자동화가 아니라 모든 사물의 지능화에 있다고 볼 수 있다.

다. 기존 산업의 붕괴

그러나 4차 산업혁명이 가져오는 미래는 장밋빛으로 물든 미래가 아닐 수도 있다. 이는 융합과 발산의 순환을 통해 다양한 영역에서 창출되는 새로운 가치가 기존의 경제 질서와 산업구조를 무너뜨릴 수 있기 때문이다. 기술의 발전은 편리함, 인간 노동력의 대체, 생산성 향상, 경제적 발전, 풍요로운 삶 등 인류에게 많은 혜택을 가져다 주었다. 그러나 기술발전은 다양한 혜택과 동시에 많은 부작용을 동시에 가져왔다. 구체적으로 이러한 부작용은 다양한 사회적 병폐, 환경오염, 전세계적 팬데믹, 지속가능성 하락 등으로 나타났다. 경제발전은 인간소외와 경제적 양극화를 가져왔고, 이로 인해 정신적 장애, 상대적 박탈감, 계층간 대립 등과 같은 사회문제가 증대되고 있다. 생산성의 향상은 과소비를 유발하였으며, 제품의 생산과 소비 과정에서 일어나는 환경오염, 그리고 만년이 지나도 썩지 않는 폐기물의 폭발적인 증가를 가져왔다. 이와 함께 몇 년을 주기로 지속적으로 팬데믹이 발생하기 시작하였으며, 이제 인류는 지속가능성(sustainability)의 위기를 맞고 있다. 이러한 위기는 한순간에 인류를 멸망으로 밀어 넣을 수도 있는 치명적인 핵무기의 개발과 보유에서도 볼 수 있다.

4차 산업혁명이 주도하는 미래는 이러한 부작용에 더해 기존의 경제질서를 완전히 재편하는 획기적인 변화를 가져올 것으로 예측되고 있다. 한 미래학자는 향후 적게는 15년 이내 재생가능 에너지는 실질적으로 완전 무료가 될 것이라고 예측한다. 무료 에너지의 등장은 경제를 움직이는 가장 큰 규모의 산업 중의 하나인 에너지 산업을 완전히 붕괴시킬 수도 있으며, 이는 세계 경제에 심각한 타격을 줄 것이다. 4차 산업혁명의 영향을 받을 것으로 예상되는 산업은 에너지 분야에 한정되지 않는다. 천연자원의 채굴과 소비 또한 기존의 정부나 협약 중심의 실효성 없는 방식에서 벗어나 획득과 소비의 관리감독이 실시간 중심으로 이루어질 것이며, 금융기관은 더 이상 경제적 교환 관계의 중개인(또는 매개체) 역할을 하지 않을 것으로 전망된다. 금융기관은 금융거래의 재정적 신뢰성을 제공하는 역할에 중점을 둘 것이며, 기존의 재정 운용기능은 인공지능과 블록체인을 이용하는 방식이 주류가 될 것이다. 그리고, 이러한 미래 예측에 대해 Vivek Wadhwa, Ray Kurzweil, Klaus Schwab 등 다수의 미래학자들이 동의하고 있다.

2. 디지털 대전환에 따른 노동시장의 변화

4차 산업혁명은 노동시장에서의 구인/구직 메커니즘의 중요한 변화를 가지고 올 것으로 예측된다. 이는 고용과 구직의 디지털화, 그리고 플랫폼 노동의 급격한 확산 등과 같은 변화를 촉발할 것이며, 이러한 노동시장의 변화는 노동자들에게 요구되는 요구역량에도 큰 변화가 있어야 함을 시사한다.

가. 고용과 구직의 디지털화

기술발전에 따른 디지털 대전환은 구인/구직 방식에 획기적인 변화를 가져오고 있다. 이에 대한 올바른 이해를 위해서는 기존 노동시장에서 구인/구직이 어떠한 방식으로 이루어져 왔는지에 대한 올바른 이해가 필요하다. 기존의 시장에서는 주로 다음 몇 가지 방식으로 고용이 이루어지는 것이 보통이었다. 첫째, 가장 흔히 쓰이는 방법은 정규직 형태로 근로자를 고용하는 방식이라 할 수 있다. 이는 근로계약에 의해 근로기준법이 명시하고 있는 일반 근로 환경하에서 고용이 일어나는 것으로, 고용주와 근로자 간에 있어 특별한 의사표명이 없는 한 지속적인 근로가 이루어지는 것으로 받아들여지는 것이 일반적이다. 미국에서 흔히 활용되고 있는 Employment-at-will이 이와 거의 흡사한 개념으로 이해될 수 있다. 두 번째는 계약직 근로를 들 수가 있다. 계약직 근로는 계약에 의거하여 한시적 기간 동안 고용을 하는 방식인데, 계약의 기간과 방식에 따라 다양한 형태로 유지될 수 있으며, 무기계약직은 계약직의 한 형태이나 단기계약직과는 달리 정년까지 근로를 보장받을 수 있는 방식이라 할 수 있다. 셋째는 파견직이나 용역 근로자와 같이 고용계약을 맺은 고용주의 요청에 의해 실질적으로 다른 사업체에서 근로하는 형태이며, 마지막으로 특수형태나 일용직 등 비정형성이 높은 직업군이 있다.

그러나 최근에 와서는 이러한 기존 고용방식이 고용관계의 수립에서 차지하는 비율이 줄어들고 있으며, 몇몇 새로운 고용방식이 출현하여 고용관계 형성의 중요한 수단으로 부각되고 있다. 최근 들어 가장 흔히 이용되는 구인/구직 방식은 디지털 플랫폼을 이용하는 방식으로(플랫폼 워크), 이를 기반으로 노동력을 제공하는 이들은 흔히'플랫폼 워커'로 지칭되고 있다. 플랫폼 워크는 스마트폰의 앱을 이용한 디지털 플랫폼을 기반으로 노동력이 거래되는 방식으로 O2O(Online to Offline)로 불리기도 하는데, 이는 온라인이 오프라인으로 옮겨진다는 뜻으로 최근 다양한 분야에서 그 활용이 급격히 늘어나고 있다. 예를 들어, 앱을 통해 현재 자기의 위치로 택시를 호출하여 이용할 수 있으며, 음식배달 서비스 앱을 이용해서 배달음식을 즐기는 것은 이미 일상화되어 있다. 뿐만 아니라 아마존은 Amazon Mechanical Turk 플랫폼을 통해 이산주문형 작업을 수행하는 크라우드 워커를 고용하는 서비스를 제공하고 있는데, 연구자들의 설문조사나 글로벌 고객 조사를 위한 도구로 많이 활용되고 있다. 이러한 플랫폼 노동자는 크라우드(Crowd) 노동자, 사이버(Cyber) 노동자, 유비쿼터스(Ubiquitous) 노동자, 긱(Gig) 노동자 등 다양한 명칭으로 불리고 있으며, 디지털 플랫폼을 이용한다는 것 이외에도 공유경제(Sharing Economy)에 특화된 노동을 제공한다는 특징을 가지고 있다.

이러한 디지털 플랫폼 노동은 새로운 일자리 창출, 근로시간과 형태의 유연성 강화, 근로자의 업무수행 방식의 자율성(autonomy) 향상, 부업을 통한 추가수익 창출, 비경제활동인구의 노동시장 재진입 기회 부여 등 다양한 측면에서 새로운 가치를 창출하고 있다. 이러한 장점에도 불구하고 플랫폼 노동은 동시에 여러 가지 단점과 부작용도 수반한다. 구체적으로 높은 수준의 노동 유연성을 제공하기는 하지만, 이는 동시에 직업의 불안정성으로 이어진다. 또한 대부분의 플랫폼 노동은 저소득 노동에 한정되어 있으며, 사회적 격리에 따른 정신적 어려움을 유발하기도 한다. 게다가 기본적인 근로기준과 프라이버시 침해가 빈번히 일어나고 있으며, 고용 상황에서 문제점 발생 시 이를 효과적으로 해결할 수 있는 효과적 채널이 없는 것 또한 문제점으로 지적되고 있다. 무엇보다도 플랫폼 노동은 기존 노동시장의 법적 기준과 관행이 적용될 수 없는 근로기준법의 사각지대를 만들어 내고 있다는 측면에서 많은 사회적 우려를 낳고 있다.

나. 플랫폼 노동과 사회문제

플랫폼 노동의 확장은 이에 대한 여러 가지 논쟁을 불러일으키고 있으며, 이는 구체적으로 정보의 대칭성과 경제적 효율성, 고용 창출 효과성, 플랫폼 노동의 법적 분류 등과 같다. 정보의 대칭성이라는 측면에서 볼 때, 디지털 플랫폼은 정보공유가 쉽게 일어날 수 있기 때문에 자원의 낭비를 최소화시켜 경제 전체의 효용을 높일 수 있을 것이라는 추측을 할 수 있다. 그러나 플랫폼 노동이 이를 가능하게 하는 파괴적 혁신이 될 수 있다는 의견과

파괴적 혁신으로서의 요건을 충분히 갖추지 못하였다는 의견이 대립하고 있다. 또한 플랫폼 노동은 고용창출의 효과성 측면에서도 논란을 불러일으키고 있다. 디지털 플랫폼을 통해 많은 이들이 시간제 근무, 부업, 투잡 등의 형태로 노동기회를 가지게 되었다는 점에서 디지털 플랫폼이 고용 창출을 가져온다는 사실을 부정하기는 어렵지만, 이러한 노동이 우리가 생각해오던 기존의 노동 개념에 부합하는 '고용'을 창출하고 있는가에 대해서는 논란의 여지가 있다. 실제로 플랫폼 노동은 간접고용, 프리랜서, 배달 등의 형태로 다양한 온/오프라인 노동을 양산하고 있으며, 디지털 기술을 토대로 획기적인 거래비용의 하락을 가져오고 있다. 문제는 이에 의한 잉여수익이 노동자가 아닌 디지털 플랫폼 투자자에게 전이되고, 저소득 노동을 양산하고 있다는 사실이다. 이에 대해 Robert Reich는 '공유경제'가 아닌 '부스러기 공유 경제(The Share-the-Scraps Economy)'라는 표현이 더욱 적합하다고 하였다.

또한 플랫폼 노동의 법적 분류에 관해서도 전세계적으로 많은 논의가 이루어지고 있다. 일반적으로 통용되고 있는 분류에 따르면, 플랫폼 노동은 온라인 기반과 오프라인 기반 업무수행 플랫폼으로 구분된다〈표 6-2〉. 온라인 기반은 물리적 서비스를 포함하지 않고, 온라인에서 모든 작업이 이루어지는 것으로 온라인상에서 구인/구직이 이루어지는 채용 플랫폼, 창작품을 온라인에 올리는 디지털 콘텐츠 창작 플랫폼, 그리고 단위 업무를 다수의 온라인 사용자들에게 수행하도록 하는 크라우드 워크 플랫폼을 들 수 있다. 오프라인 기반은 호출형 플랫폼으로 수요자가 온라인으로 주문함과 동시에 해당 지역의 대기자에게 업무가 할당되는 것으로 음식, 물품 등의 배달 플랫폼, 운송(차량 또는 기사), 청소 등의 물리적 서비스를 제공하는 생활 서비스 플랫폼을 포함한다.

그런데 플랫폼 노동은 기존의 법적 기준에서 볼 때 사용자성과 노동자성이 명확하지 않다. 다시 말해서 법률적 시각에서 노동 기회를 제공하는 이

〈표 6-2〉 플랫폼 노동의 분류 (강금봉, 2019)

<table>
<tr><th>운영기반</th><th>분류</th><th>세부 분야 예시</th></tr>
<tr><td rowspan="5">온라인 기반
업무수행 플랫폼</td><td>온라인 인력 중개 플랫폼</td><td>IT/SW, 디자인 등 개발자 등</td></tr>
<tr><td>디지털콘텐츠 창작 플랫폼</td><td>웹툰, 웹소설, 일러스트, 디자인 등
기재 및 공모형</td></tr>
<tr><td rowspan="3">크라우드워크(crowdwork)플랫폼
승객운송(transportation)플랫폼</td><td>인공지능 학습데이터 자료 기입 업무</td></tr>
<tr><td>대리운전</td></tr>
<tr><td>승차공유(카풀형, 학원 셔틀 공유 승합)</td></tr>
<tr><td rowspan="7">오프라인 기반 호출
(주문)형 플랫폼</td><td rowspan="2">배달(delivery)플랫폼</td><td>음식 배달</td></tr>
<tr><td>퀵서비스 등 배달 서비스</td></tr>
<tr><td rowspan="5">가구 및 생활 서비스
(household service & life)플랫폼</td><td>가사 서비스</td></tr>
<tr><td>이사</td></tr>
<tr><td>인테리어/리모델링/홈디자인</td></tr>
<tr><td>돌봄서비스</td></tr>
<tr><td>애완 케어 서비스</td></tr>
</table>

들이 사용자로 분류되거나, 노동력을 제공하는 이들이 노동자로 명확히 분류되기 어렵다는 것이다. 예를 들어, 음식배달 서비스에 종사하는 일명 '라이더'들은 회사와 개인사업자로 계약을 하지만 회사에서 그들의 근무 스케줄을 관리하고, 업무지시를 하기도 한다. 이는 일반적인 고용주와 근로자의 관계가 성립되는 업무환경이라 볼 수 있다. 노동부는 이러한 근로 상황에 의거하여, 노동부에 진정을 제기한 라이더들을 근로자'로 인정하는 결정을 내리기도 했다. 이러한 사용자성과 노동자성의 불명확성은 플랫폼 노동이 일어나는 다양한 영역에 동일하게 발생하고 있으며, 노동 환경의 확립과 법률적 요건의 준수를 어렵게 하고 있다. 이는 노동조건 보호의 사각지대를 만들어 내고 있다는 점뿐만 아니라, 노동기회를 제공하는 사업자들이 어떠한 기준과 방식에 의거하여 플랫폼 노동시장을 이용해야 할지에 대해 혼란을 초래한다는 점에서도 큰 문제가 될 수 있다.

다. 4차 산업혁명 시대의 요구역량

기술발전과 디지털 전환에 따른 노동시장의 변화는 고용이 일어나는 형태뿐만 아니라 노동시장에서 일자리를 얻기 위해서 갖추어야 할 요구역량의 변화 또한 가져왔다. 이러한 요구역량의 변화를 잘 이해하기 위해서는 경영 환경 변화의 속성을 잘 이해할 필요가 있다. 과거에는 경영환경이 매우 안정적이고, 변화의 속도가 빠르지 않았다. 따라서 한번 습득한 기술이나 지식은 평생동안 직장을 유지하고 가계를 위한 수입을 창출하는 데에 필요한 노동을 제공하기에 충분하였다. 그러나 최근에는 경영환경이 급격하게 변화하고 있고, 이에 따라 일자리를 유지하기 위해 요구되는 요구역량의 변화 또한 급격하게 일어나고 있다. 따라서 습득한 기술과 지식은 금방 도태되고, 끊임없이 새로운 지식과 기술을 습득하지 않으면 노동시장에서 경쟁력을 잃기 쉽다. 따라서 가까운 미래에는 구직자가 보유한 지식과 기술보다는 향후 필요하게 될 새로운 지식과 기술을 효과적으로 습득할 수 있는 능력이 더욱 중요시 될 것이다.

이러한 습득능력과 동시에 4차 산업혁명 시대에 효과적으로 적응하기 위해서는 디지털 역량을 갖추는 것이 중요하다. 디지털 역량이란 디지털 사회에서 주어진 문제를 효과적으로 해결하기 위해서 정보의 체계적 수집과 분석 그리고 활용에 있어 다양한 디지털 기술을 효과적으로 적용하는 능력을 의미한다. 구체적으로 디지털 역량은 다음과 같이 다양하게 정의될 수 있는데〈표 6-3〉, 이는 (1) 디지털 기술을 활용할 수 있는 기술적(Technical) 스킬, (2) 일하고, 공부하고, 삶의 다양한 활동이 일어나는 일상에 있어 디지털 기술을 의미 있게 사용하는 능력, (3) 디지털 기술을 비판적으로 평가할 수 있는 능력, (4) 디지털 문화에 참여하기 위한 동기 등이다(Ilomäki, Kantosalo, & Lakkala, 2011). 그러나 디지털 역량이라는 개념은 아직 표준

〈표 6-3〉 4차 산업혁명 시대의 디지털 역량

디지털 역량 (Digital Competence)
1. 디지털 기술을 활용할 수 있는 기술적 스킬
2. 일하고, 공부하고, 삶의 다양한 활동이 일어나는 일상에 있어 디지털 기술을 의미있게 사용하는 능력
3. 디지털 기술을 비판적으로 평가할 수 있는 능력
4. 디지털 문화에 참여하기 위한 동기

화된 것이라 볼 수 없으며, 많은 경우 디지털 리터러시(digital literacy)와 유사성을 가진 것으로 이해되고 있다.

이와 같이 4차 산업혁명의 시대에는 가치창출을 위해 필요한 노동력의 구성요건이 변화하게 된다. 따라서 조직은 이러한 변화에 적절하게 대처하기 위해 요구역량의 변화를 적절히 감지하고, 이에 대해 체계적으로 준비해야 한다. 일선 기업과 조직에서는 이러한 요구역량 변화에 대해 인지하고 있으나, 이에 대한 깊은 이해는 부족한 실정이다. 다시 말해서, 새로운 사업분야에 진출하기 위해 또는 기존 업무를 보다 효과적인 새로운 방식으로 수행하기 위해 구체적으로 어떠한 역량이 필요하며, 이를 어떻게 획보해야 하는지에 대해서는 통찰력이 부족한 상황이다. 본 문제에 대한 효과적인 접근은 우선 요구역량 변화의 방향성을 분석하는 것이다. 그리고 그러한 방향성에 부합하는 역량을 신속히 습득 및 활용할 수 있는 인력과 그렇지 못한 인력을 유형화하여 새로운 인력구조와 업무구조를 수립하는 것이다. 이러한 인적자원관리의 기본틀이 확립됨에 따라 이를 효과적으로 활용할 수 있는 인적자원관리시스템과 다양한 제도의 수립, 그리고 실행이 이루어져야 할 것이다.

3. 일자리의 진화: 4차 산업혁명 시대의 인력의 획득, 활용, 평가/보상

위에서 기술한 바와 같이 우리는 급격한 경영환경과 노동시장의 변화를 맞이하고 있으며, 변화에 효과적으로 적응하지 못하면 도태와 동시에 생존의 위협에 처하게 할 수 있다. 따라서 많은 기업이 이에 적극적으로 대응하기 위한 다양한 시도를 하고 있다. 이에 대한 구체적이고 포괄적인 이해를 도모하기 위해 다음 세 가지 관점(인력획득, 일하는 방식, 평가/보상)에서 4차 산업혁명 시대에 효과적으로 대응하기 위한 인적자원관리 방식을 조망해 보았다.

3-1. 인적자원 획득 방식의 변화

노동시장의 급격한 변화에 따라 인적자원을 획득하는 방식에도 획기적인 변화가 일어날 것으로 예측된다. 이미 한국 사회에서는 두 가지 측면에서 큰 변화가 일어나고 있으며, 이는 1) 공개채용에서 수시채용 중심으로 이동, 그리고 2) 인공지능기반 채용시스템(또는 방식)의 급속한 확산이라 할 수 있다.

가. 공개채용 중심에서 수시채용 중심으로

인적자원의 획득에 있어 가장 큰 변화의 물줄기라고 할 수 있는 것은 수시채용의 확산이라고 할 수 있다. 전통적으로 우리나라는 공개채용(공채)중심의 인력획득 방식을 활용해 왔다. 공채라는 용어는 통상'채용'그 자체를 의미하는 것으로 많이 쓰여 왔으며, 채용하는 인원, 방식, 시기가 대개 정해져 있고, 연말과 연초 사이에 주로 시행되어 왔다. 이 시기는 대학생들이 졸업을 앞두고 구직활동을 집중적으로 하는 시기로 입사지원자를 구하기가 쉽고, 기업에 있어서도 한 해를 새롭게 시작하면서 사업계획 및 업무분장을 실시하는 시기이므로 신입사원의 배치를 하는 데에 용이한 측면이 있다. 구체적으로 공채는 기업별로 연간 1회 정도 실시하는 것이 보통이며, 그러한 이유로 대규모의 지원자들이 발생하는 것이 일반적이었다. 대규모 공채가 시행되는 기업에서는 특정한 직무를 염두에 두고 채용을 하기보다는 채용 후에 근무 부서와 직무에 관한 의사결정을 하는 것이 일반적이었다. 이러한 공채 시스템은 한국과 일본의 기업에서 주로 활용되어온 독특한 채용방식이며, 다른 서구 기업에서는 그다지 활용되지 않는 방식이라 할 수 있다.

그러나 이러한 공채방식은 여러 가지 문제점을 내포하고 있으며, 기업과 구직자 모두에게 어려움을 가져오는 것이 일반적이다. 구체적으로 기업의 입장에서 볼 때, 공채는 특정 기간에 엄청난 숫자의 지원자들이 몰리기 때문에 인사실무자들의 업무량을 폭발적으로 증가시키고, 이는 심각한 업무 스트레스 발생의 원인으로 작용한다. 또한 이직은 상시 발생하는데 채용은 일 년에 1번으로 제한되어 있어 이직에 따른 업무 공백 발생의 구조적 원인으로 작용한다. 게다가 대규모 공채는 채용 이후의 대대적인 교육, 훈련을 위한 집중적인 자원의 투자를 필요로 한다. 공채의 문제점은 구직자에게도 발생한다. 연말에 집중적으로 발생하는 채용 공고 때문에 구직자는 각 회사별로 충분한 준비 없이 동시에 다수의 지원서 작성하고 인터뷰를 준비해야 하는 상황에 놓이게 되고, 채용 시즌에 원하는 직장에 취직하지 못한 경우 다시 일 년을 구직준비에 허비해야 하는 상황에 놓이게 된다. 이는 구직자들의 심리적 스트레스뿐만 아니라 경제적 어려움을 가중시키는 원인으로 작용한다.

그러나 최근에는 많은 기업이 수시채용 중심으로 채용방침을 변경하고 있는 추세이다. 이에 따라 공채방식이 가진 다양한 문제점이 점진적으로 해소되고 있다. 수시채용은 인력 수요에 따라 직원을 연중 채용할 수 있기에 인력 공백에 따른 문제점이 최소화될 수 있고, 특정 기간의 채용업무 폭증을 해소함과 동시에 구직자들에게도 연중 구직활동을 지속할 수 있는 기반을 제공하게 된다. 또한 수시채용은 기본적으로 특정 직무를 대상으로 구인활동을 하는 특징을 가지고 있다. 다시 말해서 이는 특정 직무의 수행 가능성을 염두에 두고 뽑는다는 것이며, 직무경험이 없는 지원자보다 특정 직무에 대한 경험이 있는 지원자가 채용될 가능성이 더 높은 방식으로 볼 수 있다. 따라서 이는 대학을 졸업하고 노동시장에 신규로 진입하고자 하는 구직자에게 매우 큰 장애물로 작용한다. 대부분의 학생들은 직무경험이 없을뿐더러 인턴쉽 경험도 매우 제한적이다. 이는 기업에게 필요한 인력을 적재적소에 확보하는 데에 어려움을 주게 되고, 사회 전체적으로는 산업인력 양성을 제한하기 때문에 신규 구직자, 기업, 그리고 사회 전반에 있어 큰 장애로 작용할 수 있다. 따라서 노동시장이 수시채용 중심으로 재편됨에 따라 적절한 대책이 필요할 것이다.

나. 인공지능(AI) 기반 채용의 급속한 확산

기업의 인력획득이 공개채용 중심에서 수시채용 중심으로 변화하고 있는 것이 사실 갑작스런 것은 아니다. 이미 오래전부터 우리 사회 전반에서 수시채용의 바람이 불기 시작하였으며, 많은 기업에서 상당 기간 수시채용 관행을 유지해 왔다. 그렇지만, 지난 몇 년간 채용 시장에 일어난 가장 인상적인 변화는 인공지능(Artificial Intelligence) 기반의 채용이라고 할 수 있다. 기술의 급격한 진보와 더불어 인공지능은 우리 사회 전반에 활용되기 시작하였고, 제조업, 고객관리, 의학, 법률 서비스 등 다양한 산업에서 인공지능을 경쟁적으로 도입하기 시작하였다. 인적자원관리에 있어서도 인공지능의 활용은 예외가 아니었으며, 그 중 가장 눈에 띄는 것은 인공지능 기반 채용의 급속한 확산이라고 할 수 있다. 인공지능기반 채용은 우리나라뿐만 아니라 전 세계적으로도 급속히 확산되고 있으며(2021년 기준으로 우리나라 1000

〈표 6-4〉 인공지능 기반 채용 시스템의 주요 기능

인공지능 채용시스템의 주요기능	
신체반응감지	주로 면접평가를 통해 이루어지는 것으로 지원자의 얼굴표정, 심장박동, 목소리 등에 관한 정보를 카메라를 통해 수집
뇌활동분석	지원자에게 과업을 부과하고 과업 수행 중에 수집된 정보를 통해 기억력, 추론, 계획수립, 의사결정 등과 같은 능력을 분석
성격/적성검사	Paper & Pencil 방식과 크게 다르지 않지만, 온라인 방식으로 수행되어 인공지능채용 솔루션에 통합됨
성과예측	다양한 평가 방법에서 수집된 정보를 통합 및 분석

개 이상의 기업에서 도입), 그 숫자는 향후 급속히 늘어날 것으로 전망되고 있다.

일선 기업에서 사용되고 있는 인공지능기반 채용 시스템은 인공지능채용 솔루션 업체에서 개발한 상업용 시스템과 각 기업에서 자체적으로 개발하여 사용하는 자체 시스템으로 구분될 수 있다. 개발사의 상업용 시스템은 다양한 기업에서 사용할 수 있도록 표준화되어 있고, 여러 가지 평가 기능을 구비하고 있다. 이에 비해 기업의 자체개발 시스템은 해당 조직의 요구에 더욱 부합하도록 개발되어 있지만, 아직까지 다양한 역량을 평가하기에는 기능이 다소 제한적이다. 현재 일선 기업에는 몇 가지 상업용 인공지능 채용 솔루션이 보급되어 있으며, 이것이 제공하는 주요 기능은 업체별로 대동소이하다. 구체적으로 이는 신체반응감지, 뇌활동분석, 성격/적성검사, 성과예측 정도로 요약될 수 있다〈표 6-4〉. 첫째, 신체반응감지는 주로 면접평가를 통해 이루어지는 것으로 지원자의 얼굴표정, 심장박동, 목소리 등에 관한 정보를 카메라를 통해 수집하는 방식으로 이루어진다. 둘째, 뇌활동분석은 지원자에게 과업을 부과하고 과업 수행 중에 수집된 정보를 통해 기억력, 추론, 계획수립, 의사결정 등과 같은 능력을 분석하는 것으로 주로 게임이 이용된다. 셋째, 성격/적성 검사는 과거 검사지를 통해 수행되던 것과 크게 다르지 않지만, 온라인 방식으로 수행되어 인공지능채용 솔루션에 통합된다는 장점이 있다. 마지막으로 성과예측은 위에서 소개된 다양한 평가에서 수집된 정보를 통합, 분석하는 것이다.

인공지능채용 시스템의 활용은 다양한 측면에서 인재관리의 효과성과 효율성을 가져올 수 있다. 그 중 가장 중요한 기대효과는 채용 의사결정의 타당성(Validity)과 공정성(Fairness)의 향상이라고 할 수 있다. 우선 타당성의 측면에서 인공지능의 활용은 각 직무별로 가장 높은 성과를 낼 수 있는 지원자를 선별해 낼 수 있는 효과적인 수단을 제공할 수 있다. 많은 기업이 직원 선발에 있어 출신대학, 학점, 성격, 직무경험, 면접, 시험 등 수많은 선발도구를 활용하고 있지만, 선발 의사결정의 정확성을 높이기 쉽지 않은 것이 사실이다. 인공지능이 다양한 평가방식과 빅데이터 분석을 통해 고성과자의 특성을 가지고 있는 지원자를 선별해 낼 수 있다면 선발의 효과성을 높일 수 있을 것이다. 공정성의 향상 또한 인공지능채용을 통해 기대되고 있는 측면이라 할 수 있다. 최근 우리 사회에서 화제가 되었던 여러 기업과 기관의'채용비리'는 많은 구직자들에게 박탈감을 주었으며, 공정한 채용을 위한 '블라인드 채용'의 도입을 가져왔다. 만약 인공지능의 활용이 효과적인 채용 의사결정을 위한 정보를 제공한다면, 향후에는 굳이 많은 정보의 손실을 감수하며 블라인드 채용을 실시할 필요가 없을지도 모르겠다.

다. 인공지능채용의 실제와 문제점

실제로 인공지능 기반의 채용은 일선기업에 있어 유용한 관리도구가 되고 있다. 구체적으로 인공지능은 인사담당자의 업무를 획기적으로 줄여주고, 인사담당자는 핵심의사결정에 집중함으로써 의사결정의 질을 향상시킬 수 있다. 한 예로, 한해 IBM 입사하고자 하는 지원자는 300만명이 넘는데, 아무리 훌륭한 채용 담당자라 하더라도 이렇게 많은 지원자들의 이력서를 꼼꼼히 들여다보고 일관성 있는 의사결정을 하기는 힘들다. 따라서 IBM에서는 인공지능 왓슨을 활용하여 선발의 효과성을 높이고 있다. 왓슨은 지원자 수만명의 자격요건과 경력을 빠르게 분석하여 1차 면접 대상자 20명을 추려낸다. 그러면 채용 담당자는 20명의 지원서만 집중적으로 검토하면 된다. 이를 통해 IBM은 채용 시간을 85일에서 45일로 단축하였고, 업무량을 비약적으로 줄였다. 이 밖에도 미국 엔텔로사의 AI는 인터넷과 소셜미디어의 자료를 분석하여 어떤 유형의 지원자가 이직 확률이 높은지 분석해 주고, 하이어 뷰는 면접 영상을 통해 지원자의 단어선택, 목소리, 몸짓 등을 분석하여 지원자의 정직성을 판단해 주며, 인터뷰드의 AI는 온라인 시험을 통해 인지, 공감, 의사소통 능력을 판단하기도 한다.

그러나 아쉽게도 인공지능 채용은 타당성과 공정성에 있어 많은 이슈를 가지고 있는 듯하다. 일단 인공지능채용은 선발의 타당성 측면에서 해결해야 할 이슈가 있다. 구체적으로 인공지능의 선발추천이 얼마나 타당한지 알 수가 없다는 것이다. '누가 더 잘하나' 또는 '누가 더 직무에 적합하나'의 측면에서 타당성이 확립이 되어 있다고 보기 어렵다. 어떤 AI면접 프로그램은 질문에 대해 엉뚱한 대답을 내놓더라도 표정과 목소리가 적절하면 좋은 평가를 하는 경우도 있다. 인공지능 채용에서 활용하는 알고리즘은 블랙박스로 남아있고, 업체에서 공개를 거부하기 때문에 올바른 의사결정을 하는지에 대한 판단이 불가능하다. 알고리즘뿐만 아니라 인공지능의 학습에 활용되는 데이터 또한 문제를 가지고 있다. 몇 년 전 아마존이 채용을 위해 개발한 인공지능 채용 시스템은 성차별 논란에 휩싸였는데, 인공지능이 여성 지원자는 선발추천을 하지 않는 문제를 보였기 때문에 수 년 간 개발한 시스템은 결국 폐기처분되었다. 이는 결국 인공지능이 잘못된 데이터로 학습을 한 결과였다.

이러한 잘못된 학습의 문제는 훨씬 더 심각한 문제를 일으키기도 한다.

MIT가 개발한 인공지능 노먼(Norman)은 '싸이코패스 인공지능' 논란을 통해 잘못된 학습의 심각한 폐해를 보여주었다. 알프레드 히치콕 감독의 공포영화 '싸이코'에 등장하는 살인마에서 이름을 따온 AI 노먼은 부정적인 정보로 가득한 미국의 소셜 뉴스사이트 '레딧'의 게시물로 학습되었다. 연구팀은 로르샤흐 잉크검사를 통해 정상적인 데이터로 학습한 AI와 노먼의 학습결과를 비교하였으며, 편향된 데이터로 학습한 노먼의 경우 '사이코패스'의 증상을 보이는 것을 발견했다. 10가지 잉크 얼룩에 대해 노먼은 자살, 교통사고, 총살, 살인 등의 단어를 사용해서 부정적인 표현을 하였다. 이는 향후 인공지능 채용의 당위성 확보를 위해서는 다양한 측면에서 위에 소개한 문제들에 관한 해결방안의 모색이 필요함을 시사한다.

3-2. 일하는 방식의 변화

4차 산업혁명은 인력을 획득하는 방법뿐만 아니라, 채용된 인력이 일을 수행하는 방법에서도 획기적인 변화를 가져올 것으로 보인다. 따라서 일을 하는 방식이 어떻게 변화할 것이며, 이에 따른 영향, 그리고 기업은 이에 어떻게 대비해야 할 것인지에 대한 고민이 필요하다. 향후 일하는 방식은 인간-기계 협업, 분석중심의 의사결정, 업무구조의 유연화와 같은 방향으로 일어날 것으로 예측된다.

가. 인간-기계 협업(Human-Computer Collaboration)

World Economic Forum(2016)의 가장 큰 화두가 되었던 것은 일자리의 미래(The Future of Jobs)에 관한 것이었다. 가까운 미래에 우리 사회에 가장 큰 영향을 미칠 것으로 생각되고 있는 것은 기술에 의한 '일자리 파괴'이며, 전 세계적인 바둑 고수 이세돌과 구글의 딥마인드가 개발한 알파고의 대국은 이러한 세간의 우려를 더욱 공고히 하는 요인으로 작용했다. 일자리 대체에 관한 우려는 사람보다 기계가 똑같은 과업을 더 빨리, 그리고 더 정확히 수행할 수 있다는 사람들의 믿음에 기인하고 있다. 뿐만아니라 기술에 의한 노동 대체는 비용 절감의 효과도 가져올 수 있다. 인공지능은 바둑뿐만 아니라 의학, 법률, 그리고 다양한 제조 분야에 있어서도 사람을 능가하고 있으며, 이는 일자리의 대체 문제를 넘어서 기계에 대한 추종을 불러일으키고 있다. 그러나 기술에 대한 과도한 맹신과 추종은 기술의 활용이 아닌 기술에 의해 지배를 가져올 수도 있기 때문에 가볍게 여길 수 없는 매우 중요한 문제이다.

이러한 인공지능과 로봇의 도전에 직면하여 우리 사회는 사람이 더 잘할 수 있는 분야가 무엇인지에 대한 진지하게 고민하기 시작하였다. 많은 이들이 예술 분야는 오롯이 사람의 영역이라고 주장하는 반면, 인공지능은 이미 다양한 예술 영역을 침범하기 시작하였다. 인공지능이 그린 그림이나 인공지능이 창작한 소설에 관한 기사는 이미 미디어를 통해 널리 알려지고 있으며, 음악 분야도 예외는 아니다. 예를 들어, 요즘 사람들이 효과적으로 공부를 하거나 명상수면을 하기 위해 듣는 앰비언트 뮤직(ambient music)은 인공지능의 작곡을 통해 그 효과성을 비약적으로 향상시킬 수 있게 되었다. 미리 제작된 앰비언트 뮤직을 듣는 대신에 인공지능을 활용하여 청취자의 상태에 따라 매번 다른 음악을 조합하면 그 어떤 앰비언트 뮤직보다 뛰어난 최적의 사운드를 만들어 낼 수 있다. 심지어 일본의 휴머노이드 로봇 에리카는 약 840억원이 투자된 영화에 출연하여 주인공으로 열연하고 있다. 과연 미래에 인공지능과 로봇이 가진 능력의 한계 때문에 오롯이 사람의 영역으로 남을 수 있는 영역이 있을지 의문이다.

그러나 이러한 일자리 파괴에 대한 공포는 사람의 일과 인공지능/로봇의 일을 딱 잘라서 구분하려는 이분법적 사고방식에 기인한 바가 크다고 할 수 있다. 지금까지 사회 각 분야에서 필요한 다양한 일을 처리해 온 주체는 사람이었으며, 지난 몇 십년 동안의 정보통신 기술의 발전은 인간이 수행하는 일을 보다 수월하게 해 주는 도구를 제공해 왔다. 그러나 최근에는 인공지능/로봇이 전적으로 수행할 수 있는 일들이 생겨나고 있다. 예를 들어, RPA(Robotic Process Automation)를 통한 제조업의 완전자동화 공정이나 완전자율주행 자동차 등은 인공지능과 로봇이 전적으로 일을 처리하도록 하는 방식이다. 그러나 이렇게 일을 사람의 일과 인공지능/로봇의 일로 구분하는 사고방식은 가까운 미래에 많은 문제점을 유발할 수 있다. 사실 우리는 사람이 해야 할 일과 인공지능이 해야 할 일보다는 사람과 인공지능/로봇이 같이 수행할 수 있는 일에 더 많은 관심을 집중해야 한다. 다시 말해서 인간과 인공지능/로봇 협업에서 더 높은 수준의 향상이 일어날 수 있으며, 그러한 관점에서 [그림 6-1]의 Hybrid Activities(Missing Middle)은 인간과 기계의 협업을 통한 다양한 가치 창출 가능성을 시사하는 것으로 볼 수 있다.

사람과 인공지능/로봇이 서로 대립하기보다는 상호간의 보완이 일어날 때, 기술이 인류에게 올바른 방향으로 사용되고 가장 큰 시너지가 날 수 있다. 최근의 한 논문(박우성, 양재완, 2000)은 경영전략에 따라 인공지능과 사람의 협업전략을 유형별로 구체화하여 제시하고 있다[그림 6-2]. 이는

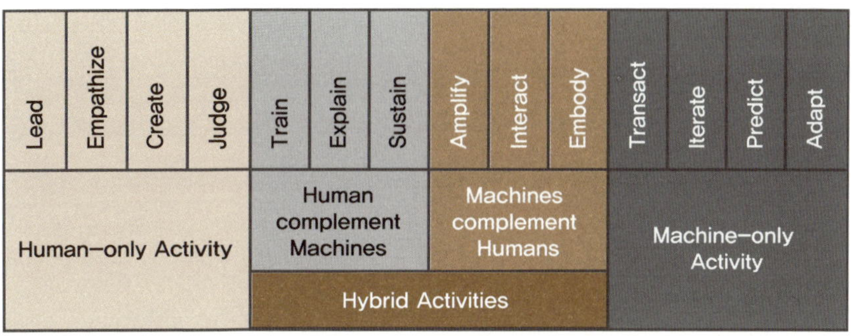

[그림 6-1] 인간과 인공지능/로봇의 협업 (Daugherty & Wilson, 2018)

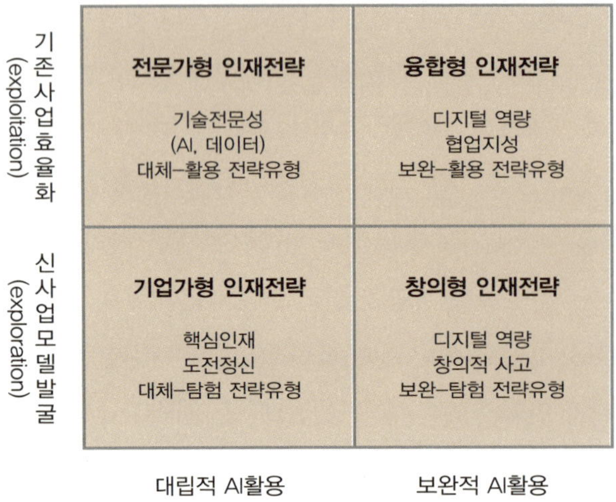

[그림 6–2] 인공지능 활용유형별 인적자원전략 (박우성 · 양재완, 2020)

사업 전략(기존사업의 효율화 vs. 신사업모델발굴)과 인공지능활용 전략(대립적 AI활용 vs. 보완적 AI활용)을 통해 네 가지 유형의 인공지능 활용전략(전문가형, 융합형, 기업가형, 창의형)을 제시하고 있다. 이러한 전략을 바람직하게 실행하기 위해서는 인공지능과 인간의 협업체계를 효과적으로 수립하는 것도 중요하지만 결과적으로 인간이 업무 결과에 대해 최종적으로 책임을 지는 구조를 수립하는 것이 필요하다. 이에 있어 인간은 기계를 훈련하고, 작업 결과를 설명하고, 그리고 책임감을 가지고 인공지능을 활용해야 한다. 이를 통해 인간은 지능과 창의력을 높이고 단순업무에서 해방될 수 있으며, 기술을 통해 매슬로우가 제시한 욕구단계론의 가장 최상위 욕구에 해당하는 자아실현의 측면에서 인간의 욕구를 충족시키는 것이 가능할 것이다.

나. 분석중심의 의사결정

일하는 방식의 또 다른 변화는 의사결정 방식의 획기적인 변화로 나타날 것으로 예측된다. 사업 수행상의 경영 의사결정은 최고경영자의 의지,

열망, 그리고 다년간의 경험에 의거하여 이루어지는 것이 일반적이다. 아니 적어도 과거 몇 십년 간은 그러한 의사결정 방식이 일반적이었다. 물론 제법 규모가 큰 기업에서는 다방면으로 사업 타당성 예측을 위한 자료를 수집하여 분석을 해 온 것도 사실이다. 그러나 언제나 최종 의사결정은 최고경영자의 번뜩이는 사업감각(Business Acumen)에 의지하는 것이 일반적이었다. 물론 그러한 의사결정에 힘입어 성공적인 경영성과를 만들어 낸 경우도 많다. 삼성의 반도체 사업 진출이나 현대의 조선소 건립 등은 경영환경의 불리함과 많은 실행상의 어려움에도 불구하고 최고경영자의 날카로운 사업 감각과 강인한 의지에 힘입어 이루어진 성공적인 의사결정 사례로 볼 수 있다. 그러나 4차 산업혁명 시대의 경영 의사결정은 더 이상 뛰어난 몇몇 개인의 사업 감각에 의지하여 이루어지기에는 너무나 많은 변동성을 포함하고 있기 때문에 기존의 의사결정 방식으로는 더 이상 시장에서의 생존과 성장을 담보할 수 없다.

비즈니즈 애널리틱스는 4차 산업혁명 시대에 필수적인 경영 의사결정 도구라 할 수 있다. 이는 복잡한 사업상의 문제를 해결하기 위해 다양한 기업 내/외부의 데이터를 수집, 분석하여 정보통신기술과 통계적, 수학적 분석을 활용하여 문제를 해결하는 방법이라 할 수 있다. 사업의 각 기능에서 이러한 비즈니스 애널리틱스가 시도될 수 있으며, 인적자원관리에 있어서도 이를 활용한 효과적인 인재관리가 시도될 수 있다. HR/Workforce 애널리틱스는 '사업 성공을 위해 HR 관련 정보를 통계적 추론과 예측모형을 통해 분석하고 해석하여 의사결정에 도움을 주는 활동'으로, 기술적 분석(Descriptive Analytics)에 기초하여 예측분석(Predictive Analysis)을 지향하는 인적자원관리 분야의 애널리틱스 기법이라 할 수 있다. [그림 6-3]은 HR/Workforce 애널리틱스 진화단계를 보여주고 있다.

HR/Workforce 애널리틱스는 여러 비즈니스 애널리틱스 기법 중에서도

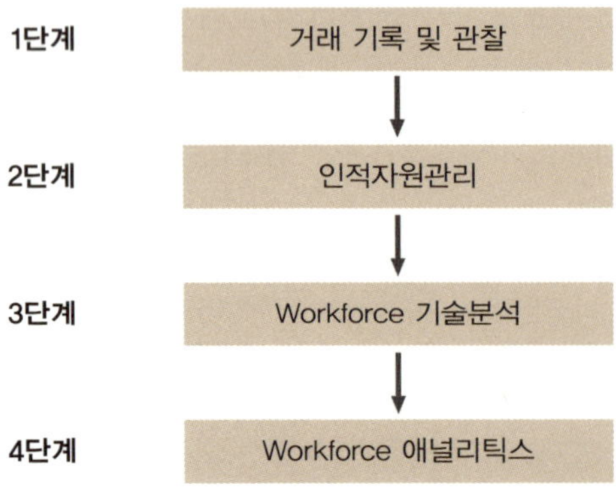

[그림 6-3] HR/Workforce 애널리틱스의 진화단계 (양재완 · 박우성, 2020)

조직의 성과향상에 가장 결정적인 영향을 미칠 수 있는 잠재력을 가지고 있는 것으로 평가되고 있으나, 그 발전 속도는 다소 더딘 것으로 보인다. 현재 우리나라 기업을 비롯한 전 세계의 다양한 기업에서 HR/Workforce 애널리틱스의 수행 사례가 이어지고 있으며, 그 중 좋은 관리자의 특징을 밝혀낸 구글의 '산소 프로젝트'는 우리에게 널리 알려져 있다. 이뿐만 아니라 네슬레의 이직률 분석 및 인재유지방안 개선이나 유니레버의 인공지능 채용사례 또한 나름대로 의미있는 결과를 도출하였다. 현재 우리나라에서도 몇몇 기업이 HR/Workforce 애널리틱스를 시도하면서 재미있는 결과를 도출하고 있으나, 아직 기업 성과에 미치는 영향 등에 관한 많은 시도가 필요한 것으로 보인다. 그러나 HR/Workforce 애널리틱스는 인적자원관리에 있어 효율성과 효과성을 향상시킬 수 있으며, HR 서비스의 질 또한 제고할 수 있는 다양한 장점을 가지고 있다. 무엇보다도 이전에는 실행할 수 없었던 새로운 형태의 경영전략 실행 및 전략적 의사결정의 지원기능은 많은 기업의 가치 창출에 중요한 기여를 할 수 있을 것으로 예측된다. 따라서 각 기업은 올바른 HR/Workforce 애널리틱스 실행을 위한 로드맵을 제시하고, 이를 위한 적절한 실행 방안을 고민해야 할 것이다.

다. 업무수행방식의 유연화

4차 산업혁명의 도래는 일터에서의 업무수행방식을 획기적으로 바꿀 것으로 예측되고 있다. 그 중 우리 사회에 가장 빠르게 확산되고 있는 것은 리모트 워크(Remote Work)라 할 수 있다. 리모트 워크란 전통적인 사무실 근무가 아닌 다른 장소에서 근무를 수행하는 업무수행 방식으로 직무를 성공적으로 수행하기 위해서 꼭 특정한 장소에서 일해야 할 필요는 없다는 취지에서 도입되었다. 비슷한 용어로 '재택근무'와 '원격근무'라는 용어가 흔히 사용되는데, 재택근무는 집에서 근무하는 것이고 원격근무는 회사 밖의 제 3의 장소에서 근무하는 것으로 리모트 워크(원격근무)는 재택근무를 포괄하는 용어로 볼 수 있다. 아래 〈표 6-5〉는 리모트 워크의 형태를 구체적으로 구분하고 있다. 기존에는 리모트 워크의 도입 필요성과 효과성에 대해서 많은 조직에서 의문을 가지고 있었으나 COVID 19 팬데믹은 리모트 워크의 전면적 도입을 가져왔다. 이제 많은 조직에서는 리모트 워크가 종업원 개인과 회사 전체에 가져올 수 있는 건강과 웰빙, 선호 라이프 스타일 추구, 생산성 향상 등과 같은 다양한 혜택을 경험하고 있다.

그러나 이러한 혜택이 어느 조직에서나 동일하게 발생하는 것은 아니다. 근무 태만과 생산성 하락 같은 부작용을 경험하고 있는 조직도 발견되고 있는 것이다. 구체적으로 재택근무는 의사소통의 어려움, 스트레스 관리 부족, 업무공간과 생활공간 분리의 어려움, 고립감과 외로움 등과 같은 문

〈표 6-5〉 일반적 리모트 워크의 형태

구분	내용
재택근무	일주일에 몇 번 횟수를 정하여 재택근무를 실시
공유 오피스	공공에 오픈된 공유 오피스를 특정 공간을 빌려서 한시적으로 프로젝트팀의 사무실로 활용
출장	해외 특정 국가에서 몇 개월간의 프로젝트 수행 출장을 진행
디지털 유목민	물가가 낮은 지역(예를 들어 발리, 방콕 등)에서 거주하면서 한국 기업에서 발주한 앱 등을 개발

제점을 낳고 있다. 최근 한 조사에 따르면 직장인의 78%가 재택근무 시 생산성이 유지 또는 향상되었다고 응답했다. 그러나 이는 개인적 인식에 국한된 것이며 실질적인 생산성의 척도로 보기는 어렵다. 미국의 다국적 금융회사 JP모간은 재택근무가 월, 금요일 생산성 하락의 요인이 되고 있다는 결론 하에 재택근무를 중단하였으며, 일본의 대기업 이토추와 카약 또한 생산성 하락에 따라 재택근무를 축소하였다. 그러나 단순히 재택근무를 줄이는 것으로 이미 전 세계적으로 확산된 리모트 워크 트렌드를 막을 수는 없을 것이다. 리모트 워크를 활용하면서도 부작용을 최소화할 수 있는 기업의 효과적 대응이 필요하다.

업무수행방식 유연화의 또 다른 변화는 업무의 모듈화라고 할 수 있다. 전통적으로 대부분의 직무는 한 사람의 수행능력을 기준으로 구성되는 것이 일반적이다. 그러나 기술의 발전은 이러한 직무설계 방식에 획기적인 변화를 가져올 것으로 예측되며, 이는 기계와의 협업, 일의 외부화, 잡셰어링을 통해 나타날 수 있다. 기계와의 협업은 생산성의 획기적 향상을 이루어내는 방향으로 우리 산업 전반에서 일어날 것이다. 중요한 것은 사람이 수행할 일과 기계가 수행할 일을 분리하는 것인데, 이에 있어 시너지가 극대화될 수 있도록 과업의 모듈화가 추진되어야 한다. 일의 외부화는 긱 경제(Gig Economy)의 성장에 따라 빠르게 확산될 것이다. 긱 경제의 기반이 되고 있는 다양한 플랫폼은 노동시장에서의 구인/구직 활동에 수반되는 거래비용을 급격하게 감소시킨다. 따라서 기업의 내부 구성원들은 전략적 과업에 더욱 집중하고 비핵심 과업은 외부 인력에 맡기는 것이 더욱 용이해질 것이며, 직무 전체가 아닌 특정 프로젝트와 과업 단위의 인력운용이 더욱 일상화될 것이다. 마지막으로 잡셰어링을 들 수 있는데, 이는 1인당 근무시간을 축소하여 여러 사람이 함께 일을 나누어 처리하는 노동형태라 할 수 있다. 잡셰어링은 고용창출의 중요한 대안으로 인식되고 있으며, 향후 하나의 직무를 여러 사람이 함께 수행하기 위한 업무의 모듈화가 점진적으로 일어날 것이다.

3-3. 평가와 보상 방식의 변화

기업의 인적자원관리에 있어 가장 중요한 기능이라 할 수 있는 평가와 보상의 영역에서도 4차 산업혁명에 의한 많은 변화가 일어날 것으로 보인다. 성과평가와 보상의 현주소를 간략히 살펴보고, 앞으로의 방향성을 진단해 보도록 한다.

가. 성과평가의 현주소

인적자원관리에 있어 가장 핵심적인 기능이라 할 수 있는 것은 평가/보상기능이라 할 수 있다. 이는 고용주뿐만 아니라 근로자들에게도 매우 예민하고 중요한 부분인데, 특히 성과평가에 대한 근로자들의 의견은 대부분 부정적인 것이 일반적이다. 성과평가에 대한 종업원들의 만족 여부를 묻는 많은 설문조사에서 절반 이상의 응답자가 부정적인 답변을 한 경우가 자주 보고된다. 부정적인 의견은 대체로 평가의 공정성 부족, 그리고 성과평가는 시간 낭비라는 의견이 지배적이다. 또한 많은 이들은 성과평가의 실용성에 대해서도 의문을 제기한다. 이러한 의문은 조직에서 성과평가 결과를 인적자원관리에 실질적으로 반영하지 않고 평가 그 자체로 끝내는 경우에 제기될 수 있다. 따라서 종업원의 업무 노력이나 능력, 그리고 실질적인 성과의 높고 낮음이 큰 의미가 없다는 것이다. 물론 이러한 성과평가의 문제점을 심각히 인지하고 보다 공정하고 실효성 있는 성과평가를 하기 위해 노력하는 기업도 존재한다. 그러나 아직까지 효과적인 성과평가제도를 유지하고 있는 기업은 그다지 많지 않은 것으로 보인다.

성과평가를 더욱 효과적으로 하기 위한 다양한 시도가 여러 해외 기업에서 이루어지고 있으며, 몇몇 국내 기업에서도 그러한 노력이 나타나고 있다. 예를 들어, 글로벌 기업 넷플릭스, 액센추어, 어도비, GE 등은 더 이상 성과평가를 실시하지 않는 것으로 알려져 있으며, 페이스북이나 구글 등은 연구와 실험을 통해 성과평가 제도를 더욱 체계화하기 위한 지속적인 노력을 하고 있다. 이러한 시도는 다양한 형태로 나타나고 있지만, 대체로 사람과 사람 사이의 서열을 정하는 방식에서 탈피하여 종업원 개개인의 성장과 발전을 우선시하는 방향으로 나타나고 있다. 매킨지의 최근 연구보고서는 상대평가는 시간 소모적이고, 지나치게 주관적이며, 동기부여보다는 동기감소와 같은 부작용이 크다는 결론을 내리고 있다. 많은 선진 기업에서는 이제 상대평가보다는 절대평가에 기초한 성과평가를 실시하며, 피드백을 중심으로 한 성과관리를 실시하기 위해 다양한 노력을 기울이고 있다.

성과평가의 변화는 이미 일어나고 있으며, 이는 다음 세 가지 측면에서 정리될 수 있다〈표 6-6〉. 첫째, 미래의 성과평가는 인간의 가치를 극대화하는 방향으로 일어날 것이다. 인공지능과 로봇의 등장에 따라 인간 노동력의 대체 가능성이 지속적으로 높아지고 있으며, 그와 함께 인간의 가치가 점점 하락할 것이라는 우려가 깊어지고 있다. 향후 성과평가는 근로자가 인간으로서의 가치를 향상시킬 수 있는 방향으로 이루어져야 할 것이다. 둘째, 이미 많은 선진국에서 노동인구의 감소가 일어나기 시작했다. 따라서 기업의 미래를 책임질 핵심 인력을 모시기 위한 경쟁이 심화될 것이며,

〈표 6-6〉 미래 성과평가의 방향성

미래 성과평가의 방향성	
1. 인간가치 극대화	인공지능, 로봇의 등장에 대응하여 인간의 가치를 극대화하기 위한 조직의 노력 증대
2. 효과적인 인력획득 경쟁	노동인구 감소와 창의적 인재의 요구증가에 따라 핵심 인력 획득을 위한 증대
3. 성과평가 영역확대	수익향상을 넘어 다양한 영역에서의 기업의 성과요구 증가

이는 종업원의 개발과 만족도를 향상시키는 방향으로 성과평가를 변화시킬 것이다. 마지막으로 성과평가 영역의 확대가 예상된다. 기존에는 수익향상이 기업의 유일한 목표인 것처럼 여겨져 온 것이 사실이다. 그러나 미래에는 수익향상 이외에도 다양한 이해관계자를 균형 있게 만족시키기 위한 노력이 요구될 것이다.

나. 디지털 기반의 평가/보상

최근의 기술발전은 기존 성과평가의 문제점에 대한 대안적 접근이 가능하게 한다. 특히 실시간 평가와 피드백은 4차 산업혁명에 따라 가능하게 된 긍정적 변화라 볼 수 있다. 기존 성과평가의 가장 큰 문제점 중의 하나는 주로 연말에 이루어지는 단발성 성과평가라는 것이다. 성과평가의 중요한 긍정적 효과는 업무수행 결과에 대한 피드백을 통해 향후 업무수행에 향상을 도모할 수 있다는 것이다. 그러나 1년간 지연되고 쌓인 다양한 업무행동과 업적에 대한 평가는 그 정확성과 적시성이 매우 낮을 수 밖에 없다. 인공지능과 빅데이터를 사용한 디지털 기반의 평가는 이러한 성과평가 지연에 따른 문제를 해결하는 유용한 툴이 될 수 있다. 최근 여러 기업(예를 들어, 어도비, GE, IBM)에서 실시간 성과평가 애플리케이션을 활용하여 이를 실현하고 있다.

이러한 디지털 기반 성과평가의 핵심은 인사행정, 즉 관리적 목적의 인적자원관리에서 벗어나 종업원의 개발을 중심으로 인사의 방향성을 수정한다는 데에 큰 의의가 있다. 과거의 인적자원관리는 평가를 통해 종업원 간 성과의 우열을 정하는 것이 매우 중요한 관건이었다. 이를 통해 누구에서 더 높은 평가점수를 줄 것인지, 누가 더 많은 인센티브를 가져갈 것이며, 우선 승진대상자는 누구인지를 가려내는 것이 핵심이 되었다. 그러나 이러한 방식의 성과평가는 그 수명이 다 되었다고 보는 인사전문가들의 시각이 강해지고 있으며, 미래의 성과평가는 직원의 역량개발을 최우선으로 실시해야 할 것으로 보인다. 직원에게 요구되는 지식, 기술, 능력 등이 급격하게 변화되고 있기 때문에 이러한 변화에 효과적으로 적응하는 직원이 기업의 미래 성과를 견인할 수 있기 때문이다.

인공지능과 빅데이터와 같은 디지털 기술의 활용은 보상에 있어서도 매우 중요한 변화를 가져올 것으로 보인다. 이른바 실시간 보상이 중요한 이슈로 대두될 것이다. 보상제도의 의의는 대체로 세 가지 정도에서 파악이 가능하다. 첫째, 필요한 인적자원의 확보이다. 노동시장에서 필요한 인력을 확보하기 위해서는 임금자체의 경쟁력이 필수적이다. 같은 수준의 노동력에 대해 더 많은 보상을 제공한다면 희소한 인재를 확보하기에 유리하다. 둘째, 노동시장 구성원으로서의 권리의 충족과 의무의 이행이다. 노동자의 노동력 제공은 그 자체로 권리를 발생시키지만, 고용주에게는 노동에 대한 대가를 치러야 하는 의무를 발생시킨다. 이를 해소하기 위해, 적절히 설계된 보상제도의 실행이 필요하다. 마지막으로 조직 구성원들의 동기부여 효과이다. 노동력의 제공이 종업원들이 가치 있게 생각하는 재화의 제공으로 이어질 것이라는 기대는 동기부여 효과를 보여주는 단직인 예라 할 수 있다. 그러나 근로자의 업무행동과 시간적으로 분리된 사후적 보상은 근로자의 업무수행 의지를 증폭하는 데에 있어 효과성이 낮을 수밖에 없다. 재택근무가 일상화될 미래에는 종업원의 동기부여를 위한 조직의 고민이 한층 심화될 수밖에 없으며, 실시간 보상은 이를 상쇄하는 유용한 도구가 될 수 있다.

다. 개별업무협약을 통한 평가/보상관리

비즈니스의 성공적 수행에 있어 가장 중요한 것 중의 하나가 고객만족과 그들의 충성심을 얻는 것이라 할 수 있다. 지난 몇 십년 동안 많은 기업은 고객을 만족시키기 위해 다양한 노력을 해 왔으며, 고객이 요구하는 것이 무엇인지, 그들이 선호하는 것은 무엇인지를 파악하기 위해 끊임없이 그들에게 물어보고, 상품과 서비스를 개발하고, 개선해 왔다. 산업화 초기에는 선대제 등을 통한 맞춤형 주문 생산이 주로 이루어져 왔기 때문에 고객의 요구가 섬세하게 반영될 수 있는 여건이 갖추어져 있었다. 그러나 산업발전에 따라 대량주문, 대량생산이 일상화됨에 따라 고객 개개인의 요구사항을 반영하는 것을 어려워졌고, 반대로 이를 극복하기 위한 노력은 더욱 체계화되고, 진보했다.

고객을 만족시키는 것은 중요하지만, 그보다 먼저 선행되어야 할 것이 있다. 바로 종업원을 만족시키는 것이다. 기존의 경영성공 방정식은 고객만족을 통해 재무적 성과를 향상시키는 것이다. 그러나 해외의 많은 연구에 따르면, 고객을 중심에 두고 이러한 목표를 달성하려고 노력하는 것은 그다지 효과적이지 못하다는 것이다. 대부분의 고객 만족은 먼저 종업원 만족이 선행되어야 일어나는 수순이 있다는 것이다. 종업원을 중심에 두고 경영하는 것으로 유명한 미국의 코스트코, 그래비티 페이먼츠, 그리고 일본의 교세라 등은 매우 훌륭한 사례가 되고 있으며, 일본의 경영학자 사카모토 교수가 20여년 간의 기업 성과를 분석한 결과에서도 이는 여실히 나타난다. 미국 스탠포드의 제프리 페퍼 교수의 주장 또한 이와 일맥상통한다.

최근 선진기업을 중심으로 활용되고 있는 개별업무협약(Idiosyncratic Deals)은 이러한 인간중심의 경영 철학을 잘 반영하고 있다. 개별업무협약이란 근로자와 고용주가 고용 계약을 체결하는 데 있어 개인의 선호와 요구사항을 반영하여 고용계약을 체결하는 고용형태이다〈표 6-7〉. 이는 점점 복잡해져가는 고용환경과 개인의 다양한 요구를 적절히 반영하여 좀 더 유연하고 효과적인 근로관계를 유지할 수 있는 하나의 묘안이 되고 있다. 조직에서는 뛰어난 직원을 고용할 수 있는 유인책이 될 수 있고, 근로자는 조직에서 다

〈표 6-7〉 개별업무협약 (Rousseau, Ho, & Greenberg, 2006)

형태	고용 협약		
	개별업무협약	편애주의 또는 파벌주의	승인되지 않은 형태
확정	직원에 의한 협상	직원에게 주어짐	직원이 권한 없이 취득
근거	기업에 있어 직원의 가치와 개인적 필요	특별한 관계	규정 위반
수혜자	직원과 고용주	직원과 권력이 있는 구성원 (예, 관리자)	직원
동료에게 나타나는 결과	인식의 결과는 개별업무협약을 구성하는 내용, 시간, 과정에 따라 상이	과정적, 결과적 공정성과 신뢰의 감소	조직의 제도의 정당성을 훼손

른 누군가의 눈치를 보거나 허락을 구하지 않고 육아, 취미, 가사 등 다양한 개인적 요구를 해결함과 동시에 자신의 커리어를 지속적으로 발전시킬 수 있는 효과적인 수단이 될 수 있다. 물론 4차 산업혁명이 우리의 삶을 더욱 복잡하게 만들고 있기는 하지만, 산업 발전과 경제 성장에 따라 개인의 욕구도 과거보다 더욱 복잡해지고 있다. 이에 따라 가까운 미래에 개별업무협약이 우리 사회 전반에 급속히 전파될 것으로 기대된다.

4. 진퇴양난의 인사(HR)전문가, 어디로 가야 할 것인가?

현재 우리사회가 겪고 있는 기술발전과 일하는 방식의 변화는 HR전문가들의 업무에도 본질적 변화를 가져오고 있다. 인적자원관리자는 더 이상 규정의 집행자 또는 서비스 제공자가 아닌, 핵심사업 데이터를 분석하고, 조직변화의 방향을 제시하고, 성과창출을 견인하는 사업 항해자(Business Navigator)가 되어야 한다. 이에 따라 대두되는 HR전문가 역할의 대해 기술하였다.

가. 인사기능의 진화

인적자원관리는 전통적으로 조직의 직원관리와 종업원들에 대한 서비스 기능으로 인식되어온 경향이 강하다. 물론 이에는 정부와 같은 공공기관과 원활한 소통을 유지하고 정보제공 등의 의무를 충족하는 것도 포함되어 있다. 이러한 인적자원관리의 기능적 측면에 대한 인식은 대부분의 문화권에서 크게 차이가 나지 않는 것이 일반적이다. 그럼에도 인사부서가 가지는 조직 내의 위상에 있어서는 문화권별로 어느 정도 차이가 나는 것 또한 사실이다. 예를 들어, 미국에서 인사 기능은 기업의 사업운영에 있어 우선순위가 낮은 부서에 속하는 것으로 인식되어온 반면, 우리나라와 일본의 경우에는 조직에서 가장 큰 권력을 가진 부서로 군림해 왔다. 그럼에도 인사기능은 전반적으로 외부환경 변화에 적극적으로 대응하고, 시장에서 경쟁자와 경쟁하는 등의 사업수행의 영역에서는 그 역할이 제한적이었다고 할 수 있겠다.

1990년대를 기점으로 인적자원관리의 있어 매우 의미 있는 진화가 이루어지기 시작하였다. 시장에서의 지속가능한 경쟁우위(Sustainable Competitive Advantage)를 확보하기 위한 방안으로 인적자원을 적극적으로 활용해야 한다는 관점이 도입되기 시작하였으며, 이에 따라 인사부서의 역할은 기존의 경영관리와 서비스에서 전략적 영역까지 확대되기 시작하였다. 이러한 움직임에 힘입어 전략적 인적자원관리는 일선기업의 경영혁신을 위해 가장 중요한 요인으로 대두되기 시작하였으며, 글로벌 선진기업에서는 인적자원의 전략적 자산화를 위해 많은 노력을 투입하였다. 한 예로 GE의 인재경영은 미국을 넘어 전 세계의 수많은 기업에 전파되었으며, 우리나라의 대표적 경영자들은 너나할 것 없이 GE의 크로톤빌 연수원을 방문하였다. 학계에서도 전략적 인적자원관리에 관한 수많은 연구가 수행되었으며, Jeffrey

Arthur를 비롯하여, Mark Huselid, John Delery, John Paul MacDuffie 등의 연구 결과가 전세계적으로 확산되었다. 이를 기점으로 학계와 실무에서 본격적인 전략적 인적자원관리의 시대가 시작되었다.

4차 산업혁명의 터널에 진입하고 있는 현재 시점에서 인적자원을 통한 경쟁력 향상은 기존의 방식만으로는 효과적으로 추구하기 어려운 상황이 되고 있다. 디지털이라는 도구를 효과적으로 사용하지 않으면 사람을 통한 전략의 실현이 제대로 구현될 수 없기 때문이다. 이제 방대한 데이터와 실시간 피드백, 그리고 인공지능의 의사결정기능이 결합되어 업무수행 방식을 획기적으로 개선할 수 있는 새로운 인재경영의 시대가 열리고 있다. 대부분의 조직은 HR 디지털 전환이라는 숙명적 과제를 받아들이기 시작했으며, 이를 효과적으로 수행하기 위해 다방면으로 노력하고 있다. 이러한 변화는 단순히 인적자원관리 기능을 디지털화하는 측면이 아니라, 인사기능이 조직의 다른 사업기능과 통합된다는 의미를 가지고 있다. 따라서 사업수행에 있어 인간측면(Human Side)의 다양한 변화와 시도가 조직의 다른 기능과 전략목표 달성에 긍정적 영향을 미치는 기반이 구축될 수 있다.

나. 인사실무자와 디지털 역량갭

HR 디지털 전환은 인사실무자의 직무기술서와 직무명세서, 즉 어떠한 일을 해야 하고, 그 일들을 잘 처리하기 위해 어떠한 자격요건을 갖추어야 하는가에 관한 문제에 큰 변화를 가져올 것으로 예측된다. 과거에는 인사실무자들의 손끝에서 이루어졌던 다양한 일들이 자동화되고, 인공지능 등에 의해서 수행될 것이다. 다시 말해서 이는 많은 사람들이 걱정하고 있는 사람과 기술의 노동 대체를 의미하기도 한다. 이에 따라 인사실무자들의 직무수행과 관련된 지식, 기술, 능력에 있어 변화가 불가피하며 HR역량 프로파일의 변화가 일어날 것으로 보인다. 디지털 시대에는 기존의 HR 전문가들이 더이상 전문가로 간주되지 않을 수 있으며, 자신의 직무가 정보기술 또는 통계분석 전문가들에 의해 수행될 수 있다.

인적자원관리 분야에서 주도적인 역할을 해 온 미시간 대학의 David Ulrich 교수는 일찍이 인사전문가 역량모델을 정의해 왔다. 1987년 세 가지의 HR역량 모델(사업지식, 변화관리, HR제도 실행)을 제시한 이후, 조직문화 관리와 전략적 기여 등의 다양한 역량을 추가하였으며, 최근에는 기술기반의 HR 역할을 추가로 제시하였다. 이는 기술발전에 따라 과거에는 불가능했던 새로운 방식의 인적자원관리가 가능해지고, 이를 통해 인사전문가의 역할이 HR 역량모델에서 제시하고 있는 다양한 역할을 더욱 효과적으로 수행하는 방향으로 진화하게 될 것임의 제시한 것으로 볼 수 있다[그림

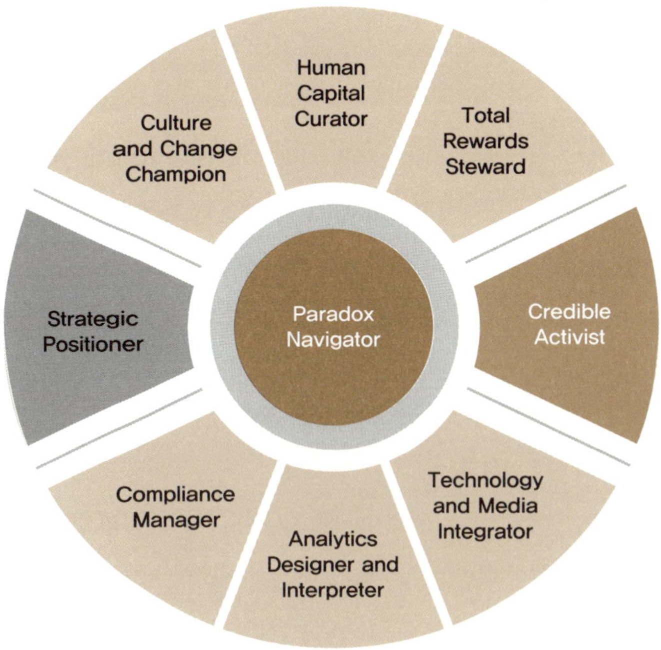

[그림 6-4] Ulrich의 HR역량 프로파일

6-4]. 기술 기반의 HR은 특히 1) 인사분야에서 제시된 최근의 통찰력을 기반으로 통합솔루션을 구축하고 이를 통해 조직의 혁신을 이루는 역할과, 2) HR 활동의 효과성과 효율성을 향상시키기 위해 행정적 기능과 전략적 기능을 차별화하는 역할을 동시에 추구할 것을 요구한다.

그러나 이러한 역할은 현재 일선기업에서 인적자원관리 업무를 담당하고 있는 HR 인력이 수행하기에는 적합치 못한 측면이 있다. 이는 4차 산업혁명 시대의 인적자원관리에는 새로운 역량이 필요하기 때문이다. 그럼 미래의 인적자원관리에는 어떠한 역량이 필요하다는 것일까? 이는 크게 세 가지 측면에서 파악될 수 있다. 첫 번째는 Skeptical Thinking이라고 할 수 있다. 이는 비판적 혹은 엄밀한 사고로 이해될 수 있는데, 빅 데이터 시대에는 데이터 중심사고에 치우친 나머지 논리적으로 이해하기 어려운 분석결과를 맹목적으로 따르는 상황이 발생하기 쉽기 때문이다. 두 번째는 디지털 역량이라고 할 수 있다. 앞으로의 인적자원관리는 공급자 중심의 인적자원관리가 아니라 수요자 중심의 인적자원관리가 대세가 될 것으로 예상된다. 다양한 기술, 즉, AI, 챗봇, RPA 등을 이용하여 종업원의 다양한 욕구와 조직의 요구를 충족시킬 수 있어야 한다. 마지막으로 통계분석 역량이 필요하다. HR/Workforce 애널리틱스가 HR 의사결정의 중심수단으로 부각되고 있는 만큼 인사전문가들은 다양한 데이터를 수집, 분석, 해석하고, 인재경영의 전략적 방향을 설정하는 데에 기여할 수 있어야 할 것이다.

다. 인적자원관리 기능의 재설계

일선 기업에 있어 인적자원관리 측면의 가장 시급한 과제는 HR 업무를 처음부터 재설계해야 한다는 것이다. 기존의 시스템에서 뭔가 한 두개 정도의 기능을 추가하는 수준으로는 새로운 경영환경에서 효과적으로 경쟁할 수가 없기 때문이다. HR 기능의 재설계는 기본적으로 분화와 통합의 측면에서 접근해야 한다. 분화의 측면은 현재의 인적자원관리 기능을 분화해서 전문화를 추구해야 한다는 것이다. 현재 전문적인 인적자원관리를 시행하고 있는 기업은 인사 영역의 관리, 서비스, 전략적 기능을 모두 적절히 포함하고 있다. 향후에는 이러한 기능이 크게 두 개의 유형으로 전문화될 것으로 생각된다. 구체적으로 기존의 관리와 서비스 분야가 하나의 분야로 전문화가 일어날 것이고, 전략적 기능은 사내 HR 전문 컨설팅 기능으로 확대될 것으로 보여진다.

이러한 HR 기능 재설계는 자연스럽게 새로운 HR 조직의 인력계획에 대한 고민을 하게 한다. 새로운 HR 조직과 기존 HR 인력의 관계는 어떻게 설정되어야 할 것이며, 업무분장은 어떻게 이루어져야 할 것인가? 그리고, 인력 획득은 Make 혹은 Buy전략 중 어떤 전략을 추구해야 할 것인가와 같은 중요한 의사결정이 이루어져야 한다. 그럼 HR 분화의 관점에서 새롭게 조직되는 HR 전문 컨설팅 조직은 어떠한 사람으로 구성되어야 할 것인가? 이에 대해 Ramusen & Ulrich와 같은 학자들은 20:60:20분할을 예측하기도 한다. 구체적으로 이들은 기존 HR 인력 중 사업에 대한 이해와 전문 분석능력이 필요한 사내 HR 컨설팅 조직에 바로 투입이 가능한 인력이 대략 20%정도에 달할 것으로 예측했다. 그러나 기존 인력 중 약 60%에 해당하는 인력은 재교육을 통해 그러한 능력을 갖출 수 있다고 보았으며, 나머지 20%는 관리와 서비스 기능에 특화하는 것이 유리하다고 보았다. 그렇지만 관리와 서비스 기능은 RPA와 챗봇 등 다양한 디지털 지원에 의해 인력수요가 과거에 비해 대폭 줄어들 가능성도 있음을 주지해야 한다.

그럼 통합의 관점에서 HR 조직은 어떻게 진화하게 될 것인가? 이는 HR 기능이 조직의 다른 기능과 유기적으로 결합하는 형태로 나타나게 될 것이다. 전통적으로 HR은 사업에 대한 이해가 상대적으로 부족하고, 운영의 효과성이 조직의 여타 기능과 연계되어 파악되기 어려운 측면이 있었다. 다시 말해서, 일종의 사일로(Silo)처럼 여겨져 왔기 때문에 인적자원관리의 다양한 활동이 사업의 어떠한 성공으로 이어졌는지, 또는 사업상 어려운 시기의 무분별한 대량 해고 등이 어떠한 부정적 결과를 가져왔는지 등에 대해 알기 어려웠다. 그러나 애널리틱스, 인공지능 등의 활용은 조직의 다양한 기능의 통합을 용이하게 만들고 있다. 최근의 한 조사에 따르면, 전세계 연 매출 2억 5천만달러~10억달러 규모 업체의 CEO와 임원 대상의 설문에서 82%의 응답자가 HR과 재무의 데이터 및 애널리틱스 통합을 2019년에 수행해야 할 가장 중요한 업무라고 응답한 것으로 나타났다. 재무뿐만 아니라 인사 시스템은 향후 다른 여타의 시스템과도 긴밀하게 통합되어야 할 것이다.

5. 기업전략과 국가정책의 방향성

경영환경의 변화는 노동시장, 그리고 일터에서의 업무수행방식에 급격한 변화를 가져왔다. 우리 사회는 이미 그러한 변화를 경험하고 있으며, 많은 기업이 적잖은 혼란을 경험하고 있다. 본 장에서는 4차 산업혁명이라는 거대한 변화의 조류에 맞서 기업이 효과적인 인적자원관리를 수행하기 위해 추구할 수 있는 기업의 전략, 그리고 국가정책의 방향성에 대해 간단히 언급하고자 한다.

5-1. 기업전략의 방향성

일선 기업에서 효과적인 대응을 위해서는 우선 HR 디지털 아젠다를 구축하는 것이 시급하다고 할 수 있다. 이와 더불어 4차 산업혁명 시대에 필요한 역량을 개발하고, 로봇과 인공지능의 발전에 의해 자칫 소홀해질 수 있는 인간 본연의 가치를 향상시키기 위한 다양한 노력이 있어야 할 것이다.

가. HR 디지털 아젠다의 구축

이제 대부분의 조직은 4차 산업혁명의 도래에 따른 변화를 준비하고 있다. 대부분의 사업수행 활동에 있어 디지털 변화를 시도하고 있는 것이다. 이러한 변화는 기술적 호기심과 역량이 높은 기업뿐만 아니라 그렇지 못한 대부분의 조직에 있어서도 피할 수 없는 시대적 요구가 되고 있다. 그간 사람에 의해 수행되었던 다양한 형태의 일이 인공지능과 로봇에 의해 대체되고 있으며, 특정 직무에서는 사람과 기술의 협업에 의한 효율성의 향상이 일어나거나 기존에는 불가능했던 작업의 수행 또한 가능해지고 있다. 이에 따라 일을 수행하는 사람의 역할도 변화하고 있다. 일터에서의 직무의 기능을 정의하고, 이러한 기능 수행에 필요한 사람의 능력, 기술, 지식 등을 획득 및 개발하고, 이와 관련된 업무의 수행 결과를 평가, 보상하기 위한 인적자원관리의 디지털화는 불가피할 것으로 보인다. 그러나 이러한 일련의 변화를 효과적으로 수행하기 위해서는 무엇보다도 잘 짜여진 HR 디지털 아젠다(Ulrich, 2019)의 확립이 필요하며, 이러한 아젠다를 효과적으로 구성하기 위해서는 조직이 나아가는 방향, 그리고 전략적 목표와의 통합이 이루어져야 한다.

구체적으로 HR 디지털 아젠다는 네 개의 단계로 구성된다. 1단계는 HR 효율성 단계로서 기술 플랫폼을 구축하고, 기존의 시스템을 효과적으로 통합, 활용하여 HR 공유 서비스를 제공하는 등 컴퓨터 기반의 시스템을 구현하는 단계라 할 수 있다. 2단계는 HR 혁신 및 효과성 단계로서 기존의 인사관리 활동을 신기술을 활용하여 업그레이드하는 단계라 할 수 있다. 최근의 인공지능이나 소셜 미디어를 활용한 채용, 실시간 평가의 도입 또는 다면평가 시스템의 고도화, 그리고 이직예측 분석 등이 이에 해당한다고 볼 수 있다. 3단계는 정보화 단계로 구조화/비구조화된 정보, 그리

〈표 6-8〉 HR 디지털 어젠다 4 단계

1단계	HR 효율성	• 기술 플랫폼을 구축하고, 기존 시스템(e.g., Oracle, SAP, Workday)을 활용하여 공유 서비스, 컴퓨터 기반 시스템을 구현
2단계	HR 혁신 및 효과성	• 기술을 활용하여 기존의 다양한 인사제도와 업무수행방식을 업그레이드 • 비디오 인터뷰, 소셜 미디어 활용 채용, 자동평가 시스템 활용 성과관리 등 활용
3단계	정보화	• 경영성과에 미치는 영향에 관한 정보를 공유 • 구조화/비구조화된 정보에 대한 접근 • 외부 데이터 확보
4단계	연결 및 경험	• 감정적 유대 형성 • 사회연결망 형성 • 기술을 통한 경험의 공유

고 외부 데이터를 활용하여 단순히 인사관리 활동 자체에 대한 분석을 넘어 경영성과에 미치는 영향에 관해 분석하고, 정보를 공유하는 단계이다. 마지막으로 4단계는 기술을 활용하여 효과적인 사회연결망을 형성하고, 이를 통해 경험의 공유 및 감정적 유대를 형성하는 단계라 할 수 있다. 아래 〈표 6-8〉는 이러한 내용을 정리한 것이다.

HR 디지털 어젠다의 효과적 구축이 조직의 성과나 경쟁력 향상에 미치는 긍성적 효과를 극대화하기 위해서는 다른 시스템과의 통합이 필수적이라 할 수 있다. HR부문과 마찬가지로 조직의 다른 영역에서도 디지털 트랜스포메이션이 일어나고 있고, 각각의 디지털 아젠다를 확립하는 것이 필수적이다. 그러나 다양한 영역의 디지털화가 하나의 통합된 시스템으로 구축되지 않는다면, 디지털화를 통해 추구하는 목표를 달성할 수 없을 것이다. 전략적 인적자원관리(Strategic Human Resource Management) 문헌에 따르면, HR System이 경영환경과의 외적 적합성(External Fit)과 내부 각 영역과의 내적 적합성(Internal Fit)을 이룰 때 그 효과성이 극대화된다. 조직의 다른 영역과의 효과적인 시스템 통합은 디지털 트렌스포메이션의 내적 적합성을 만들어 내는 것이라 볼 수 있다. 위에서 언급한 2019년 전세계 임원 대상의 설문에서 나타난 바와 같이 일선 기업에서는 이러한 디지털 트랜스포메이션의 성공 요인을 잘 인식하고 있는 듯하다. 이러한 통합시스템이 효과적으로 구축되어야 인공지능 기반의 채용, 원거리 근무, 기계와의 협업, 실시간 평가/보상 등과 같은 HR 분야의 새로운 시도가 성공적으로 정착될 수 있을 것이다.

나. 인적자원개발

인간 노동의 대체 문제는 지금도, 앞으로도 우리 사회가 헤쳐나가야 할 전 세계적으로 가장 중요한 과제 중의 하나이다. 기술의 도입이 상대적으로 늦은 나라에서는 아마도 그 시급성이 낮을 수도 있겠지만, 적어도 한국 사회에서만은 그렇지는 않은 것 같다. 오늘날 한국 산업계의 취업자 수는 2600만에 달한다. 한 연구에서는 2025년까지 산업계 취업자 중 70%, 공무원의 25% 이상이 인공지능과 로봇으로 대체될 것이라 예상했다. 이러한 예측의 현실성 여부에 대해 왈가왈부하는 것은 다소 소모적 논쟁이 될 수 있다. 그렇지만 우리에게 주어진 메시지는 명확하다. 이러한 변화에 적극적으로 대처하지 못하면, 한국 사회의 대부분의 사람들이 기술실업에 직면할 것이라는 것이다. 사실 이러한 기술실업은 조용히, 그러나 매우 급속하게 우리 사회 각 분야에서 진행되고 있다. 지하철에서 역무원 얼굴을 보고 표를 구입한지가 언제인지는 아예 기억도 할 수 없거니와 인공지능을 탑재한 로봇이 고객의 선호에 따라 커피를 제조하는 로봇카페 체인점이 이미 100호점을 넘겼다. 그러나 기존의 산업인력은 빅데이터, 분석, 통계, 코딩 등 다양한 4차 산업혁명 시대의 필요 역량에 대해 무방비 상태로 남아 있다.

그렇지만 어쩌면 인간 노동 대체에 대한 우리 사회의 우려가 다소 과한 것은 아닐까? 결국 기술은 인간의 편의를 위해 개발되었고, 적절히 사용되어 왔다. 전세계의 주요 국가가 보유하고 있는 핵무기가 사용되지 않고 있는 것이나, 현재 기술로 충분히 가능한 인간복제가 실질적으로 이루어지고 있지 않은 것은 기술에 의한 70% 실업이 몇 년안에 현실로 나타날 가능성은 그다지 높지 않음을 시사하는 것으로 볼 수 있다. 기술 발전은 오히려 인간에게 이로운 방향으로 사용될 것으로 예측되며, 이는 바로 인간-기술의 협업체계의 고도화로 나타날 가능성이 크다. 인공지능이나 로봇이 독자적으로 업무를 수행하는 것이 인간에게 바람직하지 않은 경우도 많으며, 아직 그렇게 수행될 수 있는 일도 많지 않다. 그렇지만 인공지능을 효과적으로 활용하여 비약적인 생산성 향상을 이루거나 의사결정을 고도화한 사례는 종종 나타나고 있다. 예를 들어, 2019년 서울에서 열린 대결에서 변호사와 인간의 연합팀 세 팀이 인간변호사 아홉 팀을 압도한 것이나, 2019년 네덜란드에서 열린 인공지능 농업 올림픽에서 인공지능을 활용한 농업이 네덜란드의 방울토마토 최고 명인을 압도한 것을 들 수 있다.

기계가 인간을 대체하건, 아니면 인간과 협업을 하건 앞으로 인간이 수행해야 할 일이 과거와는 매우 상이할 것이라는 예측은 유효하다. 따라서 모든 기업에서는 새로운 지식과 기술, 그리고 역량 습득의 필요성이 그 어느 때보다 크다고 볼 수 있다. 문제는 인간과 기계의 협업에 있어 각자의 역할을 어떻게 정의해야 할 것인가에 관한 것이다. 기계는 반복적인 작업, 연산 기능 중심의 업무에 투입될 것이고, 인간은 보다 창의적인 일에 집중해야 한다고들 이야기한다. 그러나 인간이 집중해야 할 창의적인 일은 과연 어떠한 것이며, 인공지능은 정말로 창의적 작업에 적합하지 않은 것일까? 사람이 해야 할 창의적 업무에 대해 구체적으로 정의하기 어렵다면, 기계는 뭘, 언제, 어떻게, 얼마나 할 수 있는가를 기준으로 사람의 역할을 구체화하는 것도 고려해 볼 수 있다. 또한 기업은 이와 함께 미래에 필요한 역량의 개발에 있어 기업이 담당해야 할 부분이 무엇인가에 대한 보다 심층적인 고민이 필요할 것이다. 인적자본이론(Becker, 1964)에 관련된 문헌에서는 인적자본의 개발에 있어 기업이 담당해야 할 영역과 정부와 같은 공공부문에서 담당해야 할 영역이 어느 정도 분리가 가능하다고 하였다. 이에 관한 기업 나름의 전략적 목표와 접근방법을 수립하는 것이 필요할 것이다.

다. 개인 가치의 극대화

인구감소는 많은 나라에서 매우 심각한 사회적 문제로 대두되고 있으며, 제 1장에서 언급한 바와 같이 우리나라에서도 예외는 아니다. 사실 인구감소에 따른 문제가 전 세계 모든 국가의 공통문제는 아니며, 주로 경제선진국에서 발생하고 있는 사회적 현상이라 볼 수 있다. 실제로 전세계 인구는 2019년 기준으로 76.74억으로 20년 전인 1999년에 비해서 약 79%이상 증가했다. 그러나 대부분의 고용 기회는 경제선진국에 집중되어 있었기 때문에 인구 부족은 이러한 국가에서 경제 문제를 비롯하여 다양한 사회적 문제를 발생시키고 있다. 더욱이 경제의 주축을 담당해야 할 젊은 경제활동인구가 급격히 고갈되고 있는 상황은 향후 기업에 있어 인적자원의 획득과 활용이 전략적으로 큰 중요성을 띠게 될 것임을 시사하고 있다. 이는 수적인 측면에서 충분한 인력을 획득하는 문제뿐만 아니라, 질적인 측면에서 해당 기업에서 꼭 필요한 기술과 역량을 정확히 파악하고 필요한 인재를 획득, 활용하는 측면을 포괄한다. 월스트리스 저널에 따르면 높은 실업률에도 불구하고 많은 기업에서 적합한 인재를 채용하는 데에 어려움을 겪고 있다(The Wall Street Journal, 2021). 따라서 기업들은 앞으로 이에 대한 다양한 전략적 접근을 시도해야 할 것이다.

우수한 인적자원의 공급이 감소하는 노동시장(Tight Labor Market)에서는 HR 브랜딩을 통한 조직 매력도를 높이는 활동이 필수적이라 할 수 있다. HR 브랜딩(또는 Employer 브랜딩)이란 일반적인 기업 브랜드 평판이나 고객에 대한 가치 제안과는 달리 고용이라는 측면에서 종업원들에게 가치를 제안하고 기업의 평판을 관리하는 것이다. 좋은 일터로서의 평판을 가지게 되면, Tight Labor Market에서도 우수한 인적자원을 획득하기에 용이하다. 많은 한국 기업이 그간 고용주로서 우수한 평판을 유지하는 데에는 소홀해 왔던 것이 사실이지만, 최근에는 많은 기업이 좋은 일터로서의 평판을 쌓기 위해 노력하고 있다. 예를 들어, 공정채용, 노사관계, 가족친화, 인권 등의 분야에 있어 기업 차원의 노력과 이에 대한 평가 및 인증이 활성화되고 있는 것을 들 수 있다. 그러나 혹자는 인공지능과 로봇을 통해 생산성이 극대화되고, 이직이 일상화(Protean Career)되는 시대에 훌륭한 고용주로서의 평판을 쌓는 것이 과연 큰 의미가 있느냐고 반문할 수도 있을 것이다. 그러나 기술발전을 통한 생산성 향상은 대개 단기간에 시장 전체로 확산된다는 점에서 미래에도 여전히 기업 경쟁력의 원천은 표준화될 수 없고, 독특한 개성과 역량을 가진 인간에서 비롯될 것이다.

종업원의 동기부여에 관한 이슈는 과거보다 더욱 큰 이슈로 부각될 가능성이 크다. 위에서 기술한 바와 같이 많은 기업에서 이미 원거리 근무(Remote Work)를 실시하고 있으며, 이는 COVID 19를 계기로 전 세계로 확산되었다. 원거리 근무의 가장 큰 위험 중 하나는 종업원의 동기부여에 관한 문제라 할 수 있다. 따라서 기업은 종업원의 동기부여에 최선의 노력을 기울여야 한다. 이를 위해서는 개인의 자율성을 확대하는 동시에 신뢰에 기반한 인적자원관리를 시행해야 한다. 더 이상 업무현장에서의 직접적인 감시와 통제가 어려운 상황에서는 종업원 스스로가 열심히 일할 수 있는 여건을 조성하는 것이 필수적이다. 이를 위해 기업은 직무특성모델(Hackman & Oldham, 1976)의 시사점을 다시 한번 점검해 보아야 할 것이다. 또한 개별업무협약을 적극적으로 도입하여 각 개인의 가치와 취향이 존중되는 협력적 파트너쉽을 실천해야 한다. 이러한 개인의 선호와 욕구가 존중되는 조직의 풍토는 보다 큰 맥락에서 적극적인 '다양성 경영'을 가능케 한다. 대한민국은 그간 다양성 경영에 관한 인식의 정도가 다소 부족했던 것이 사실이다. 그러나 개인의 다양성을 존중하고 활용하는 경영을 추구한다면 4차 산업혁명 시대에 필요한 창의성 또한 극대화시킬 수 있을 것이다.

5-2. 국가정책의 방향성

새로운 시대에 효과적으로 경쟁하고 생존하기 위해서는 기업의 효과적 전략뿐만 아니라 국가의 역할 또한 매우 중요하다. 국가의 역할을 극대화하기 위해서는 다음 세 가지 측면을 포함하여 다양한 방면에서의 정부의 노력과 정책적 지원이 필요할 것으로 보인다.

가. 산업현장 조사와 실무쟁점 이해

정책과 사회적 현실의 괴리는 4차 산업혁명의 격변기에도 여전히 심각한 문제로 대두되고 있다. 최근의 한 설문 '중소제조업 4차 산업혁명 대응조사'결과에 따르면 중소기업 10개사 가운데 9개사는 정부의 4차 산업혁명 대비 노력을 미흡하게 느낀다고 응답하였다. 주요 정책적 문제로 '중소기업의 현실을 고려하지 않은 정책', '모호한 정책 목표', '부처·기관 협력체계 미비' 등이 제시되었다. 비록 대통령 직속의 4차 산업혁명위원회(4차위)가 신설되어 있지만, 설문에 응답한 기업의 90%가 이러한 정부의 노력을 체감하지 못하고 있다는 것은 가히 충격적이라 할 수 있다. 정부는 산업 현장에 대한 보다 면밀한 조사와 이해를 기반으로 4차 산업혁명의 혼란을 겪고 있는 현장의 어려움을 해소하기 위한 다양한 정책을 추진해야 한다. 특히 기업 현장에서 주 52시간제의 시행에 따른 어려움을 호소하고 있으므로 인력과 노동력의 확보를 위한 다양한 정책적 지원이 있어야 한다. 또한 기존 산업인력이 새로운 경영환경에 효과적으로 적응할 수 있도록 역량갭을 메울 수 있는 정책을 추진하고, 인구감소에 따른 노동공급 감소를 해결할 수 있는 정책개발이 이루어져야 할 것이다.

로봇과 인공지능에 의한 일자리 대체에 대한 근로자들의 불안은 단순히 기업과 개인 차원에서 대응해야 할 문제로만 치부할 수 없다. 이에 대한 보다 적극적인 정부의 노력이 기초가 되어야 한다. 1960년대의 미국 정부는 경제불황과 고실업에 대처하기 위해 국가차원의 교육훈련과 취업프로그램을 대대적으로 실시하였다. 이러한 국가 주도의 기술훈련과 취업자 역량개발은 국가전체의 생산성 향상으로 나타났는데, 이에 대한 이론적 근거를 인적자본이론(Becker, 1964)에서 찾을 수 있다. 이는 결국 우리나라에서도 4차 산업혁명에 따른 역량개발에 있어 국가의 역할이 매우 중대함을 시사하는 것이라 할 수 있다. 이미 위에서 기술한 바와 같이 4차 산업혁명에 대비하는 정부의 다양한 정책은 산업현장의 요구와 유리되어 있다. 단순한 각종 재정적 지원책을 쏟아내는 것이 아니라 정부와 기업의 보조를 맞추는 것이 중요하며, 이에 있어 주로 사기업의 교육프로그램에 치우친 기업교육을 공공영역으로 확대하여 학력인구 감소에 직면해 있는 대학을 보다 적극적으로 활용해야 할 것이다.

사회운동가이자 저술가인 나오미 클라인은 저서 쇼크 독트린(2007)을 통해 전쟁, 재난 등 큰 위기를 해결하기 위해 도입된 정치, 사회, 경제 체제의 변화는 향후 규범화될 가능성이 높다고 주장하였다. COVID19와 4차 산업혁명을 기점으로 우리 사회에 나타난 다양한 변화는 향후 우리의 일상에 자리잡을 가능성이 크다. 이는 기업활동에 있어서도 동일하게 적용된다고 볼 수 있으며, 지금 나타나고 있는 기업 운영방식의 변화는 앞으로 고착화될 수 있다. 정책수립자들의 생각은 이미 현실에 뒤떨어지고 있으며, 기업에서는 현실과 정책의 괴리에 대해 크게 우려하고 있다. 따라서 정책을 수립하기에 앞서 정부는 산업현장의 생생한 목소리에 귀기울이고, 그들의 고충을 명확히 파악해야 하며, 효과적인 정책을 수립하기 위해서 정부 역할의 '창조적 해체를 통한 재창조'를 시도해야 한다. 이를 위해서는 공무원의 수는 해야 할 업무의 경중이나 그 유무와 관계없이 일정 비율로 증가함을 제시한 파킨슨 법칙이나 훈련된 무능의 한계점을 지적한 피터의 법칙을 극복하기 위한 적극적 노력 또한 요구될 것이다.

나. 법률적 정비

플랫폼 노동의 가장 시급한 과제 중의 하나는 법률적 체계를 정비하는 것이라 할 수 있다. 플랫폼을 통한 실시간 구인/구직은 사용자가 없는 고용의 형태(독립노동)를 만들어 냈고, 급기야 고용의 해체(8장)를 가져오기에 이르렀다. 이러한 새로운 형태의 노동은 고용계약관계의 틀 안에 존재하는 인격적 종속성에 기인한 기존 노동법 체계의 구조적 한계를 보여주었다. 이는 결국 노동자에 대한 사회적 보호의 정당성을 와해시키는 결과를 가져왔으며, 많은 저임금 플랫폼 노동자는 기본적인 근로조건에 대한 보호 없이 근로기준법 사각지대에 내몰리게 되었다. 작금의 이러한 상황을 해결하기 위해서는 기존의 노동법을 수정하거나, 노동법이 아닌 새로운 형태의 법을 제정하여 해결해야 한다. 고용의 방식이 플랫폼 중심으로 급격히 전환되고 있는 상황에서 기존의 노동법에 안주하는 것은 플랫폼 노동의 '혁신'에 의한 긍정적 영향보다는 법과 현실의 '괴리'에 의한 부정적 영향에 지배당하는 결과를 가져오기 쉽다. 따라서 정부는 '노동'의 개념을 새롭게 재정의하고, 노동 기본권의 사각지대에 있는 노동자를 보호하는 법률적 정비를 추진해야 한다.

데이터에 관한 법률적 정비도 필요하다. 이미 데이터 3법(개인정보보호법, 정보통신망법, 신용정보법)이 제정(2020)되어, 4차 산업혁명 도래에 맞춰 개인과 기업이 다양한 정보를 활용하여 사업을 효과적으로 수행하고 삶의 편의를 증진시킬 수 있는 기반이 마련하였다. 그러나 기업의 인적자원관리에 있어 어떤 정보를 어떻게 사용할 수 있도록 할 것인가에 대한 측면에서, 현재의 데이터 관련 법률은 아직 구체성과 명확성이 미흡하다. 한 예로, 코로나의 유행에 따라 재택 근무가 일상화 되었을 때, 회사에서는 직원의 근무 여부를 감독하기 위해 스마트폰 위치추적을 실시하였는데, 노동법상 직원의 동의를 받으면 합법적으로 종업원의 위치정보를 수집할 수 있었다. 그러나 이러한 방식은 직원의 사생활 침해, 스트레스 유발, 직간접적인 직원의 불이익 유발 등 다양한 이슈에 노출되어 있다. 미국에서는 근로자의 고용상의 불이익을 사전에 방지하기 위해서 GINA(Genetic Information Nondiscrimination Act)법을 통해 직원의 유전자 관련 정보를 수집 및 사용하는 것을 법으로 엄격히 금지하고 있다. 직원에 관련된 다양한 정보가 실시간으로 수집되는 가까운 미래에는 일터에서의 개인정보 수집을 어디까지 허용해야 개인의 권익과 효과적인 사업수행을 동시에 이루어낼 수 있을지에 대한 법률적 체계가 명확해야 할 것이다.

인공지능에 의한 의사결정에도 많은 이슈가 있다. 그 중 효과성과 공정성이 이슈가 중요한데, 이 두 가지 요인은 동전의 양면처럼 매우 밀접한 관계를 형성하고 있지만 다소 배타적인 측면 또한 가지고 있는 것으로 보여진다. 기술이 가능케 하는 다양한 인적자원관리제도는 사업수행에 높은 효과성과 효율성을 제공할 수 있다. 예를 들어 인공지능 기반의 채용은 수만건에 달하는 지원서를 빠르게 검색하여 인사실무자가 집중해야 할 지원자의 수를 비약적으로 축소한다. 그러나 아마존의 인공지능이 남성 위주의 채용 의사결정을 내린 것처럼 이에는 공정성 훼손의 문제가 있다. 채용뿐만 아니라 인공지능을 활용한 퇴직자 예측에도 유사한 문제가 있다. 퇴직가능성이 매운 높은 것으로 분석된 직원에 대해 조직에서는 얼마나 많은 투자를 하고, 보안이 필요한 정보를 어느 정도 공유해야 할 것인가? 또한 로봇상사를 활용한 의사결정의 활용범위는 어디까지 해야 할 것인가? 이러한 문제들은 흡사 완전자율주행 자동차의 전격적 도입, 인공지능에 의한 범죄 예측 등과 마찬가지로 기술 사용자의 자의적인 판단과 제도에만 의존할 수는 없는 사안이라 할 수 있으며, 법률적 체계의 수립이 중요한 분야라 할 수 있다.

다. 공공인사 혁신 및 정책개발

그간 수많은 민간 기업에서 효과적인 인적자원관리를 위해 다양한 시도를 해 왔으며, 대부분은 경영효율화를 통해 생산성을 향상시키는 데에 그 초점이 있었다고 할 수 있다. 예를 들어, 파격적인 성과기반의 보상제도, 업적 상대평가에 따른 해고, 그리고 직급을 몇 단계 건너뛰는 발탁 승진 등 공공부문에서 도입하기 쉽지 않은 다양한 시도가 이루어져 온 것이 사실이다. 그럼에도 불구하고 인적자원관리의 큰 틀을 이루는 중요한 혁신은 종종 공공부문에서 주도한 경우가 많았다. 이는 주로 노동에 관한 법제적 측면에서 일어난 경우가 많았지만, 경쟁력 향상의 측면에서 이루어지기도 했는데, 특히 채용, 평가, 보상 등에 있어 현대적 인적자원관리의 핵심 메커니즘을 제공하는 직무분석은 미국 정부의 노력에 힘입은 바가 크다고 하겠다. 이러한 측면에서 4차 산업혁명 시대의 인사혁신 방향성은 공공부문에서 제시될 수도 있다. 많은 민간기업은 인사혁신을 위한 자원이 충분치 않거나, 혹여 적지 않은 자원의 투입이 가능한 대기업의 경우라 할지라도 우리 사회 전체의 요구와 이익를 고르게 반영하는 방향성을 제시하기 어렵기 때문이다. 공공부문의 인사혁신은 향후 많은 사기업에서 응용될 수 있다.

이와 함께 우리나라 인적자원의 개발과 활용에 기여하는 조직의 재정비가 이루어져야 할 것이다. 현재 고용노동부를 비롯하여 노동연구원, 산업인력공단, 직업능력연구원, 고용정보원 등 다양한 기관에서 대한민국 산업인력 개발과 활용에 관련된 정책을 연구, 개발, 실행하고 있다. 그러나 4차 산업혁명 시대의 도래와 관련하여 노동분야 전체를 아우르는 컨트롤타워는 아직 부재한 상태라 볼 수 있다. 4차위에서 노동에 관한 다양한 논의를 이어가고 있지만, 산업현장의 목소리와 괴리가 있고 정책 추진의 당사자가 아닌 만큼 실행에 한계가 있는 등 다양한 미래 고용을 위한 공공부문의 노력은 파편화되어 있다. 2016년 WEF에서 4차 산업혁명의 가장 중요한 이슈로 고용을 제시한 만큼 미래 고용 전반을 아우르는 조직 또는 다양한 기관의 역량을 결집하는 체계의 수립이 시급하다. 이는 구체적으로 저출산, 고령화, 복지, 저성장 고착화, 미래기술, 사회적 갈등, 차별과 다양성 등의 이슈를 총체적으로 아우르는 형태가 되어야 한다.

마지막으로 조직, 정책 수립 및 실행의 체계가 구성되면 실효성 있는 정책개발이 이루어져야 한다. 이러한 정책은 미래사회 변화에 따른 각 분야별 정책을 효과적으로 구현하기 위한 인적 인프라를 구현하는 정책이 되어야 할 것이다. 구체적으로 정부는 사회, 경제, 기술, 정치, 인구, 환경 등과 같은 다양한 부문의 인력양성, 공급, 활용과 관련된 정책을 수립해야 할 것이며, 이는 기존 정책과의 연계성과 차별성을 가지는 방향으로 이루어져야 할 것이다. 이에 있어 가장 역점을 두고 고민해야 할 부분은 전술한 바와 같이 법률적 이슈와 산업현장의 목소리를 반영하여 정책을 개발하고 추진해야 한다는 것이다. 예컨대, 교육, 노동, 정보통신, 국민의 기본권 등 미래 고용에 밀접한 관계를 가지고 있는 법률 체계의 수립과 정비를 함께 추진해야 하며, 주 52시간 근무 및 인구급감 등에 따른 노동력 부족, 그리고 기술이 촉발한 급격한 경영환경 변화에 따른 역량갭을 극복하기 위한 교육/재교육에 관한 이슈를 중심으로 이루어져야 한다. 또한 정책개발은 타당성 점검, 효과적 실행 방안 및 이해관계자 조율, 장단기 목표 수립, 우선순위와 예산 확보 등의 측면에서 필요한 모든 수순을 밟아야 한다. 그러나 결국 정부의 정책은 기업의 인재경영을 지원하고, 노동을 통해 국민 삶의 질과 의미감을 근본적으로 향상시키는 데에 그 궁극적 목표를 두어야 할 것이다.

제7장 기업의 디지털 인력공급과 법적 개선을 위한 과제

권혁 부산대학교 법학전문대학원 교수

요약

- 대공장제 생산방식에 최적화된 인력활용 방식이 사용이고 이에 따라 일하는 방식이 바로 종속성과 집단성 그리고 규격성과 획일성을 속성으로 근로였다. 자율적이고 개별적이면서 유연한 방식이 확산되고 있다.
- 일하는 방식의 변화에도 불구하고, 노동관련법제도가 과거의 전통적인 노사관계체계를 확장시키고자 한다면 현실과 법제도 간의 괴리는 점점 더 심화될 수밖에 없어서 자칫 사회적 요보호영역에 대해서는 눈을 감는 치명적 문제가 나타날 수 있다.
- 노동법의 진화에 대한 입법정책론적 고민은, 단지 변화된 산업 환경에 알맞도록 노동법을 바꾸어 가는 차원을 넘어서서, 어떻게 하면 인간의 노동이 행복하면서도 지속가능하게 실행될 수 있도록 하는 데 그 본질적인 목표가 있다.
- 오늘날 고용구조의 해체로 인해 사용자가 사라진 상황에서 사회적 보호필요성을 포착해야 하는데 이때 겉으로 보이는 노동형식의 자율성 이면에 놓여 있는 시스템에의 노동종속성에 주목해야 한다.
- 플랫폼 노동 등 일하는 방식의 다양성을 적극적으로 수용하면서, 각각의 사회적 보호필요성 관점에서 노동법적 모듈화를 모색해야 한다. 종래 그래왔듯이 노동의 획일적 규범화는 바람직하지 않다.

키워드 : 규격적 노동, 노동법의 획일성, 좋은 노동, 시스템종속성, 노동법의 모듈화

I. 서설

1. 대공장제 생산방식에 따른 근로자와 노동법의 태동

산업혁명 이후 생겨난 전통적 의미의 '근로자상'은 대공장설비운용을 위해 투입된 노동력의 활용 과정을 염두에 둔 것이다. 종래 인간의 노동력을 활용하는 방식은 위임과 고용, 도급 등 다양하지만, 대공장제 생산방식에 최적화된 인력활용 방식이 '사용'이고 이에 따라 일하는 방식이 바로 '근로'였다. '근로'는, 종속성과 집단성 그리고 규격성과 획일성을 속성으로 한다.

'근로관계'는 (i) 근로계약의 체결과 (ii) 사업조직에의 편입(Eingliederung)으로 형성된다. (i) 과 관련하여, 근로계약의 급부목적은 '종속적' 노동력 제공이다. 이때 종속성이란, 인간의 노동력을 '수단'또는 '도구'처럼 활용할 수 있는 관계성을 말한다. 종속관계 하에 둔 노동력을 사용자는 자신의 '지시권'을 통해 구현된다. 한편 (ii)와 관련하여 근로관계는 노동의 제공자를 '사업(Betrieb)조직에의 일원'으로 만든다. 이를 사업조직에의 '편입'이라고 한다. 사용자와 근로자 간 근로계약의 누적은 하나의 사업(체)을 형성하고, 그 사업의 고유한 질서와 규율을 형성하게 된다. 근로자는 그 사업체 질서의 수규자로서 지위에 놓인다. 사용자가 지시권을 통해 명령과 지휘를 하면 근로자는 이에 복종을 하지 않을 수 없게 되는 것도 편입의 결과인 셈이다.[49]

근로라는 노동력활용방식은 인간의 노동력을 상품화될 위험성이 다분했다. 인간의 노동력을 도구로 사용하는 관계이다 보니 인간의 존엄성 또는 인권 존중과는 상당히 괴리되어 있었다. 산업혁명 시기에 이르러 근로를 통한 생산방식은 대량생산과 대량소비시대를 열었다. 자본의 축적이 확대되

49 이에 대해 자세히는 권혁/김희성/성대규, 4차 산업혁명과 일자리정책의 미래, 2018년, 집문당 참고.

고, 경제적 소비활동은 활성화되었다. 그 과정에서 산업재해 등 많은 사회적 부작용 역시 빈발하며 누적되어갔다. 인간으로서의 최소한의 존엄성은 보장되도록 하기 위해 노동법 체계 구축을 모색하게 된 것은, 그 반동의 결과였다.

노동법제도의 지향점은 명확했다. 인간으로서 자신의 존엄성을 확보할 수 있도록 하는 것이다. 그 보호의 대상도 또한 분명했다. 종속적 노동력을 제공하는 자, 그러니까 근로자였다. 오늘날과 같이 고용형태가 다변화된 상황과 달리 산업혁명 초기 대공장체제 하에서는 일하는 것이 곧 근로였다. 노동법의 보호대상인 근로자를 개념적으로 분별해내는 것은 결코 어려운 일이 아니었다. 생산설비에 투입되어 노동력을 제공하는 근로자의 일하는 방식은, 예외 없이 규격적이고 종속적이며 집단적이었기 때문이다. 따라서 근로에 대한 노동법적 보호 방식과 내용 역시 획일적이었다. 다만 노동법은 크게 두 가지 방향으로 토대를 쌓아갔다. 첫 번째는 근로기준법과 같이 개별 계약관계를 전제로 한 것이었다. 근로시간, 휴식, 임금, 해고보호 등에 대해 최소기준이 강행법규범으로서 제시되었다. 두 번째는 노동조합을 둘러싼 집단적 노사관계를 전제로 한 것이었다. 적정한 근로조건의 달성을 위한 체계로서 노동3권을 토대로 한 노동조합과 사용자 간의 단체교섭제도가 모색된 것이다. 이처럼 전통적인 노동법 체계는, 사용자에 의한 지시와 감독 그리고 집단적 규율에의 복종 등 타율적이고 획일적인 고용양식에 맞춰 설계된 사회안전망이었다.

2. 일하는 방식과 노동법체계의 연계

가. 기술과 제도의 상호 연계성

그렇게 태동된 노동법체계의 기본적 틀은 현재에도 여전히 변함이 없다. '근로자'를 활용한 생산체계가 현재까지도 유용하게 지속되고 있다. 문제는 새로운 산업혁명의 시대를 맞이하게 되었다는 데 있다. 300여년 전 산업혁명이 대공장제 생산방식을 창출했던 것처럼 새로운 산업혁명의 시대에는 또다시 생산방식의 근본적 변화를 초래할 것이다. 오늘날 정보통신과학기술의 놀라운 발전은 새로운 노동력 활용방식을 제안하고 있다. 그 결과 노동시장은 구조적으로 변화하고 있다. 과학 기술은 사회제도를 변화시키고, 변화된 제도는 다시 기술을 변화시키는 노동의 진화패턴이 새로운 단계에 들어서고 있다.

나. 종속노동에서 자율노동으로의 지향성

오늘날 우리 사회에서의 일하는 방식 변화는 가히 드라마틱하다. 집단적이고 규격적이면서 종속적인 근로방식에서 벗어나 자율적이고 개별적이면서 유연한 방식이 확산되고 있다. AI나 고도정보통신사회가 도래하면서 나타난 변화이다. 전통적인 '근로자'의 역할 영역이 기계로 대체되면서, 인간의 노동력을 활용하는 방식과 내용은 달리 설정되어야만 한다.

사실 이러한 변화는 과학기술의 발전에 따른 것만은 아니다. 종속성과 집단성 그리고 규격성으로 징표되는 '근로'형태는 본래 자율성을 지향하는 인간의 본능적 속성과 어울리지 않는다. 근로가 오랫동안 생계유지를 위한 '부담'으로 여겨질 수 밖에 없었던 이유도 바로 여기에 있다. 과거 대공장 설비 운용이 중심에 놓일 수밖에 없었던 상황에서는 ① 다수의 근로자들이, ② 동일한 공간에서, ③ 사용자에 의해 지시된 업무를 수행하는 것이 불가피한 선택이었다. 전통적인 근로의 형태에서 벗어나 '자율성'을 지향하는 것은 일하는 사람의 희망과 바람에 따른 것이기도 하다. 굳이 종속노동으로서 '근로'를 활용할 필요가 없고 오히려 '자율노동'만으로도 충분하다면, 당연히 자율성을 지향하기 마련이기 때문이다. 근로를 '제공'하는 사람이나, 근로를 '사용'하는 사람이나 마찬가지이다.

일하는 방식의 변화는 우선 고용구조라는 틀 내부에서부터 시작되고 있다. 경직적이고 획일적 노동형태 대신 재택근로와 원격근로의 형태가 도입되고, 이것을 뒷받침하는 제도화가 이어지고 있다. 출퇴근 시간 등 근로시간에 관한 유연성의 폭도 넓어졌다. 더 놀라운 대목은 오늘날 일하는 방식의 변화가 고용구조 해체에 까지 이르고 있다는 사실이다. 흔히 플랫폼경제라고 칭하는 경제체제 하에서 노동은, 아예 고용으로부터 초래되는 최소한의 종속성과 경직성을 탈피할 수 있는 방법을 찾게 되었다. 인간의 〈자율적 노동〉에 대한 지향성이 새로운 차원에 직면하게 된 것이다. 이를 통해 일하는 사람은 노동의 자율성을 향유하고, 일을 제공하는 사람은 노동법적 규제 부담을 줄이고 동시에 노무관리의 부담도 줄일 수 있게 되었다.

예컨대 배달은 종래 가장 전형적인 근로의 대상이었다. 배달을 하는 사람은 어느 사용자에게 소속된 근로자(Arbeitnehmer)였다. 이것이 당연하게 여겨졌다. 현재는 다르다. 순식간에 상황이 바뀌었다. 근로자로서 배달종사원은 독립계약자(independent contractor)로 바뀌었다. '일자리'경제에서 '일거리'경제로 변화된 셈이다.

다. 산업환경의 변화에 따른 노동법의 진화 필요성

"노동법의 입법자는 가장 부지런해야 한다." 노동법은 사회구조나 산업환경의 변화에 연동하여 신속하게 개정되고 변화해 가야 한다. 사회문제가 발생하면 그 근본원인을 직시하고 그에 따른 고용구조에의 영향을 살펴 노동력을 제공하는 사람에 대한 사회적 보호필요성을 노동법의 입법자는 적절하고 신속하게 포착하여야 한다.[50] 노동법은 입법자는 사회적 정당성을 이념적 토대로 하여, 노동법을 헌법이 지향하는 사회적 가치를 구현하는 데 가장 적절한 상태로 상시 업데이트되어야 한다.[51] 이러한 점에서 노동법의 진화는 입법자의 몫이다. 막연히 과거만을 지향하는 일은 없어야 한다. 자칫 현실과 규범을 괴리시키고 말 수도 있기 때문이다. 한국의 노동법과 노동법의 입법자 역시도 예외일 수는 없다.

3. 고용형태의 다변화에 따른 노동법 체계의 진화 필요성과 지향점(Richtung)

가. 고용의 해체를 통한 독립노동의 등장: "혁신이냐 탈법이냐?"

오늘날 스마트기기로 대표되는 디지털화의 촉진은 대면방식의 업무수행을 최소화하고 작업공간과 업무시간의 경계를 해체시키고 있다. 장소와 시간의 유연성과 재량성은 전통적인 인격적 종속성을 경제적 종속성으로 희석시켰고, 급기야 외형적 '독립노동'으로의 대체를 지향하기에 이르렀다. 그 초보적 현상이 바로 플랫폼 노동이다. 노동법제도체계상 플랫폼으로 대별되는 노무거래시스템이 가지는 가장 큰 특성은 바로 '사용자'를 사라지게 만들었다는 점이다. 플랫폼 노동을 둘러싸고 혁신과 탈법 논란이 반복되고 있다. 그 논란의 중심이 사용자의 개념이 놓여 있다. 정보통신기술에 따른 노동패러다임의 전환은 고용양식에 관한 '혁신'과 '탈법'의 경계를 모호하게 만

50 예컨대 노동법은 노동력을 제공하게 되는 계약관계에서 발생되는 여러 가지 폐해가 사회문제로 등장하였고, 이 문제가 사회국가원리에 비추어 국가의 대응이 요구됨으로 인해, 규율된 법체계라고 할 수 있을 것이다.

51Boemke/Foehr, Arbeitsformen der Zukunft, 2000, S.59ff.

들고 사용자 개념을 와해시켰다. 일하는 사람만 남게 된 셈이다. 〈독립성과 자율성을 지향하는 노동〉은 궁극적으로 고용의 틀에서 탈피하는 것을 의미한다. 이는 일하는 방식의 변화가, 결과적으로 사용자의 구체적인 지시 없이 노무제공자의 독자적이고 자율적 판단에 따라 일을 할 수 있게 되었음을 뜻하는 것이기도 하다. 노동의 제공관계에서 이른바 사용자의 존재가 불필요해진 셈이다. 인격적 종속노동의 교환관계는 경제적 종속관계를 넘어 새로운 외형적 독립노동 형태로 이어지고 있다는 뜻이기도 하다.

오늘날 시스템을 통한 고용양식의 해체는 누가 (진짜) 사용자이고, 누가 (진짜) 근로자인가에 대한 논쟁을 당장 범주의 오분류 문제로만 치환시키고 있다. 그 원인인 노동법체계가 가지는 구조적 한계 탓이다. 기존의 노동법 체계는 고용계약관계의 틀 안에 존재하는 〈종속성〉에 주목하고, 노동법적 규제의 정당성 근거로 삼았다. 이를 근거로 하여 기존의 노동법 체계는 근로자 보호를 위해 사용자를 확정하고, 그에게 의무를 부담지우는 규제방식을 채택해 왔다. 고용의 틀을 탈피하고 사용자가 사라지는 순간, 사회적 보호필요성에 합리적으로 대응하지 못하는 한계를 가진다.[52] 요컨대 근로자개념의 오분류논쟁(노동계)과 혁신 논쟁(경영계)도 실은 all or nothing이라는 노동법의 구조적 한계에 기인한 것이다.

나. 오분류논쟁의 허와 실

염두에 두어야 할 점은, 배달을 담당하는 노무제공자로서 배달원에 대한 계약형식의 변화에도 불구하고 사회적 보호필요성은 여전히 존재하고 있다는 사실이다. 이를 둘러싸고 소모적인 오분류논쟁을 지속하는 것은 결코 바람직하지 않다.

52 도재형, “사법과 입법의 사각지대, 특수형태근로종사자”, 「노동법연구」 제34호, 2013, 200면.

일하는 방식의 변화에도 불구하고, 노동관련법제도가 과거의 전통적인 노사관계체계를 확장시키고자 한다면 현실과 법제도 간의 괴리는 점점 더 심화될 수밖에 없음은 앞서 언급한 바와 같다. 자칫하면 노동법체계가 제 역할영역을 상실하고, 정작 새롭게 나타난 사회적 요보호영역에 대해서는 눈을 감는 일이 생겨나는 치명적 문제가 나타날 수 있다. 자율적 노동 형식에 대해 이를 종속노동으로 다시금 포섭시켜서 기존의 공장제 노동법 체계 내에서 보호하고자 하는 것은 시대착오적일 뿐만 아니라, 노무제공자의 실질적인 보호에도 기여할 수 없다. 오히려 노동의 자율지향성은 시대의 추세적 변화로서 적극적으로 받아들여야 할 바다. 노동의 자율성이 기존의 노동법 체계와 상충된다고 하여 문제의 해법을 노동의 자율성을 다시금 규격적 노동종속성으로 되돌리는 것에서 찾아서는 안된다. 그 대신 새로운 노동법 체계를 구축하여 적절한 사회적 보호필요성에 대응하는 사회안전망을 구축하는 것이 중요하다.

세계 각국의 노동법적 대응 체계 구축 노력은 사실 산업의 디지털화에 최적화된 노동법 체계를 만드는 목적도 내포하고 있지만, 그 이전에 '좋은 노동'을 위하여 노동법 제도가 어떠한 선도직 역할을 해야만 할 것인가에 집중되어 있다. 대표적인 예가 독일이다. 2016년 노동 4.0 백서에서는 플랫폼 노동자에 대해 1인자영노동자(solo selbstständige)로서 낮은 보수와 불안정한 고용 상태에 놓여 있음을 인정하면서도, 향후 이러한 형태의 자율적 노동이 지속적으로 증가될 가능성이 높다고 진단하였다.[53] 독일 노동4.0의 목표는 분명하다. 바로 '좋은 노동'(Gute Arbeit)이다.[54] 산업의 디지털화로 요약되는 변화에 대응하여, 오히려 이를 기회로 삼고 인간의 노동이 존중받도록 하기

53 BMAS, Weissbuch Arbeiten 4.0, S. 129, 132.

54 BMAS, Weissbuch Arbeiten 4.0, S.5.

위한 것이다. 그렇다면 1인 자영노동자의 적절한 보호방식과 내용을 고민해야 할 시점이다. 디지털 산업환경에서 노동의 유연성과 직업교육 그리고 합리적 임금체계구축 외에도 안전 등에 관하여 노사가 합리적 합의를 도출해내야만 하는 상황에 놓이게 될 것으로 보고, 노동4.0을 통해 그러한 사회적 대화와 협상을 시작하는 계기를 제공하고자 노력하고 있다.

노동법의 진화에 대한 입법정책론적 고민은, 단지 변화된 산업 환경에 알맞도록 노동법을 바꾸어 가는 차원을 넘어서서, 어떻게 하면 '인간의 노동'이 행복하면서도 지속가능하게 실행될 수 있도록 하는 데 그 본질적인 목표가 있음을 염두에 두어야 한다. 예컨대 재택근로의 노동법적 제도화는, 단지 재택근로의 룰을 정함으로써 법적 분쟁을 예방하는 것에 그치지 않고, 재택근로모형 등 근로장소에 관한 자율적 선택권의 확대를 사업장 규모나 산업영역에 상관없이 확산시키는 기제로서 작동되도록 하는 것이어야 한다. 오늘날 플랫폼노동을 둘러싼 법제도화논의 역시 노동의 자율성 강화 추세를 적극적으로 수용하되, 이를 넘어서 자율적 노동의 추세를 보편적 노동방식으로 유도하고 정착시킬 수 있도록 하는 노동법 체계로의 진화를 고민해야 한다.

4. 소결: 고용구조의 해체와 〈일하는 사람을 위한 노동법 2.0〉

전통적인 노동법체계의 위기는 시작되었다. 고용구조의 틀이 해체되면서 종속적 근로자 중심의 테두리 안에서 설계된 노동법의 적용범위가 점점 축소될 것이라는 우려는 노동법제도체계의 근본적 변화를 요구하고 있다. 전통적인 노동법제의 철학적 토대와 고용계약의 도그마적 틀에 머물지 않는 새로운 미래 노동법제 모형을 시급하게 모색해야 한다. '일하는 사람에 대한 보호체계로서 노동법2.0[55]으로의 새로운 단계진입'은 거부하거나 지연할 수 있는 것이 아니다. 미래 노동법은 고용의 틀 안에서의 종속성이 아니라, 고용의 틀과 상관없이 인간의 노동력에 대한 사회적 보호필요성을 합리적으로 구현하는 체계로 거듭나야 한다.

자율적 노동 방식에서 과연 어떠한 영역과 지점에서 〈사회적 보호필요성〉이 발생하며, 〈사회적 정당성과 사회적 효율성〉의 관점에서 국가의 법적 개입이 요구되는 것인지를 살펴 노동법 2.0에 담아야 한다. 종래와 같이 〈노동력의 사용자〉를 특정하여 의무를 부과하는 방식으로 노동의 제공자에 대한 사회적 보호필요성을 충족시키는 것은 실효성을 기대하기 어렵다. 오늘날 인간의 노동력 활용방식은 고용의 틀 안에만 놓여 있지 않고, 고용구조의 해체 또는 고용구조를 넘어서고 있다. 고용구조의 해체로 인해 〈사용자〉가 사라진 상황에서 사회적 보호필요성을 포착해야 한다.

이때 주목해야 하는 점이 있다. '겉으로 보이는 노동형식의 자율성' 그 이면에 놓여 있는 '시스템에의 노동종속성'이다. 독립자영업자로서 노무의 제공자가 아니라 완전한 경영의 주체라면, 노동법의 보호대상이 아니다. 자율적 노동을 하는 자로서 노동법적 보호의 대상은, (i) 비록 자율노동에 수반되는 경영적 위험은 불가피하게 스스로 부담하여야 한다는 점에서 〈자신을 위한〉(Fuer Selbst) 노동의 주체이더라도(자영업성) (ii) 누군가에게 자신의 노동력을 직접 제공하는 방식으로(직접노동성) (iii) 생계를 유지하기 위한 방편으로 노동을 해야 하는 사람(생계유지목적성)이라면, 〈일하는 사람〉으로서 노동법적 보호의 대상으로 포섭되도록 해야 한다.[56]

---

55 앞서 언급한 바대로 전통적인 기존의 노동법 체계는 사용자에게 의무를 부과하는 방식으로 근로자 보호를 구현하는 체계였지만, 고용구조 자체가 해체되면 의무 부담자로서 사용자 개념이 희석되거나 사라지게 된다. 이때 일하는 사람의 보호 구현방식은 과거와 전혀 다른 방식이어야 한다. 필자가 산업혁명 이후 지금에 이르는 노동법 체계를 노동법1.0로 칭하는 대신, 새롭게 노동법2.0으로의 단계적 진화가 필요하다고 평가하는 이유이다.

56 이러한 논의의 전제로서, 만약 종속적 노동의 방식을 유지함으로써 전통적인 근로제공의

II. <일하는 사람>의 노동법적 개념화에 대한 당위성과 방법론

1. 헌법 상 근로와 직업, 그리고 일

가. 헌법 상 '근로'와 '직업'

오늘날 디지털플랫폼 노동의 발달은 전통적 의미에서의 근로자 개념에서 내포하고 있는 지표들로는 설명할 수 없는 새로운 노무제공형태를 만들어 내고 있다. 근로시간과 근로장소의 고정성도 무의미해졌고, 근로제공의 방식과 내용 그리고 시간에 관한 지표도 더 이상 유의미하지 않기 때문이다. 그럼에도 불구하고 노동법이라는 체계를 통해 국가의 법적 개입을 가능하도록 하기 위해서는 개념적 범위를 획정하는 것이 필수적이다. 소위 노동법적 보호의 대상으로서 〈일하는 사람〉의 개념을 사용한다면, 그 개념요소를 적절하게 포착해내야 한다.

현행 법령을 통해 근로의 의미를 살펴보면 헌법에는 근로에 대한 별도의 정의를 두고 있지 않다. 다만 근로는 국민의 권리이자 의무이고, 국가는 근로자의 고용증진과 적정임금을 보장하고 인간의 존엄성을 보장하는 근로조건의 기준을 법률로 정하도록 의무를 부여할 뿐이다. 헌법 제32조 제1항의 근로는 사용자의 근로계약상의 노무급부행위로서 헌법 제15조의 직업의 자유가 의미하는 직업 활동과는 구분되는 개념이다. 자영인의 근로조건은 헌법 제32조가 아닌 헌법 제15조의 보호를 통해 이루어지는 것으로 보아야 한다.[57] 근로조건 법정주의는 근로자의 근로로 국한되며 자영인의 근로조건

주체라면 기존의 근로기준법 등 노동법 체계의 적용대상이어야 함은 물론이다.

57 우리 법체계는 경제적 약자를 보호하기 위한 제도로 노동법만 두고 있는 것이 아니며 독립한 사업자간의 거래라 하더라도 당사자 일방의 시장적 지위가 우월한 경우 시장적 지위의 남용을 제한하는 규정을 두어 공정거래질서를 위한 경제적 약자의 보호체계를 이루고 있다.

은 근로의 권리의 보호 대상에서 제외된다. 이 견해에 따르면 특수형태근로 종사자의 근로는 자영업자에 비해 종속성이 강한 근로관계를 전제로 하지만 임금을 대가로 제공하는 것이 아니므로 근로의 개념에 포함할 수 없다고 한다.[58]

나. 일을 통한 행복추구권과 근로의 권리

헌법이 근로의 권리를 보호하는 이유는 인간은 근로를 통해 생활수단인 재화를 획득하여 삶을 살아가며, 근로는 인간의 자주적 생활기반이고, 자아실현과 행복추구의 수단이며, 그 자체로 인격의 자유로운 발현이 가능하기 때문이라고 한다.[59] 이러한 점은 이미 독일의 경우 1955년 독일연방노동법원 판결에서 확인되었던 바가 있다. 당시 판결을 통해 최초로 근로자의 인격권 보장 차원에서 사용자의 취업의무 그러니까 근로자의 소위 '취업청구권'을 인정하였다.[60] 임금을 받는 것만으로 충분하지 않고, 근로자는 자신의 인격실현을 위한 기회를 가질 정당한 권리가 있다는 점을 이 판결은 재삼 확인해 주고 있다. 근로의 기회가 궁극적으로는 인간의 존엄성과 인격실현에의 필요적 요건이라는 점을 확인하고 있다. '근로'는 타인에 의해 근로자에게 주어지는 제한된 노동으로 사용자에게 임금을 목적으로 제공하는 생계활동으로서의 노동을 의미한다. 직업은 넓은 생계활동이라는 측면에서 근로를 포함하는 개념으로 이해할 수 있다.[61]

이처럼 전통적 의미의 일자리는 생계 유지를 위해서 불가피하게 감수해야 하는 '부담'으로 여겨져 왔다. 이러한 지적은 물론 여전히 유효하다. 하지만 현대적 의미의 일자리는 다르다. 단지 근로자 자신과 가족의 생계를 위

58 이준일, 『헌법학 강의』, 홍문사, 2005, 758면.
59 정종섭, 『헌법학 원론』, 박영사, 2006, 589면.
60 BAG 10. 11. 1955, AP Nr.2 zu §611 BGB Beschäftigungspflicht.
61권영성, 『헌법학 원론』, 법문사, 2002, 617면.

해 참고 견뎌야만 하는 그 어떤 것으로만 볼 수는 없다. 근로의 제공은, 단순히 임금획득만을 목적으로 하는 수단이 아니고, 근로자 자신이 자아를 실현하는 공간이요 장으로 이해된다. 결국 근로를 통해 다운 인격의 발전을 도모하게 되고, 이로써 자신의 인격을 실현시키게 된다.[62]

> **헌법**
> 제10조 모든 국민은 인간으로서의 존엄과 가치를 가지며, 행복을 추구할 권리를 가진다. 국가는 개인이 가지는 불가침의 기본적 인권을 확인하고 이를 보장할 의무를 진다.

다. 〈일하는 사람〉의 법적 개념화의 헌법적 당위성

결국 미래 노동법의 보호대상으로서 〈일하는 사람〉이란, 생계유지를 위한 목적으로 노동력을 제공하는 자로서 파악할 수 있지만 미래 노동법의 일하는 사람에 대한 보호의 헌법적 근거는 '일을 통한 인간의 존엄성 보호와 행복추구권'이 되어야 한다.

인간은 노동을 통해 자신의 인격을 실현한다. 노동법 상 보호란, 인간으로서의 행복을 추구하기 위한 기본 전제가 되어야 한다. 노동법 체계는 일을 통한 인격실현과 행복추구라는 중요한 기본권적 가치실현의 도구로서 매우 중요한 헌법적 의미를 가지는 법체계라고 할 것이다. 노동법 체계가 일하는 방식의 다양성을 간과할 경우, 자칫 노동법적 보호 규율 체계가 일을 통한 행복의 기회를 처음부터 박탈하거나, 제한하는 기제가 될 수 있음을 염두에 두어야 한다.

62 대법원 1996. 4. 23. 선고 95다6823 판결.

3. 노동법상 보호 대상으로서 〈근로자〉 개념의 다원성

기존의 노동법 체계는 근로의 제공방식이나 당사자 간의 관계에서 내재되어 있는 '노동종속성'을 중요한 근로자개념지표로 삼고 있음을 알 수 있다. 이는 큰 틀에서 볼 때 〈고용관계의 틀 안에서의 당사자 관계〉를 전제로 하는 개념이기도 하다.

현행 근로기준법 제2조에서는 "직업의 종류를 불문하고 사업[63] 또는 사업장[64]에 임금을 목적으로 근로[65]를 제공하는 자"로 근로자 개념을 명시해 두고 있다. 근로자는 노동력 제공을 급부의 내용으로 한다는 점에서는 수급인이나 수임인 또는 피고용인과 유사하지만, 타방 계약당사자에 의한 지휘명령에 복종하게 된다는 점에서 명확히 구별될 수 있다.[66] 노무를 제공하는 시점이나 기간, 그리고 장소 등과 관련하여, 계약의 타방 당사자인 사용자의 지시권 행사를 통해 구체적으로 확정되는 특성을 가진다. 요컨대 전통적인 근로자의 개념은 자신의 노동력 전부를 사용자의 처분에 맡김으로써 경제적으로 사용자에게 종속되는 자를 의미한다고도 할 수 있었다.[67] 근로자의 노무를 사용자가 포괄적이고 독점적으로 활용한다는 데 근로관계의 본질적 요소가 있다.[68]

---

63 통상 사업은 유기적 관련 하에 사회적 활동으로서 업을 계속적으로 수행하여 가는 기본 단위를 말한다. 법원은 '사업'에 대하여 경영상의 일체를 이루는 하나의 사업조직(법인 또는 개인사업체)를 말한다고 한다(대법원1993. 2. 9 선고, 91다21381).

64 사업을 통일적으로 수행하는 독립사업체로서 사업의 목적이나 허가유무 또는 업종을 불문한다.

65 근기법 제16조 "정신 또는 육체노동".

66 BAG 22. 6. 1994, BB1995, S.52ff; BAG 26. 7. 1995, BB 1996, S.60; Zöllner/Loritz, ArbR, 1998, §4 III 5a, 46f.

67 Wiedemann, Das Arbeitsverhältnis als Austausch- und Gemeinschaftsverhältnis, 1966, S.14ff.

68 Wiedemann, Das Arbeitsverhältnis als Austausch- und Gemeinschaftsverhältnis, 1966, S.14ff.

근로기준법 제2조 (정의)

① 이 법에서 사용하는 용어의 뜻은 다음과 같다.

1. "근로자"란 직업의 종류와 관계없이 임금을 목적으로 사업이나 사업장에 근로를 제공하는 자를 말한다.

이 개념은, 최저임금법, 임금채권보장법, 산업안전보건법, 산업재해보상보험법, 근로자퇴직급여보장법, 근로자참여및협력증진에 관한 법률, 고령자고용촉진법, 장애인고용촉진및직업재활법 상에서 근로자개념과 동일하게 사용된다.

다른 한편 근로 3권의 향유주체로서 '근로자'의 개념은 현행 노조법 제2조 제1호에서 개념화되어 있다. 노조법 제2조 제1호에 따르면 "근로자라 함은 직업의 종류를 불문하고 임금, 급료 기타 이에 준하는 수입에 의하여 생활하는 자를 말한다."고 한다. 임금 이외에 '급료나 이에 준하는 수입을 통해 생활하는 자'란, 근로계약관계에 국한되지 아니함을 분명히 보여 준다. 근로3권의 향유주체로서의 적격을 갖는가 하는 것은, 임금이나 기타 수입의 원천이 되는 계약관계의 본질이 무엇인가에 의해 결정되는 것이 아니라, 과연 근로3권을 보장하여 줄 필요가 있는가 특히 단결하도록 하여 줄 필요성이 있는가에 따라 판단되어져야 한다.[69]

이때 단결할 필요성은 그 노동이 가지는 경제적 종속성에서 비롯된 것이다. 경제적 종속성은 근로자의 사회적 보호필요성과 비견될 수 있는 사회적 보호필요성을 유발하는 바, 이러한 경제적 종속성표지는 주로 하나의 회사를 위해 일하는 자를 말하며 우리나라에서는 산업재해보상보험법 상 특수형태근로종사자 개념으로 표현되기도 한다. 종속적 노동의 모습(근로계약적 특

69 노조법상 근로자 개념은 근로계약 상의 상대방인 사용자가 존재하여야 한다는 것과는 차원을 달리 하여 개념 구성되어야 한다. 비록 개별적인 계약 상대방인 사용자가 없다 하여도 노동조합을 결성할 필요성이 있다면 근로자로서의 지위를 인정하여야 한다.

징)과 함께 독립적 노동의 모습(자유계약적 특징)을 동시에 가지고 있는 노무공급관계를 염두에 두고,[70] 계약의 외형은 도급·위임계약이나 이와 유사하지만, 계약의 존속과 실질적 전개과정에서 보이는 종속성이 일반 근로계약관계와 흡사한 점이 많은 노무공급관계를 특수고용형태라 하고, 이에 종사하는 자를 특수고용형태종사자라고 한다.

산업재해보상보험법

제125조(특수형태근로종사자에 대한 특례)

①계약의 형식과 관계없이 근로자와 유사하게 노무를 제공함에도 「근로기준법」 등이 적용되지 아니하여 업무상의 재해로부터 보호할 필요가 있는 사람으로서 다음 각 호의 모두에 해당하는 사람 중 대통령령으로 정하는 직종에 종사하는 사람(이하 이 조에서 "특수형태근로종사자"라 한다)의 노무(勞務)를 제공받는 사업은 제6조에도 불구하고 이 법의 적용을 받는 사업으로 본다.

1. 주로 하나의 사업에 그 운영에 필요한 노무를 상시적으로 제공하고 보수를 받아 생활할 것
2. 노무를 제공할 때 타인을 사용하지 아니할 것

현행 직업능력개발법과 남녀고용평등법 상의 근로자 개념은 최광의 개념으로서, 사용주에 고용된 자와 취업할 의사를 가진 자를 의미한다. 아울러 사회보험법 상의 급여수급대상자인 근로자와 국민연금법 상의 근로자 개념에는 사업장에서 노무를 제공하고 그 대가로 임금을 받아 생활하는 자로서, 법인의 이사 기타 임원을 포함하는 개념으로 활용된다."[71] Beuthien의 경우는 노무제공에 임하면서도 그에 대한 사회적 보호필요성이 존재하는가

70 강성태, "특수고용관계와 근로기준법상 근로자개념의 판단", 「노동법학」 제11호, 2000, 35면.

71 이는 건강보험법의 경우에도 비슷하게 규정하고 있는데, 보험료의 징수 등의 문제에 있어 사업장에 고용된 근로자와 다른 한편 사회보험급여의 혜택을 광범위하게 주기 위해서 사용자의 경우까지도 포함하고 있다.

여부가 근로자성을 판단하는 중요한 요소로 보고 있다.[72] 이러한 지적은 기본적으로 노동법 체계가 사회법으로서 사회적 약자보호라는 이념적 이데올로기에 바탕한 것이라는 점에서 이론의 여지가 있을 수 없다. 그렇다면 노동법의 보호대상인 근로자로서의 지위를 인정함에 있어 중요한 것은 인간의 노동력 제공 방식이 구체적으로 어떠한 모습으로 나타나는가 또는 근로계약을 체결하였는가 하는 문제 이외에 노동법을 통한 사회적 보호필요성이 존재하는가를 판단하는 일이 될 것이다.[73]

종래 노동법은 노사관계 현실을 규제하는 도구로서 인식될 수도 있지만, 다른 한편 새로운 질서를 구체적으로 형성해 나가도록 하는 도구로서의 역할도 있다. 그러므로 종래에는 노동법의 규제대상이 아니었다고 하더라도 구체적으로 시대 상황이 변화되어, 그들에 대한 규제 필요성이 존재한다면, 노동법은 유연하게 그 적용범위를 확대 또는 축소시킬 수 있어야 한다.[74]

종래의 종속적 지배 차원에서의 근로자 개념은 노동법의 적용범위를 정함에 있어 오늘날 현실에 적절히 대응하지 못하므로, 노동법의 적용대상이 되는 범위를 목적론적 관점에서 보아야 한다고 한다. 즉, 노동법의 적용대상이 되는 자는 사회적 보호필요성이 인정되는 범위와 다르지 않아야 하며, 따라서 사회적 보호필요성이 존재하는 노무제공자의 경우에 근로자의 지위를 인정하여야 한다는 것이다.[75] 사회적 보호의 필요성이 존재하는 대상이 있다면 — 굳이 명칭이 어떤 것이 되든 상관없이 — 이들에 대하여 노동법을 통해 보호를 구현하는 것이 타당하다.[76] 노동법 상 협의의 근로자 개념 범주에 속하는 지 여부는 중요하지 않다. 이 대목에서 염두에 두어야 할 점

72 Beuthien/Wehler, RdA 1978, S.5.

73 Boemke/Föhr, Arbeitsformen der Zunkunft, 2000, S.52.

74 Boemke/Föhr, Arbeitsformen der Zunkunft, 2000, S.52.

75 Wank, Arbeitnehmer und Selbständige, 1988, S.121ff.

76 Hromadka, NZA 1997, S.569 (575).

이 있다. 노동법의 보호대상인지 여부와 노동법을 통해 보호되어야 할 내용의 균일성을 의미하는 것은 아니다. 노무의 제공방식이 다양한 만큼 노동법적 보호의 방식과 내용 역시 다양할 수 있음을 유의해야 한다.

III. 노동법 상 보호 대상의 범위 확대: "노무를 제공하는 사람"

1. 고용구조 하에서의 일하는 방식의 유연성

근로자라 하더라도 노무 제공이 그 내용과 방법에 대하여 높은 수준의 자율성과 책임을 가지고 있는 경우가 흔히 발견되고 있다. 근로장소에 관한 한 재택근로나 원격근로 그리고 근로시간에 관한 한 재량근로시간제 등 근로방식의 탈규격화 논의가 본격화되는 것도 이러한 경향을 방증하는 것이다. 사실 근로자의 능력과 기술이 향상될수록 노무 자체는 점점 더 과제 중심적으로 변하게 된다.[77] 근로자가 매우 고유하고 전문적이어서 노동력 제공의 독점자적 성격에 이르게 되면 자영업자적 성격을 동시에 지니게 된다.[78] 이 경우 노동력을 제공하기는 하지만, 자신의 노동력 제공시점이나 장소 등에 관하여 스스로의 결정을 통해 — 계약 합의를 하여 — 확정할 수 있다. 지시종속적인 노동력 제공이 아니라 근로자의 재량을 토대로 한 노동력 제공이 이루어지게 된다. 근로지시가 필요 없는 노동력의 제공을 목적으로 하는 계약형식을 채택하는 것은, 곧 일하는 방식에 관한 한 노동법적 코르셋(Korsett)으로부터 해방되는 것이 된다.[79]

77 김형배, 노동법, 2007, 64면.

78 이른바 특수형태고용종사자의 경우가 그 예가 될 수 있으며, 이러한 형태와 관련하여 특별히 독일은 자영업자이면서 경제적으로 근로자에 준하는 자에 대하여 이른바 유사근로자라는 개념을 사용하여 일정한 사회법적 대응을 하고 있다.

79 Boemke/Föhr, Arbeitsformen der Zunkunft, 2000, S.49.

2. 자영적 독립노무제공자의 확대와 상호 분업화 경향

지난 수십년간 우리 기업 실무와 노동현장에서 나타난 흥미로운 사실은, 점점 더 많은 자영업자들을 활용하고자 하는 경향이 생겨났고, 지금도 많은 자영업자의 노동력을 활용하고 있다는 점이다.[80] 이미 노동법 체계 중에는 고용구조 내부 뿐만 아니라 외부에 놓여 있는 노무제공자에 대한 보호를 포섭해 놓은 경우가 있다. 바로 산업안전보건법이다. 입법 목적의 특수성 때문이다. 사업장의 안전에 관한 한 고용 구조 내외부를 따질 일이 없다. 그러나 노무를 제공하는 사람이 구체적으로 어떠한 법적 개념을 가지고 있는지에 대해서는 별도의 규정을 마련해두지 아니하였다.

산업안전보건법

제1조(목적)

이 법은 산업 안전 및 보건에 관한 기준을 확립하고 그 책임의 소재를 명확하게 하여 산업재해를 예방하고 쾌적한 작업환경을 조성함으로써 노무를 제공하는 사람의 안전 및 보건을 유지 · 증진함을 목적으로 한다.

제2조(정의)

1. "산업재해"란 노무를 제공하는 사람이 업무에 관계되는 건설물 · 설비 · 원재료 · 가스 · 증기 · 분진 등에 의하거나 작업 또는 그 밖의 업무로 인하여 사망 또는 부상하거나 질병에 걸리는 것을 말한다.

다만 산안법 상 개별 규정의 내용에 비추어 본다면, 동법 제4절 (그 밖의 고용형태에서의 산업재해 예방)에서 특수형태근로종사자와 배달종사자, 프랜차이즈 사업에서 가맹점사업자와 그 소속 근로자의 보호에 관한 규정을 두었다. 종속적 근로자 개념을 넘어서서, 고용형태와 무관하게 〈배달종사자〉와 — 흔히 전형적인 자영업자로 평가할 수 있는 〈가맹점사업자〉까지 산안법 상 보호 대

80 Boemke/Föhr, Arbeitsformen der Zunkunft, 2000, S.49.

상으로 삼았다는 점은 특징적이라 하지 않을 수 없다.

산업안전보건법

제4절 그 밖의 고용형태에서의 산업재해 예방

제77조(특수형태근로종사자에 대한 안전조치 및 보건조치 등) 상의 재해로부터 보호할 필요가 있음에도 「근로기준법」 등이 적용되지 아니하는 사람으로서 다음 각 호의 요건을 모두 충족하는 사람(이하 "특수형태근로종사자"라 한다)의 노무를 제공받는 자는 특수형태근로종사자의 산업재해 예방을 위하여 필요한 안전조치 및 보건조치를 하여야 한다.

1. 대통령령으로 정하는 직종에 종사할 것
2. 주로 하나의 사업에 노무를 상시적으로 제공하고 보수를 받아 생활할 것
3. 노무를 제공할 때 타인을 사용하지 아니할 것

② 대통령령으로 정하는 특수형태근로종사자로부터 노무를 제공받는 자는 고용노동부령으로 정하는 바에 따라 안전 및 보건에 관한 교육을 실시하여야 한다.

③ 정부는 특수형태근로종사자의 안전 및 보건의 유지 · 증진에 사용하는 비용의 일부 또는 전부를 지원할 수 있다.

제78조(배달종사자에 대한 안전조치)

「이동통신단말장치 유통구조 개선에 관한 법률」 제2조제4호에 따른 이동통신단말장치로 물건의 수거 · 배달 등을 중개하는 자는 그 중개를 통하여 「자동차관리법」 제3조제1항제5호에 따른 이륜자동차로 물건을 수거 · 배달 등을 하는 사람의 산업재해 예방을 위하여 필요한 안전조치 및 보건조치를 하여야 한다.

제79조(가맹본부의 산업재해 예방 조치)

① 「가맹사업거래의 공정화에 관한 법률」 제2조제2호에 따른 가맹본부 중 대통령령으로 정하는 가맹본부는 같은 조 제3호에 따른 가맹점사업자에게 가맹점의 설비나 기계, 원자재 또는 상품 등을 공급하는 경우에 가맹점사업자와 그 소속 근로자의 산업재해 예방을 위하여 다음 각 호의 조치를 하여야 한다.

1. 가맹점의 안전 및 보건에 관한 프로그램의 마련 · 시행
2. 가맹본부가 가맹점에 설치하거나 공급하는 설비 · 기계 및 원자재 또는 상품 등에 대하여 가맹점사업자에게 안전 및 보건에 관한 정보의 제공

② 제1항제1호에 따른 안전 및 보건에 관한 프로그램의 내용 · 시행방법, 같은 항 제2호에 따른 안전 및 보건에 관한 정보의 제공방법, 그 밖에 필요한 사항은 고용노동부령으로 정한다.

3. 소결

장차 〈일하는 사람〉을 노동법적 개념으로 포섭하는 이른바 미래 노동법 모형에서는, 종전의 근로자와 구별하여, 다음과 같은 개념요소를 수용할 수 있는 체계가 되어야 한다.

가. 생계유지를 위한 노동일 것

우선 노동법 상 보호의 대상이 되어야 하는 일하는 사람이란, 노동력의 제공이 자신의 생계유지 또는 인격실현을 위한 것으로 평가될 수 있어야 하며, 사회적 보호필요성이 있어야 한다. 단지 호기심이나 취미로 일을 하는 경우까지 노동법의 보호대상으로 삼을 수는 없다.

나. 노무의 타인제공관계일 것

종전의 근로제공이란 특정한 타인(사용자)을 '위한' 노동력의 제공을 염두에 둔 것이다. 그러나 일하는 사람의 개념은 스스로 〈노무제공에 관한 기업가적 위험〉을 부담하는 노무제공자의 경우를 포섭하는 것이어야 한다. 즉, 자기 자신을 위한 노동(이른바 자영업자의 경우)이라 하더라도 노동법적 보호의 대상에서 당연히 배제시켜서는 안된다.

그 대신 노동법의 보호대상으로서 일하는 사람이란, 비록 자기자신의 경제적 이익을 위한 것이라 하더라도 타인(제3자)에 '대한' 노동력의 제공에 해당한다면 노동법적 보호에 포섭시켜야 한다. 자기 자신의 이익을 위해 자기자신에 대해 노동력을 제공하는 관계는 노동법을 적용할 수 없어야 한다.

다. 직접 노동을 할 것

노동법의 보호대상으로서 일하는 사람은, 타인을 고용함이 없이 스스로 노동력을 제공하는 자여야 한다. 타인을 고용하게 되면 그 자체로서 경영의 주체가 될 뿐이다. 노동법은 노동의 주체에 대한 보호법으로서의 틀을 넘어서기는 어렵다.

라. 경영위험 부담 여부는 불문할 것

미래 노동법은 자영적 독립노무자를 보호의 대상으로 삼을 수 밖에 없다. 고용구조가 해체된 이후의 노동법 체계는 자영적 노무제공자를 포섭하게 되므로, 기존 노동법의 경우에서 보듯이 사용자를 통한 근로자의 보호체계로 평가할 수 없다. 오히려 미래 노동법 2.0은 노무제공자와 노무를 둘러싼 이해관계당사자(=노무 소비자) 간의 불공정거래규제체계를 본질로 하게 될 것이다. 공정노무거래에 대한 국가의 개입은 그 방법론에 있어 기존의 노동법과 달라야 하는 것은 분명하지만, 매우 적극적인 개입의 여지가 있어야 함은 종래와 다르지 않을 것이다.

IV. 노동의 디지털화와 플랫폼 노동에 대한 법제도론적 대응

1. 노동의 디지털화

'초연결성(Hyper-Connected)'과 '초지능화(Hyper- Intelligent)'로 요약될 수 있는 4차 산업혁명은 노동의 개념을 변화시키고 있다. 근로자들 상호간이나 근로자와 사용자 간의 관계는 별도의 공간적 동일성과는 상관없이 매우 밀접하게 연결될 수 있게 되었다. '다수의 근로자들이' '동일한 공간에 모여서' '협동적으로' '사용자의 지시에 따라' 일을 하는 방식의 노동은 더 이상 지속가능하지도 않고, 미래지향적이지도 않다.

'일하는' 방식의 변화는 곧 '일을 시키는' 방식의 변화를 의미하는 것이기도 하다. 근로자의 개념이 변하면 사용자의 개념도 바뀔 수 밖에 없다. 전통적인 노동법의 위기도 같은 맥락에서 설명할 수 있다. 법제도의 보호대상인 근로자의 범위도 바뀌고 있지만, 법적 보호를 구현하기 위한 의무 부담자로서 사용자의 개념도 바뀌거나 아예 존재하지 아니하는 상태가 될 수 있기 때문이다. 노동의 디지털화를 통한 노동의 변화는 노사 양측의 지위와 역할에 큰 변화를 수반할 수밖에 없으며 노동법 역시 이에 대응하는 차원에서 진화되지 않으면 안된다.

2. 노동 플랫폼의 등장

노동의 유연성은 크게 두가지 차원에서 나누어 살펴 보아야 한다. 첫 번째는 고용 구조 내부에서의 노동유연성이다. 근로의 장소와 시간의 유연성이 고용체계 내에서 이루어지는 경우를 말한다. 재택근로나 원격근로, 재량근로시간제 등이 그 예다. 두 번째는 고용구조 외부에서의 노동유연성이다. 아예 고용구조를 탈피하고, 노무제공자가 스스로 경영위험을 부담하는 대신 노동을 둘러싼 방식과 내용을 자율성을 보장받는 방식이다. 〈자영적 독립노무자〉가 바로 그것이다. 적어도 후자의 경우는 전통적인 아날로그 노동시대에 상상하기 어려웠던 개념이다. 노동이란, 특정 상대방을 위한 노동력의 제공관계 즉, 고용구조 내부에 존재할 수밖에 없는 것이라고 믿어 왔기 때문이다. 지금의 다르다. 노동의 디지털화와 함께 노동 거래 플랫폼이 등장하였기 때문이다. 플랫폼 내부에서 불특정 다수와 노무제공거래관계가 구현되고 있다. 노동플랫폼 위에는, 노무제공을 담당하는 독립노무자와 그 노무제공을 둘러싼 다수의 소비자들이 알고리즘으로 연결되어 있다. 노무제공을 둘러싸고, 각자가 공급자이자 소비자로서의 지위 하에서 경제활동에 참여하게 되었다.

문제는 이러한 플랫폼 노동시장의 기하급수적 확산이다. 플랫폼 노동의 영역은 초기 숙박, 운송 그리고 배달을 넘어서서 가사서비스, 행사 기획, 디자인, 게임아이템개발, 마케팅은 물론 법률구조 영역에까지 확대되고 있다. 과거 근로계약관계를 통해 실행되어 오던 노동력 활용 분야가 급속도로 자영적 독립노무제공관계로 대체되고 있는 현상은 이미 오래 전부터 어느 정도 예측된 바이기도 하다. 근본적으로 인간은 자율성을 지향하기 때문이다. 노동에 관한 규격적이고 획일적인 종속과 그에 수반하는 법적 규제 그리고 의무에 따른 부담은 회피할 수만 있다면 회피하고자 하기 마련이다. 사용자이든 근로자이든 마찬가지이다.

3. 플랫폼 노동의 개념과 구조

가. 개념과 유형

오늘날 플랫폼 노동에 대한 법적 개념은 아직 없으나, 다양한 개념화가 시도되고 있다. 유로파운드(Eurofound)는 플랫폼 노동을 플랫폼의 중개를 통해 노동을 제공하고 노동 수요와 매칭되도록 하여 경제적 보상을 취득하도록 하는 고용 형태로 정의하기도 한다.[81] 노동공급의 관점에서 본다면, 새로운 알고리즘을 통한 디지털방식의 노동공급이 이루어지는 형태를 지칭하는 개념으로 보기도 한다.[82]

판단컨대 노무제공을 중심으로 한 거래구조 측면에서 본다면, 〈플랫폼 노동〉은, 앱이나 웹사이트에서 이루어지는 노동 거래 체계로서, 노동의 제공자와 수요자로서 고객을 연결시키고, 노동의 제공자는 노무제공의 대가

81장홍배, "플랫폼노동, 현황과 전망", 정치경제연구소 대안, 제13호. 2019, 2면.

82 이호근, "플랫폼 노동 등 고용형태의 다양화와 사회보장법 개선방안에 대한 연구", 산업노동연구 제26권 1호, 2020, 58면.

를 획득하고 그 매개체로서 플랫폼은 수수료를 얻게 되며, 노동력 수요자로서 소비자는 소기의 이익을 향유하게 되는 일련의 노동메커니즘이라고 볼 수 있을 것이다.

플랫폼의 기능과 산업적 측면은 별론으로 하고, 노동법과 관련하여서는 대체로 웹 기반 플랫폼(Web-basierte Plattformen) 하에서 노무제공거래가 이루어지는 경우로서, 구체적인 노무제공행위가 온라인에서 이루어지는 클라우드 워크(Cloudwork)와 구체적인 공간 즉, 오프라인에서 이루어지는 긱워크(Gigwork)로 대별될 수 있다.[83] 다른 한편 업무가 플랫폼 상에서 불특정 다수에게 제공되는 것을 크라우드 노동(Crowdwork)이라고 한다. 오늘날 배송이나 가사서비스 등은 전형적인 긱워크에 해당한다.[84]

나. 구조적 속성

1) 노동력의 '사용'하는 자와 노동력을 '이용'하는 자

전통적인 근로관계에서는 근로자와 사용자의 단선적 계약구조를 전제로 한다. 사용자는 근로자의 노동력을 '사용'하는 사람이다. 그 대신 바로 그 사용자에게 부담을 지워 근로자를 보호하고자 하는 법체계로서 노동법을 구축해 왔다. 플랫폼 노동의 개념화를 위해 중요한 것은 노동력 제공을 둘러싼 수요자이자 소비자로서의 지위에 주목하는 일이다. 노동플랫폼은 사용자의 개념을 '희석'시키고, 노동력의 소비자들을 다수 등장시키고 있다.[85] 이에 따라 플랫폼 노동은 고용구조 하에서의 노동과 구조적인 차이

83 https://www.bertelsmann-stiftung.de/de/unsere-projekte/betriebliche-arbeitswelt-digitalisierung/projektthemen/plattformarbeit

84 장희은 · 김유휘, "플랫폼 경제에서의 노동자 보호를 위한 해외 정책동향", 산업노동연구 제26권 1호, 2020, 6면.

85 노무의 이용자들은 플랫폼 시스템 뒤로 숨어서 알고리즘에 의한 종속성을 구현하고 있다는 지적도 있다(이호근, "플랫폼 노동 등 고용형태의 다양화와 사회보장법 개선방안에 대한 연구", 산업노동연구 제26권 1호, 2020, 62면).

점을 보이게 된다. 요컨대 〈사용자의 부재〉야 말로 플랫폼 노동의 고유한 속성으로 볼 수 있다.

2) '일자리'와 '일거리'

노동 플랫폼 체계에서는 노무제공자가 '일자리'가 아닌 '일거리'를 구한다. 노동플랫폼은 업무위탁의 매개체로서 역할을 수행하게 된다. 그 결과 플랫폼노동자는 — 사용자와의 지속적이고 배타적인 노무제공계약관계가 아니라 — 불특정 다수의 소비자와 노무제공거래계약을 체결하게 된다. 노무제공관계는 당연히 '일회적'이고 '다면적'이다. 사용자와의 지속적 노무제공관계의 형성은, 곧 경영위험을 사용자에게 이전시키는 장점이 있다. 원래 근로자는 개념본질상 경영위험을 부담하지 않는다. 근로가 제공되기만 하면 그 대가로서 임금을 받을 수 있다.

일거리를 통해 수입을 얻는 플랫폼 노동자의 경우는, 경영위험을 스스로 부담할 수밖에 없다. 플랫폼 노동자는 일거리를 스스로 찾고 선택해야 한다. 이를 거절하면 스스로 수입감소를 감수해야 한다. 이러한 점은, 자영적 독립노동사로서 플랫폼 노동자가 본질적으로 근로자와 개념적으로 구별되는 지점이라고 할 수 있다. 만약 플랫폼노동자가 — 독일 판례에서 판시한 바와 같이 — 본질적으로 기업가적 경영위험을 스스로 부담하지 않고 있다면 근로계약의 당사자로서의 근로자로 판단되어야 한다. 결국 플랫폼 노동자의 근로자성 판단의 핵심 지표는 바로 경영위험의 자발적 인수여부라고 보아야 한다.[86]

3) '규격 노동'과 '자율노동'

전통적 근로계약관계에서 노무제공자로서 근로자는 사용자의 지시권

86 Wank, EuZA 2016, 143ff.

행사와 같이 예상하지 못한 지휘와 명령에 복종해야 한다. 이와 달리 〈사업조직에의 편입부재〉도 중요한 플랫폼의 속성으로 평가할 수 있다. 플랫폼 노동 종사자의 분류와 관련한 프라이스(Preis)와 브로스(Brose)[87]의 검토의견에서, – 개별사례마다의 특성을 살펴 달리 판단될 여지가 있지만, – 대체로 지시구속성(Weisungsgebundenheit)이 결여되어 있고, 사업에 편입될 가능성은 존재하지 않는다고 평가하고 있다. 그 결과 플랫폼 노동은 노무제공을 둘러싼 시간과 장소, 조직 등으로부터의 자율성이 보장된다. 이때 자율성이란, 노무제공자의 지위에서 초래되는 개념이다. 사업장질서체계 안으로의 편입되기 보다는, 스스로 자율적 노동거래에 나서게 된다.[88]

플랫폼 노동을 통해 일거리를 얻고 수행하여 수입을 얻는 경우는, 계약적 지위에서 초래되는 종속성이 존재하지 않는다. 계약의 체결 여부와 계약 내용의 적정성 여부 그리고 그 계약내용의 이행가능성 여부까지도 스스로 판단할 수 있다. 실제로 플랫폼 노동을 선호하는 이유에 대해 독일에서는 응답자의 절대 다수가 주직업 외에 부업으로서 자유롭게 활동할 수 있음을 들고 있다. 즉, 시간에 구애됨이 없이 필요에 따라 노무제공에 따른 수입을 얻을 수 있다는 것을 장점으로 들고 있다.[89] 다만 일단 계약을 체결하면 그 계약의 내용에 부합하도록 노무를 제공하여야 할 자신의 의무를 이행해야 함은 물론이다.

4) '노동의 연대'와 '노동의 파편화'

플랫폼 노동은 오랜 동안 노동법 체계의 근간을 이루어왔던 〈노동의 연대성〉과 배치된다. 독일에서 플랫폼 노동에 참여하고 있는 플랫폼 노동자

87 Preis/Brose, KEx Nr. 23, S. 30ff.

88 이러한 점에서 재택근로형태의 가내근로자와 구별된다고 보는 의견도 있다.

89 https://www.bertelsmann-stiftung.de/de/unsere-projekte/betriebliche-arbeitswelt-digitalisierung/projektthemen/plattformarbeit

들이 가장 큰 부담이자 부작용으로 보고 있는 것도 바로 '지나친 경쟁'이었음에 주목할 필요가 있다.[90] 플랫폼 위에 놓여져 있는 일거리를 두고 노무제공을 위해 참여한 플랫폼노동자들은 모두 경쟁자의 지위에 서게 된다. 결국 파편화된 노동이야 말로 플랫폼노동의 구조적 특성이라고 할 수 있다.

4. 독일 크라우드 노동 10대 행동수칙[91]

독일 플랫폼 기업들은 선제적으로 2017년 7월 '크라우드소싱 행동수칙'(The Crowdsourcing Code of Conduct)을 제시하였던 바가 있다. 총 10개로 구성된 수칙에는 (i) 플랫폼으로 하여금 플랫폼 노동자에게 부여되는 과업이 합법적인 것인지를 정기적으로 조사해야 할 의무가 있고 (ii) 플랫폼 노동에 참여한 노동자들에게 조세관련 규정이나 그 밖에 노동관련 법령규칙 등에 대해 플랫폼 운영자가 이를 설명할 의무가 있다고 하였다. (iii) 나아가 플랫폼 노동자들의 노무제공에 따른 보수는 합리적이고 공정하게 책정되어야 함을 명시하였다. 그 밖에도 (iv) 플랫폼 노동자들의 작업 환경이 개선되도록 하여야 하고 직업 훈련 등 교육의 기회도 제공하도록 하여야 한다는 점 (v) 플랫폼운영자와 노무이용자 그리고 플랫폼노동자 사이에 상호 신뢰 구축 및 존중의 관계가 구축되도록 해야 한다는 점 (vi) 플랫폼 노동자들이 일거리의 내용을 명확하게 이해할 수 있어야 하며, 나아가 그 보수의 산정 방식에 있어 소요시간 등 기준들이 명확히 제시되도록 해야 한다는 점 (vii) 플랫폼 노동 유형 중 크라우드 워크의 경우 시간과 장소에 있어 종속성이 초래되어서는 안되며, 노무제공관계의 장기지속성도 배제되어야 한다는 점 (viii) 플랫

90 https://www.bertelsmann-stiftung.de/de/unsere-projekte/betriebliche-arbeitswelt-digitalisierung/projektthemen/plattformarbeit

91 장희은 · 김유휘, "플렛폼 경제에서의 노동자 보호를 위한 해외 정책동향", 산업노동연구 제26권 1호, 2020, 19면.

폼 운영자는 플랫폼 노동자들의 고충 등을 들을 수 있는 투명하고 열린 의사소통 체계를 구축하도록 해야 한다는 점 (ix) 플랫폼 노동을 통해 부과된 일거리의 구체적 내용과 조건 등은 문서로 명시되어야 하며, 그 내용 역시 명료해야 한다는 점 (x) 마지막으로 플랫폼운영자는 플랫폼 노동자들의 사생활을 침해해서는 안되며, 나아가 플랫폼 노동자들의 개인 정보를 제3자에게 제공하는 등의 유출이 없도록 해야 한다는 점 등을 담고 있다. 독일의 금속노조는 각 플랫폼들이 위 행동수칙을 잘 지키고 있는지 감시하는 역할까지 수행하고 있다.[92]

5. 독일 연방노동사회부의 플랫폼노동자 보호 정책

2020년 11월 27일 연방노동사회부는 "플랫폼경제에서의 공정한 노동(Faire Arbeit in der Plattformökonomie)"에 대해 발표한 바가 있다. 이 정책은 논의의 전제로서 플랫폼노동자의 독립자영업자(Solo-Selbstständige)로서의 속성을 인정하고 있음에 주목해야 한다.

가. 플랫폼 사업자의 책임 강화 조치의 마련

플랫폼운영자가 단지 일거리의 알선만이 아니라, 플랫폼 노동자와 그 외 노무제공을 둘러싼 소비자들 간의 관계를 제어하는 역할까지 수행한다면, 노동법적으로 사용자에 이르지는 않지만, 강한 책임과 의무를 부담하여야 한다고 보았다. 물론 비례성에 부합하여야 한다. 물론 플랫폼 노동을 둘러싼 제반 계약의 조건이나 내용에 대해 아무런 영향을 미치지 않고 개인과 개인 간 노무일거리의 알선에 그치는 경우에는 의무 부담을 대폭 완화하여

92 장희은 · 김유휘, "플렛폼 경제에서의 노동자 보호를 위한 해외 정책동향", 산업노동연구 제26권 1호, 2020, 19면.

부과하도록 하였다. 예컨대 신고 및 통계관련 규율 부담이 바로 그것이다.

나. 근로자성 판단에 관한 입증책임 완화

플랫폼 노동자들의 경우 구체적인 상황에 따라 고용 구조 내부에 편입될 수도 있고 고용구조 외부에 놓이게 될 수도 있다. 플랫폼 노동자의 법적 지위를 명확히 하여야 할 필요가 있는 바, 이때 독일은 플랫폼 노동자의 노동법적 지위 확인을 보다 용이하게 하도록 하기 위해서 플랫폼노동자를 위한 입증책임규정 도입을 고려하고 있다. 요컨대 플랫폼활동자가 근로관계 존재에 대한 정황증거(간접증거)를 제시하면 근로관계가 존재하지 않는다는 입증책임은 플랫폼사업자가 부담하도록 하였다.

다. 사회 안전망에의 포섭과 비용 분담

사회보험의 영역에 플랫폼 노동자를 포섭할 수 있도록 사회안전망의 적용범위를 넓히도록 하였다. 다만 문제는 이에 소요되는 재정적 부담을 누구에게 분담시킬 것인가 여부인데, 이에 대한 해법으로서 플랫폼운영자에게 부담시키는 방안으로 모색하고 있다. 다만 구체적으로 어느 정도의 부담을 지울 것인지는 구체적이고 세부적인 검토를 필요로 할 것이다. 나아가 배달 등과 같이 긱노동의 경우는 사고위험이 고도화되어 있음을 감안하여 산업재해보상보험제도의 적용범위 내로 포섭되도록 조치하기로 하였다. 이른바 의무보험화를 뜻한다. 그 외에도 플랫폼 노동자에 적합하면서도 필요한 사회보험시스템의 구축을 모색할 필요도 있음은 물론이다.

라. 공정 플랫폼 노동 계약 규율 체계 구축: 새로운 단결권질서 체계 재수립

독일 정부는 1인자영업자인 플랫폼노동자들을 위한 집단법적 조직을 가능하게 하는 길을 찾고자 한다. 오랫동안 파편화된 플랫폼노동자들 상호간의 과도한 경쟁이 문제점으로 제시되어 온 점에 주목한 결과라고 할 수 있다.

마. 플랫폼 거래 약관 내용 규제

1) 약관 불공정성 조사

플랫폼 노동을 둘러싼 노무거래관계는 주로 플랫폼 운영자가 일방적으로 수립한 약관에 따르게 된다. 따라서 플랫폼 노동자의 보호는 주로 그 약관의 적정성에 의해 좌우될 수 밖에 없다. 이에 독일 정부는 플랫폼노동관계 약관의 법적 유효성에 대한 조사의무를 부과하도록 하였다.

2) 해지 규제를 통한 공정성 확보: 해지예고제도

플랫폼노동자들은 오랫동안 일을 하더라도 온라인으로 갑작스럽게 해지를 통보받게 되는 경우가 많다. 이에 따라 독일 정부는 플랫폼활동 기간에 따라 최소한의 의무적인 계약해지 예고기간을 법제화하기로 하였다.

3) 모성/휴가/병가 등에 관한 적용

비록 근로계약관계 상 근로자는 아니지만 일을 통해 생계를 유지하는 플랫폼노동자의 경우에도 최소한의 핵심적인 보호규정, 즉, 질병으로 인해 일하지 못하는 경우에 대한 보수의 계속적인 지급, 모성보호, 휴가에 대한 보호규정이 적용되도록 할 필요가 있다고 보고, 법정비작업에 나서기로 하였다.

바. 정부의 책무: 투명성 제고를 위한 신고 및 통계의무 도입

현재 플랫폼노동에 대한 공식적인 통계와 정보가 독일의 경우에도 존재하지 아니한 상태이다. 독일연방노동사회부는 플랫폼경제를 위한 데이터관리를 개선하고 플랫폼경제의 의미와 발전을 위해 특별한 정보들을 이용할 수 있도록 관리하고자 하였다. 이에 EU 차원에서 활동하는 모든 플랫폼사업자는 행정관청에 신고할 의무를 부과하고 이와 관련된 내용을 EU 위원회에도 요청하기로 하였다.

6. 소결: 플랫폼 노동에 관한 노동법적 대응 방향성

가. 오분류논쟁

아직까지 플랫폼 노동에 관한 노동법적 분쟁은 주로 오분류에 관한 것에 집중되어 있다. 실제로 독일에서도 크라우드워커의 근로자성을 부정하여 오다가, 최근 근로자성을 인정한 판례가 나온 바 있다. 이는 근로자개념에 대한 확대나 수정 또는 변경을 의미하는 것이 아니고, 그 구체적 사례에서의 판단에 따른 것으로 보이며, 이를 통해 크라우드워커 역시 근로자일 수 있음을 확인하였다.

나. 법제도 구축 방향성

독일에서는 플랫폼 노동의 개념을 법적으로 획정하기 위한 노력보다는 다양하게 발생하고 있는 플랫폼 노동의 형태를 수용하되, 유형화하는 데 주로 관심을 보이고 있음에 주목해야 한다. 자율성을 지향하는 일하는 방식의 변화를 추세적인 것으로 보고, 선제적으로 플랫폼 노동을 법적 개념으로 포섭하지 않고, 다양한 형태의 발생을 그대로 수용하면서, 그 대신 플랫폼 노동의 유형화를 통해 향후 노동의 제공 과정에서 나타날 수 있는 사회적 보호필요성의 내용과 그 효율적 실현 방식을 제도화하는 데 있어 효율성을 배가시켜야 한다. 이를 위해서는 현황파악을 토대로 하여 사회적 보호필요성이 존재하는 플랫폼노동의 다양한 영역과 개념요소를 확인하고 진단함으로써 – 일하는 방식의 변화 그 자체는 그대로 수용하면서도 – 사회적 보호를 구현하는 노동법제도 개편에 나서야 한다.

다만 플랫폼 노동의 구조적 속성을 합리적으로 반영하여야한다. 이러한 토대 위에서 플랫폼노동법제도 구축에 나서야 한다.

1. 우선 사용자가 아닌 소비자로서 노무'이용자'에게 기존의 사용자와 동일한 노동법적 부담을 지울 수는 없음을 명심해야 한다. 노동법적 규제를 가해서도 안된다. 노무제공거래의 공정성과 사회적 정당성 관점에서 합리적인 의무와 규제를 법제도화하여야 한다.
2. 두 번째로는 스스로 경영위험을 부담할 수밖에 없는 플랫폼 노동자의 특성을 감안한 사회안전망을 구축하여야 한다. 전통적인 노동법 체계에서 그래왔듯이 사용자에게 사회안전망 구축에 필요한 비용을 부담시키는 것은 처음부터 기대하기 어렵다. 플랫폼 노동시장에 참여하는 자에 대해 필수적으로 사회안전망 체계에 포섭되도록 하는 제도 기반이 마련되어야 한다.
3. 세번째로는 자율노동 이면에 놓여 있는 계약시스템에의 종속성에 주목해야 한다. 플랫폼 노동자는 기본적으로 자율노동을 향유하지만, 생계유지를 위한 노동력 제공관계로서의 속성으로 인해 불가피하게 플랫폼 시스템에 의한 종속성을 감수해야 하는 상황임을 간과해서는 안된다.
4. 마지막으로 플랫폼 노동의 파편화에 대한 법제도적 대응을 모색해야 한다. 특히 단결권 등 노동3권 질서를 실질적으로 구현할 수 있도록 하는 방안을 마련해야 한다. 파편화된 노동의 심화는 과도한 노무대가인하경쟁을 초래할 수 있고, 과로 등 플랫폼 노동자의 건강 침해로 이어질 수 있다. 산업혁명 초기 대공장 시대 근로자가 직면하였던 어려움이 고스란히 그대로 재연될 위험에 놓여 있는 셈이다.

V. 결론

1. 전통적 노동법체계는 종속노동의 주체로서 근로자가 집단적이고 규격적인 노동을 행하는 경우를 염두에 둔 것이다. 정보통신기술의 발전은 고용형태의 다변화를 초래하고 있다. 고용의 틀 내부에서의 노동유연성을 넘어서서 고용의 틀을 해체하는 자영적 독립 노동방식까지도 급격하게 확산되고 있다. 이러한 현상을 두고, 전통적인 노동법상 근로자성에의 해당 여부에 대해 논쟁을 벌이는 것은 소모적이다. 과거와 같이 인간의 노동력을 단순한 수단이나 도구로 사용할 필요가 없어진다면, 굳이 근로형태를 고집할 이유가 없다. 노동의 제공자도 마찬가지이다. 인간은 자율성을 지향하지 않을 수 없다. 자율성을 확대할 수 있다면 그 방향을 지향하는 것이 옳다. 마침 노동의 디지털화를 통해 가능하게 되었고, 따라서 이를 통한 일하는 방식의 변화는 가속화될 수 밖에 없다. 일하는 방식의 자율성 확대는 이러한 점에서 '추세적인' 변화이고 동시에 '지향되어야 할' 변화이다. 이러한 점에서 장소와 시간의 유연성은 〈권리로서의 공간과 시간의 주권〉을 노동제공자에게 맡기는 일이다.[93] 다만 자율적 노동을 지향하되, 사회적 보호필요성이 있는 영역과 요소에 대해 노동법적 개입을 통한 보호를 실현하는 방안을 모색하여야 한다.
2. 오늘날 논쟁이 되고 있는 플랫폼노동 문제는 우선 그 현황과 다양한 구조적 특성을 면밀하게 살펴 보아야 한다. 그 다음에 플랫폼 노동을 사회적 보호필요성 관점에서 유형화한 후 노동법적 모듈화를 모색해야 한다. 플랫폼 노동은 일반적인 종속노동여부나 과업의 속성 등의 기준으로 획일적 규범화가 가능하지 않기 때문이다. 산업분야나 업무속성 등을 살

93 Klause, Disitalisierung der Arbeitswelt, 2016.

며, 플랫폼노동에 관한 보호규율체계를 모듈화 해나가는 것이 시급하다. 특히 택배과로사 문제 등에서 보듯 플랫폼 노동관계 상 나타난 사회적 보호의 취약성과 관련하여 한국에서의 고유한 속성을 염두에 두고 노동 관련법제도 개편에 나서야 한다.

3. 플랫폼노동계약(약관)의 공정성을 담보하기 위한 국가 규제 방식도 개선되어야 한다. 특히 근로시간에 관한 규율방식은 다양성을 수용하도록 해야 한다. 임금의 산정기준이 근로시간의 양으로만 결정되는 것은 구시대적이다. 성과중심이어야 한다. 1일 또는 1주 단위의 근로시간 기준 제시도 지나치게 획일적이다. 근로시간의 단축은 불가피하다. 하지만 근로시간의 양과 시점에서의 자율성과 탄력성은 확대되어야 한다.
4. 플랫폼노동에 있어 노무제공관계의 공정성 확보는 가장 중요한 과제이다. 이를 위해 가장 유용한 수단은 단체협약질서의 재구축이 필요하다. 첫 번째는 파편화된 노동의 주체들이 효과적으로 단결하도록 구조화하는 것이 필요하다. 두 번째는 전통적인 단협질서로서 사용자와 근로자(노조)의 이면적 관계와 달리 플랫폼노동자와 사업자, 운영자 그리고 소비자가 이해관계당사자로 등장하는 다면적 관계성을 염두에 둔 교섭질서를 만들어야 한다. 이러한 과제의 이행을 위한 사회적 대화와 합의 마련이 시급하다.
5. 자율적 노동의 지향성은 궁극적으로 노동의 창의성을 바탕으로 할 때 실효적이라는 점을 염두에 둔다면, 직업훈련교육의 실효적 개편을 서둘러야 한다. 이러한 인적 자원 개발을 위한 교육 등에 대해 임금의 보전을 통해서라도 적극 지원할 필요가 있다. 특히 이는 저출산고령화 시대 고령자의 노동참여를 구현하는 고용정책으로서 상당한 의미를 가질 수 있다.
6. 플랫폼 노동 등을 포함하여 모든 일하는 사람들에 대한 사회안전망 확충에 나서야 한다. 다만 사회안전망 확충에 따른 혜택과 부담의 합리적 조율과 분배를 위한 사회적 논의 체계를 마련할 필요가 있다.

PART III

백지에 그리는 일자리

좌담회

좋은 일자리 창출 I 미래 세대와 나라를 위하여

우리 연구원은 지난 6월 출간한 '대전환의 시대 국가인재경영'에서 국가통합적 관점의 인재경영시스템 필요성과 함께 지속적인 경제성장과 국가경쟁력 제고를 위한 정책을 제시하였습니다.

후속조치로 우리에게 주어진 시대적 과제들을 슬기롭게 극복하기 위해 '좋은 일자리 창출을 위한 11대 정책제언" 발표 및 출간을 앞두고 다양한 전문영역에서 활동하시는 전문가분들을 모시고 소중한 고견을 듣고자 9월23일 '좋은 일자리 창출 | 미래 세대와 나라를 위하여' 라는 주제를 가지고 다음과 같이 좌담회를 개최하였습니다.

외부 참석자

- **김태기** 일자리 연대 집행위원장 (前한국노동경제학회 회장, 前단국대 경제학과 교수)
- **박지순** 고려대학교 노동대학원장
- **주무현** 한국고용정보원 일자리사업평가 센터장
- **이태희** 중소기업중앙회 스마트 일자리본부장
- **문유진** 복지국가 청년네트워크 대표

운영위원

- **김성국** 국가인재경영연구원 정책분과위원장 및 이화여자대학교 경영대학 명예교수
- **김택동** 국가인재경영연구원 사무총장, (前알루코홀딩스 대표이사 및 그룹 부회장)

좌장

- **안종태** 국가인재경영연구원 대외협력분과위원장 및 강원대학교 경영대학 명예교수

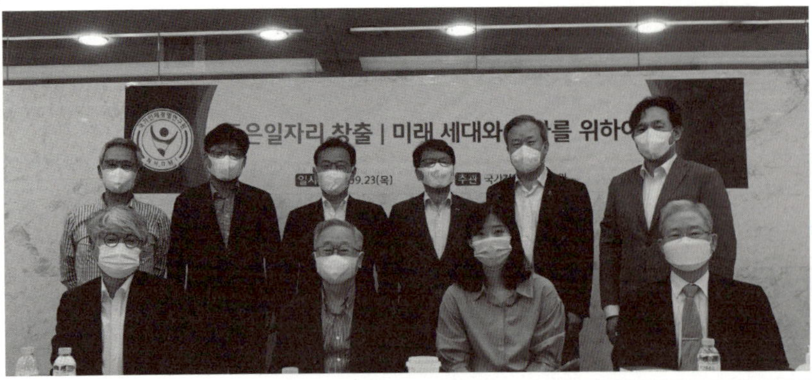

(안종태) 우리나라는 현재 Digital transformation 및 코로나19의 영향으로 기업형태, 생산방식, 직무내용 및 일하는 방식, 고용형태 등 다양한 변화를 유발하여 노동시장과 개인의 삶 전반을 변화시키고 있습니다.

특히, 4차 산업혁명의 진전으로 신산업창출 및 신규 일자리 생성과 기존 산업의 일자리 감소 등 경제사회 전반에 기회와 위기가 동시에 발생하고 있으며, 노동환경의 다양성과 불확실성은 지속적으로 증가할 것이라 전망되

고 있습니다.

우리 연구원은 국가통합적 관점에서 인재 문제를 바라보고, 미래를 보면서 인재를 어떻게 양성할 것인가에 대해 생태계 차원에서 접근하고 있습니다. 현재 대학생의 80%는 지금 존재하지 않는 일을 하게 될 것입니다. 10년 후 오늘을 돌아봤을 때 참 잘했다고 회고할 수 있도록 하자는 마음입니다.

시대를 살아가는 사람은 시대의 역할이 있습니다. 다음 세대를 위해 진정한 도움이 될 수 있는 여러분의 고견을 기대 합니다.

그럼, 오늘 첫 질문을 김태기 교수님께 드리겠습니다.

우리는 이미 4차 산업혁명이라는 대전환의 시대에 살고 있고, 새롭게 거듭나지 않으면 글로벌 경쟁에서 도태될 수밖에 없습니다. 4차 산업혁명 대응은 선택의 문제가 아니라 생존의 문제입니다. 불확실성이 증폭되는 시대, 국가사회 전반의 변화와 혁신은 불가피합니다. 4차 산업혁명의 진전은 세계 경제의 경쟁과 협력, 작동방식의 변화를 야기하고 있습니다. 국가경쟁력의 강화와 변화를 위한 정부와 노사의 역할은 어떻게 변해야 할까요?

(김태기) 4차 산업혁명의 출발은 국가경쟁력을 키우기 위한 디지털기술과 제조업의 결합에 있지만, 나라마다 경쟁력을 키우려고 하기에 국익의 충돌이 불가피합니다. 구체적으로 말하자면, 4차 산업혁명이 독일에게는 미국의 디지털 전환을 따라잡고, 중국에게는 한국을 앞서기 위한 수단이기도 합니다. 하지만 우리나라 정부는 세상 돌아가는 것을 잘 모르는 것 같습니다.

4차 산업혁명위원회를 만들어 놓았지만 제대로 가동하지 못했다고 봅니다. 4차 산업혁명 시대에 국가경쟁력을 키우려면 정부와 노사가 발상의 전환을 해야 합니다.

우선적으로 기술과 경제가 변하면서 개인과 기업의 역할이 커졌으나, 4

차 산업혁명으로 산업과 노동의 대전환이 일어나고 있기 때문에 노사정 관점에서 보면 정부가 가장 중요합니다. 정부는 법령을 만들고 예산과 재정의 권한을 가지고 있기 때문입니다. 유능한 정부냐 무능한 정부냐에 따라 국가경쟁력과 국민의 일자리가 달라집니다.

두번째는 국민은 교육을 개인이 행복하고 또 잘 살기 위한 핵심 수단이라고 생각하는데, 정부는 개인의 뜻을 무시하고 교육을 틀어쥐고 있습니다. 4차 산업혁명에서 교육의 역할은 국민이 숙련을 쌓고 재 숙련을 하도록 도와주는 것인데, 정부의 교육정책은 여전히 대학입시에 치중하고 있습니다.

세번째는 기술이 바뀌면 일하는 방법도 바뀌고 산업도 바뀝니다. 우리나라는 이런 변화를 노동조합이 가로막고 있는데, 다른 나라에선 찾아보기 힘든 문제입니다. 노동조합이 산업화 시대의 케케묵은 사고 방식을 가지고 있습니다. 대표적인 것이 민주노총인데 이들도 사회적 책임을 느끼고 4차 산업혁명에 동참해야 합니다.

마지막으로 임금결정 관행도 낙후되어 있습니다. 근속연수에 따라 임금이 결정되는 호봉제는 고용을 악화하고 노동시장을 취업자인 인사이더와 미취업자인 아웃사이더로 양분합니다. 또 취업과 소득의 기회가 불평등할 수밖에 없게 만들고, 우수한 인력이 제대로 보상을 받지 못해 국가경쟁력도 떨어뜨리게 됩니다.

(안종태) 더블쇼크 시대에는 급격한 기술진화와 비 대면 환경 등으로 인하여 노동시장 변화를 촉진시키는 주요 요인으로 주목받고 있습니다. 그러나 현재 우리나라는 노동환경의 변화와 대응 체계는 부족한 것이 현실입니다. 그렇다면 노동환경이 급격하게 바뀌는 상황에서 주요 변화와 이에 대한 대응 방향은 무엇인가요?

(박지순) 위기대응을 위한 탄력적 제도의 고안이 필요합니다. 예를 들어 연장근로제가 일원적 규제에 묶여 있어 우리나라의 경우 정부에 일일이 특별연장 신청을 해야 하지만 독일은 위기 상황에서 한시적으로 자유롭게 근로시간을 늘릴 수 있습니다. 특별상황에선 자율적으로 하고 결과에 대해 평가받는 식으로 발상의 전환 필요합니다.

(안종태) 노동4.0시대라고 합니다. 그러나 지금 노동법은 현실과 충돌 또는 괴리가 심각해지고 있습니다. 미래지향적이고 새로운 산업구조에 맞는 노동법의 현대화가 필요하다고 생각됩니다. 현행 노동법을 앞으로 어떻게 개편해 나가야 할까요?

(박지순) 노동4.0시대에 맞는 노동법의 현대화는 새로운 과제입니다. 노동법은 역사적으로 4단계에 걸쳐서 진화하는 중입니다. 4차 산업혁명시대를 맞아 이제는 노동법도 글로벌 차원에서 이야기되어야 합니다.

1차 산업혁명시대에는 장시간노동 완화, 아동노동 문제 해결, 산업재해로부터의 보호 등 근로기준이 주요 이슈였으며 이를 노동1.0시대라고 할 수 있습니다.

2차 산업혁명시대에는 대량생산체제에 맞게 노동력수요가 증가하고 그에 따라 표준화되고 집단적인 근로조건 개선 필요성이 중요 과제가 되었습니다. 이 문제를 해결하기 위해 노동조합운동이 광범위하게 확산되었으며, 노동3권이 보장되는 계기가 되었습니다. 이를 노동2.0시대라고 말합니다.

인터넷과 자동화로 대표되는 3차 산업혁명시대에는 종업원의 경영참가가 확대되면서 집단적 투쟁적 노사관계가 협력적 노사관계로 전환되는 계기가 마련되었습니다. 우리나라에서는 노사협의회란 형식으로 도입되어 노사협력 등의 키워드가 나오기 시작하였습니다. 노동3.0시대를 말합니다.

이제는 노동 4.0시대입니다. 디지털전환과 메타버스 등 가상물리세계의 확대로 노동현장의 일하는 방식이 지금까지 와는 전혀 다른 방식으로 전개되고 있습니다.

시간과 장소의 경계가 무너지고 언제 어디서든 연결되어 업무를 수행할 수 있는 조건이 마련되었습니다. 그에 따라 근로기준이나 근로조건도 종전과는 다른 새로운 기준이나 규범을 요구하게 됩니다.

이러한 이유로 노동개혁의 필요성이 제기되고 노동의 새로운 규범을 모색하는 노동법의 현대화가 중요한 과제가 되고 있습니다. 여기에 플랫폼경제가 확산되면서 플랫폼종사자라는 프리랜서 또는 고용과 자영의 중간지대에 포진한 새로운 취업형태가 늘고 있습니다.

이분들에 대한 최소한의 보호와 공정한 계약규칙을 마련하는 것도 중요한 과제가 되고 있습니다.

그 뿐만 아닙니다. 디지털 전환 외에도, 저출산 고령화, MZ세대의 전면 등장에 따른 노동의 새로운 가치 추구, 세계적 경쟁체제에 부합하는 노동규범의 글로벌 스탠다드, 코로나 팬데믹에 대한 대응 등이 노동법의 메가트렌드로 지적되고 있습니다.

특별히 강조하고 싶은 것은 산업경쟁력측면에서 우리 글로벌기업들이 훌륭한 기술력을 바탕으로 세계시장에서 선전하고 있지만, 노동법과 노사경쟁력 측면에서는 뭔가 많이 부족해 보입니다.

이제까지는 노사관계나 노동법의 문제를 기업 내부의 문제로 취급했지만 글로벌 경쟁시대에는 이들도 기술력과 동일 선상에서 비교해야 합니다. 이 경우 우리 노동법과 노사경쟁력은 글로벌시장의 관점에서 상당히 뒤쳐져 있지 않나 싶습니다.

획일적이고 낡은 노동법에 혁신이 필요할 것으로 보이며, 노동규범은 좀더 명확하고, 간단하고, 노사가 자율적으로 결정할 수 있어야 경쟁력에 기여할 것입니다. 예를 들어 노사합의로 결정된 것이 법원에서 뒤집히는 일이 있어서는 안 될 것이고, 획일적인 노동시간 규제도 사업장마다 자율적으로 결정할 수 있는 여지가 확대되어야 할 것입니다. 근로자의 자율적 선택권도 존중되어야 합니다.

양대 노총이 근로자를 얼마나 대변할 수 있는지도 의문입니다. 대한민국 전체 근로자의 12% 정도를 조직하고 있는 노조가 얼마나 대표성이 있나 따져봐야 할 때입니다. 중소기업의 경우 노동조합이 조직된 사업장은 극소수입니다.

따라서 노동조합 말고도 근로자대표제도를 도입해서 근로자대표를 전체 직원들이 민주적으로 선출해서 경영진과 협의하고 결정하는 방식으로 전환시켜야 합니다.

소수 세력이 생산과 경영, 근로조건을 좌우하는 것이 아니라 전체 직원들을 민주적으로 대표하는 근로자대표가 그 역할을 담당할 수 있도록 하는 것이 핵심 과제라고 생각합니다.

(안종태) 좋은 일자리 창출은 국민들의 삶과 대한민국의 지속적인 성장을 위해 매우 중요하고 시급한 정책이라고 생각됩니다. 그럼 좋은 일자리 창출에 가장 큰 장애물이 있다면 무엇이고, 아울러 해결방안은 무엇일까요?

(김태기) 포퓰리즘이 가장 큰 장애물입니다. 정부가 모든 문제를 해결해준다는 식의 포퓰리즘 정책은 일자리를 만드는 기업과 자본가들을 괴롭히고, 국민은 열심히 노력하지 않고 다른 사람에 기대게 만들기 때문입니다.

일자리 창출은 정부가 하는 것이 아닙니다. 일자리는 정부가 아닌 민간 기업이 만듭니다. 우리나라는 자본이 없어서 일자리를 만들지 못하는 것이 아닙니다. 숙련 인력이 부족하고, 생산성에 비해 임금은 너무 높고, 정부의 규제가 많아서 자본을 투자할 의욕이 작아집니다.

특권을 누리는 노동조합과 낙후된 임금고용결정관행도 일자리 창출의 장애물입니다. 고령화되면서 정년연장의 방법으로 일본식의 계속고용을 이야기하는데, 기득권을 누리는 대기업과 공공부문 조합원에 치우치고 나머지 사람에게는 그림의 떡이 될 것입니다.

노동조합도 사회적 책임을 지고 낙후된 노동시장 관행을 해결하는데 나서야 합니다. 우리나라 청년의 공식 실업률은 10%에 달하지만 일본은 사람이 없어서 난리인 이유가 한국은 노동조합이 전투적이고 일본은 협조적인데 있습니다.

우리나라가 감성적인 처방을 좋아하는 것도 일자리 창출의 장애물입니다. 정책이 합리적인 솔루션을 필요로 하는데 미사여구를 동원한 감성적인 처방이 판을 칩니다. 이러다 보니 문제해결능력이 떨어져 정책은 많은데도 성과는 낮습니다.

청년 실업과 중소기업 구인난을 예로 들면, 공공근로 대신 인터넷 강의를 통해 청년이 무어라도 배울 수 있게 해주는 것이 취업에 더 좋고, 중소기업에 대해 고용지원금을 주는 것보다 정보를 보다 쉽게 보다 정확하게 얻을 수 있게 해주는 것이 인력 확보에 더 효과적입이다. 이런 식의 솔루션 중심의 정책이 들어간다면 더 좋은 보고서가 될 것입니다.

(안종태) 생산가능인구가 현저하게 감소하고 새로운 고용창출이 어려운 상황에서 여성 고용 정책은 그 어느때보다 중요한 것 같습니다. 그러나 노동시장에서는 경력단절로 인해 여성고용율은 30대에 현저히 줄어들고 있어 여성 경제활동 참여 및 경력단절을 예방하기 위하여 심도 있는 논의가 필요합니다. 현 시점에서 여성고용율을 선진국 수준으로 올리기 위한 정책은 무엇이며, 문제점을 해결하기 위해 우리는 무엇을 해야 할까요?

(문유진) 보육서비스에 대한 우려로 출산을 꺼리는 것이 현실입니다. 출산 후 휴직기간을 늘리거나 부모님께 의존해야 하는 실정입니다. 물론 아이 돌봄 서비스가 있지만 필요가 있는 곳에 공급이 있어야 하는데 아이를 믿고 맡길 곳이 없으며, 맞벌이 부부는 서비스 대상이 아니어서 이용이 어렵고 보육기관의 질 향상도 필수적입니다. 이 두가지가 해소되어야 여성 고용율이 향상될 것입니다.

정책이 단순히 수당에 치중되는 것도 문제입니다. 보육서비스를 이용할 수 있어야 하고, 안전한 이용이 가능해야 합니다. 통상은 부모님께 맡기거나 믿을 만한 사람이 있어야 아이를 믿고 맡길 수 있는 상황입니다.

유치원이나 보육원을 이용한다고 해도 이들은 부모가 일과 병행할 수 있는 서비스는 아직 아닙니다. 아이가 아프거나 코로나 같은 유사시에는 부모가 대응해야 하는데 휴가를 자유롭게 쓸 수 있는 직장 인지도 중요한 요소입니다.

노동시장에서도 아이 때문에 휴가 쓰거나 부탁해야 하는 경우에 회사나 동료에게 미안 해하는 상황이며, 승진에서 뒤쳐지는 경우가 많습니다. 부모님이 아이를 돌 봐주는 상황에서도 며느리, 딸을 위해 아이를 봐준다는 인식이 강하여 이러한 모성패널티 제거가 필요합니다. 이 모성패널티를 남성과 여성이 함께 부담할 수 있게 만들어야 활용이 가능해질 것입니다.

(안종태) 우리나라는 현재 '최근 10년 후 일하는 인구 300만명 사라진다 '는 언론보도가 나올 정도로 인구구조 변화가 예상되고 있습니다. 작년 신생아는 27만명이며 베이비부머 세대 은퇴는 연간 70~80만명으로 우리나라 생산가능인구는 2018년을 기점으로 급격히 감소하고 있습니다. 생산가능인구 감소에 따른 시급한 대책은 무엇일까요?

(주무현) 생산가능인구 감소에 대한 대책은 단기적으로 해결할 수 있는 과제는 아닙니다. 취할 수 있는 정책 방향 중 출산장려정책과 육아정책 등이 장기적 관점 과제입니다. 따라서 정책 방향은 인구 및 생산가능인구 감소 대책을 장기와 단기로 구분하는, 형식적이고 기계적인 접근에서 벗어나 국가대계를 수립하고 실행계획을 촘촘하게 구성해야 합니다.

현재 핵심적 과제는 '지금 당장 어떻게 대응할 것인가?'라고 생각합니다. 우리와 비슷한 문제를 선행한 해외 주요국가의 대응과 성과를 면밀하게 검토하여 장기 전략을 수립하고, 국민적 공감대를 얻어내고, 단계적으로 실행할 과제를 촘촘하게 제시해야 합니다.

바쁠수록 둘러 가야 한다는 속담을 되새겨야 한다고 생각되며, 산업과 기업의 인력수요 관점에서는 생산가능인구 또는 경제활동인구 감소에 따른 노동시장 외부의 비경제활동인구, 특히 고령자 및 여성노동력을 노동시장으로 유인할 수 있는 정책 수단을 시급하게 발굴해야 합니다.

이런 이유 때문에 정년 연장은 피할 수 없는 현실이며, 고령자의 건강수준은 과거와 달리 아주 양호하고, 지난 기간 축적한 경험과 지식을 생산성으로 연결할 방법을 찾아야 합니다. 다시 말해 고령자의 숙련, 경험, 생산성을 어떻게 활용할 것인가? 고령자의 계속고용과 정년 연장 문제는 가장 시급하지만, 또 사회적 합의를 도출할 방안도 함께 마련해야 합니다.

고령자 계속고용제도에 대한 보고서를 지난해 냈습니다. 일본은 저출산 고령화 대응을 위해 고령자 의무채용 제도를 도입하여 고령확보 조치를 했는데 갈등이 있을 것으로 예상하였지만, 실제로는 완만하게 도입되어 정착 단계에 진입하였습니다. 기업은 노동 부족을 해소하고 고령자는 정부 지원을 통해 임금손실을 줄여 기업과 개인이 윈 윈(win-win) 할 수 있었습니다.

일본 고령자 장애인고용지원기구 JEED는 오랫동안 고령노동자 활용에 대한 상세 매뉴얼을 산업별 업종별로 제작하여 개별 기업에 지속적으로 배포하고 있습니다.

개별 기업 입장에서는 고령노동력을 활용하고, 예상 문제를 사전에 회피할 수 있도록 한 것입니다. 다시 말해 고령노동자의 고용연장을 통해 기업과 근로자 모두가 만족할 수 있는 고령자 고용확보조치가 완만하게 정착할 수 있는 인프라가 되었습니다.

영국도 정년을 폐지하여 65세 이상 노동자 수가 지난 15년간 꾸준히 증가해왔으며, 최근 확인 통계자료에 따르면, 80세 초반까지도 안정적으로 경제활동을 하는 상황입니다.

우리는 고령자 취업률이 높아지면 청년 일자리의 감소를 불러오지 않는가 하는 우려를 하는데 국가마다의 차이가 있겠지만 영국의 경우는 고령자 노동이 증가하여 청년노동자가 줄어드는 현상이 있었고 독일이나 스위스는 고령노동자 계속 고용이 연금개혁제도와 연관이 있습니다. 독일은 연금재정문제 해결을 위해 제도적으로 고령노동자를 도입했는데 고령노동자의 청년노동자 대체 현상은 그다지 높지 않은 것으로 확인되었습니다. 물론 세부적인 직종과 산업에 따라 다른 현상을 보일 것입니다.

생산가능인구감소 문제에 적극 대응하고 활력 있는 노령사회를 만들기 위해서는 제도적 규제 해소가 필요합니다.

기업 혹은 시장 스스로가 고령노동자를 활용할 수 있는 일본과 같은 방안도 필요 할 것이며 이는 한순간에 되는 것은 아닙니다. 사회 운동 혹은 NGO 또는 NPO 활동 등과 함께 사회적 인식 전환도 동시 추진되어야 합니다.

영국의 경우 영국 민간 실버 단체인 AGE UK가 지난 30년간 고령정책 제안 등을 포함해서 취업알선, 기업소개, 정보 서비스 제공 등 고령자 고용 서비스를 직접 추진하면서 고령자 취업 운동을 해 왔습니다.

우리나라 청년 고용률은 OECD 중 최하위 급이며 생산가능인구는 계속해서 감소 중이며 3D 업종 회피가 청년노동자의 가장 큰 문제입니다. 힘든 일 회피는 사회적으로 저변화 되어 있어 근로환경 개선 등 기업과 정부의 대대적 지원이 필요 할 것으로 생각됩니다.

산업단지의 청년들이 해지기 전에 작업복을 입고 퇴근하지 않는 현상, 직장 주변에 스타벅스가 있느냐가 직장 선택에 중요한 요소가 된다는 점 등은 기성세대의 일반 통념과는 다른 부분입니다.

(안종태) 고령자 임금문제 이야기하셨는데, 임금 피크제와 연금개혁이 필요합니다. 일본에서는 개인 연금을 확대해서 정년연장으로 줄어든 임금에도 버틸 수 있도록 하는 대책이 있었기에 가능했습니다. 연금문제와 관련 지어 보는 것도 좋을 듯합니다.

지금 우리 사회는 3가지 개혁이 필요하지 않나 싶습니다? 연금개혁, 노동개혁, 그리고 공공개혁입니다. 우리사회가 모두 함께 논의해야 할 사항입니다. 우리 연구원에서는 다음 연구과제로 공공개혁을 염두에 두고 있습니다.

(주무현) 정년연장은 어떤 방식으로 해결할 것인기에 대한 논의는 늦을수록 이익보다 실익이 많기 때문에 지금 출발하지 않으면 안 되고, 그 과정에서 세대간 갈등, 계층간 갈등 등 이해관계자의 사회적 합의 도출과 실천계획이 함께 수립되어야 합니다.

한국과 일본의 노동시장이 서로 다르다는 것에 공감합니다. 일본의 고령자 고용연장이 정착되는 과정에서 '시장친화적 접근방법' 또는 '기업 관행, 장기고용관행' 등이 작동되었기 때문에 세대간 갈등이 크지 않았고, 효과적으로 정착되었다는 점을 강조한 것입니다.

기업이 청년인력수급을 원활하게 해소하기 위해서는 기업 스스로가 '매력 있는 직장 만들기' 노력을 기울이지 않으면 안 되며, 그리고 고령자 계속 고용조치도 제도나 정책을 통한 규제적 접근보다는 사회적 인식 확산과 기업의 편의성 및 효율성 관점에서 접근해야 합니다. 일본 고령자 장애인 고용지원기구인 JEED의 경험과 지식을 벤치마킹하는 것도 필요하다고 생각합니다.

(안종태) 통계청에 따르면 올 1분기 2030 청년층의 일자리는 1년새 10만개 가까이 줄었다고 합니다. 또한, 매출액 500대 기업을 대상으로 '2021년 하반기 신규 채용 계획 '을 조사한 결과 대기업의 67.8%가 올해 하반기 신규 채용 계획을 수립하지 못했거나 한 명도 채용하지 않을 것이라고 답했습니다. 이런 상황에서 우리는 어떻게 청년들에게 미래와 희망을 줄 수 있는 청년실업 해소 정책은 무엇일까요?

(문유진) 국가에서 단기 일자리를 찍어내서 해결되는 문제가 아닙니다. 코로나 이후 한 산업 군 자체가 망할 수 있다는 것을 확인했고, 이처럼 위험한 상황에서 내가 살아남을 수 있는 곳은 공공과 대기업으로 인식하게 되었습니다.

국가는 실업훈련과 직업훈련을 통해 이직의 기회를 주는 것이 아니라 버티는 정책을 보여주었기 때문에 청년들이 공무원 시험으로, 공기업 입사 준비로 뛰어들게 하는 아이러니한 상황이 펼쳐졌습니다.

예를 들어 여행사 다니던 청년이 코로나 이후에 지원금 받아서 공무원, 공기업 준비하고 있습니다. 공공부문 비대화도 맞지만 그를 준비하는 청년이 많기에 당장 채용 줄이기도 애매 하지 않나 싶습니다.

일과 노동에 대한 가치가 떨어지고 있습니다. 저녁 있는 삶이 필요한 이유? N잡러라는 말이 있죠. 직장에 다니는 친구들을 보면 칼 퇴근하는 이유는 다른 것을 하기 위해서인 경우가 있습니다.

네이버 스토어, 유튜브 등 플랫폼 기반을 활용한 1인 창업을 하거나, 비트 코인이나 주식에 뛰어 들어야 하는 등 직장 외에 다른 것으로 소득을 창출해야 하는 상황이 생겼습니다. 노동소득으로 사는 것이 한계에 이르자 다른 소득창출방안을 강구하고 있는 것이 우리 청년의 현실입니다.

산업구조 변화와 4차 산업혁명 관련 이야기가 나온 지 오래 되었지만 현재 전직 지원이나 이직지원은 어떻게 진행되고 있나요? 정부에서 지원하는 과정은 이직과 상관없는 과정이 대부분 내일 배움 카드입니다.

국가가 키우려고 하는 NEXT 산업이 무엇인지 명확히 해야 할 것입니다. 또한, 예측가능성이 없다는 것이 제일 문제입니다. 폴리텍 대학 과정 재정비나 내일배움카드에서 실제로 배울 수 있는 과정 개편이 반드시 필요 합니다.

(안종태) 2013년에 정년을 60세 이상으로 정하여야 하는 일명 정년연장법이 만들어졌습니다. 당시에 논의대상 중 고령 노동자와 청년노동자 대체가 관심사였는데, 그간에 대체효과의 여부를 평가해 보아야 하는 시점입니다. 또한 고령자의 일자리가 좋은 일자리 인지 우리가 해결해야 할 문제 아닌지? 청년 일자리 창출을 위해 뭘 해야 할 지 멘트 부탁드립니다.

(주무현) 청년 일자리 창출 관련하여 양극화 현상이 뚜렷합니다. 청년이 선호하는 일자리는 부족하고, 비(非)선호 일자리는 남아 돌고 있습니다. 최근 조선업 수주가 회복되고 내년 상반기부터 선박 건조가 본격화할 텐데 국내 굴지 조선소들은 청년 인력이 부족한 상태입니다. 청년이 힘든 일자리에는 취업하지 않으려는 추세입니다. 청년 일자리 창출을 위해서는 노동력 공급과 수요 측 양쪽 모두의 변화가 필요합니다.

두가지 방향이 있다고 생각됩니다. 첫째는 청년이 가고 싶은 매력 있는 직장입니다. 근로 환경, 조건에 대한 투자가 상생 관점에서 이뤄지지 않고서는 어려움이 있습니다. 생산 정점에 있는 대기업 주도로 환경개선을 해야 하지 않을까요? 우리나라 빅3 조선사가 기술훈련원을 가지고 있었습니다. 단순 임금 문제가 아닌 근로환경 개선이 필요 할 것입니다.

둘째는 사회적으로 감수해야 할 부분입니다. 고령노동자가 기업에서 계속 근로할 수 있게 하는 중요 한 조건은 적정 임금과 적정 근로조건입니다. 일본 노동연수기구의 연구보고서에서 고령자 임금 상승 커브를 보면, 고령자가 일정 연령 도달하면 임금의 일괄삭감형이 대부분입니다.

다시 말해 정년까지 받았던 임금수준이 특정 연령 이후 기업에서 계속 고용할 경우, 기존 임금 수준 대비 임금이 일괄적으로 축소되는 형태입니다. 이와 같은 일괄삭감형 임금 관행을 활용하는 기업이 전체 조사대상의 70%로 나타납니다. 고령자의 계속 고용에 따른 임금 삭감은 불가피한 부분이 있으므로 임금제와 연금제를 잘 결합해서 개선하는 것도 방법이고 기업에서 계속 고용 시 임금이 삭감되는 부분을 연금과 결합할 것인지? 일자리 예산과 결합할 것 인지? 등에 대한 고민도 함께 필요 할 것입니다.

이런 정책수단들은 이념의 문제가 아닙니다. 독일이나 일본의 고령자 계속 고용경험을 보면, 고용연장의 제도적 부분을 시장과 어떻게 친화적으로 할 것인가에 대한 고민이 가장 많았다고 봅니다. 따라서 고령자 정년연장이라는 제도적 접근보다 노동시장의 관점에서 시장친화적 방안 마련이 더욱 중요합니다.

그리고 청년 일자리 또는 청년 취업 소요기간 연장에 대해서는 "개별 청년의 취업 이전까지 사회적 인내 기간을 설정하고, 그것에 대한 지원책이 필요합니다." 한시적으로 기업에 일자리 지원금을 주는 것은 일시적이며 사회적으로 독립할 수 있는 기간 까지는 인내 기간을 두고 지원해야 합니다.

독일의 고용연장은 연금개혁 위해 고용연장이 되었는데 우리는 생산인구 확보를 위한 소득대체율 대체 차원에서 논의가 시작됐다는 점은 다르지만 고민이 필요한 시점입니다.

(안종태) 현재 우리나라는 사람과 고용 관련하여 6개 부처에 수많은 법안이 나눠져 운영되고 있으며, 일자리위원회는 자문위원회의 성격을 지니고 있어 실질적인 권한과 예산 결정권은 없습니다. 좋은 일자리 창출을 위한 국가 통합적이며 권한과 예산을 보유한 컨트롤타워의 역할이 필요할 것 같은데 새로운 일자리 거버넌스와 시스템 구축을 위해 무엇을, 어떻게 준비하면 좋을까요?

(김태기) 일자리 만들기에 관련된 주체들이 현명한가 여부에 따라 성공과 실패가 달라집니다. 서로 싸우고 불신하면 좋은 일자리 만들기는 어렵습니다. 이런 이유 때문에 일자리 거버넌스와 시스템이 매우 중요합니다.

우리나라는 일자리 관련 부처가 많은데 협력이 잘 되지 않습니다. 부처 이기주의가 강하다 보니 각 부처의 정책들이 연계가 잘 되지 않아 정책의 성과가 낮고 예산 낭비는 많습니다. 일자리위원회가 이런 문제를 해결해 주기를 기대했는데 자칭 일자리 대통령을 위한 장식용 위원회로 전락한 것 같습니다.

그러니까 예산 배정 등 실질적인 권한을 가질 수 있는 위원회가 처음부터 될 수 없었다고 봅니다.

일자리 만들기 거버넌스를 잘 만들기 위해서는 먼저 정부 부처끼리 협업하도록 해야 합니다. 자기 관할이라고 양보하지 않으면 부처의 통폐합이 필요하고, 권한만 앞세우며 철밥통을 지키면 관련 법령을 바꾸어 박탈할 필요도 있다고 봅니다.

새로운 일자리 거버넌스를 성공적으로 만들려면 정부 내부의 협력뿐 아니라 노동의 수요와 공급을 담당하는 노사의 협력이 매우 중요합니다. 노동조합원 여부에 따라 나누어진 노동시장의 이중구조 하에서 노동조합은 근로자의 대표성이 낮을 수밖에 없기 때문에 노사협력은 개별 근로자의 목소리를 보다 적극적으로 반영하도록 만들어야 합니다.

우리나라에서는 중요성을 별로 인식하지 못하고 있는데, 4차 산업혁명으로 산학협력 즉 학교와 기업의 협력은 과거에 비해 훨씬 더 중요해졌습니다. 교육이 노동시장의 변화와 담을 쌓는 한 노동력의 수급 불균형은 그만큼 커지고 숙련 인력을 확보하기가 더 어려워집니다.

또 우리나라는 지역 단위 혁신의 중요성을 간과하는데, 기술혁신이 빨리 파급되고 새로운 아이디어가 등장해 혁신이 지속적으로 일어나도록 하려면 지역이 정책 결정의 변방이 아니라 중심에 자리잡도록 분권화를 해야 합니다. 특히 광역지방자치단체장과 교육감이 갈등하게 만드는 선거제도부터 개선해야 합니다.

새로운 일자리 거버넌스는 시대가 당면한 문제를 해결할 수 있어야 합니다. 심각한 청년 일자리문제는 어떻게 해결할 것인지? 초 저출산 시대에 고령 노동력을 적극적으로 활용할 수 있는 방안은 무엇인지? 고학력화 된 여성의 노동시장 참여와 고용율을 어떻게 끌어 올릴 것인지? 등의 문제에 대답할 수 있어야 할 것입니다.

그러나 이런 문제는 방치되어 있습니다. 그 이유는 정책의 결정 무대가 대기업과 공공부문의 노동조합원 즉 노동시장의 기득권자 중심으로 기울어진데 있습니다. 따라서 새로운 일자리 거버넌스는 이런 문제를 해소하도록 아웃사이더의 목소리를 중시해 정책의 결정 무대가 평평해지도록 만들어야 합니다.

(안종태) 한국의 경제발전 과정은 기존 산업 종사자가 부가가치가 높은 신산업으로 이동하는 산업구조 고도화 과정과 함께 발전해왔습니다. 최근 디지털 전환은 신산업을 태동시키고 그 성장 기반을 제공함으로써 신규 일자리를 창출하는 한편 기존 산업의 일자리는 감소시켜 경제사회 전반에는 기회와 동시에 위기로 작용되고 있습니다. 이러한 산업구조와 일자리 변화가 예상되는 현시점에서 중소기업과 소상공인 지원을 위한 시급한 일자리 전환정책은 무엇일까요?

(이태희) 무엇보다 중요한 것이 일자리 정책의 패러다임을 바꾸는 것입니다. 현재의 일자리 정책의 틀을 보다 적극적이고 선제적으로 전환할 필요가 있습니다.

예를 들어 소극적인 실업자 보호를 넘어 적극적으로 취업을 촉진하는데 무게를 두어야 한다는 것입니다. 현재의 실업급여 시스템이 조기취업을 유도하기 보다 이를 가로막는 요인은 없는지, 그 결과 중소기업의 고질적인 인력난을 가중시키는 부분은 없는지 살펴야 합니다.

그리고 문제가 있다면 이를 바꾸어야 합니다. 즉 실업급여 수급요건을 엄격히 하여 실업자의 조기취업을 유도하고, 기업이 이들을 고용할 수 있도록 고용촉진장려금을 활성화하여야 합니다. 최근 무분별한 실업급여 반복수급을 제한키로 한 것도 이러한 문제의식에서 비롯된 것이라 판단됩니다.

이와 함께 고용유지지원제도의 개편도 적극 검토할 필요가 있습니다. 현재의 고용유지지원제도는 경영난 등으로 인해 근로자를 휴업·휴직하는 경우에만 지원됩니다. 너무 편협하고, 일자리의 안정성 측면에서도 바람직하지 않습니다.

또한 코로나 위기업종으로 지정된 소상공인에게 지원되는 재난지원금 역시 현장에서는 '언 발에 오줌 누기'라는 불만이 적지 않습니다. 위기일수록 기업과 근로자가 자기의 자리를 지켜가면서 이를 극복하도록 도와주는 정책적 접근이 긴요합니다.

미국의 PPP제도가 답이 될 수 있습니다. PPP 제도는 중소기업이 경영난에 처했을 때 기업운영 자금을 정부가 대출해 주되, 일정기간 직원들의 고용을 유지한 경우 대출금 상환을 면제해주는 제도입니다.

(안종태) 최근 우리나라 노동시장의 특징을 살펴보면 기술발전에 다른 자동화와 생산의 한계비용 증가로 총노동수요 축소에 따른 고용 증가율이 둔화되고 있으며, 고 숙련 일자리와 저 숙련 일자리는 상대적으로 많아지고 중숙련 일자리는 감소되는 일자리 양극화 현상이 심화되고 있습니다. 고용률 증가 둔화와 일자리 양극화를 해소할 수 있는 좋은 아이디어는 무엇일까요?

(주무현) 노동시장 이중구조와 대기업-중소기업의 임금격차 해소 방안은 사실상 '백가쟁명'에 가까울 정도로 많고 다양합니다. 그리고 누구나 해결방안을 가지고 있을지도 모릅니다. 통계상으로 지난 4~5년간 기업규모별 임금격차가 줄어들고 있습니다. 예컨대 300인 이상 기업과 300인 이하 기업의 임금격차가 2016년 50%이었으나 2019년 현재 40% 이하로 축소되었습니다.

그러나 역설적으로 중소기업은 인건비 상승이 부담으로 작용했습니다. 대기업-중소기업의 임금격차 해소는 중소기업의 영업이익률 개선과 밀접하게 연결되어 있으며, 대기업을 정점으로 하는 피라미드형 산업구조 및 생산체제에서 대기업은 자연독점 또는 시장독점자로서 지위를 쉽게 버리지 않을 것으로 보입니다.

현재와 같은 일부 대기업 중심의 독점적 시장구조가 지속 유지될 경우 영업이익률 격차 해소는 어렵습니다. 어떻게 해결할 수 있을까요? 시장의 관행이 바뀌어야 할 것입니다. 독일은 부품차와 완성차 회사가 계약 시에 첫해는 납품단가의 130%를 정하고 어느정도 생산성이 고도화되고 규모의 경제를 이루고 나서는 납품단가의 단위당 80~70%로 조정하면서 하청 회사와 영업이익을 나누는 구조입니다.

(안종태) 제조업 고용감소와 장기근속의 어려움으로 일자리가 줄어들고 있어 단순 저임금 종사자의 근로조건 향상이 더디고 고착된 취약계층이 증가하고 있으며, 직업이동과 직무 변화가 빠르게 진행되고 숙련 양극화 등이 심화됨에 따라 생애에 걸친 평생학습의 필요성이 증대되고 있습니다. 이러한 환경 속에서 시급한 중소기업 근로자와 소상공인을 위한 지원정책은 무엇이 있을까요?

(이태희) 디지털 전환에 대한 중소기업의 대응역량이 매우 취약합니다. 산업재편에 따른 기존 산업 종사자의 일자리불안 우려가 커지고 있고, 청년인력과 중소기업 간의 해묵은 일자리 미스매치 현상도 지속되고 있습니다.

침체 산업 중소기업 종사자들이 노동시장 내에서 유연하게 이동하여 경력을 이어 나갈 수 있도록 관련 교육훈련 등 일자리 사다리를 확충하여야 합니다. 이 과정에서 업종별, 지역별로 관련 중소기업을 가장 잘 아는 협동조합을 적극 활용하여 실효성을 높일 필요가 있습니다.

또한 중소기업 일자리 미스매치 완화를 위한 일자리 플랫폼을 확충해야 합니다. 이를 통해 일자리 정보를 체계적으로 관리하고, 청년들의 접근성도 높여야 합니다.

참고로, 중소기업중앙회가 금년 2월에 10억원의 정부지원을 받아 '참 좋은 중소기업 일자리 플랫폼'을 구축해서 운영 중인데, 성과가 매우 좋은 것으로 나타나고 있습니다.

(안종태) 좋은 일자리 창출을 위해서는 기술변화와 연계한 신산업을 육성하고, 기존 산업에서의 혁신을 통해 일자리가 유지 창출될 수 있도록 다양하고, 파격적인 지원을 해야 하며 창업을 활성화하여 지속적으로 일자리를 창출해야 한다고 생각합니다. 이를 실행할 수 있는 좋은 아이디어나 실천방안이 있다면 무엇일까요?

(김태기) 좋은 일자리 창출이 가능한지의 여부는 기술이나 국제질서의 변화처럼 외부가 아니라 우리 내부의 문제에 달려있습니다.

기업을 적대시하고 정부에게 규제를 강화하라고 요구하는 한 좋은 일자리를 많이 만들 수 없습니다.

또 노동조합이 무리한 요구를 하는 한 좋은 일자리가 늘어날 수 없습니다. 4차 산업혁명시대에서 좋은 일자리가 많고 적음의 여부는 교육에 달려있습니다. 예를 들면, 교육훈련기관과 기업의 협력을 가로막는 규제는 청년실업을 부추깁니다.

직업교육훈련을 기업이 한다면 왜 안 되는지, 왜 정부가 독점해야 하는지, 직업교육훈련이 실업계고등학교만 하고 대학은 왜 하면 안 되는지 이해할 수 없는 규제가 판을 치고 있습니다.

(박지순) 한국산업의 미래는 스타트 업에 달려 있습니다. 노동규제에 대해서도 규제 샌드박스를 만드는 등의 과감한 결단이 필요합니다.

예를 들어 신규 창업 후 일정기간 동안 근로시간규제를 완화하고, 비정규직 사용조건을 완화하는 등 부담을 덜어주고 노사가 의기투합해서 도전할 수 있도록 지원하고 성과가 났을 때는 그에 상응하여 책임을 질 수 있도록 하는 것이 필요합니다.

(이태희) 일자리 문제가 우리 사회의 가장 뜨거운 이슈임에도 정작 일자리 창출의 제1의무 주체인 기업들이 그 의무를 충실히 수행할 수 있는 여건이 되지 못하고 있습니다.

오히려 최근 들어 사람의 노동력을 대체하여 키오스크 산업이 연62% 급성장하는 것을 보면서 미래의 일자리에 대한 위기감이 커지고 있습니다. 이러한 현상의 주요한 이유 가운데 하나가 노동 리스크입니다.

예를 들어 기업을 옥죄는 최저임금의 급격한 인상, 주52시간제도의 전면 시행, 중대재해처벌법 입법 및 2022년 시행 예정 등 각종 규제들이 소나기처럼 쏟아지는 형국입니다.

노동 리스크의 급증은 과도한 '노동존중' 정책의 연장선상에서 이해할 수 있으며, 현장의 중소기업인들은 현 상황을 노동조합 측에 크게 기울어진 운동장으로 인식하고 있습니다.

현재와 같은 노동 리스크를 제대로 관리하지 못할 경우 산업 현장에서는 일자리는 물론, 기업의 생존도 담보하기 어려워질 것이라는 의견이 많습니다. 노사간 힘의 균형이 지나치게 노동조합 측으로 쏠리게 되면 기업가 정신은 후퇴할 수밖에 없습니다.

이는 결국 기업으로 하여금 적극적 투자와 도전을 하게할 유인을 위축시키고, 일자리 댐으로 서의 기업의 역할도 약화될 것입니다.

따라서 '노동존중' 만이 아니라 '노사존중'에 가치를 부여하고 정책의 기조를 바꾸어 나가야 합니다. 또한 기업의 일자리 창출을 가로막는 각종 노동규제들을 개선해야 합니다.

특히, 디지털화, 저출산 고령화, 코로나 이후 비 대면 활동의 증가 등을 반영하여 근로계약, 근로시간, 임금, 노사관계 법 제도를 개편하되, 글로벌 스탠다드에 맞게 자율성, 유연성, 다양성 등을 강화하여야 합니다.

(안종태) 오늘 참석한 운영위원께서 그동안 좋은 일자리 창출 프로젝트와 좌담회를 기획하고 준비해 오셨는데, 좌담회들 통해 느끼신 소감에 대해 한 말씀 부탁드립니다.

(김성국) 4차산업 혁명이 가져올 미래사회를 내다보며 좋은 일자리 창출을 위해 선진국들도 국가원수가 직접 나서는 등 국력을 총동원하여 추진하고 있습니다.

대표적인 사례가 독일이라고 생각합니다. 독일은 산업의 디지털 변혁인 Industrie(산업) 4.0과 이를 뒷받침하는 신노동정책인 Arbeit(노동) 4.0을 병행 추진하면서'스마트 팩토리'등 제조업 중심의 디지털 혁신을 성공적으로 이끌어 오고 있습니다.

메르켈 정부의 마지막 해인 2021년에 메르켈 총리는 유럽 주요국들과의 치열한 경쟁을 이기고 미국 일론 머스크의 대표적 혁신기업인 테슬라(Tesla)의 전기차 및 배터리 생산공장을 베를린 근교에 유치하는데 성공하여, 약 40,000개의 양질의 일자리를 창출함으로써 독일 국민들에게 작별의 선물을 안겨주었습니다.

베를린 동쪽 그륀하이데에 자리 잡은 테슬라의 기가팩토리(Gigafactory) 공장에서는 2021년 12월 중 생산을 시작해서 앞으로 매년 50만 대의 전기차를 양산할 계획을 세우고 있습니다. 이를 위해 테슬라 공장에 약 12,000명의 인력을 먼저 고용할 계획이라고 머스크는 밝힌 바 있습니다.

전문가들의 추산에 의하면, 배터리 공장 및 전기차 부품 제조사들에서 신규로 고용할 인력을 모두 포함하면 최소한 40,000명 이상의 인력이 테슬라 베를린 공장의 전기차 생산을 위해 고용될 것으로 전망하고 있습니다.

독일이 통일 후 경제적 어려움을 극복하고 눈부신 성장을 하게 된 이면에는 1994년 이후 일자리 창출을 위해 노·사·정이 단결하고 협조하는'일자리 연대(Bündnis für Arbeit)'의 전통이 자리잡고 있습니다. 특히 2003년부터 슈뢰더 총리가 설계하고 추진한 획기적인 노동개혁인 '하르츠 IV'는 2005년부터 메르켈의 보수정권이 계승하고 추진하여 완성하였습니다.

독일 노동개혁의 골자는 해고제한법 적용제외 사업장의 단계적 확대(5인 → 10인 이하 → 20인 이하)와 파견근로 규제의 완화, 근로시간 유연화를 위한 '근로시간 계좌제' 도입 등을 들 수 있습니다. 주로 기업의 인력운용과 근로시간에 유연성을 주는 정책들로 구성되어 있는 노동개혁으로 독일은 2005년부터 최근까지 고용률이 현저히 증가하였으며 같은 기간 실업율은 획기적으로 감소되는 효과를 가져왔습니다.

기업도 노동개혁에 화답하여 인력감축을 가급적 자제하며, 청년실업 해소를 위한 취업훈련비를 부담하면서 지속적인 기술혁신에 힘쓰고 있습니다.

역사적으로 독일의 '일자리 연대'는 주로 노동조합이 앞장섰습니다. 노동계에서 먼저 큰 틀에서 한 발 양보를 하면서 경제 파국으로 인한 대량 실업을 막아내고 기업에게 기회를 주었고, 이에 자극받은 기업들이 기업가정신을 발휘하여 스스로 혁신하여 뼈를 깎는 노력으로 새로운 제품개발과 공정혁신, 신 시장 개척, 그리고 생산성과 매출의 증대, 고용 증가, 실업률 감소를 통해 노동자들의 복지와 국가 경제발전으로 보답하였습니다.

독일의 사례를 보면서 좋은 일자리의 지속적 창출을 위해서는, 노와 사가 손해를 보지 않겠다고 버티기만 하면 답이 없다는 생각이 듭니다. 노·사·정 어느 한 쪽에서 통 크게 양보하면서 물꼬를 터 주어야 대 타협이 가능한데, 우리나라에는 지금까지 이러한 양보의 전통이 확립되어 있지 않은 것이 늘 아쉬운 대목입니다.

4차 산업혁명을 선도하는 일론 머스크의 테슬라가 강성 금속 노조의 입김이 센 독일의 심장부에 진출한 사례를 보면서 우리나라의 노동계가 기존의 전략을 재고하는 시사점을 얻을 수 있기를 바랍니다.

(김택동) 오늘 좌담회를 보면서 대한민국의 꿈과 새로운 희망을 느낄 수 있었습니다. 오늘 말씀 주신대로만 실행된다면 가능하다고 생각합니다.

우리에게 가장 시급한 일이 무엇인지? 또 무엇이 문제인지? 모두 다 아는데 국가지도자들이 정치적 유불리로 인해 실행하지 않는 것이 가장 큰 문제입니다.

최근 프랑스 마크롱 대통령이 프랑스 재건을 위해 '프랑스의 위대한 행진'이란 국가비전을 국민에게 제시한 후 직접 국민들에게 호소하고 설득하면서 노동개혁, 공공개혁, 연금개혁을 추진한 것처럼 우리에게도 그런 국가지도자가 필요하다고 생각합니다.

지금 우리나라 일자리 파이는 계속 작아지고 있습니다. 그로 인해 새로이 노동시장에 진출하려는 청년과 경력단절 여성은 진입이 힘들어 고통을 받고 있으며, 노동생산성이 낮아지는 중장년층은 노동시장에서 퇴출당하고 있는 것이 현실입니다.

우리 후손과 미래를 위해 일자리 파이를 키워야 합니다. 일자리 파이를 크게 하는 두가지 축은 경제성장율을 높이는 것과 노동개혁입니다. 두가지 모두 정부의 역할과 국가지도자의 리더십이 매우 중요합니다.

아울러 우리 연구원에서 제언하는 정책과 오늘 말씀주신 내용이 국가정책으로 채택되어 성공하기 위해서는 몇 가지 관점에서 추진되어야 합니다.

우선 모든 정책은 생태계적 접근이 필요합니다. 그동안 일자리 창출 정책이 수많이 실행되었고 국가 재정이 투입되었으나 일자리 상황은 개선되기보다 오히려 악화되는 경향을 보이고 있습니다. 그렇게 된 이유는 문제의 원인들이 서로 복합적으로 연결되어 있기 때문입니다.

어느 한 부분의 문제를 개선한다고 해서 그와 연결된 다른 부분의 개선이 동시에 이루어지지 않으면 다시 원상복구가 되고 마는 관성이 작용하고 있습니다. 이슈를 하나씩 보고 정책을 만드는 것이 아닌 생태계적 접근과 대책이 필요합니다.

두번째로 국가 통합적 관점에서 접근해야 합니다. 문제 해결을 위해 생태계적 접근을 하기 위해서는 문제를 어느 한부분만 보고 접근하는 것이 아니라 관련된 여러 부처, 여러 이슈 전체를 보고 통합적으로 접근해야 하며, 이해당사자들이 경쟁과 협력의 상호 작용을 통해 형성되는 하나의 경제적 공동체이자 경쟁의 일자리 생태계를 종합적으로 살펴보고 접근이 필요합니다.

그리고 국민 눈높이에 맞는 정책을 추진해야 합니다. 즉, 정책을 보는 관점이 바뀌어야 합니다. 공급자 시각이 아닌 현장 소비자의 시각, 즉 정책 담당자가 아닌 국민입장에서 필요하고 실행 가능한 정책이여야 합니다. 국민이 호응하지 못하고 공감하지 못한 정책은 성공할 수 없습니다.

끝으로 일자리 마스터플랜과 우선 순위를 새로 정하고 이해당사자들과 충분한 커뮤니케이션과 논의가 필요합니다. 이를 통해 국민들이 국가정책에 대한 예측이 가능해야 합니다.

또한, 정책에 대한 일관성과 투명성을 높이고 신뢰감을 조성하여 국가 정책에 대한 믿음을 국민에게 제공해야 새로 만드는 정책이 성공할 수 있다고 생각합니다.

(안종태) 대한민국의 미래를 위해 사회 구성원이 어떤 역할을 할 것인가? 기득권 조율을 어떻게 할 것인가? 정부 역할을 또 어떻게 바꿀 것인지?

지금 우리가 반드시 해야 할 일과 하지 말아야 하는 일에 대한 사회적 차원의 정리가 필요한 시점에서 개최한 오늘 좌담회는 현장의 목소리를 많이 듣고 많이 배우는 좋은 시간이었습니다.

아울러 대선 국면을 맞아 '좋은 일자리 문제를 해결할 사람' 들이 대한민국과 미래 세대를 위하여 명확히 판단하고 좋은 정책을 수립할 수 있었으면 합니다.

새로운 시대엔 새로운 시스템이 필요하다고 생각합니다. 우리는 미래를 이야기하지만 산업화 시대의 사고에 매몰되어 있는 것은 아닌지? 지금도 말이 안 되는 일들을 지속적으로 해 나가고 있지 않나 하는 반성을 해 봅니다.

마지막으로 오늘 좌담회에 참석해주신 여러 영역의 전문가분들께 다시 한번 감사 인사 말씀을 드리며 이만 마치겠습니다.

에필로그

노동개혁과 규제혁파,
일자리 정책의 출발점이다.

백지에 그리는 일자리

노동개혁과 규제혁파,
일자리 정책의 출발점이다.

이근면 국가인재경영연구원 자문위원장, 초대 인사혁신처장

- 정부 역할 어떻게 바뀌어야 하나?
- 차기정부, 일자리 창출을 위해 해야 할 일과 해서는 안 되는 일은?
- 10년 이후를 내다보는 대한민국 청사진을 마련해야

올해 5월 한국개발연구원(KDI)이 발표한 2018~2020년 평균 국가 행복지수에서 한국은 10점 만점에 5.85점을 받아 조사대상 149개국 중 62위에 그쳤다. 경제개발협력기구(OECD) 회원국만 놓고 보면 37개국 중 35위로 사실상 최하위에 해당한다.

식민지배와 전쟁, 분단이라는 최악의 조건을 딛고 세계 최빈국에서 열 손가락 안에 드는 경제대국으로 성장한 나라의 국민들이 행복하지 않은 이유는 무엇일까? 영화나 드라마를 보면 찢어지게 가난한 집안에서 태어나 갖은 고생을 이겨내 성공한 사람은 으레 과거를 돌아보며 행복 가득한 미소를 짓는데 말이다.

한국의 경제적 위상이 제법 높아진 후에 태어난 MZ 세대의 행복지수보다 생존에 대한 불안이 가득했던 시절을 살아온 어른들의 행복지수가 높은 이 역설은 어디에서 기인하는가? 사람이 태어나 한 세상을 살아 가면서 느끼는 행복감을 그 시대가 주는 행복감이라고 할 때, 찢어지게 가난한 세계 최빈국 대한민국 국민들의 행복감과 세계 10위권 경제대국 대한민국 국

민들의 행복감은 왜 이토록 크게 차이가 나는가? 먹고 사는 문제에서 자유로워진 시대를 살아가는 세대가 더 큰 행복을 느껴야 자연스러운 것 같은데 말이다.

이 역설의 근저에는 시대 변화에 따른 가치관의 혼란이 자리하고 있는 것으로 보인다. 절대 빈곤 속에서도 우리네 부모님들이 성취감을 느끼며 시대의 무게를 묵묵히 이겨낼 수 있었던 것은 내 자식들에겐 이 지긋지긋한 가난을 물려주지 않겠다는 가치관이 전 사회적으로 합의되었기 때문이다. 낯선 대도시의 공장에서 먹을 것, 입을 것을 아껴가며 하루 15시간을 일하면서도 지치지 않았던 이들에겐 내가 보낸 돈으로 동생이 대학을 졸업하면 우리 가족 모두가 가난에서 벗어날 수 있을 거라는 희망이 있었다.

그 때로부터 두 세대 가까이 지난 지금 산업현장에선 더 이상 젊은이들이 일하러 오지 않아 경영을 계속하기 힘들다는 사업주들의 애처로운 목소리가 가득하다. 대기업 채용시험, 공무원 시험엔 매년 수십만의 젊은이들이 몰려들어 재수, 삼수를 마다하지 않지만, 일자리의 80% 이상을 차지하는 중소기업은 만성적 구인난에 허덕이고 있다. 힘든 일, 더러운 일, 어려운 일을 기피하는 풍조가 갈수록 심해지는 와중에 일자리를 얻지 못한 젊은이들 사이에 힐링, 욜로(YOLO)와 같은 말들이 유행한지도 꽤 되었다.

시대가 바뀌면서 그 사회 구성원이 향유하는 가치관이 변하는 것은 자연스러운 것이다. 오히려 시대의 변화에 따라 가치관이 변하지 않고 과거의 가치관을 그대로 붙잡는 것은 그 사회의 퇴행과 쇠락을 의미한다. 그런 차원에서 지금 우리 사회가 겪는 가치관의 혼란은 위기이자 기회이다. 대한민국을 살아가는 평범한 사람들, 특히 앞으로 30년, 40년 동안 이 나라의 중추가 되어야 할 MZ 세대의 가치관이 어떻게 정립되는지에 따라 이 나라를 앞으로 끌고 갈 것인 것인지, 제자리에 머물게 할 것인지, 뒤로 후퇴하게 할 것인지가 결정될 것이기 때문이다.

특히 앞으로 5년 간 이 나라가 나아갈 방향을 결정할 가장 큰 정치적 이벤트를 앞둔 지금이 사회 일반의 인식과 가치관의 정립을 논하는데 더 없이 알맞은 때라고 할 수 있다.

가치관의 재정립과 함께 고민해야 할 것은 사회 구성원들의 역할이다. 가치관과 역할은 긴밀한 상관관계를 맺기 때문이다. 전통적인 남녀관을 공유한 세대 사이에선 남자가 밖에서 가족을 위한 경제적 노력을 전담하는 일을 하고 여자는 결혼과 동시에 퇴사하고 육아와 양육을 전담하는 전업주부의 길을 걷는 것이 자연스러운 모습이었다. 즉 역할분담이 나름 시대의 방식이었다.

MZ세대라 호명되는, 이전 세대와 전혀 다른 사고방식을 가진 세대가 교문을 나와 사회의 문을 두드리고 있다. 부모님 세대의 삶의 경로를 답습하는 것을 단호하게 거부하는 이 세대는 얼마 지나지 않아 우리 사회를 이끌어 갈 허리가 될 것이다. 새로운 세대의 등장, 그에 따른 새로운 가치관과 오래된 가치관의 충돌이 소모적인 갈등이 되지 않고 국가와 사회 발전, 개인 행복 증대의 계기가 되는 길을 고민해 봐야 한다.

대한민국 사회를 구성하는 각각의 주체들이 이 사회가 앞으로 나아가기 위해 어떤 역할을 할 것인지가 그 고민의 핵심이 될 것이다. 그리고 그 고민의 줄기에는 정부, 기업, 노동조합의 역할이 담길 것이다. 자본주의 체제를 떠받치는 두 개의 축인 국가와 시장의 가장 중심적인 플레이어들이 이들이기 때문이다.

우리나라 잠재성장률이 1%대로 추락할 위기에 있다.

한국은행이 9월 발표한 '우리 경제의 잠재성장률 재추정'보고서를 보면 지난해 2.2%였던 잠재성장률이 2021~2022년 2.0%로 또 떨어졌다. 10월에는 한국경제연구원에서 2030년 잠재성장률이 0.97%로 고꾸라질 것으로 내다봤다. 이러다 곧바로 1%대로 추락하는 것 아니냐는 위기감이 나타나고 있다.

한국경제는 성장 에너지가 너무 빠르게 소진되어 가고 있으며, 우리 경제가 지속성장과 도태의 갈림길에 서 있다. 미래가 캄캄하다.

미래 발전의 주요 척도인 잠재성장률은 한 국가의 종합 경제실력이다. 노동과 자본 투입이외에 기술과 제도 규범 등을 반영해 인플레이션 없이 최대한 달성할 수 있는 한 국가의 성장률이어서 우리 경제의 현 상태를 잘 표현해 주고 있다.

뚝뚝 떨어지는 잠재성장률 하락세를 막아야 한다.

한은 보고서와 같이 신성장 산업지원, 투자여건 개선, 여성과 청년 경제활동을 확대하고 기술혁신과 경제 산업관련 제도의 효율성을 높여 '총요소생산성'을 제고하는 것이 매우 시급하다.

고용절벽, 소득정체, 저성장 등 악화되는 경제지표들이 코로나 탓만이 아니라는 게 많은 전문가의 반복된 지적이다. 구조적 요인인 생산가능인구 감소와 함께 기업, 산업, 금융 등 경제이슈를 정치로 접근하는 정책과 낡은 이념 틀에서 비롯된 규제가 좀처럼 줄어들지 않는다는 사실이다. 이를 극복하려면 생산성을 높여야 하는데 정책 행보는 정반대다. 우리나라 노동생산성은 2017년 기준 OECD 상위 50%국가의 절반 수준에 머물러 있다.

파격적 규제완화로 기업투자를 늘려 일자리를 창출하고, 대전환 시대에 부합하는 노동개혁으로 생산성을 높여 성장 잠재력을 되살리는 일이 어느 때보다 중요 해졌다.

노동개혁 더 이상 피해갈 수 없는 소명이 됐다.

지금까지 노동문제를 인권의 문제로 한정해서 이해하든가, 기업활동에 대한 종속적 요소로만 이해하는 모습을 보여줬다. 우리 사회 메가트랜드 이슈에 직면한 노동개혁의 방향은 기업경쟁력 강화와 고용 창출을 위한 핵심적 전제조건임을 이해하고 인정해야 하며, 노동개혁 내용을 어젠다화 할 수 있는 주체는 노사 당사자가 아닌 정치다. 어느 경우 에든 정치적 리더십이 노동개혁의 전제 조건이 된다.

지난 10여 년간 수많은 전문가들이 노동개혁의 필요성을 주장해왔다. 하지만 정치권은 표를 의식해 노동계 눈치보기로 차일피일 미뤄왔다. 노동개혁을 국가 아젠다로 삼아 구체적인 방향과 대안들을 제시하고 내년 대선 공약에 넣고 국민을 설득해 선택받아야 한다. 노동개혁의 길은 험난하다. 그러나 노동개혁 없으면 일자리창출도 없는 것이 우리의 현실이다. 미래를 위한 선택의 시간이 빠르게 다가오고 있다.

정부 역할 어떻게 바뀌어야 하나?

기술 및 산업의 발전은 개인의 자율과 창의를 바탕으로 하여 민간 중심으로 이루어져야 한다. 정부는 이러한 정책을 주도하고 이끄는 역할이 아니라, 지원하는 조력자가 되어야 한다.

정부는 조력자로서 혁신의 장애물을 제거하여 시장의 이점을 최대한 살릴 수 있는 환경을 조성하고 뒤쳐진 이들을 일으켜 세워 함께 나아갈 수 있게 지원하는 역할을 강화해야 한다.

정부는 공공재 공급 및 거래비용 완화와 같이 시장 기능을 보완하는 본연의 역할에 충실해야 한다.

정부가 잘할 수 있는 일과 잘못하는 일을 명확히 인정하고, 민관이 서로 시너지를 낼 수 있는 방향으로 정부의 역할을 전환하여, 규제개혁, 갈등조정 등 시장경제의 이점을 살릴 수 있도록 지원하는 역할에 집중해야 한다.

차기정부, 일자리 창출을 위해 해야 할 일

일자리 창출의 가장 근본은 경제성장이다. 경제성장률을 높일 수 있도록 민간 경제 활력을 지원하는 경제정책을 수립하자. 일자리를 만드는 기업이 성장과 발전을 통해 전체 채용시장 규모를 늘릴 수 있도록 신바람 나는 경영여건 만들 수 있는 정책수립도 필요하다.

국내외 기업들이 국내투자를 활성화할 수 있도록 인센티브를 제공하는 정책수립과 함께 해외로 이전한 사업장을 국내로 유턴 시킬 획기적인 산업정책수립이 요구되며 기업이 필요로 하는 전문인력 공급을 늘리는 교육정책도 수립하자.

차기정부, 일자리 창출을 위해 해서는 안 되는 일

국내기업이 해외로 이전을 부추기는 反시장 규제정책과 글로벌 경쟁력과 노동생산성을 악화시키는 정책, 그리고 시대적, 환경적으로 뒤떨어지는 산업정책은 해서는 안 되는 정책이다. 이념적이고 이분법적인 노동정책 및 정치화와 우리 경제와 노동시장의 특성에 부합하지 않는 역주행 정책은 하지 말아야 한다.

유능한 정부, 혁신적인 기업, 상생하는 노동조합이 각자의 역할을 나누고 적극적이고 참여적인 관계를 맺을 때 사회적 혁신과 창의가 가능하다. 사회 전체의 역할 변화를 바탕으로 몇 가지 과제를 완수할 수 있다면 대한민국이 미국, 중국과 함께 세계를 선도하는 G3 국가로서 새로운 리더십으로 부상할 수 있을 것이다.

첫째, 정부 경쟁력 강화가 시급하다.

국가예산 1,000조 시대에 맞는 국가운영체제 혁신이 시급하다.
변화의 폭과 속도가 점차 빨라지고 있는 4차 산업혁명 시대가 본격화하고 MZ 세대의 본격적인 사회진출이 겹치면서 사회 구성원들의 전통적인 역할과 책임에 근본적인 변화가 요구되고 있다. 세계 10위권의 경제 대국으로 성장한 대한민국이 미국, 중국에 이은 G3 국가가 되어 국민 개개인이 경제적 풍요와 행복을 충분히 누리는 나라가 될 수 있느냐 하는 기로이기도 하다.

먼저 정부 역량의 혁신이 이루어져야 한다. 과거엔 위기와 혼란을 넘어서기 위한 정부 역할의 재정립을 큰 정부이냐 또는 작은 정부이냐 하는 차원에서 논의했다. 대공황을 극복하기 위해 정부 역할의 적극적인 확대를 이야기했고 석유 파동과 스태그플레이션으로 인해 촉발된 위기 땐 시장에 대한 정부의 개입을 죄악시했다.

말하자면 지금까지 정부 역할에 대한 논의는 양적 측면에서만 이루어졌던 것이다. 2021년, 대한민국 사회가 논의해야 할 정부역할의 재정립은 양적인 측면보다 질적인 측면을 중심으로 이루어져야 한다. 정부가 덩치를 키우기보다 경쟁력을 키우는 길을 고민해야 한다는 의미다.

정부 경쟁력 강화를 위해 가장 중요한 것은 국가를 운영할 인적자원을 체계적으로 육성하는 시스템과 인프라 구축이다. 삼성전자, 현대자동차 등 세계 최고 수준의 기업들은 회사의 미래를 책임질 인재들을 발굴, 육성하기 위한 체계적인 시스템과 전략을 끊임없이 가다듬고 있다.

주변국에서 다시 한번 일어나야 한다. 태평양의 기적을 만들 수 있다.

세계화 시대에 걸맞은 국제적 위상을 위한 중심국가로 도약할 시스템이 곧 생존이다. 정부는 지나치게 획일적인 국가운영 방식에서 유연하고 열린 자세로 국가운영 방식을 바꿔야 한다. 돈 많은 기업과 부자에게 세금을 거둬 가난한 사람에게 나눠주는 방식으로는 생산성 향상, 국제경쟁력 강화와 양질의 일자리 창출을 기대하기 어렵다.

둘째, 기업의 역할과 사회적 책임은 더욱 더 커질 것이다.

앞으로 기업이 좋은 일자리를 얼마나 많이 창출하느냐는 4차 산업혁명 시대 사회의 안정과 발전에 가장 크게 영향을 미치는 요인이 될 것이다.

산업구조와 생태계의 변화에 따라 과거에 비해 더 적은 노동을 투입해도 더 큰 생산성을 뽑아낼 수 있는 시대가 되었다. 사라지는 직업이 속출하고 기계가 사람 손을 대체하는 영역은 더욱 확대되고 있다. 기업이 이윤창출에만 신경 쓰면 고용은 급격히 줄어들 것이고 과도한 사회적 책임에 얽매이면 필요 없는 인력을 고용해 이윤이 줄어들 것이다. 좋은 일자리의 창출과 유지는 4차 산업혁명 시대 기업이 경제적 이익을 최대한으로 거두면서 사회적인 책임도 다하는 가장 확실한 길이 될 것이다.

양질의 일자리 창출을 위해 기업은 전통적으로 정부와 대학이 했던 역할의 일부를 대신하게 될 것이다. 과거엔 정부가 기업에 각종 세제, 법률 상의 혜택을 몰아주고 기업 경영 상의 일탈 행위를 눈감아 주면서 성장을 유도했다. 정부가 산업 발전의 밑그림을 그리는 데서부터 개별 기업의 자금조달에까지 세세히 간섭했던 시기가 있었다. 이제는 기업이 산업구조 변혁을 앞장서서 주도하고 국가 정책의 대강을 그리는 데 참여해야 한다. 기업이 경제적 파이를 키워야 고용시장과 국가재정이 안정될 수 있다는 점에서 정부는 역할 일부를 기업과 공유하며 함께 국가를 운영하는 데까지 나아가야 한다.

대학의 고유한 역할이었던 고등교육에도 기업이 적극 참여해야 한다. 인공지능, 빅데이터, 드론, 로봇, 3D 프린팅 등 새로운 교육 수요가 급증하고 있고 기존 학문 간 경계도 점차 희미해짐에 따라 고등교육 정책도 재편되어야 하지만 대학이 그 속도를 따라가지 못한다는 우려가 제기되고 있다. 산업현장에서 기업이 필요로 하는 인재를 직접 선발해 맞춤형으로 교육할 수 있는 길을 정부와 대학과 기업이 함께 모색해야 한다. 교수가 강의하고 학생이 듣는 일방적 교육 방식에서 학생이 직접 산업현장을 경험하며 기업이 필요로 하는 직무능력, 문제해결능력 등을 배우는 방식으로 업그레이드하는 것부터 선행되어야 한다.

기업은 스스로 국가운영의 한 축으로 자기 정체성을 새로이 하고 산업구조의 변화에 적응하고 국제적 경쟁 시스템에서 살아남기 위해 국가 자원을 효율적 배분하는 과정에 적극적으로 목소리를 내야 한다.

셋째, 노동조합도 진화가 필요한 시점이다.

노동조합이 여론은 물론 노동자들로부터도 외면 받고 있는 현상은 최근 들어 더욱 심해지고 있고 앞으로도 이러한 추세는 변하지 않을 것으로 보인다. 노사 관계가 명백히 기울어져 있을 때는 노조가 투쟁적으로 활동할 수 밖에 없겠으나 1980년대 이전과 2020년대의 노사관계는 근본적으로 달라졌다. 이미 2000년대 초중반에 노사관계가 극한 투쟁에서 벗어나 협력과 상생을 목표로 달라져야 한다는 문제제기가 사회 각계 각층에서 제기되었으나 여전히 우리의 노동조합은 파업과 쟁의로만 존재감을 나타내려는 관성에서 벗어나지 못하고 있다.

노동조합이 여론과 유리되어 자기 이익 보호와 재생산에만 급급한 모습이 반복되면서 MZ세대가 노동조합의 틀에 들어가지 않고 독자적인 노조

문화를 만들어 가고 있는 실정이다. 이제 노동조합의 활동은 기업을 상대로 싸워서 노동자의 몫을 되찾는 차원에서 벗어나 기업 경영의 한 축으로 생산성 향상과 일자리 창출에 동참하는 방향으로 진화해야 한다. 기술의 급격한 진화에 따라 사람이 하던 일을 기계가 대체하는 속도가 점점 빨라지고 있기 때문이다.

기업이 일자리를 만들지 않으면 고용 없는 성장의 고착화로 노동자의 설 자리는 사라질 수밖에 없다. 산업구조의 고도화에 따라 사라지는 직업과 새로 생겨나는 직업 사이에서 노동자들이 자연스럽게 적응하기 위한 재교육 문제도 시급하다.

인구구조의 변화, 4차 산업혁명의 진행으로 노동조합이 과거의 운영방식을 답습해서는 그 존립 자체가 불투명해지는 상황이 펼쳐졌다. 특히 코로나로 일하는 방식에 근본적인 변화가 일어났고 그 이전으로 돌아갈 수 없다는 점도 명확해졌다.

MZ세대의 노동조합에 대한 불신과 외면은 노동조합의 역할 변화에 새로운 경종을 울리는 계기로 삼을 만하다. 과거의 대립적 노사관계, 대기업 정규직 위주의 폐쇄적 노조운영이 한계에 이르렀다고 볼 수 있다. 이제는 노동조합이 생산구조의 변화에 적극적으로 동참해 기술혁신과 생산성의 극대화의 주역이 되어야 한다.

21세기의 노동조합은 생산성을 높이고 기업의 국제 경쟁력을 높일 수 있는 새로운 전기를 만들어 내기 위해 기업과 손을 잡아야 한다. 기업의 경영에 노동조합이 적극적으로 참여해 기업과 함께 4차 산업혁명 시대에 앞서 나갈 수 있는 길을 함께 모색하고 양질의 일자리 창출을 위한 사회적 대타협의 물꼬를 트는 일에 노동조합의 역할이 있다.

노동조합은 그동안의 대립적이고 투쟁적인 운영에서 협력적이고 참여적인 운영으로 방향을 바꿔 기업의 일자리 창출에 동참해야 한다. MZ세대가 사회의 주역으로 진입하는 변화의 시점에 사회 주체의 역할이 함께 변화할 때 대한민국이 1인당 국민소득 10만불을 기록하는 나라도 꿈이 아닐 것이다. 기업의 역할과 사회적 책임이 변화함에 따라 노동조합도 진화가 필요한 시점이다.

10년 이후를 내다보는 대한민국 청사진을 마련해야

국가도 개인과 기업처럼 경쟁한다. 국가 간의 사회도 개인 간의 사회처럼 경쟁력 있는 주체가 국제사회에서 더 큰 발언권을 얻고 더 많은 자원을 확보할 수 있다. 대한민국을 하나의 경쟁의 주체로 보았을 때 경쟁력을 약화시키는 가장 큰 요인은 취약한 정치발전이다. 경제, 문화, 국방 등 다른 분야에 비해 유독 낙후한 정치 분야를 개혁하기 위한 다양한 방안들이 제시되고 있지만 가장 중요한 것은 정치가 지역 이기주의와 정쟁에 발목 잡히지 않고 생산적 논의를 할 수 있는 장이 되도록 체계를 바꾸는 것이다.

단군 이래 줄곧 세계사의 주변부에 머물러 있었던 우리 민족의 역사를 돌아보면 최근 수십년의 눈부신 성취는 그 자체로 가슴이 벅찬 것이다. 세계사의 각 장마다 그 시대를 선도했던 중심국가들이 있었고 이 중심국가들이 개척한 길로 인류는 발전해왔다. 이제 대한민국이 21세기 중반의 중심국가로 올라설 수 있는 기회의 창이 열렸다. 이를 위해 좋은 일자리 창출과 함께 10년 이후를 내다보는 대한민국 청사진을 위한 10대 제언을 다음과 같이 하고자 한다.

1. 국가운영체계의 대변혁 → 국회 양원제 도입/지역주의 타파
2. 지방자치제의 개혁 → 대 경제권역과 생활자치
3. 정부조직의 개편 → 미래 준비형 정부조직 개편과 유연화
4. 공무원조직 효율화 → 세계정부 대비한 경쟁력 확보, 생산성향상으로 20% 감축
5. 공공기관의 개혁 → BPR을 통한 기능 재정립과 민간업계와 중복방지, 활용제고
6. 대통령 인사권의 개혁 → 국민을 위한 인사권 회복
7. 해외이민청(해외동포청) 설립 → 다국적시대, 한국인의 국제적 활용 제고
8. 대학교육의 자율화와 세계화, 지역화 → 정원과 운영을 대학 자율로
9. 복지제도의 미래 정립 → 일하는 복지와 다같이 잘 사는 복지
10. 꿈꾸는 나라 → 새로운 가치와 문화로 대한민국이 자랑스러운…

이 문제들은 하나하나가 국가 시스템의 핵심에 결부된 복잡하고도 큰 의제들이다. 어떤 것은 개헌을 해야 하고 어떤 것은 국가적 이해관계 조정도 필요하다. 굉장히 치열하고도 격렬한 정치적 논쟁을 불러일으킬 수도 있다.

그러나 어렵다고 손을 놓고 있어선 앞으로 나아갈 수 없다. 국제사회의 주변부 끄트머리에 있던 대한민국이 수많은 고초를 뚫고 이제 선진국의 초입에 왔다. 여기서 만족하며 주저앉으면 다음 세대에게 물려줄 유산이 없다.

세계 최장 시간의 노동, 최악의 노인빈곤과 자살률 등 온갖 처절한 지표들이 우리 사회가 여기까지 오는 동안 얼마나 치열한 과정을 거쳤는지 보여주고 있다. 이 어두운 단면들을 하나하나 고쳐가면서 국제사회의 논의를 주도하는 부강하고 성숙한 국가를 다음 세대에게 물려줘야 할 책무가 우리에게 있다.

국가의 도덕성(morality)이 사회적 표준이 되는 이상적 모습을 지향하고 다음 세대를 위하여 오늘을 준비하며 지켜낼 수 있어야 한다. '어떤 나라를 후손에게 남겨줄 것인가'는 현재를 살아가는 우리가 가진 가장 큰 숙제이며 내 아이를 사랑하는 가장 좋은 방법이다. 우리는 이웃과 사회, 국가, 나아가 세계인임을 자각하는 국민을 꿈꾸어야 한다. 영국의 가장 어두웠던 시절을 뚫고 전쟁을 승리로 이끈 윈스턴 처칠이 이야기한 '후세를 위한 이 시대의 책무'란 그런 것이다.

참고문헌

- 강금봉(2019), "디지털 플랫폼 노동, 어디까지 와있나–현안과 보호방안, 경제사회연구원.
- 강성태(2000), "특수고용관계와 근로기준법상 근로자개념의 판단", 「노동법학」 제11호, 2000
- 고용노동부(2016), 「일·가정 양립 실태조사」.
- 고용노동부(2018), 「2019년 직접일자리사업 중앙부처–자치단체 합동지침」
- 고용노동부(2021), 『고용보험기금 사업 설명자료』
- 고혜원·김철희·홍광표(2020), 『고용보험 확대 및 한국판 뉴딜에 따른 직업능력개발 발전방안』, 한국직업능력개발원.
- 권영성(2002), 『헌법학 원론』, 법문사.
- 권혁·김희성·성대규(2018), 4차 산업혁명과 일자리정책의 미래, 집문당.
- 기획재정부(2019), 「2019~2023 국가재정운용계획」.
- 기획재정부(2020), 「2020~2024 국가재정운용계획」.
- 김유빈(2020), 「COVID19 대응 근로자 및 사업체 실태조사」, 한국노동연구원.
- 김유빈·강신혁·김영아(2020), 「청년층 일자리 현황과 변화전망」, 한국노동연구원.
- 김은석 외(2020), 「베이비부머의 주된 일자리 퇴직 후 경력경로 및 경력발달 이해를 위한 질적 종단 연구(5차년도)」, 한국고용정보원.
- 김철희·설귀환·문한나(2019), 『한국의 성인학습 국가리뷰: 중소기업의 직업능력개발』, 한국직업능력개발원

- 도재형(2013), “사법과 입법의 사각지대, 특수형태근로종사자”, 「노동법연구」 제34호.
- 민승규·한경대 석좌교수팀, ‘세계 인공지능(AI) 농업대회’ 3위, 출처 : https://www.sedaily.com/NewsVIew/1Z41BQDGTG
- 박우성·양재완(2020), 인공지능 시대의 지속 가능한 인재관리 전략. Korea Business Review, 24(신년 특별호), 189-209.
- 박제성(2016), “플랫폼 노동 혹은 크라우드 워크”, 국제노동브리프, 한국노동연구원.
- 박지순·조준모, “특수형태근로자 보호에 관한 최근 논의의 쟁점과 과제: 법경제의 관점에서”,
- 산업연구원(2019), 「한국 산업발전 비전 2030 산업편 : 제조업」, 산업연구원.
- 서덕록(2020), ‘감염병의 시대, 넥스트 노멀의 도래’. 『TePRI Report』108, 한국과학기술연구원 기술정책연구소, pp. 6-7.
- 세계일보, [이민화의 4차 산업혁명] 욕망이 고용을 창출한다. https://www.sedaily.com/NewsVIew/1L467KDXXD
- 심상완·이상호(2014), 「고용촉진특별구역의 정책 개선 과제 : 통영시의 사례를 중심으로」, 『지역고용노동연구』, 한국지역고용학회.
- 안준기·최기성(2016), 「중장년층의 경력 특성과 지원정책 방안」, 한국고용정보원.
- 양재완, & 박우성. (2020). Workforce 애널리틱스의 이해와 전략적 활용. 조직과 인사관리연구, 44, 77-101.
- 윌리엄 새들러, 김경숙 옮김(2015), 『 The Third Age, 서드 에이지, 마흔 이후 30년』, 사이.
- 윤동열 외(2021), 「대전환의 시대 국가인재경영, 디지털 전환과 포스트 코로나 시대 인재경영」, 초아출판사.
- 윤동열(2021), 「2014~2021 지역산업 고용노동 리뷰」, 초아출판사.

• 윤동열(2021), 「포스트코로나 시대 디지털 전환과 일의 미래」, 4차 산업혁명위원회 1월 발표자료.
• 윤동열·임운택·주무현(2021), 「포스코–사내하청업체간 상생 생태계 조성 방안 연구」, 중소기업중앙회.
• 윤동열·전승환·정동열(2021), 「디지털 신기술 인력양성사업 트랙구축 체계 수립 연구」, 고용노동부.
• 윤동열(2020), 「일하는 방식의 변화」, 4차 산업혁명위원회 9월 발표자료.
• 윤동열·김강호·정동열(2020), 「코로나 이후 소상공인 재취업 지원정책 강화 연구」, 중소기업중앙회.
• 윤동열·전승환·정동열(2020), 「디지털 신기술 분야 훈련사업간 연계 체계 수립을 위한 요건 정비 및 훈련모델 발굴」, 고용노동부.
• 윤동열(2017), 「고용위기 극복과 지역 일자리 창출을 위한 인력운영, 산업 및 지역 중심의 고용전략 수립」, 초아출판사.
• 윤윤규 외(2013). 『통영시 고용촉진특별구역 지정 고용영향 평가』, 2012 고용영향평가 한국노동연구원.
• 이광재, (2019), '디지털 혁신 시작 못한 기업 비중 글로벌 9%·한국 22%', 파이낸셜 신문(2019.1.31.). URL: http://www.efnews.co.kr/news/articleView.html?idxno=78383
• 이규용 외(2016), 「고용위기 지역의 지역고용전략 해외사례연구」, 한국노동연구원.
• 이요행 외(2014), 「중기경력자 역량평가 도구 개발 연구보고서」, 한국고용정보원.
• 이상호(2015), 「중소산업도시의 고용충격과 대응과제 : 통영 고용특구의 사례를 중심으로
• 배규식 외(2015), 『지역유형별 고용 평가 – 사례연구를 중심으로–』, 한국노동연구원.

- 이상호(2018), 「지역의 고용위기와 회복력, 그리고 지역 리더십–조선업 고용위기 지역을 중심으로」, 한국지역고용학회 학술대회.
- 이성희 외(2017) 『조선업 실업대책 모니터링 및 산업구조 개편에 따른 고용정책 개선방안 심화연구』, 고용노동부 용역보고서, 한국노동연구원·고용노동부.
- 이수정·송기원·양정승·김윤정(2019), 『중·장년층 고용 연계를 위한 평생직업교육훈련 방안』, 한국직업능력개발원.
- 이준일(2005), 『헌법학 강의』, 홍문사.
- 이준 외(2020), 「2030 산업발전 비전 및 한국 산업의 미래상」, KIET 산업경제 202002, 산업연구원.
- 이호근(2020), “플랫폼 노동 등 고용형태의 다양화와 사회보장법 개선방안에 대한 연구”, 산업노동연구 제26권 1호, 2020.
- 인사비전 2045(2017), 인사혁신추진위원회 · 인사혁신처.
- 일자리위원회·관계부처합동(2019), ‘사람투자 10대 과제’, 2019. 4. 10
- 임영신·이용익(2020), ‘기업 70% "디지털 역량 갖춘 직원 절반 안돼’, 매일경제(2020.8.18.). URL: https://www.mk.co.kr/news/it/view/2020/08/849956
- 장희은·김유휘(2020), “플렛폼 경제에서의 노동자 보호를 위한 해외 정책동향”, 산업노동연구 제26권 1호.
- 정대희·김지운(2017), 「최근 취업자 증감에 대한 분석 및 향후 전망」, KDI 경제전망 2017 하반기, 한국개발연구원.
- 정종섭(2006), 『헌법학 원론』, 박영사.
- 정재현(2019), 「중장년 노동시장 구조 및 인력수요 변화 분석」, 한국고용정보원.
- 정홍준 외(2019), “노동자 이해대변의 다양화와 매개조직의 역할”, 산업노동연구, 제25권 3호.

- 주무현(2019),「지역사회 안전망 확충과 직업교육훈련 활성화 방안」, 제2차 당정정책협의회 발표 자료.
- 주무현 외(2018),「고용위기지역 지정 제도 개선방안 연구」, 한국고용정보원
- 최석현(2017), '제4차 산업혁명 시대, 일자리 전략은?',「이슈 & 진단」, 273, 경기연구원, pp. 1-24
- 통계청,「경제활동인구조사」, 2004~2020.
- 통계청(2019),「장래인구특별추계(2017~2067년)」, 통계청.
- 통계청(2018),『중·장년층 행정 통계』.
- 통계청(2019),『경제활동인구조사 고령층부가조사』 원자료.
- 통계청(2021a),『경제활동인구조사』 원자료.
- 통계청(2021b),『경제활동인구조사 근로형태별부가조사』 원자료.
- 통계청(2021c),『2021년 5월 고용동향』.통계청.
- 하태의(2018), "디지털 플랫폼 워커의 법적 지위-배달기사 판례를 중심으로", 전북대법학연구소 법학연구, 제58집.
- 한국경제포럼(2018), 제11권 제2호.
- 한국고용정보원(2017), '우리나라 장년층의 실질 퇴직연령'
- 한국노동연구원(2017),「월간 노동리뷰 2017년 5월호」.
- 한국노동연구원(2020),「월간 노동리뷰 2020년 12월호」.
- 한동희(2019), '중기연 "韓 중기 디지털 역량 OECD 최하위…독일 참고해야', 조선비즈(2019.3.3.) URL: https://biz.chosun.com/site/data/html_dir/2019/03/03/2019030300877
- 황경란 외(2018),「경기도 중·장년 실태 분석 및 지원 방안 연구」, 경기복지재단.
- Arthur, J. B. (1994). Effects of human resource systems on manufacturing performance and turnover. Academy of Management journal, 37(3), 670-687.

• Becker, G. S. (1964). Human capital theory. Columbia, New York, 1964.

• Beuthien/Wehler, RdA 1978

• BMAS, Weissbuch Arbeiten 4.0

• Boemke/Foehr, Arbeitsformen der Zukunft, 2000

• Doehring, Das Staatrecht der Bundesrepublik Deutschland, 3. Aufl., 1984

• Daugherty, P. R., & Wilson, H. J. (2018). Human+ machine: Reimagining work in the age of AI. Harvard Business Press.

• Eurofound, "Employment and working conditions of selected types of platform work", Publications Office of the European Union, 2018.

• Eurofound, (2020), "European Company Survey."

• Hackman, J. R., & Oldham, G. R. (1976). Motivation through the design of work: Test of a theory. Organizational behavior and human performance, 16(2), 250-279.

• Hromadka, NZA 1997

• Ilomäki, L., Kantosalo, A., & Lakkala, M. (2011). What is digital competence?. Linked portal.

• Julia Nania, Hal Bonella, Dan Restuccia & Bledi Taska(2019). No Longer Optional: Employer Demand for Digital Skills. Burning Glass Technologies. URL: https://www.burning-glass.com/wp-content/uploads/no_longer_optional_report.pdf

• Klein, N. (2007). The shock doctrine: The rise of disaster capitalism. Macmillan.

• Martin, Ron and Peter Sunley(2017) "Competitiveness and Regional Economic Resilience," Rovert Eds. Huggins and Piers Thompson Handbook of Regions and Competitiveness : Contemporary Theories and Perspective on Economic Development Edward Elgar, pp. 287–307.

- Martin, J.P. and D. Grubb (2001), "What Works and for Whom – A Review of OECD Countries: Experience with Active Labour Market Policies", Working Paper 2001:14, IFAU
- Martin, Ron(2012) "Regional Economic Resilience, Hysteresis and Recessionary Shocks," Journal of Economic Geography 12, pp. 1–32.
- Martin Roson(2009), Structural Change, Specialization and Regional Labour Market Performance: Evidence for the UK, Applied Economics 41, pp.275–293
- Maslow, A. H. (1943). A theory of human motivation. Psychological review, 50(4), 370.
- OECD(2012). Survey of Adult Skills (PIAAC)
- OECD(2019). OECE Skills Outlook 2019: Thriving in a Digital World. OECD Publishing. OECD웹사이트. 2019년 OECD 직업역량 전망: 디지털 세계에서 성공하기. 한국어 개요에서 재인용. URL: https://www.oecd-ilibrary.org/sites/130660fc-ko/index.html?itemId=/content/component/130660fc-ko
- OECD(2020), Job Creation and Local Economic Development 2020: REBUILDING BETTER, OECD Publishing, Paris
- Rasmussen, T., & Ulrich, D. (2015). Learning from practice: how HR analytics avoids being a management fad. Organizational Dynamics, 44(3), 236–242.
- Rousseau, D. M., Ho, V. T., & Greenberg, J. (2006). I-deals: Idiosyncratic terms in employment relationships. Academy of management review, 31(4), 977–994.
- Stuart Dawley, Neil Marshall, Andy Pike, Jane Pollard and John

Tomaney(2014), Continuity and Evolution in an Old Industrial Region: The Labour Market Dynamics of the Rise and Fall of Northern Rock, Regional Studies Vol 48, No.1, pp 154–172

- The future of work (2016). World Economic Forum
- The Wall Street Journal (2021). The Job Market Is Tighter Than You Think. https://www.wsj.com/articles/the-job-market-is-tighter-than-you-think-11619006400
- Thomas Kochan(2013), The American Jobs Crisis and Its Implication for The Future of Employment Policy: A Call for a New Jobs Compact, ILR Review 66(2), pp.291–314
- Ulrich, D. (2019). Foreword and forward thinking on digital HR. In e-HRM (pp. xvi–xix). Routledge.
- Wank, Arbeitnehmer und Selbständige, 1988
- Wiedemann, Das Arbeitsverhältnis als Austausch–und Gemeinschaftsverhältnis, 1966
- Wolfgang Daugh(2012), Industrail Structure and Regional Employment Dynamics, IAB–Bibliothek 335, IAB

저자소개

윤동열 _ 건국대학교 경영학과 교수

윤동열 교수는 현재 건국대학교 경영학과 재직 중이며 대통령직속 일자리위원회, 정책기획위원회, 한국판 뉴딜 국정자문단, 4차 산업혁명위원회, 고용서비스전문위원회, 지역고용전문위원회, 지방노동위원회, 서울지역 인적자원개발위원회 자문위원을 역임하고 있다. 성균관대학교를 졸업하고 동 대학원에서 경영학박사와 미국 오하이오주립대학교에서 인적자원개발학 석 · 박사 학위를 취득하였다. 현대자동차에서 9년간 근무한 후, 오하이오주립대 PAES/CETE연구소, 울산대학교 경영학부 교수 등 오랜 기간 일자리 및 HR · IR분야의 실무와 학문적 경력을 토대로 고용노동부, 기획재정부, 행정안전부, 인사혁신처, 국무조정실 등 다수 공공부문에 대한 정책자문을 수행하고 있다. 현재 한국제품안전학회 회장, 대한경영학회 차기회장, 한국기업경영학회, 한국생산성학회, 국제지역학회 부회장직을 수행하고 있다.

김지운 _ 홍익대학교 경제학부 교수

김지운 교수는 현재 홍익대학교 경제학부에 재직 중이며, 이전에는 한국개발연구원(KDI)에서 근무하였다. 서울대학교를 졸업하고 미국 미네소타 대학교에서 경제학 석사 및 박사학위를 취득하였다. 현재 거시경제, 노동시장, 노동정책과 관련된 다양한 연구 및 정책자문을 수행하고 있다.

김유빈 _ 한국노동연구원 연구위원

김유빈 박사는 현재 한국노동연구원 동향분석실장으로 재직 중이며, 대통령직속 정책기획위원회 국정자문위, 일자리위원회 청년TF, 고용노동부 재정지원일자리사업평가위 및 청년고용촉진특별위 자문위원을 역임하고 있다. 고려대학교를 졸업하고, 뉴욕주립대 Stony Brook 대학원에서 노동경제학 석·박사학위를 취득하였다. 노동경제 전반과 동향분석, 일자리사업 및 재정평가 등 정치한 연구경력을 바탕으로, 고용노동부와 기획재정부, 국책연구기관 등 다수의 공공부문 정책자문을 수행하고 있다.

정동열 _ 한국공학대학교 산업융합학과 교수

정동열 교수는 현재 한국공학대학교 산업융합학과에 재직 중이며 디지털훈련센터장, K-Digital 플랫폼 단장, 중소기업훈련지원센터장 등을 역임하고 있다. 서울대학교를 졸업하고 동 대학원에서 교육학석·박사를 취득하였다. 한국고용정보원에서 연구위원으로 4년간 근무하면서 청년고용정책, 고용서비스 등 고용분야 연구와 실무를 경험하였으며, 이를 바탕으로 고용노동부, 기획재정부, 행정안전부, 교육부 등 정부부처 정책자문 역할을 수행하고 있다.

고혜원 _ 한국직업능력연구원 선임연구위원

고혜원 박사는 한국직업능력연구원의 고용능력·자격연구본부장, 인적자원개발위원회지원센터장, 직업능력개발평가센터장을 역임했으며, 현재 선임연구위원으로 재직 중이다. 이화여자대학교에서 학사·석사·박사학위(행정학)를 취득하였으며, 현재 중앙노동위원회 공익위원, 고용노동부 규제심사위원, 국무조정실 자체평가위원, 일자리위원회 여성일자리 TF 위원, 정책기획위원회 자문위원, 한국폴리텍대학법인 및 한국고용노동교육원 비상임이사, 뉴제주일보 논설위원, 한국직업자격학회 부회장으로 활동 중이다. 세계은행 컨설턴트, 미국 조지메이슨대학 및 뉴욕주립대학의 방문학자, 고용노동부·여성가족부·국방부·통일부·기획예산처의 정책자문위원 및 자체평가위원, 공공기관 경영평가위원, 한국정책학회 지식정보위원장, 중앙대 및 건국대 강사를 역임했다.

주무현 _ 한국고용정보원 선임연구위원

주무현 박사는 한국고용정보원 일자리사업평가센터장으로 재직중이며, 대통령직속 정책기회위원회 자문위원, 한국판뉴딜 휴먼뉴딜 분과위원, 국가재정운용기획단, 고용부 지역고용정책전문위원, 전라북도일자리위원회, 국립경상대학교 사회과학연구원 교수와 한국산업노동학회장 등을 역임하였다. 경북대학교 경제학과를 졸업하고 동대학원에서 노동경제학 박사학위를 취득하였고, 주요 전공분야는 노동시장정책, 그리고 자동차산업 생산체제와 노사관계 등이다.

양재완 _ 한국외국어대학교 경영대학 교수

양재완 교수는 미국 Virginia Tech에서 경영학 박사학위를 취득하였다. New York Institute of Technology를 거쳐 현재 한국외국어대학교 경영대학 교수 및 입학처장으로 재직중이다. 중앙인사위원회와 감사원 등 정부 부처와 다수의 기업에서 경영진단, 역량평가, 위원회 활동을 수행하였으며, 최근에는 신문, 잡지 등 다양한 매체에 기고 활동을 하고 있다. 전세계 최고 권위의 경영학회 The Academy of Management에서 2011년도 최우수 논문상을 수상하였으며, Journal of Management, ILR Review, Tourism Management 등 해외 최고 수준의 저널에 다수의 논문을 발표하고 있다.

권혁 _ 부산대학교 법학전문대학원 교수

권혁 교수는 현재 부산대학교 법학전문대학원 재직 중이며 부산지방노동위원회 공익위원, 산업재해재심사위원회 공익위원을 역임하고 있다. 고려대를 졸업하고 동 대학원에서 법학석사와 독일 마부르크대에서 노동법 박사학위를 취득하였다. 오랜 기간 노사관계법 및 고용관계법에 관하여 많은 연구를 수행하여 왔으며 현재 한국노사관계학회 부회장, 한국노동법학회 상임이사 등을 맡고 있다.